人人都应该懂的 Web 3.0

让ChatGPT和AIGC链接我们的生活

吴桐　商健光◎著
仪知非◎主编

电子工业出版社
Publishing House of Electronics Industry
北京·BEIJING

推荐序一

Web 3.0 作为具有新一代价值的互联网，在全球方兴未艾。Web 3.0 既是将数据纳入生产要素的主要路径，又为数字经济的实践开辟了全新的领域。此外，以 OpenAI 开发的 ChatGPT 为代表的人工智能的发展构成了人类未来十年发展的另外一条主线。Web 3.0 通过将数据权利还给用户，本质上将生产资料进行了一定程度的解放，而以 OpenAI 和 AIGC 为代表的人工智能的发展，则极大地促进了数字经济生产力的发展。这本书系统介绍了 Web 3.0 诞生的时代背景、演进路径及重要历史意义，特此向对 Web 3.0 感兴趣的朋友郑重推荐这本书，希望大家能够更深入地了解数字经济的发展。

林左鸣

中国共产党第十八届中央委员会委员，中国航空学会理事长，中航工业集团有限公司原董事长、党委书记；2013 年获得 CCTV 中国经济年度人物奖，2015 年入围 CCTV 中国十大经济年度人物奖

推荐序二 /

Web 3.0 是什么

Web 3.0 与区块链实质上是同一事物的一体两面。当我们在谈论区块链的时候，相当于我们也在谈论 Web 3.0。反之亦然，当我们在谈论 Web 3.0 的时候，相当于我们也在谈论区块链。

Web 3.0 是分布式网络，区块链是分布式账本，两者密不可分。它们在技术上都是分布式的，在治理上都是去中心的。

2022 年 9 月 15 日，以太坊进行了一次史无前例的升级：The Merge。当大家都以为以太坊的性能从此将大幅提升时，以太坊基金会却表示，以太坊的每秒事务处理量（Transaction Per Second, TPS）将维持在 15～20 笔不变，性能提升的事情，交给分片和二层协议来解决。作为分布式网络（Web 3.0），以太坊主要解决网络的安全性和健壮性；作为分布式账本（区块链），以太坊主要解决数据和交易的终局结算。

那么，Web 3.0 到底是什么呢？

第一，Web 3.0 是一个自主网络。其具有自主建设、自我管理、自由迁移的特点。你可以自己设置自己的数字身份，自己掌握自己的身份数据，你的 Web 3.0 账号和与账号关联的数据，所有权属于你自己。并且，你可以携带你的数据在不同的网络平台之间自由迁移，使之价值最大化。

第二，Web 3.0 是一个透明网络。其采用非对称公私钥加密算法，私钥绝对保密，但公钥对全网公开。这有点类似"信报箱"，公钥就是那个投递口，任何人都能看见并且都能不需许可地往里面投递东西；私钥就是开信报箱的钥匙，谁有钥匙，谁才能打开信报箱，取出里面的东西。透明网络能够全面、真实、及时地披露信息。

第三，Web 3.0 是一个无须许可的网络。加入与退出、开发与使用这个网络，都无须得到许可。它开源开放，共享共治；即插即用，即拔即去。它改变了商业组织形式和工作雇佣模式，使得任何创意、创新都能任意在平台上得以实验。

第四，Web 3.0 是一个不能作恶的网络。分布式账本的不可篡改、不可撤销、不可删除，可追溯、可存证、可审计的随机抽取独立第三方记账的技术特点，使得 Web 3.0 从 Don't be evil 走向 Can't be evil，交易成本大幅降低，经济摩擦系数趋近于零。

第五，Web 3.0 是一个免信任网络。智能合约是一个能保证交易得以执行的计算机程序，它的代码开源、可审查，不可单方面撤销和修改，真正实现了"Code is law"的技术承诺。

第六，Web 3.0 是一个去中心化网络。人们对"去中心化"有着巨大的误解。去中心化不是抗监管、抗审查、抗合规。Web 3.0 的去中心化指的是一种经济治理机制：当商业场景需要效率时，常常采用中心化治理机制；当商业场景需要公平时，常常需要更广泛地征求意见，达成共识。在分布式网络层面，去中心化追求的是网络没有单点故障，从而具有更高的安全性和健壮性。

第七，Web 3.0 是一个陌生人大规模协作的网络。Web 3.0 作为数字空间，往往是跨时空的，全球共用一张网络。通过智能合约的履约保证机制，通过 NFT 作为自主签发的数字证明，再通过跨货币的数字货币支付系统，可以让陌生人之间更方便地进行"即插即用，即拔即去"的大规模协作。

第八，Web 3.0 是一个数字资产网络。Web 1.0 只能单向浏览信息，是一个信息网络；Web 2.0 依靠客户画像、算法推荐，是一个数据网络；Web 3.0 将具有极高价值的数据进行确权，并且把确权后的数据资产化，是一个数字资产网络。

第九，Web 3.0 是一个使用权网络。数据与软件都具有固定成本高、边际成本低的特点，使用越多、越广，价值就越大。因此，任何能够扩大使用的方法，都是数据与软件价值最大化的最优解。而消除所有权，开源共享才是它们价值最大化的途径。Web 3.0 内置了一套使用权代币系统来捕获价值，任何持有使用权代币的人，都能够方便地使用数据与软件。用多少次，就付多少钱，数据与软件的持有者在放弃所有权的情况下，也能很好、很方便地捕获价值。

第十，Web 3.0 是一个利益相关者网络。使用权网络，是基于利益相关者资本主义制度的；所有权网络，是基于股东资本主义制度的。在利益相关者资本主义制度下，采用 DAO 的形式来固定使用权，使用权的份额化形成了代币市场；在股东资本主义制度下，采用公司制来固定所有权，所有权的份额化形成了股票市场。

我的两位朋友吴桐和商健光的新著即将付梓，我能先睹为快，感到十分荣幸！

互联网已经在极大程度上改变了社会与经济，期待基于 Web 3.0 的下一代互联网，能给人类社会带来更多福祉！

肖风

万向区块链董事长

推荐序三

我们当前生活在以腾讯、阿里巴巴、美团、京东、亚马逊、谷歌等为代表的 Web 2.0 互联网平台时代，在享受其发展红利的同时，我们越来越能体会到 Web 2.0 给我们的生活带来了诸多不适感。Web 3.0 是下一代互联网的发展趋势，这本著作对 Web 3.0 进行了详细的阐述。什么是 Web 3.0？Web 3.0 与 Web 2.0 的区别是什么？Web 3.0 与元宇宙有什么关系？NFT、DeFi、DAO 在 Web 3.0 时代扮演什么角色？AIGC 和 Web 3.0 如何融合发展？这些问题都将在这本书中得到一一解答。如果想系统、动态地把握 Web 3.0 等金融科技前沿，我建议您阅读这本著作。

窦尔翔

北京大学软件与微电子学院金融信息与工程管理系教授

推荐序四

自以太坊黄皮书作者、波卡项目创始人 Gavin Wood（他给自己取了个中文名字"林嘉文"）于 2014 年首次提出并阐述了 Web 3.0 的理念后，这颗种子在千万创始人和团队的心中就生了根。

当 2020 年的开放式金融（Decentralized Finance，DeFi）和 2021 年的非同质化通证（Non-Fungible Token，NFT）以黑马之姿猛然闯入大众视野的时候，Web 3.0 的种子就已经悄悄地发了芽。

Roblox 在 IPO 文件中提出元宇宙（Metaverse）的概念，扎克伯格宣布将 Facebook 更名为 Meta，还有众多互联网大厂主动发起的变革，让大家猛然意识到，有一种新的商业业态正在向传统的、已熟知的业态发起挑战。当顺着表象往下挖掘演变逻辑的时候，Web 3.0 作为底层网络技术及新的治理理念，是这些变化的根。

虽然 Web 3.0 已经是资本家、创业家、前沿开发者热议的话题，但仍然有很多人不知所云。市场上亟需有人能够清楚且通俗地讲解其中的道理，分析早期的典型案例，而吴桐博士以本书为立足点，承担起了这份责任。作为同是关注 Web 3.0 的同行，我感到庆幸并与有荣焉。

Web 3.0 不仅是受到追捧的热词，还是从 Web 1.0、Web 2.0 以来，有技术发展逻辑与数字化商业发展逻辑可循的。本书清晰地从价值演变、细分领域介绍、典型案例分享、未来展望的角度，对 Web 3.0 进行了全面的梳理。例如，与区块链技术天然结合的金融 DeFi 应用；摆脱大公司内卷，真正以人为本，按贡献分配收益的 DAO 组织结构；凭借爆款产品出圈，引起众多 Web 2.0 公司竞相尝试的 NFT 应用；以及新世界的雏形，在数字海洋中诞生的元宇宙愿景。

　　在新时代来临的前夜，在伟大变革发生的早期，作为一个普通人，恐怕没有力量引领整个时代的发展。但吴桐博士的这本书，可以成为一根绳子，系住阅读本书的每一个读者，让大家能够同舟共济，在数字化变革的伟大航路上不掉队，一起驶向光明的彼岸。

王雷

巴比特 CEO

前言

2022年，Web 3.0成为国内国外、街头巷尾几乎人尽皆知的热词，好像不知道这个概念的人就会被这个日新月异的时代所抛弃，这给当下已经非常内卷的时代又增添了几分"卷意"。同时，不同的人对于Web 3.0也有不同的理解，一时间出现"一千个人，一千零一个Web 3.0"的盛况，多出的那个Web 3.0是大家在思维碰撞中即时产生的。但社会似乎达成了一个普遍共识——Web 3.0是时代的发展方向，是下一代互联网一般的存在。但什么是Web 3.0，却很少有人说清。当下宛如Web 3.0的一个启蒙时代，百花齐放，百家争鸣，就如同20世纪90年代的第一代互联网发展时期，一切都是新鲜的，一切都存在不确定性，一切都在被定义，一个新的时代仿佛在孕育之中，能够在这个关键节点躬身入局，可谓三生有幸。

2021年，由于一些偶然和必然的因素，我们坐上了Web 3.0的快车，也感受到了Web 3.0的巨大泡沫，尤其是2022年美联储的加息缩表，使得Web 3.0这种高估值项目经受了巨大的考验。在市场起起伏伏的过程中，我们坚信Web 3.0是互联网的下一个十年，必会将人类社会带到新的纪元。在本书中，我们尝试阐述以下问题：第一，Web 3.0是什么？Web 3.0最具进步意义的核心性质是什么？同时，作为Web 3.0重要应用的元宇宙又是什么？第二，Web 3.0诞生的当下是一个什么样的时代？这个时代创造了什么样的光辉文明，又处于怎样的内卷之中？第三，Web 3.0 的重要组成部分都有哪些？驱动 Web 3.0 发展的核心动力是什么？在回答了这些问题之后，我们也就能够对 Web 3.0 产生较为深刻的理解。在前言中，我们试图对这三个问题进行一个简要的回答。

第一，Web 3.0 是一个由所有用户共享、共建、共治的价值互联网，其最具进步意义的地方在于，用户享有数据的所有权及由此所衍生的一切权利。我们将 Web 3.0 的重要应用——元宇宙简单地定义为"一个平行于现实世界运行的数字世界"。一个世界构成平行世界的前提是维持一定的独立性，如果一个世界完全依托于另一个世界，就不能被称为平行世界。换言之，如果元宇宙仅仅是现实世界的中心化处理器上的几行代码，那么必然无法承担起人类对元宇宙寄予的宏大憧憬。恰恰相反，元宇宙经济系统是作为一个具备永续性、开放性、自治性和沉浸感等特征的高度发达的通证经济形态而存在的，加强沉浸感只是元宇宙的"术"，而永续性、开放性、自治性才是元宇宙的"道"。

第二，Web 3.0 诞生于日益内卷的 Web 2.0 时代，每个人都不可避免地被卷入其中。如果 Web 2.0 时代没有这么卷的话，那么大众也不会不约而同地对 Web 3.0 产生浓厚的兴趣。Web 2.0 时代的内卷体现在多个方面：

其一，我们的各种行为产生的数据不属于我们，而是被互联网巨头所垄断。党的十九届四中全会提出，把数据纳入生产要素中，这在实践层面任重道远。

其二，互联网巨头不仅垄断数据，而且垄断经营场景和用户的思维逻辑。垄断数据和经营场景是表面现象，更深层次的影响是对用户思维逻辑的垄断，这将导致广大用户失去独立思考的能力，数以十亿计的用户会被困在"信息茧房"里无法自拔，从而导致越来越深的内卷。

其三，互联网并不互联，而且有愈发不互联的趋势。"互联网孤岛"是 Web 2.0 时代的典型特征，同时，不同国家的互联网政策不同，加剧了这一形态的割裂。

其四，互联网边际递减的财富效应，无法承载年轻一代的梦想。以我国的互联网行业为例，在经历了从 2016—2017 年的红利耗尽阶段之后，已经有好几年没有出现令全互联网行业集体兴奋的奇点了。虽然物联网（Internet of Things，IoT）、人工智能（Artificial Intelligence，AI）、区块链（Blockchain）、虚拟现实（Virtual Reality，VR）、增强现实（Augmented Reality，AR）和第五代移动通信技术（5G）都曾在过去的一段时间内引发社会的广泛关注，但这些都是互联网的细分领域，涉及的范围相对有限。此外，互联网行业的造富效应早已江河日下。过去，一个名校的本科、硕士或者博士毕业生去互联网大厂工作，很可能会拿到不菲的薪资。如果升职至公司部门中层及以上，又等到了公司上市，则会获得一大笔财富。或者，在公司获得一定的资历与经验后，自己去创业，同样可以实现财富的快速积累。然而，这些可能性都随着近年来愈演愈烈的数字经济反垄断和 Web 2.0 的内卷一去不复返了。仅靠工资等劳动型收入，年轻人难以实现财富阶层的跃迁，他们在买房这座"大山"面前望而却步。

而 Web 3.0 是对 Web 2.0 的整体迭代，当技术集群发生代替革命时，其产生的财富效应必然是非常可观的。技术集群迭代革命的体现，如 20 世纪初的汽车、20 世纪末的互联网、21 世纪初的移动互联网（智能手机），以及正在发生的 Web 3.0，都并不是简单呈现了某一项技术，而是一系列"连点成线"技术的集合在奇点出现时的迸发。比如 Web 3.0 涉及的技术集群包括芯片技术、通信技术、区块链技术、交互技术、虚拟引擎技术、人工智能、网络及软硬件编程等多种数字技术，在社会治理和伦理层面同样牵一发而动全身。很多人选择加入 Web 3.0 其实也是生活所迫，与其被生活内卷，不如主动去拥抱变革。因为在任何一个行业初期，造富效应都是最大的逻辑和共识，市场中长期效应不会说谎。

　　Web 3.0 最大的历史意义就在于将数据这一本就属于广大用户的生产资料真正还给用户，进而迸发出数据资产的真正价值，实现将数据纳入生产要素中这一宏大命题。用户在 Web 3.0 范畴拥有和掌握数据，则在元宇宙层面也可以真正拥有和掌握元宇宙，这是一枚硬币的两面。更值得我们关注的是，2021 年 12 月在美国众议院举行的"数字资产和金融的未来：了解美国金融创新的挑战和利益"听证会上，出现了"如何确保 Web 3.0 革命发生在美国"的声音，这对我们如何在 Web 3.0 革命中占据先手、建设数字中国具有非常重要的现实意义。

　　对应 Web 3.0 应用层的元宇宙，当前建设元宇宙主要有"大互联网路线"和"基于区块链构建路线"两种。基于"大互联网路线"的元宇宙构建虽然短期内可以给用户提供更加逼真的沉浸式体验，但没有将本属于用户的数据还给用户，本质上还在 Web 2.0 的窠臼之中无法自拔，因此从长远来看并不具备可持续性。而有关"基于区块链构建路线"的元宇宙构建虽然短期内在沉浸感等方面体验感较差，但将数据归还给了用户，是 Web 3.0 范式的元宇宙。其优化了生产关系，更加符合元宇宙永续性、开放性和自治性的精神内核，因此更具生命力，也更加长远。所以说，区块链是元宇宙的基础设施和底层技术。

第三，驱动 Web 3.0 发展的核心动力是将数据和由此产生的数字资产交还给用户后所迸发的巨大生产力。这也是发展数字经济最为核心的部分。Web 3.0 不是一个独立的概念，它与开放式金融（Decentralized Finance，DeFi）、元宇宙、非同质化通证、去中心化自治组织（Decentralized Autonomous Organization，DAO）等是一组高度相关的概念。DeFi 是 Web 3.0 的经济运行机制，元宇宙是 Web 3.0 的应用生态综合体，NFT 是 Web 3.0 的重要表达形式，DAO 是 Web 3.0 的主要组织形式。随着 Web 3.0 的发展，一个下一代互联网的宏大叙事框架建立了起来。近年来，DeFi、元宇宙、NFT 和 DAO 都已经取得长足的发展，这为 Web 3.0 的建构奠定了坚实的基础。本书主要以 Web 3.0 及其主要组成部分作为脉络展开论述。

DeFi 是 Web 3.0 的底层经济运行机制，是 Web 3.0 成为价值互联网的重要基础设施，本质上属于金融的范畴。如今，"金融"这个词十分流行，它本身也已经成为我们每天都要谈论和关心的事。作为经济活动的血脉，金融在人们的日常生活中可以说无处不在，每个人、每个家庭、每个企业、每个国家乃至整个人类社会都离不开金融，而金融思维也贯穿我们的日常行为和决策。因此，我们不得不承认一个事实——人类已经进入了"金融社会"（Financial Society）。事实上，无知是最大的风险，大众对金融的了解水平仍然停留在一个较低的层次上，在现代媒体的传播下呈现出无法忽视的"羊群效应"，这在极大程度上抑制了有益的金融创新，还显著增加了金融风险。

金融业作为具有极大外部性的行业，在人类数千年的发展历史中被笼罩上了层层迷雾。我们尽管每天都接触它，却无法把握其核心，情绪往往因为形势的变化而大起大落，面对一些看似简单的问题也难以给出准确的回答。比如，什么是钱？股票价格跌的时候钱去哪儿了？什么是资产的价值？房价为什么在过去涨了那么多？银行在互联网巨头的冲击下会如何演进？比特币到底是不是骗局？近年来，各行各业的朋友多次向我咨询这些问题，其中不乏很多金融业的朋友。事实上，很多金融从业人员仅仅对于自己所从事的细分领域较为熟悉，而对整个金融系统的运作缺乏宏观认知，存在"只见树木，不见森林"的问题。这些问题看起来简单，但实则回答起来难度极大，而且在很大程度上都无法被证明，因为历史没有如果。即使是亚当·斯密、卡尔·马克思这样首屈一指的大经济学家往往也只能借助逻辑这一重要工具进行分析。

同时，当下也是一个金融的形式和内涵变化剧烈的时代，一个对传统金融冲击如此剧烈的时代。正如德国央行行长延斯·魏德曼（Jens Weidmann）在2021年9月中国和德国央行合办的"金融科技与全球支付领域全景"联合研讨会上所言："受新冠肺炎疫情（下文简称疫情）的影响，本次会议只能以数字形式进行。如果我们能够见面，那么我一定会推荐大家去参观德国央行货币博物馆及其当前以'货币创造者——谁决定什么是货币？'（Money Creators. Who decides what's money?）为主题的货币特别展览。值此数字货币黎明时代，这是一个高度相关的问题，加密通证和金融领域的其他创新正在挑战关于货币构成的既定观念。"

金融对生活的影响如此之大，以至于金融带来的收入分化深刻地影响到我们的生活，人与人之间收入差距的主要来源不是劳动型收入，而是财产型收入。对此，法国经济学家托马斯·皮凯蒂（Thomas Piketty）在其风靡全球的《21世纪资本论》中用数据做过详细论述，以一百年为单位的历史长周期为视角，财产型收入的年化收益率为3%～4%，而劳动型收入的年化收益率为1%～2%。这种差距是难以仅靠大众的奋斗被抹平的。

金融体系如此复杂，以至于很多金融从业者的认知范畴仅限于自己的业务范围，比如银行从业者仅仅了解银行，证券从业者仅仅了解证券体系，保险从业者仅仅了解保险体系。然而，金融市场又是一个有机的整体，各个子市场之间通过信息和价值构成了一张错综复杂的隐形大网，将市场上几乎所有信息吸纳其中。一只蝴蝶在巴西的丛林中扇动翅膀，或许会在美国的得克萨斯州引起一场龙卷风。认知的割裂加剧了资源的错配和风险的集聚。金融系统内的一个微小变化都可能产生巨大的输出结果，所造成的后果都是我们难以预测的。

事实上，金融在人类历史上经历了从自由到垄断的过程，但随着科技的发展和风控能力的提高，从长历史周期维度来看，金融的自由趋势将更加明显。在以贵金属为代表的商品货币时代，商品货币的价值是得到广泛、客观认可的，但由于其具有存储、运输成本较高、难以适应经济的实际发展等弊端，商品货币时代渐行渐远。以中央银行的成立为分水岭，人类开始进入信用货币时代，并在两次世界大战后确立了其全球范式，"中央银行—商业银行"的二元模式开始在全球流行，并围绕此形成了股票市场、债券市场、外汇市场、衍生品市场等子市场，金融化也伴随着全球化的进程席卷了世界的每一个角落，金融素养也成为每一个现代人应该具备的基本素养。但是，对于大众而言，金融是一种奢侈品，并且蒙着一层厚厚的面纱。银行业依托抵押品和现金流的信贷模式，使其注定是"嫌贫爱富"的，证券市场具备较高的参与门槛，这导致大众无法分享高成长性项目带来的收益，而保险市场所具有的社会保障作用却成为少部分人暴富的工具。更重要的是，广大交易者只能被动地接受金融机构开发出的金融产品，而不能主动合成自己需要的金融产品。此外，账户体系无法做到杜绝账户的创设机构（如银行、证券公司、基金公司）挪用用户的资产，同时存在着一定的中央交易对手风险，这意味着我们的银行存款、股票等资产，并非完全属于我们，而现金才是完全属于我们的资产。

与此同时，金融化的蔓延与泛滥也带来了巨大反噬，并在2008年达到了一个局部高潮——国际金融危机的爆发给这座看似华丽的金融殿堂撕开了一道巨大的裂缝，一些人开始对传统金融范式发起冲击，以比特币（Bitcoin, BTC）为代表的加密金融和以互联网巨头为代表的金融科技是其中的佼佼者。2009年初，比特币的主网上线，标志着比特币的正式诞生。人们希望比特币能够以算法信任代替理论上无限超发的主权信用。比特币一经诞生，便被传统金融从业者视为异端邪说，毕竟这是前所未有的创新。人们动辄以郁金香泡沫和密西西比泡沫与之类比，虽然这种类比并不恰当，但其在后续发展中迸发的顽强生命力令人惊叹。由于比特币的非图灵完备性，使之难以发育成茁壮健全的金融生态，这成为制约其发展的主要瓶颈之一，模仿它的莱特币（Litecoin, LTC）同样未能走出这种藩篱。换言之，在这种模式下，加密资产仅能承担价值储备职能和转账功能，无法在此基础上发展成一个完善的生态体系。

在这种巨大的现实需求下，2014年一种名为"以太坊"（Ethereum, ETH）的开源的、可加载智能合约的公共区块链操作系统诞生了。以太坊有针对性地解决了比特币的两个弊病：第一，解决了协议的拓展性差问题。在比特币的世界中，比特币是唯一的价值符号，用户无法定义其他的价值符号。这些符号可以是别的类型的加密货币，也可以是现实中的股票、债券、不动产等，因此仅靠比特币无法真正开启一个新的金融时代。第二，比特币基于堆栈的脚本语言不足以构建更高级别的应用，如去中心化交易系统（Decentralized Exchange，DEX）等。也就是说，仅靠比特币不足以承担建设新型金融基础设施的这一重任。以太坊的诞生可谓具有重要的现实意义。但在以太坊诞生的前几年里，规划出一系列新型金融系统的宏伟目标并没有被多少人关注，大多数人将以太坊视为"首次通证发行"（Initial Coin Offering，ICO）的操作系统，并在2017—2018年掀起了巨大的加密金融泡沫。金融泡沫被挤出，促使加密行业进入了几年的熊市，加密金融的价值和前景再次成为世界经济的重要问题。很多加密金融行业的人因感觉前景黯淡便离开了，也有一部分人看好这个行业的前景，认为熊市是做事的好时机而选择加入和坚守，加密金融行业的洗牌正在进行。

当加密金融行业在熊市的时候，稳定币（Stable Coin）迎合了投资者"进可攻、退可守"的现实需求，开始迅速发展壮大。所谓"稳定币"，是在区块链上发行的、锚定主流法币（如美元、欧元、英镑等）的通证，其目的是更好地发挥价值尺度和流通手段的职能。在区块链领域诞生了USDT、USDC、BUSD、GUSD、PAX、DAI、FEI等稳定币。以市场占比最大的USDT为例，根据数字资产数据分析公司CryptoCompare的数据，在2017年10月，USDT在比特币交易中份额仅有不到1%，在2018年3月这一数据为14.2%，在2019年1月这一数据为60.98%，在2019年4月这一数据为80.37%。全球互联网巨头入局，将稳定币的发展推向高潮。2019年6月，Facebook等20余家科技巨头成立了Libra协会，发布了定位于全球稳定数字货币的Libra白皮书（后改名为"Diem"），将目光锁定在全球的支付权上。全球一线互联网巨头的入局使得稳定币迅速"出圈"，形成了巨大的社会宣传效应，越来越多的人发现稳定币不仅可以用于低成本地购买加密货币，而且可以高效率地实现跨境资本流动。在互联网巨头的带动下，为增强国家的宏观金融管理职能，越来越多的央行也加入了研发和测试法定数字货币（Central Bank Digital Currency，CBDC）的阵营。全球数字金融进入"百家争鸣"的时代。数字金融的理念、基础设施和操作方式在世界范围内得到前所未有的传播，"数字金融启蒙运动"实现了快速普及。人们越来越惊奇地发现，既有的金融业务都可以基于区块链再做一遍。并且，由于信用来源、运作模式、激励机制等发生了变化，效率可能变得更高，而成本也可能更低，因此更加容易在全球范围内形成公允价格。如果这一设想成为现实，一个更加开放的、透明的、在链上运行的金融体系则拥有实现的可能。

Uniswap、Aave、Chainlink 等项目的施行，为一个新型金融体系的诞生提供了无限可能，人们似乎可以通过区块链和智能合约重构一个金融体系。DeFi 开始登上历史舞台。我在 2020 年 2 月发表的《基于区块链的开放式金融的优势、制约与推进对策》中，为 DeFi 下了一个定义：无须中心化机构许可、基于智能合约和在分布式网络中构建的应用所组成的金融生态系统。这应该是现有文献中首次对 DeFi 进行准确定义。

DeFi 在诞生之初，便受到了极大关注。现有的金融体系虽然在历次金融危机之后得到改进，但仍然存在一些深入骨髓的弊病：第一，中心化金融模式存在巨大的风险，主要表现为集中式结算及清算风险、中心化违约风险、"大而不倒"的道德风险及第三方资金资产托管风险等；第二，各个子市场之间、不同国家的市场之间存在割裂性，价格发现效率和市场化程度都有很大的提升空间；第三，金融交易的透明度及可审查性较低，合规成本和监管成本越来越高；第四，金融的垄断性仍然较高，普惠金融任重道远。而这些都是 DeFi 可以为金融业做出贡献的地方。与此同时，区块链、稳定币、法定数字货币等领域的发展也为 DeFi 提供了坚实的底层环境和与传统金融连接的桥梁，这也使得 DeFi 在近年来成为全球金融部门关注的重点领域。DeFi 距离实现"飞入寻常百姓家"的目标越来越近。

我于 2020 年 2 月在吉林省社会科学院主办的全国核心期刊《经济纵横》上发表了《基于区块链的开放式金融的优势、制约与推进对策》，这是国内首篇对 DeFi 进行深入研究的学术论文，虽然具有较为重大的理论意义及现实价值，但囿于篇幅有限，以及彼时 DeFi 尚未得到普遍应用的现实情况，所以当时并未对这一领域进行系统全面的论述。事实上，在 2020 年 6 月，DeFi 的应用呈井喷式爆发，整个 DeFi 领域的可能性得到极大拓展。此外，2021 年 NFT 的兴起和元宇宙的出现，极大地赋予了 DeFi 灵活性、可塑性及广阔的应用场景，DAO 的发展为元宇宙和 DeFi 提供了更加适应其发展的组织形式。如今 DeFi 已经拥有了适应其发展的外部环境，种种变化都推动了 DeFi 的进一步发展。

2020 年初，DeFi 的总锁仓价值（Total Value Locked，TVL）大约为 6.7 亿美元；到了年末，DeFi 的总锁仓价值约为 145 亿美元；而到了 2021 年 10 月，DeFi 的总锁仓价值已突破 2000 亿美元。事实上，DeFi 的高速增长还未停止，相对于全球股票市场超过 100 万亿美元市值的总规模，仍然具有巨大的发展空间。一些金融界的知名人士及权威机构也开始密切关注 DeFi 的发展并躬身入局。比如，有"牛市女皇"和"女版巴菲特"之称的凯瑟琳·伍德（Cathie Wood）认为，DeFi 将助推人类迎来与 14 世纪文艺复兴时期类似的新时代复兴，DeFi 正在"掏空"银行，并倒逼传统金融改革，以太坊将成为互联网的原生债券，其质押（Staking）收益率将成为金融市场的一个基准收益率。因此，我们有必要对 DeFi 进行一次全面介绍、梳理和展望。

在风险管理层面，DeFi 领域尽管具有高杠杆的特征，但在 2021 年多次市场大跌情况下的表现令人印象深刻。虽然同样出现了大规模清算，但是基本没有出现系统性风险，并且市场表现出良好的弹性，在缺乏中央银行作为"最后贷款人"（Lender of Last Resort）的情况下能够有如此表现，还是证明了这一新生事物本身的旺盛生命力。同时，随着新的 DeFi 风险管理产品的出现和运作模式的成熟，以及元宇宙和 Web 3.0 的巨大需求，DeFi 行业的风险管理能力将会进一步增强。不断追求更高层次的风险管理能力，也是 DeFi 不断进取的重要动力。

DeFi 的快速发展在全球范围内也引起了监管机构的注意。2021 年 9 月，美国证券交易委员会（United States Securities and Exchange Commission, SEC）对 DeFi 的龙头项目 Uniswap 进行审查。Uniswap Labs 也主动限制了 Uniswap 网站前端对 129 种通证的访问，这反映了 Uniswap 团队对监管层的配合。事实上，SEC 此前也曾对 DeFi Money Market 等项目进行过监管。对于 DeFi 项目监管范畴的把握，仍然以"豪威测试"（Howey Test）为监管尺度，这事实上已经与 DeFi 的现实实践脱节，而全球的监管机构也在探索 DeFi 的监管治理框架。随着传统企业和机构陆续从 Compound 和 Aave 等 DeFi 协议及 BlockFi 和 Celsius 等专业贷款机构获得贷款，DeFi 和传统金融的融合将进一步加深，这也意味着更多监管的出现是不可避免的。这对 DeFi 而言，既是机遇，也是挑战。

此外，作为一个新兴行业，DeFi 对于绿色金融等具有前瞻性的落地推进作用，更能发挥其独特优势。首先，相对于传统金融来说，DeFi 成本更低，效率更高，节省了大量的人力、财力、物力，同时也减少了能源消耗，是更为绿色环保的金融模式。其次，DeFi 从业者的参与主体以具备较强变革意识的金融从业者和互联网技术从业者为主，平均素质比社会平均水平更高，更能践行绿色发展的理念。最后，智能合约可将绿色金融的条款写入代码，从机制上保障绿色条款的强制落地，将绿色金融的相关要求变为硬约束，而在传统金融领域，这一目标则较难实现。

作为一个快速发展的新兴领域，DeFi 在下一个十年中会愈加成熟，生态也会愈加健全，同时将在整个金融体系中扮演更加重要的角色，与传统金融既有竞争，又有合作，在整个金融业的比重也将逐步提高。但是，DeFi 运作模式仍然相对不成熟，资产总量、用户数量等指标相对传统金融具有数量级的差距，各国央行作为传统金融系统的"最后贷款人"对 DeFi 也具有重要影响。因此，在下一个十年中，DeFi 和中心化金融（Centralized Finance，CeFi）必将形成既有竞争又有合作，既相互融合又彼此割裂的辩证统一关系。本书之所以花较多的笔墨介绍 DeFi，是因为 DeFi 作为 Web 3.0 的经济运行机制和价格实现机制，具有重要作用。希望本书可以为各位读者呈现一个五彩缤纷的 DeFi 世界，也希望大家都能树立一种健全辩证的金融观和财富观，并将之应用于实践中，在元宇宙和 Web 3.0 时代实现人生财富的保值增值。最后，希望中国能够成为金融强国，既藏富于国，又藏富于民；既藏富于少部分人，更要藏富于亿万人民，实现共同富裕。

作为 Web 3.0 的重要组织形式，DAO 在 2020 年开始进入发展的快车道，并在 2021 年大放异彩。现有社会经济生产的主要组织方式是公司制，公司是我们每个人每天都会接触到的事物，但公司制不是天然存在的，而是人类经济社会发展的产物。16 世纪，航海贸易的快速发展推动了大航海时代的到来，促进了现代公司制的产生和发展。生产组织形式是社会生产关系的重要组成部分，而社会生产关系则对生产力的发展具有重要的反作用力。在数字经济快速发展的当下，公司制已经日益表现出了与生产力诸多不相适应的地方。

第一，公司内部和外部信息不对称带来协同的高昂成本。公司必然存在不同的层级和部门，不同的层级和部门之间存在着显著的信息不对称问题，这一问题对于大公司而言尤为关键。腾讯、阿里巴巴、美团、京东这些互联网巨头，其公司内部不亚于一个中小型经济体。

第二，公司的资产形态（股票、债券、不动产及无形资产）在法律上有明确的界定和保护范围。改变资产的价值形态，除了法律的限制，还需要付出高昂的市场成本。2021年，房地产巨头恒大集团因资金链出现问题而遭遇危机，作为应对，该集团不得不以极低的折扣出售价值上亿元的豪宅。这一事实不禁令人思考，这么低的价格真的是得到市场公允的价格吗？我们有无办法将公司持有的资产和公司本身做出一定的区隔？

第三，公司组织结构、权利和义务在法律上相对固化，很难及时对现实情况做出调整和适应，尤其是在当下快速发展变化的市场环境中更难实现。比如在疫情反复的当下，很多中小企业的运营难以为继，但停止运营需要安置员工，高昂的安置成本也会给企业带来巨大压力，导致其做出违背市场规律的决策。

第四，公司承担了一些本不该承担的成本。在公司制下，公司往往与一些特定人员（如董事长、CEO、创始人等）具有强锚定关系，但实际上可能没有这么强的关系。比如，当上市公司董事长本人传出负面消息时，其公司股价往往大跌，但可能并不影响公司的基本面。这对于上市公司这种具有公共属性的企业而言，无论对中小股东，还是对大众，显然都是有失公允的。

第五，数字世界的生产与消费是天然跨主权的，但跨国公司的门槛高，跨国协作成本和信任成本都是小团队无法承担的。数字经济存在网络效应，导致边际成本递减，这使得数字经济的发展具有一定的自然垄断属性，这也是为何当前 Web 2.0 范式下互联网日益垄断和内卷的原因之一。海量的数据囤积于互联网巨头手中，却屡被低效利用，难以发挥数据要素的真正价值。

第六，开源和商业价值在公司组织的目标下难以同时顾全，因为公司通过提供服务与产品获得收益，开源基础设施难以为公司产生商业价值，但开源项目又是数字世界得以发展的重要基础。

公司制的这些弊端反而为 DAO 的发展提供了一个契机。2021 年 7 月，美国怀俄明州通过了一项地方法律，宣布允许 DAO 在此地被承认为一家有限责任公司（LLC）。事实上，在 2021 年 DAO 取得了长足发展，已经出现协议型 DAO、投资型 DAO、赠款型 DAO、服务型 DAO、媒体型 DAO、社交型 DAO 和收藏型 DAO 等多种形态。究其原因，疫情为 DAO 提供了一个数字化的环境，而 DAO 自身也拥有强大的生命力。DAO 在组织方面拥有自治性，而这保证了 Web 3.0 在形态上的开放性。很多专业人士预言，2023 年将是属于 DAO 的一年。

Web 3.0 是一个五彩缤纷的多样化世界，它在资产形态上不仅有同质化通证（Fungible Token，FT）这种较为传统的形态（我们的人民币存款、股票资产等都是 FT），还有 NFT 这种新型形态。NFT 的重要特征在于，每一个 NFT 都拥有独特且唯一的标识，两两不可互换，最小单位是"一"且不可分割，因而非常适合对具有排他性和不可分割性的权益和资产进行标记，并可以实现自由交易和转让。在技术维度，NFT 的通证协议标准主要基于 ERC721。Web 3.0 上存在大量独特的数据资产，仅靠基于 ERC20 的 FT 难以满足需求，而 NFT 则可以满足 Web 3.0 上多样的资产刻画与表达需求。

比如，Web 3.0 的每一块地都有独特的坐标，当用户获得这块地的 NFT 时，则获得了包括永久产权在内的所有权利，可以按照自己的意愿在土地上进行开发经营。NFT 的出现，极大地满足了对于 Web 3.0 多样的资产进行刻画的现实需求，补足了 Web 3.0 "飞入寻常百姓家"前的最后一块拼图。

很多人将元宇宙理解为游戏，其实是有失偏颇的。但不可否认的是，现阶段游戏确实是元宇宙的重要入口。其实，如果从更宏观的视角出发，元宇宙的重要意义类似于在另一种意义上重启人生。我们都是世界的一粒尘埃，每个人的人生也充满了随机性，我们无法选择自己是否该出生，也无法选择自己的父母、出生地，我们的人生轨迹还存在着主线任务和支线任务，大部分人的主线任务就是上学、毕业、工作、结婚、生子，同时还要应对生活中各种不期而遇的支线任务。如果从这个角度出发，元宇宙创造了若干个平行世界，极大地拓展了我们每个人人生的维度。我们可能不止一次地幻想过，如果可以换一个身份，如果拿到一个不同的人生剧本，我们会如何生活？而元宇宙正在将这种幻想变为现实。这也是资本如此青睐元宇宙这个风口的原因，元宇宙的想象空间确实非常大，大到超出我们大部分人的想象。

基于此，本书将对元宇宙和 Web 3.0 正在发生的未来及其构成要素 DeFi、DAO、NFT 等进行论述，以图给读者展现一个完整的、波澜壮阔的、正在实现的元宇宙和 Web 3.0，也希望更多的读者抓住元宇宙和 Web 3.0 的风口，在其中纵横驰骋，不负这个伟大的时代。

吴桐

目录

01 Web 3.0 是下一代互联网吗

1.1 元宇宙——广义通证经济的实践　/005

1.2 从 Web 2.0 到 Web 3.0——我们需要更好的互联网　/009

1.3 元宇宙的"道"和"术"——建设元宇宙的两条路线　/019

1.4 Web 3.0 促进虚实结合　/029

02 前 Web 3.0 时代的内卷和失序

2.1 日益失效的传统金融框架　/039

2.2 "新垄断主义"——金融科技　/044

2.3 区块链能为金融提供什么　/106

2.4 新时代的新金融理论　/116

03 Web 3.0 的经济运行系统——DeFi

3.1　基于区块链的 DeFi　/133

3.2　比特币和以太坊——Web 3.0 和元宇宙的基础设施　/145

3.3　L1：千帆竞发，多链竞争　/165

3.4　DeFi 的货币生成机制　/173

3.5　跨链——打通 Web 3.0 的价值桥梁　/186

3.6　DeFi 如何改变金融范式　/190

3.7　Uniswap——DeFi 的交易系统　/199

3.8　Aave 和 Compound——DeFi 的银行　/210

3.9　Chainlink——链上报价预言机　/220

3.10　DeFi 和 CeFi 的竞争与融合　/228

04 Web 3.0 的治理结构——DAO

4.1　从公司制到 DAO　/236

4.2　DAO——Web 3.0 的组织治理结构　/240

4.3　DAO 的现实进展和应用前景　/245

4.4　DAO 和 DeFi 2.0　/251

4.5　登堂入室——DAO 的监管实践　/255

05 Web 3.0 的重要表达形式——NFT

5.1 NFT——DIY 元宇宙的"利器" /263

5.2 "DeFi+NFT"——组合 Web 3.0 的金融积木 /273

5.3 NFT 展望——泡沫很大，未来更大 /276

06 Web 3.0 和元宇宙——未来已来

6.1 Web 3.0 时代：开放、共建、共治 /285

6.2 GameFi——元宇宙的重要入口 /296

6.3 Web 3.0 房地产——Web 3.0 也逃不过"住房难"？ /301

6.4 SocialFi——去中心化社交金融的曙光 /306

6.5 Web 3.0 的绿色低碳发展之路 /313

6.6 Web 3.0 和 AIGC 的融合——ChatGPT 的爆发 /327

6.7 Web 3.0 和元宇宙的未来和展望 /329

参考文献 /334

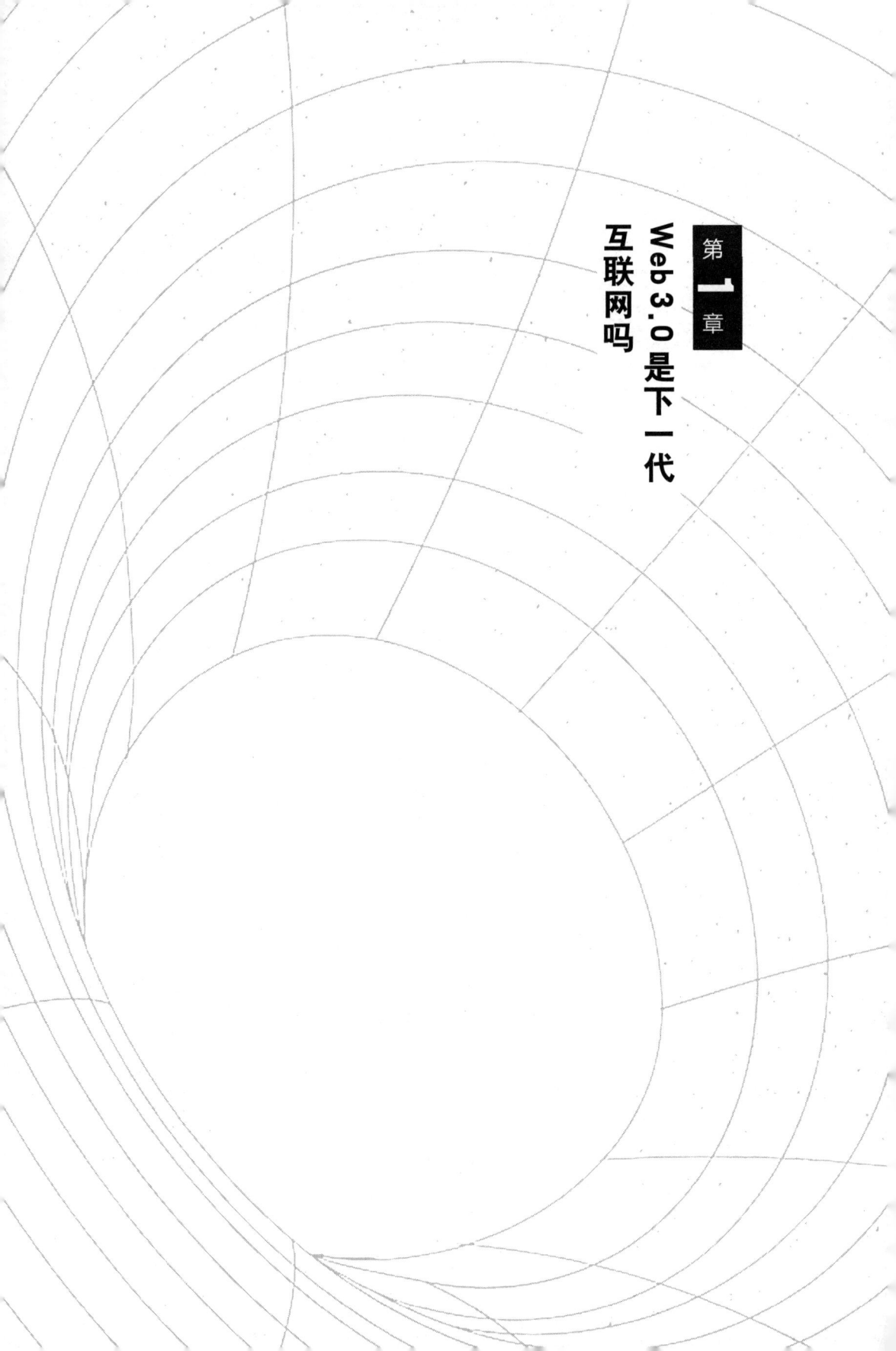

第 1 章

Web 3.0 是下一代互联网吗

知名科幻作家刘慈欣的《三体》中有一句非常有名的话："在人类的面前有两条路：一条向外，通往星辰大海；一条对内，通往虚拟现实。"这句话如今正逐步变为现实。一方面，人类登上月球、火星及更远太空的梦想正在逐步实现，这被称为"宇宙飞船派"；另一方面，一个平行于现实世界的数字世界——元宇宙正在诞生，这被称为"元宇宙派"。事实上，"宇宙飞船派"和"元宇宙派"的核心圈层是同一批人，本质都是扩展或深化人类的生存空间。比如，2021年的全球首富埃隆·马斯克（Elon Musk）既是"宇宙飞船派"的代表人物，也是"元宇宙派"的核心人物。元宇宙本质上是人类对生存和发展空间及维度的又一次深度拓展。人无远虑，必有近忧，我们面临着日益严峻的人口、环境、资源等方面的约束，未来发展方向是一个关乎全人类命运的宏大命题。

现在的元宇宙还处于快速发展的早期阶段，不同的人对于元宇宙也有不同的定义，甚至出现了"一千个人，一千零一个元宇宙"的状况。我们率先给出了一个元宇宙的简单明确的定义——"一个平行于现实世界运行的数字世界"。对于"平行世界"的概念，我们也有相关界定：一个世界作为平行世界的前提，是要维持一定的独立性，如果一个世界完全依托于另一个世界，我们就不能称其为平行世界。我们在很多科幻电影里都看到过平行世界，即若干个平行世界同时存在，一个平行世界发生了变化，其他平行世界也会受到影响，但不会产生决定性的影响。如果我们将数字平行世界的宏大理想寄托在元宇宙上，那么元宇宙便不能完全依托于现实世界，而是会成为现实世界的附庸，无法呈现一定的独立性和自身的价值规律。换言之，如果元宇宙仅仅是现实世界互联网巨头的中心化处理器上的几行代码，则无法承担人类对元宇宙寄予的宏大憧憬。这就决定了后文提到的基于"大互联网路线"建设元宇宙的 Web 2.0 模式不是长久之道。因为在这种模式下，所谓的"元宇宙"仅仅是互联网巨头中心化处理器上的若干行代码，元宇宙能否存在完全取决于这些互联网巨头，元宇宙中的资产皆属于这些互联网巨头。随着 Web 2.0 模式下的元宇宙用户越来越多，就会出现互联网巨头"雷霆雨露，皆是君恩"的情况。这种"数字封建主义"显然不是我们期待和憧憬的元宇宙样态。

笔者在发表于《东北财经大学学报》的学术论文《元宇宙：一个广义通证经济的实践》中对元宇宙的经济特征做过总结：元宇宙经济系统是一个具备永续性、开放性、自治性和沉浸感等特征的高度发达的通证经济形态。加强沉浸感只是元宇宙的"术"，而永续性、开放性、自治性才是元宇宙的"道"。为什么这么说呢？因为不断追求沉浸感不仅是元宇宙的一个目标，也是现有互联网的一个重要目标。沉浸感不是元宇宙和现有互联网的根本区别，元宇宙和现有互联网的根本区别在于永续性、开放性和自治性，这也是 Web 3.0 和 Web 2.0 最重要的区别。Web 2.0 是属于互联网巨头的，是封闭的和垄断的；而 Web 3.0 是属于所有用户的，是开放的和自治的。

2021 年可谓"元宇宙元年"，几件大事将元宇宙推向了世界的风口浪尖。2021 年 3 月 10 日，Roblox 在纽交所上市，成为全球元宇宙概念第一股，首日股价上涨 54%，市值超过 400 亿美元。这也在全球范围内引发了元宇宙的第一波高潮。2021 年 10 月，全球社交媒体巨头 Facebook 宣布把公司名称改为"Meta"，还将其股票代码从"FB"改为"MVRS",12月1日开始生效,这显示出其全力进入元宇宙赛道的决心。正如Facebook创始人兼CEO马克·扎克伯格在宣布改名的视频中所言:"今天我们通常被视为一家社交媒体公司,但是在我们公司的DNA中,我们是一家建立连接人们技术的公司。元宇宙是下一个科技前沿领域,就像当初我们搭建社交网络一样。我们希望,在未来十年内,10亿人将能接触元宇宙,元宇宙能成为一个承载数千亿美元的数字行业,并为数百万创作者和开发者提供就业机会。"这番话在全球范围内引发了元宇宙的第二波高潮。

尽管基于"大互联网路线"建设元宇宙的 Web 2.0 路线并非长久之道,但我们需要清楚地意识到,互联网巨头也是元宇宙生态的重要贡献者,它们在底层技术、流量入口、场景搭建等方面都起到难以替代的作用。此次正因 Facebook、微软、迪士尼、字节跳动、网易、百度等科技巨头入局元宇宙,带动了全球层面的元宇宙大热。

此外,基于区块链的 Web 3.0 元宇宙建设路线也在如火如荼地进行中。以 ETH、DOT、ICP、AVAX 等为代表的元宇宙公有链,以 UNI、Dydx、Vega、Sushi、1Inch、Snx 等为代表的元宇宙交易系统,以 AR、FIL、CRU、VSYS、Meson、Stratos、Theta 等为代表的元宇宙存储,以 AXS、SAND、MANA、RACA 等为代表的元宇宙游戏,以 DeSo、Rally、Roll 等为代表的元宇宙社交,以 Lit、Icx、Bright、Sjsnb 等为代表的元宇宙身份索引,以 GTC、YGG、Fwb、Bit、Gno、Dora 等为代表的元宇宙组织,以 PHA、LAT 等为代表的元宇宙计算都取得了长足的进步和发展,并且在一次次的市场检验中完成验证和迭代。

元宇宙作为一个具有永续性、开放性、自治性和沉浸感等特征的高度发达的通证经济形态,符合现代经济的发展趋势。人类对高层次文明的追求和其实现的过程本身就是人类社会发展进步的过程。元宇宙的主要发展路径有两条，分别是"大互联网路线"（Web 2.0 路线）和"基于区块链构建路线"（Web 3.0 路线）。从长期来看，"基于区块链构建路线"（Web 3.0 路线）的元宇宙才能真正实现平行数字世界的目标，但互联网巨头是元宇宙生态的重要建设者，区块链提供的不可篡改性和互操作性至关重要。元宇宙通过声音、图像、视频、文字等多种途径向现实世界传递信息，现实世界则主要通过预言机等方式向元宇宙传递信息。全球稳定币和央行数字货币是在价值维度连接两个世界的重要工具。元宇宙作为广义通证经济的高级业态，可促进虚实结合，推动相关硬件产业的发展，助力数字劳动范式的建立，深化数字经济的发展，并且持续迭代和自我完善。元宇宙和 Web 3.0 的世界虽然绚烂迷人、前途远大，但要想达到预期的状态仍需要各个条线的落地和突破。对于元宇宙和 Web 3.0，我们不可高估其一年带来的改变，也不可低估其十年带来的改变。

1.1 元宇宙——广义通证经济的实践

"元宇宙"概念源于尼尔·斯蒂芬森（Neal Stephenson）的科幻小说《雪崩》（*Snow Crash*），小说描绘了一个人们以数字身份在多维空间中与各种软件进行交互的世界。"Metaverse"一词由"Meta"和"Verse"两部分组成："Meta"意为"超越"，"Verse"意为"宇宙"，合起来直译为"超越宇宙"，意即"一个平行于现实世界运行的数字世界"。从互联网的发展轨迹来看，从局域网到广域网、移动互联网，再到有"价值互联网"之称的区块链，用户的参与感与沉浸感逐步提升；同时，随着 VR、AR、5G、云计算、物联网等数字技术的发展，虚拟与现实的距离也逐渐缩小。在此历史趋势下，沉浸感、参与度、交互性和开放性都达到新高度的元宇宙，可被视为信息互联网和价值互联网的新演进方向。

此外，现代经济和现代金融的发展促使实体经济和虚拟经济不断繁荣，但长期来看虚拟经济比实体经济的增长速度更快。林左鸣开创性地提出了广义虚拟经济理论，将"广义虚拟经济"定义为"同时满足人的生理需求和心理需求并以心理需求为主导，以及只满足人的心理需求的经济的统称"，提出"由实物价值和虚拟价值通过相互容纳，彼此不断释放出的信息介质而循环进化的二元价值运动是广义虚拟经济发展的基本路径"。笔者在广义虚拟经济理论的基础上提出广义通证经济理论，将"通证经济"定义为"可流通的加密数字经济"。事实上，元宇宙是数字技术深化发展、消费者对数字世界的需求深化、不同数字空间亟待聚合的趋势下出现的广义通证经济的实践，这个实践涉及的宽度、广度、深度是超出现阶段人类认知之所及的。当达到元宇宙奇点时，数据隐含的巨大价值将被充分发掘，人类对互联网和数字世界的探索将翻开新的一页。

元宇宙实现了科幻小说《雪崩》中的设想。在数字技术的支撑下，通过设备和终端，人类可以通过链接进入计算机模拟的虚拟多维世界，现实世界中的事物可以有选择地在虚拟世界复刻，现实世界中不存在的事物也可以在虚拟世界中被创造，人类可以通过数字分身在虚拟世界"重启人生"，获得数字世界中的数字资产，这些都将在数字世界中被永久记录。2021年3月有"元宇宙第一股"之称的在线游戏创作社区公司——Roblox在纽约证券交易所上市，将"元宇宙"从概念阶段推进到落地应用阶段。由于区块链具有去中心化、难以篡改等特征，其被当作一种必不可少的底层操作系统纳入元宇宙生态中。区块链游戏在现阶段是元宇宙的重要入口，在 2021 年也出现了现象级的区块链游戏 *Axie Infinity*（通证为 AXS）、*Sandbox*（通证为 SAND）、*Decentraland*（通证为 MANA）、*RACA*（通证为 RACA）等。作为元宇宙必不可少的拼图，区块链填充了元宇宙作为客观存在实体、实现动态治理及实现用户当家作主目标的最后一块拼图。

元宇宙与以往基于数字技术的虚拟产品的最大不同在于，它的目标是实现基于多种数字技术形成的、属于所有用户的、系统化复合数字世界，这个世界真正实现了数据的确权、定价、交易和赋能。元宇宙是客观存在的、开源的、动态演化的、以用户需求为导向的，本质上是一个人造的数字平行世界，这也是通证经济的一大意义——发挥价格发现和治理作用。元宇宙还可以通过多种方式与现实世界产生联动，其经济形态实质上是高度发达的通证经济。在信用货币体系下，元宇宙作为高度发达的通证经济形态，成为信用货币密集流向的领域；区块链作为完成元宇宙拼图的数字技术，将元宇宙和元宇宙通证变成了客观存在、不可篡改的实体，元宇宙通证在元宇宙中具有价值发现和治理功能。

在20世纪70年代布雷顿森林体系崩溃，人类进入信用货币时代后，主权信用货币超发成为一个历史趋势，这不仅导致了比特币等去中心化加密资产的诞生，也导致了信用投向实体领域和虚拟领域的不平衡性。从广义通证经济的视角来看，信用的非均衡投放导致了高级虚拟通证的数量远多于实物通证和低级虚拟通证。当对实物通证和低级虚拟通证的严重挤兑出现时，金融危机就诞生了，这也是虚拟经济领域容易产生泡沫的原因和各国政府倡导"脱虚向实"的政策逻辑。

尤其是2020年以来疫情在全球爆发，极大地推动了多国央行大放水，美联储推出无上限的量化宽松（Quantitative Easing, QE），其本质为财政赤字货币化。在2020年2月，美联储的资产负债表仅为4.1万亿美元左右的规模，而截至2021年7月末，美联储的资产负债表创纪录地超过8.2万亿美元。欧洲央行、日本央行和英国央行等也向市场投放了大量的流动性。从2020年3月开始，美联储将基准利率维持在0%～0.25%。过量的流动性和低利率环境再次推高科技板块的整体估值，2020年以来，特斯拉股价和比特币价格的强势走势就是其中的典型代表。从历史发展的趋势来看，真正有价值的科技企业和项目会逐步吸收泡沫、兑现价值，苹果、亚马逊、Alphabet、Facebook、阿里巴巴、腾讯、特斯拉、字节跳动等科技巨头都经历了高估值和高发展时期，最终也都吸收了资本泡沫，兑现了其价值。然而，相比于区块链、人工智能、大数据、物联网、边缘计算、脑科学等单一技术提供的产品，元宇宙作为一个宏大的、自洽的经济和治理系统，为全球天量流动性的注入提供了广阔空间。科技的长期发展和长周期下的流动性宽松构成了适宜元宇宙发展的宏观环境。

此外，将数据纳入生产要素范畴已成为全球共识。2019年10月，党的十九届四中全会审议通过了《中共中央关于坚持和完善中国特色社会主义制度 推进国家治理体系和治理能力现代化若干重大问题的决定》，这是中央层面首次将数据纳入生产要素。2021年通过的《中华人民共和国国民经济和社会发展第十四个五年规划和2035年远景目标纲要》则从落地操作层面为数据纳入生产要素提供了支撑。元宇宙本身就是一个数据产生、流转、利用、重组的市场化生态系统，数据在元宇宙中天然就是生产要素，而且是最重要的生产要素。元宇宙为将数据纳入生产要素提供了一种市场化机制。

疫情的全球传播加剧了无接触经济的发展，数字化、网络化、智能化成为经济发展的新动能，微观经济组织结构也在向着数字化、网络化和智能化发展。传统的以企业制度为基础的社会经济组织制度受到一定程度的冲击，基于区块链的DAO则彻底改变了过去传统组织管理的形态，其具有分布式、自治化和扁平开放性等核心属性，对于推动和优化数字经济范式下的人类大规模协作具有重要意义。

元宇宙是全球开源社区的产物，大型科技企业和DAO都会成为元宇宙生态的贡献者，但从长期来看，DAO的组织和运作模式更能适应元宇宙的发展。比如，Yield Guild Games（YGG）就是一个优化社区持仓资产并实现其最大效用的虚拟社区。同时，YGG 社区也发行了同名通证 YGG，YGG 通证结合了 NFT 和 DeFi 的优点，为区块链游戏经济带来了流动性挖矿模式，同时通过发展游戏内容和游戏内部经济为虚拟世界增加价值。DeFi 相较传统金融具有显著优势，可降低中心化金融导致的风险，有助于提高数字资产的价格发现效率和加深市场化程度，分布式账本有助于提高交易透明度及可审查性，智能合约则提高了金融的标准度、可编程性、灵活度及风险的相对隔离性。DeFi 实质上为元宇宙提供了一整套经济模型。元宇宙在满足全球用户精神需求的同时，也有效地减少了人与人之间的接触和降低了疾病传播的概率，在满足用户需求的同时，顺应了无接触经济发展的潮流。

1.2　从 Web 2.0 到 Web 3.0——我们需要更好的互联网

互联网的发展极大地改变了我们的生产和生活，但近年来互联网的发展相对迟缓，给生产和生活带来深深的内卷，一项事物的利弊得失一定要基于历史的框架分析和考察。Web 2.0 在 2010 年左右还是非常先进的事物，但其在 2015 年后经过了几年的迟滞，如今已成为阻碍生产力和社会进步的事物。

Web 2.0 对发展的阻碍体现在多个方面。

其一，广大用户的数据不属于用户本身，而是被互联网巨头所垄断。党的十九届四中全会提出的把数据纳入生产要素中，在实践层面任重道远。

其二，互联网巨头不仅垄断数据，而且垄断经营场景和用户的思维逻辑。垄断数据和经营场景是表面现象，更深层次的是垄断用户的思维逻辑，导致广大用户失去独立思考的能力，数以十亿计的用户被困在"信息茧房"里无法自拔，导致对世界的偏见越来越深，在思想上陷入"赤贫"。

其三，互联网并不互联，而且有更加不互联的趋势。"互联网孤岛"林立是 Web 2.0 时代的典型特征，同时，不同国家的互联网政策不同，加剧了这一形态的割裂。

其四，互联网边际递减的财富效应，承载不了年轻一代的梦想。以国内为例，互联网行业在 2016—2017 年移动互联网的红利消耗殆尽之后，已经好几年没有出现一个令全互联网行业集体兴奋的奇点了。不管是物联网、人工智能、区块链还是 VR、AR 和 5G，都曾在过去的一段时间内引发社会的广泛关注，但只是互联网的某个细分领域。此外，互联网行业的造富效应早已江河日下。之前一个名校的本科生、研究生去互联网大厂工作，可以拿到不菲的收入。当晋升到公司部门中层及以上时，如果运气好碰上公司上市，则会获得一大笔财富。或者，在公司升至一定的位置之后，自己出去创业，也可以实现财富的快速积累。但这些都随着近年来日益加剧的 Web 2.0 内卷和愈演愈烈的数字经济反垄断一去不复返了。仅靠工资等劳动型收入，年轻人难以实现财富阶层的跃迁，在买房这座"大山"面前望而却步。而 Web 3.0 则是对 Web 2.0 的整体迭代，当技术集群发生代替革命时，其产生的财富效应必然是非常可观的。很多人选择加入元宇宙和 Web 3.0 其实也是生活所迫，因为在任何一个行业初期，造富效应都是最大的共识。这其实也是市场经济的实质，市场会对何为先进、何为落后做出判断和选择，大浪淘沙、优胜劣汰皆是市场竞争的结果。

从人类的历史发展长河中看，我们从 Web 1.0 迈入了 Web 2.0，现在正处于从 Web 2.0 向 Web 3.0 迈进的关键历史时期，可谓站在 Web 2.0 的门槛眺望 Web 3.0。Web 1.0 的典型特征是静态网页，主要表现为有限的信息（只读）和有限的价值（只发送）；Web 2.0 的典型特征是用户可在信息维度直接交互，在价值维度局部交互，主要表现为绝大部分信息可实现读写，有限价值可实现有限发送及接收；Web 3.0 的典型特征是用户自主控制，主要表现为所有信息可读写，所有价值的发送及接收，价值流和信息流实现融合。Web 3.0 的概念最早由以太坊联合创始人、Polkadot 创始人 Gavin Wood（林嘉文）在 2014 年提出，Polkadot 是将多个专用区块链连接到一个统一网络中的区块链协议。Folius Ventures 将 Web 3.0 定义为：一个信息流与价值流传输摩擦最小化、成本最小化并且功能完备的互联网。Web 3.0 代表互联网的下一个时代，互联网形态向着更民主的范式转变，Web 3.0 源于人们对当今互联网价值态度的转变：互联网巨头控制着互联网和所有人的数据，这既不应该也不公平。Web 3.0 代表着很多人产生了想创造一个真正"用户集体所有"的互联网的想法和愿望。从 Web 1.0 到 Web 3.0 的时间进程越来越短，而所创造的价值越来越大，具体如图 1-1 所示。

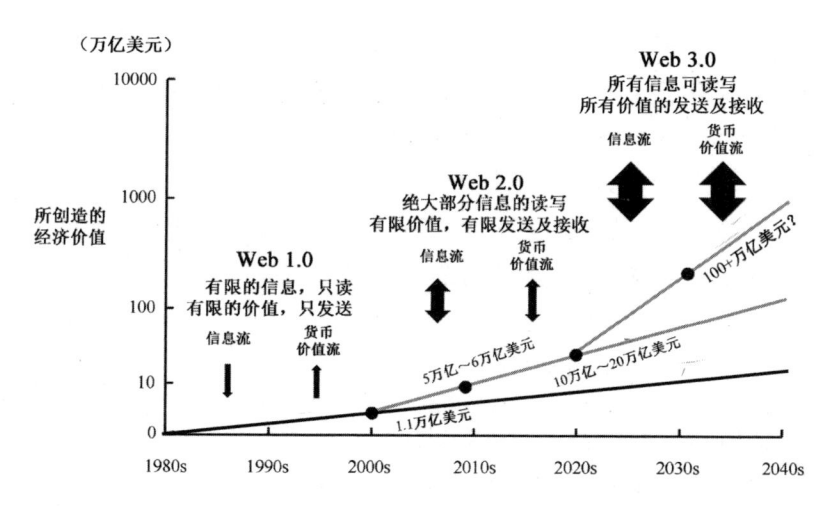

图 1-1 Web 1.0 到 Web 3.0 的时间进程及所创造的价值

天下苦 Web 2.0 久矣。在信息层面，尽管我们从直观上感觉获取信息已经相当便捷，但事实上还是被各种藩篱所隔绝，不同国家之间的互联网存在藩篱，不同平台之间也可能无法互通。互联网巨头的发展史好似一部"跑马圈地史"。早在 2007 年，当时的淘宝掌门人卫哲就多次前往百度商谈淘宝流量引流的问题，但因为所谓的"有不良的商家通过百度的竞价排名系统和搜索引擎优化的方式来欺骗消费者"，淘宝切断了和百度的流量合作。从 2010 年开始，4G 逐渐普及，光速网络逐步建立，全球互联网迎来了又一个高速发展期，互联网用户也进入爆发期。然而互联网公司之间的互相屏蔽现象，不但没有得到缓解，反而愈演愈烈。在移动互联网时代，无论腾讯、阿里巴巴、百度，还是字节跳动、美团、拼多多，追求垄断及屏蔽对手都成为常规操作。移动互联网商业智能服务商 Quest Mobile 发布的数据显示，截至 2021 年 6 月底，中国移动互联网用户规模达到历史最高值 11.64 亿，同比净增 962 万。2021 年 9 月工信部在组织互联网巨头企业召开的"屏蔽网址链接问题行政指导会"上提出要求，各互联网平台必须按标准解除屏蔽。然而，Web 2.0 藩篱的拔除非一日之功。

除了信息维度，Web 2.0 在价值维度带来的隔阂更深。以我国 Web 2.0 的生态为例，微信支付和支付宝的二维码无法互认，价值也无法直接传递。更为重要的问题是，用户无法掌握自己的数据，大部分数据被大型数字平台垄断，这是 Web 2.0 时代生产关系层面最大的问题，然而指望 Web 2.0 自我革命基本是不可能的。笔者等人提出了一种基于区块链的数字资产确权、定价和交易的完整框架，如图 1-2 所示。但在这种模式下，需要 DeFi 为数据流转提供足够的流动性。

Web 3.0 作为巨大的范式变化，改变了生产、消费、创业的方方面面，影响力远远超过以移动互联网为代表的 Web 2.0。毕竟，Web 2.0 发生的一切早在 1996 年尼古拉斯·尼葛洛庞帝（Nicholas Negroponte）出版的《数字化生存》（*Being Digital*）中就已被清楚描述出来。Web 2.0 的发展遇到瓶颈之后，越发展就越禁锢和束缚人，而不是解放和发展人。但关于 Web 3.0 的构想直到近几年才勾勒出蓝图，此后逐步在全球范围内成为互联网发展的主流方向。Web 3.0 的核心叙事是用户掌握数据所有权，与之相适应的一系列逻辑都发生了变化。从整体环境上来看，互联网行业从业者在过去四十年从 Web 1.0 时代到 Web 2.0 时代都在享受整体行业成长的红利，靠广告投放增长的范式将会被以社群增长的方式代替。自互联网诞生到 2015 年，其渗透率增长停滞在 60%，移动互联网的渗透率达到 78%。整个互联网行业进入了竞争红海，每一个企业都需要从竞争对手那里争夺用户，流量成本将会不断增加，广告投放驱动的用户增长策略将会被以用户社群增长和运营的方式所取代。这是互联网 Web 2.0 时代粗放式的增长，而 Web 3.0 则是互联网更高质量的内涵式发展形态。

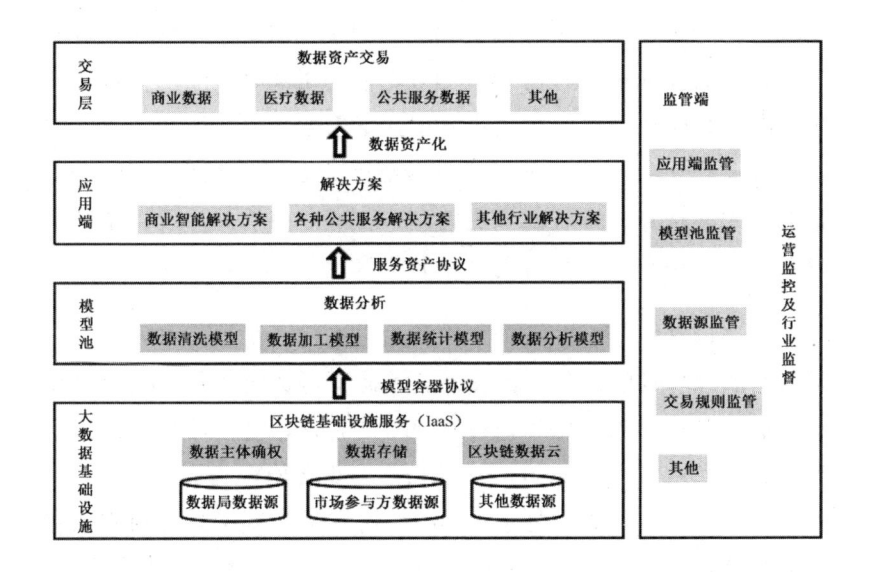

图 1-2 基于区块链的数字资产确权、定价和交易的完整框架

在底层经济模式上，传统的 VC/PE 模式在支持新范式迭代方面弊端丛生，遑论更为传统的商业银行体系。DeFi 的叙事重心不仅在于改变现实世界的金融业，还在于在元宇宙和 Web 3.0 里

创建新型数字资产的金融体系,以及用于去中心化云计算数字资源的协作框架。元宇宙的产生和 Web 3.0 的发展,解决了只靠区块链无法解决的物理世界上链难题,为 DeFi 的应用创建了广阔的应用场景。

从商业模式上来看,在 Web 2.0 时代用户靠出卖个人行为数据换取免费产品使用权的模式,被 Web 3.0 时代"用户拥有数据所有权,谁使用谁付费"的模式所取代。不同于云计算的租用模式,Web 3.0 时代的商业模式是按照运行次数和访问次数收费。区块链网络是一个巨大的计算机,承载的所有智能合约都开源对外暴露服务应用程序接口(Application Programming Interface,API),鼓励创业者自由调用,创业者可以按照自己的创意开发产品,生成一个新的智能合约。大量开放的智能合约和数据不仅激发了创新力,而且大大降低了创业的组织门槛。原来 Web 2.0 时代数百人的技术团队将由 Web 3.0 时代分布式的 DAO 代替;同时,由于智能合约部署在区块链上,不需要公司采购服务器,也无须为此租用云计算服务器,创业者不再需要支付服务器成本。智能合约的计算成本将由调用的用户支付,由于用户承担了计算成本,因此用户理应拥有自己的数据和隐私。

在 Web 3.0 时代,从软件开发上来讲,开源很有必要。正由于未来的软件控制了用户的资产,因此开源成为软件开发的必要选项而不是可选项。此外,在 Web 3.0 时代,基于智能合约组合形成新产品将成为主流的开发模式,因此智能合约需要开源。从商业模式角度上来看,处于 Web 2.0 时代的互联网企业因为依赖广告收益,需要将用户留在自己的产品体系里,因此需要搞垄断,于是形成了一个越来越封闭保守的系统。在 Web 3.0 范式下,用户为使用智能合约调用支付费用,大量的第三方合约调用同样会带来收入,因此隐藏在第三方的背后不会损失收入,反而会带来新的收入来源。因此,Web 3.0 项目会选择开源,鼓励第三方免费使用。从技术上来讲，软件开发从高效率、低成本优先变成强安全、高可靠性优先。从 Web 1.0 到 Web 2.0 的互联网发展的四十余年里，高效率一直是一个核心关键词，支持全球数十亿的用户快速访问互联网是核心标准。进入 Web 3.0 时代和元宇宙以后，由于互联网承接了大量价值可观的数字资产，强安全性和高可靠性成为用户考虑的第一优先级。

从技术架构上来看，Web 2.0 时代的"Server Client"架构将变为 Web 3.0 时代的"Blockchain-Edge-Client"架构。长期以来集中于互联网数据中心（Internet Data Center，IDC）的服务器，将被由 Web 3.0 时代的区块链组成的分布式节点代替；serverless 代码将部署于靠近用户端的 edge，为用户提供个性化的安全和隐私计算。在 Web 2.0 时代被亚马逊云（Amazon Web Services，AWS）、微软、Google Cloud、阿里云、腾讯云垄断的云计算平台将受到冲击，被 Web 3.0 时代的分布式数据中心代替，Web 3.0 的可信计算 CPU 将会得到大规模使用。

从产品设计层面而言，未来十年内，用户体验将让位于用户权利。元宇宙和 Web 3.0 的发展仍然处于早期，正如 1996 年的雅虎网页，速度慢并且不美观，但是在那个时代仍然得到用户的喜爱，并逐渐成为主流。这是由于雅虎提供了一种新的信息传播方式，这种信息传播方式恰恰迎合了正确的发展趋势，因此，即使它存在一些瑕疵，但总归瑕不掩瑜。就像比尔·盖茨向主持人解释什么是互联网，为什么收音机和录音机不如互联网好。又好比，1865 年英国议会通过了一部《机动车法案》（后被人嘲笑为《红旗法案》），就是因为大家觉得汽车能干的活儿马车也能干。英国错失了第二次工业革命的重要机遇，落后于美国和德国，由此深刻地改变了世界政治经济格局。Web 3.0 的市场定位需要新的价值，那就是让用户有机会掌握自己的数字资产。就像用户需要一段时间才能理解互联网为什么比收音机和录音机好一样，大多数用户需要一段时间才能体会到 Web 3.0 范式下数字资产的优越性，这是生产关系的深层次优越性。

在 Web 3.0 时代，从创业融资和风险投资来看，用户和投资人更加融为一体，都在 DAO 的范式下为生态赋能，投资人将需要做出比投入资金更多的贡献。正如以太坊的通证以太币（ETH），用户既可以用 ETH 支付转账 gas 费用，又可以用 ETH 参与公有链治理，区块链的通证的使用范围超出了传统的股权范畴，用户既需要通证来使用产品，又享受了类似于股权红利的通证增值红利。从风险投资角度来看，Web 3.0 范式下的风险投资人不仅需要提供资金，还需要为项目提供初期的流动性资金、质押和治理服务。由于通证的发行和交易的界限不再清晰，不管是 PoW（Proof of Work，工作量证明）还是 PoS（Proof of Stake，权益证明），矿工都参与了链上的治理，因此要求 Web 3.0 风险投资具有从技术底层到抽象治理的全部参与能力。

从公司治理来看，Web 2.0 时代的现代公司制将被 Web 3.0 时代的 DAO 组织代替。四十多年的互联网发展降低了计算成本，也降低了网络协作成本，并且大大降低了创业门槛和提高了团队协作创新能力，Web 3.0 时代的组织范式将是以 DAO 为代表的柔性协作。计算基础设施从 20 世纪 90 年代的自建数据中心过渡到后 21 世纪的云计算中心，从大型商业软件过渡到了免费开源软件和 API 互联网，又发展为 2020 年的区块链驱动的智能合约乐高组合，对创业者资金和组织规模的要求越来越低。越来越多的分布在全球范围内的 DAO 可以在很短的时间内站在巨人的肩膀上，在区块链智能合约组合的基础上开发自己的去中心化应用（DApp），以近乎零成本部署运行在区块链上，程序运行成本由使用产品的用户支付，完全脱离了现在的用户靠出卖个人行为数据来换取产品使用权的模式。此外，由于 Web 3.0 的程序完全开源，项目开发完成后，很容易移交给社区进行后续维护和升级，加上通证分发模型，所有这些因素叠加起来为 DAO 组织管理提供了坚实的基础。

根据 2021 年 Electric Capital 的一份关于 Web 3.0 开发者的报告可知，2021 年 Web 3.0 开发人员的数量处于历史最高水平，并且增长速度比以往任何时候都快；每月有 18000 名活跃开发者在开源加密项目和 Web 3.0 项目中提交代码；2021 年有 34000 多名新开发者提交了代码（历史最高值）；每月有 4000 多名活跃的开源开发人员在以太坊中工作，有 680 多名开源开发人员在 BTC 生态中工作；超过 20% 的新 Web 3.0 开发人员加入了以太坊系统；Web 3.0 开发者生态从大到小依次为 ETH、BTC、Polkadot、Cosmos、Solana、BSC、NEAR、Avalanche、Tezos、Polygon、Cardano，它们之中每月至少有 250 名活跃开发者；其中，Polkadot、Solana、NEAR、BSC、Avalanche 和 Terra 的开发者增长率超过了以太坊。2500 多名开发人员正在从事 DeFi，不到 1000 名全职开发人员负责的智能合约总锁定价值超过了 1000 亿美元。Web 3.0 中 65% 的活跃开发人员是在 2021 年加入的，45% 的 Web 3.0 全职开发人员是在 2021 年加入的。尽管 Web 3.0 的发展非常迅速，但毫无疑问的是，Web 3.0 仍然处于初期阶段。

但令人遗憾的是，国内互联网行业对 Web 3.0 的关注度和重视度远低于全球水平。Web 2.0 是属于 Facebook、微软、阿里巴巴、腾讯、字节跳动这些互联网巨头的旧时代，随着 Web 2.0 的发展，数据垄断会日益严重，所以数字经济领域需要反垄断。而 Web 3.0 是属于所有用户、属于人类命运共同体的新时代。在 Web 3.0 中，用户要做的是拿回本就属于自己的权利。2021 年 12 月 8 日，美国众议院金融服务委员会（House Committee on Financial Services）在国会山举行了以"数字资产和金融的未来：了解美国金融创新的挑战和利益"为题的听证会，会上美国共和党众议员帕特里克·麦克亨利（Patrick McHenry）表示："加密金融领域的技术已经得到监管，但现有的监管框架可能是笨拙且并未与时俱进的，并具有过度监管的倾向。加密货币对未来的影响可能比互联网更大，我们需要合理的规则，不需要立法者仅仅出于对未知的恐惧而下意识开展的监管。因未知的恐惧而监管只会扼杀美国的创新能力，使我们在竞争中处于劣势。我们如何确保 Web 3.0 革命发生在美国？"随后，Bitfury Group 的 CEO 布莱恩·布鲁克斯（Brian P. Brooks）解释了什么是 Web 3.0，并称 Web 3.0 才是互联网的未来。A16z（科技领域投资巨头）政策主管托米卡·蒂勒曼（Tomicah Tilleman）则表示："这是美国国会议员首次使用委员会全体听证会这个平台来强调 Web 3.0 是互联网的未来，承认 Web 3.0 有潜力解决包括汇款和金融普惠在内的许多问题，是关于去中心化技术全国性讨论的一个历史性转折点。"

美国国会的内部人员将加密金融的重要性提高到与互联网等量齐观的位置，令人吃惊，这反映了他们拥有快速学习的能力。同样令人吃惊的是，在 Web 3.0 刚刚展露曙光之时，美国国会就出现了确保 Web 3.0 革命发生在美国的声音，这不得不引起我们的高度重视。毕竟 Web 3.0 展现出的巨大价值很可能重塑互联网的面貌，还会迸发出巨大的财富，并重新定义全球互联网的格局。我们现在主要处在 Web 2.0 阶段，但我们踮起脚尖已经可以看到 Web 3.0 的大门。Web 3.0 也是真正实现将数据纳入生产要素的必由之路。在 Web 3.0 中，数据不仅是重要的生产要素，而且是第一生产要素。Web 3.0 产生的价值将是 Web 2.0 的数十倍，也是下一个十年的财富风口。

当前 Web 3.0 的核心赛道和头部项目日益清晰，包括 Web 3.0 底层基础设施的头部项目，如 ETH、DOT、ICP、VSYS 等；Web 3.0 数据存储的头部项目，如 AR、FIL、CRU、VSYS、Meson、Stratos、Theta 等；Web 3.0 社交的头部项目，如 Mask、Rss3、Mirror 等；Web 3.0 身份索引的头部项目，如 Lit、Icx、Bright、Sjsnb 等；Web 3.0 交易的头部项目，如 UNI、Dydx、Vega、Sushi、1Inch、

Snx 等；Web 3.0 隐私计算的头部项目，如 LAT、PHA 等。当然，这仅仅是这一过程中展现出来的赛道，事实上，未来的发展前景十分广阔，以至于我们难以想象。未来，一定会有我们现在想象不到的新赛道涌现出来。Web 3.0 作为下一代互联网的范式转移，其最大的特点是用户真正拥有数据所有权，以及开放公平、不可篡改及去中心化，用户扮演的角色既是生态的共建者，也是生态的所有者和受益者，满足了作为生产级别和消费级别的产品以最有效形态占领市场的必备条件。

当然，我们今天站在历史的角度否定 Web 2.0，并不意味着 Web 2.0 是毫无价值的。事实上，Web 2.0 过去产生了巨大价值，但如今已成为人类实现更深层次数字化的主要障碍，当年的屠龙少年已变成恶龙。可以确定的是，Web 2.0 和 Web 3.0 将处于长期共存的状态，Web 3.0 会呈现逐步扩张的趋势，而 Web 2.0 会呈现逐步紧缩的趋势，一消一长，一枯一荣。对于用户来说，Web 3.0 为其带来了拥有数据所有权和参与财富创造的机会，在习惯于旧范式成功路径的人们眼中，新的范式总会被认为是泡沫甚至骗局，但是没有什么可以阻挡范式的转移和新趋势的出现。范式变化的力量之大，以及对抗范式的力量之大都超出我们的想象，经常需要上一代付出被淘汰的代价，才能推动新范式的真正发展。新时代的到来，也意味着旧时代的终结，而现在，一个属于元宇宙和 Web 3.0 的新时代正在来临。

1.3 元宇宙的"道"和"术"——建设元宇宙的两条路线

元宇宙的目标是建成基于多种数字技术形成的系统化复合数字世界，这个世界真正实现了数据的确权、定价、交易和赋能。元宇宙是客观存在的、开源的、动态演化的、以用户需求为导向的，本质上是人造的数字平行世界。元宇宙作为具备永续性、开放性、自治性和沉浸感等特征的高度发达的通证经济形态，其中永续性、开放性和自治性是元宇宙的精神内核，是元宇宙的"道"，这种模式下的元宇宙才是真正属于所有用户的元宇宙，与此相对应的元宇宙建设路线是基于区块链的元宇宙建设路线（Web 3.0 路线）。

大型互联网平台依托其丰富的流量、数据和场景建设基于自身生态的元宇宙的"大互联网路线"，是与之相对应的另一条元宇宙建设路线，也就是 Web 2.0 路线。2021 年 3 月，Roblox 的美股上市将"元宇宙"的概念推广到全球。2021 年 7 月，扎克伯格宣称在五年之内将 Facebook 从社交公司变成一个元宇宙公司。此外，英伟达、腾讯、字节跳动、Google、迪士尼、亚马逊、Soul 等国内外互联网平台均已开始布局元宇宙产业链。Web 2.0 互联网巨头的入局固然对于宣传和普及元宇宙具有非常积极的意义，但巨头垄断数据的本质决定了这种模式终究不可持续。

相比之下，在区块链上构建若干个开源的元宇宙，并通过跨链实现互联互通的基于区块链建设元宇宙的路径更加接近元宇宙的本质，也是建设和实现元宇宙的长远之道，这也就是元宇宙的 Web 3.0 模式。元宇宙的 Web 3.0 模式是一种用户掌握自己数据、数据属于所有用户的开放自治生态。

尽管大型互联网平台在流量、数据、场景和底层技术层面具有显著优势，但元宇宙的"大互联网路线"存在三个明显的缺陷。

第一，基于"大互联网路线"的元宇宙系统过于中心化，用户在元宇宙中享受的一切服务和权益都与构建该元宇宙生态的互联网巨头息息相关，元宇宙本质上有可能沦为互联网巨头的附庸。当互联网巨头出现经营问题时，其构建的元宇宙也会受到较大的负面影响。元宇宙作为现实世界的平行数字世界，肩负着人类的宏大想象和愿景，如果仅仅是中心化的互联网巨头服务器上的几行代码，那么这一构想将是无法持续的。此外，元宇宙作为人类现实世界的虚拟平行世界，应代表人类命运共同体的利益。"大互联网路线"下的元宇宙将会更加代表这些互联网巨头和其所在国家的利益，可能会将现实世界中的霸权主义和强权政治延续到元宇宙，这无疑违背了元宇宙的宗旨和理念。

第二，基于"大互联网路线"的元宇宙无法解决数据治理问题。当前互联网巨头对数以十亿计用户数据以近乎零成本的"代价"实行占有和剥夺，形成了事实意义上的"数字资本主义"，极大地阻碍了数据的确权、定价和流转。现阶段数字资本主义和金融资本主义出现了"合流"的趋势，2019年Facebook等巨头策划推出的全球稳定币Libra（2020年改名为"Diem"）就是这一趋势下的产物，全球范围内的数字经济反垄断亦是出于对此的防范。基于大型互联网平台建设元宇宙不仅无助于数据治理问题的解决，反而会加剧数据垄断和金融渗透，并引发更多垄断和内卷。

第三，基于"大互联网路线"的元宇宙难以解决互操作性问题，注定导致形成一个个"元宇宙孤岛"。不同的游戏、社交、动漫、电影形成了不同的IP，基于此构建的元宇宙系统也是不同的；但是，各个元宇宙系统之间需要互联互通，这样才能在满足人类想象力极限的前提下发挥元宇宙的价值。可以预见的是，"大互联网路线"下元宇宙数据、生态和价值割裂，不同IP的粉丝难以见证彼此的"爱豆"在同一平台聚集，由此产生的巨大价值会被扼杀，同时也导致完整的元宇宙体系难以形成。此外，数字资产的广泛认可度也是一种资产层面的互操作性。当互联网平台不采用区块链作为底层技术，而在中心化的数据库上构建数字资产时，其本质与现有的数字积分没有区别，无法在全球范围内形成广泛共识，因此也无法成为元宇宙的核心资产。

由于以"大互联网路线"发展元宇宙存在三大弊病，元宇宙生态的发展越深入，则弊端越明显。基于区块链构建元宇宙的Web 3.0路径则可有效解决这些问题，构建一个自由的数字平行世界。

第一，基于区块链路线的元宇宙系统是一个去中心化的系统，这个系统属于所有用户和为该系统做贡献的组织、个人，而不是任何互联网平台和主权国家的附庸，代表了人类命运共同体的利益。相比于链政经济的"集权—分权"公共治理模式，元宇宙提供了一种主要依靠市场要素驱动的治理模式。

第二，基于区块链路线的元宇宙可实现数据的确权、定价和交易，将数据纳入生产要素中，构建一个以数据为第一生产要素的虚拟平行世界。区块链作为一项数据治理技术，可从源头实现对数据的确权，在数据脱敏的前提下通过隐私计算获取数据的使用价值，并在二级市场通过流转交易形成市场价值。

第三，基于区块链的核心数字资产在全球范围内逐步形成广泛共识，基于区块链路线的元宇宙可通过跨链解决互操作性问题，避免形成"元宇宙孤岛"。自2020年起，在全球范围内，上市公司和对冲基金开始大量持有比特币头寸。截至2021年3月底，Bitcointreasuries数据显示，已经有42家公司持有135万枚比特币，占2 100万枚比特币供应上限的6.43%，价值约为650亿美元。2021年2月加拿大批准全球首支比特币交易型开放式指数基金（Exchange Traded Fund，ETF）；2021年6月巴西区块链投资公司QR Capital的比特币ETF在巴西证券交易所交易。SEC也在研究批准比特币ETF，其中既包括区块链投资机构，如Winklevoss、Solidx、Bitcoin Investment Trust、VanEck等，也包括Victory Capital、Simply、Ark、Invesco等资产管理公司和投资银行。2021年10月，基金管理公司Proshares的比特币期货ETF（ProShares Bitcoin Strategy ETF）在纽约证券交易所挂牌交易，代码为BITO，其后又有两支期货 ETF 通过。

事实上，随着比特币等加密资产的规模增加，认可度逐步提高，其表现出较强的风险——避险二元特征，传统资本进入加密资产的速度也逐渐加快。2021 年 6 月，巴塞尔委员会发布名为《对加密资产风险的审慎处理》的咨询文件，其中第一组加密资产包括通证化传统资产、具有有效稳定机制的加密资产，银行资本要求为至少等同于传统资产，对稳定机制有额外要求；第二组加密资产包括比特币，必须遵守新的审慎资本约束，即 1250% 的风险权重。尽管巴塞尔委员会仍然将比特币作为风险系数较大的资产，但从历史演进层面而言已是巨大进步。

值得注意的是，2021 年 11 月美联储、美国联邦存款保险公司（FDIC）和货币监理署（OCC）发布联合声明，总结了美国银行业监管机构对于加密资产相关业务的跨部门监管"政策冲刺"（Policy Sprints），并勾勒了与该产业相关的未来监管路径。该声明指出，贯穿 2022 全年，监管机构将对银行与加密资产相关活动的合法性做出更明确的规范要求，其中涉及的领域包括：加密资产的保管和托管服务，企业如何促进客户进行加密资产的交易，由加密资产抵押的贷款、稳定币的发行和分配，以及涉及在资产负债表上持有加密资产的活动。该声明还表示，将评估美国银行的资本和流动性指标在加密资产上的运用，并保持与巴塞尔委员会在该领域展开会话合作。这为元宇宙和 Web 3.0 原生资产进一步合规和被主流社会接纳奠定了坚实的基础。

与此同时，Polkadot、Cosmos、Nervos、Conflux 等主打跨链的区块链项目取得快速发展，公有链体系日益健全完善，区块链作为价值互联网的底层支撑日益坚实。在区块链层面解决了"区块链孤岛"问题则意味着在元宇宙层面解决"元宇宙孤岛"问题。

总而言之，基于区块链构建元宇宙的 Web 3.0 路径是更加符合元宇宙本质的发展路径,这一路径从长期来看也更具前景和可持续性,但这并不意味着互联网巨头在元宇宙和 Web 3.0 生态中毫无建树。事实上,互联网巨头是元宇宙生态的重要贡献者,在底层技术、流量入口、场景搭建等方面都有难以替代的作用。只不过,就长期而言,互联网巨头意图垄断元宇宙的设想无法实现,指望通过 Web 2.0 互联网巨头的自我革命推动 Web 3.0 的发展也是不现实的。

作为现实世界的平行数字世界,元宇宙如何与现实世界实现互联互通是一个重要问题。元宇宙与现实世界的连接维度主要包括信息维度和价值维度。在信息维度,现实世界向数字世界传递信息最重要的链接器是预言机(Oracle);数字世界向现实世界传递信息则通过声音、图像、视频、文字等多种途径,与当前我们在互联网上获取信息的方式并无本质区别。同时,还有一些项目和机构专门做链上数据的提取和分析,比如 Chainalysis、Amberdata、Blockchair、Flipsidecrypto 等。因此,下文将对预言机展开重点论述。

预言机作为基于区块链的去中心化信息传递机制,打通了由现实世界向平行数字世界的信息通路,使元宇宙的信息传递路径形成闭环。区块链没有了预言机,就如同计算机没有了互联网,预言机是连接元宇宙和现实世界的桥梁。没有预言机的区块链无法与该链之外的世界建立联系,只能参考该区块链内部分类账的本地信息。比如区块链中最基本的职能实现模式之一是智能合约,智能合约是部署在区块链节点中离散的计算机程序组件,其工作原理类似于计算机程序的"if-then;else-then"语句,智能合约越复杂则包含的语句越多。而往往"if"和"else"语句中的触发条件源于外部世界,互联互通是区块链发挥更大作用的重要基础。

预言机即为将区块链外的信息注入区块链内的一整套设施,现阶段预言机有两种较为主流的模式:第一种模式是依赖某一个或某些权威中心化信息源（比如人民日报、新华社、彭博、路透社等），预言机通过智能合约访问外部数据，实现其功能。但这种模式中心化程度较高，而且有些信息是权威中心化信息源并不会涉及的。这种模式的预言机项目以 Chainlink 为代表，其通证为 link，核心功能是桥接链上和链下的世界，以便成功运行连接到现实世界的去中心化的智能合约。第二种模式是将区块链外数据和信息进行离散化后用经济激励和投票注入区块链系统内。这种模式的预言机项目以 Augur 为代表，其通证为 Rep，核心功能是通过奖励和惩罚激励用户准确报告信息，以将链外信息注入链内。在报告期间，指定报告人有 24 小时的时间来提交关于市场结果的报告。

元宇宙作为现实世界的平行数字世界，不仅需要和现实世界实现信息维度的闭环，而且需要实现和现实世界价值维度的闭环，实现二者连接的价值载体就是央行数字货币和全球稳定币。CBDC 是中央银行基于互联网、区块链、人工智能等数字技术发行的、具有现代货币本质属性的数字货币。根据国际清算银行（Bank for International Settlements，BIS）的报告，截至 2021 年 1 月底，全球 86% 的央行正在积极探索 CBDC，虽然其中大多数央行在可预见的未来仍不太可能发行它们的 CBDC，但有相当一部分央行正在向前迈进；大约 60% 的央行正在进行数字货币的实验，而 14% 的央行正在推进 CBDC 的开发和试点项目。现阶段 CBDC 主要用于境内支付，不需要多方记账，因此大多没有全面采用区块链技术；同时 CBDC 的研发、试点和推广还处于早期阶段，因此还没有写入智能合约。但随着对 CBDC 跨境支付和智能货币的需求增加，CBDC 采用分布式记账和写入智能合约是大势所趋。CBDC 的安全性和法偿性是其最重要的优势，在 CBDC 采用分布式账本记账及写入智能合约后，其将会成为连接元宇宙和现实世界的重要价值工具。

现阶段连接元宇宙和现实世界价值维度的主要方式是 GSC。GSC 是非公共部门基于区块链发行的、与法定货币价格保持锚定的数字货币。根据 GSC 保持价格稳定的模式，可分为基于抵押经济体系的 GSC 和基于"算法央行"模式的 GSC。基于"算法央行"模式的 GSC 保持价格稳定的方式同中央银行调控货币供需动态平衡的方式基本一致，其进步意义在于借助代码实现这一过程的自动化和程序化，能够通过代码买卖基础货币实现价格稳定。但它也存在一定缺陷，那就是这种模式的稳定币共识度较低，很容易出现资金盘和庞氏骗局，但这一情况在 2021 年发生了一些改变。尽管在 2021 年出现了 Terra、Ampleforth、Frax 等现象级算法稳定币，但基于抵押经济体系的 GSC 仍然占据主流。算法稳定币的未来风险和机遇并存。

基于抵押经济体系的 GSC，可以根据抵押资产是否上链来进行区分，分为链上抵押模式和链外抵押模式。链外抵押模式的资产并不上链，抵押资产被存托于区块链下的商业机构中，以美元、欧元、英镑等资产为主，其中美元资产的市场份额占了 95% 以上。备受关注的全球稳定币 Diem 也是基于这种模式。现阶段主流的链外抵押稳定币包括 USDT、USDC、GUSD、PAX、TUSD 等。链外抵押模式能否有效，取决于储备资产是否实行透明严格的定期审计，以保证抵押资产足值，以及发生挤兑时不会出现系统性风险。此外，用户规模和信任度、稳定币发行量等也是影响链外抵押模式的重要因素。

链上抵押模式全程人工参与较少，基本基于代码与算法完成，用户可实时清查抵押资产，在事实上构成了 DeFi 范式下的商业银行。由于技术、商誉、治理等层面存在较大壁垒，基于链上抵押的 GSC 项目头部效应较强，代表性项目为 Maker DAO DAI、Havven、Augmint 等。用户基于智能合约生成各自的抵押债仓（Collateralized Debt Positions，CDP），在系统中没有传统资产交易中的中央交易对手方（Central Counterparties，CCPs），因此不存在中央交易对手风险。用户使用 Maker DAO DAI 进行借贷的流程如图 1-3 所示。

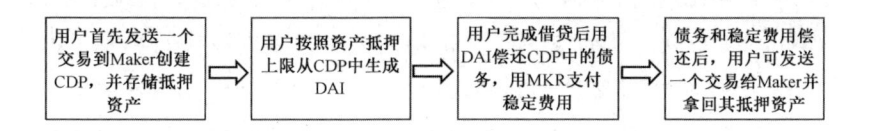

```
┌──────────────┐   ┌──────────────┐   ┌──────────────┐   ┌──────────────┐
│用户首先发送一个│   │用户按照资产抵押│   │用户完成借贷后用│   │债务和稳定费用偿│
│交易到Maker创建│ → │上限从CDP中生成│ → │DAI偿还CDP中的债│ → │还后，用户可发送│
│CDP，并存储抵押│   │DAI           │   │务，用MKR支付  │   │一个交易给Maker并│
│资产          │   │              │   │稳定费用      │   │拿回其抵押资产  │
└──────────────┘   └──────────────┘   └──────────────┘   └──────────────┘
```

图 1-3　用户使用 Maker DAO DAI 进行借贷的流程

链上抵押模式的难点在于其抵押资产（以 ETH 为主）的价格在时刻变化、波动，并且抵押资产价格的上升与下降具有不对称性：当抵押资产价格上升时，相同的抵押资产会生成更多的稳定币，同时抵押经济系统会提高借贷利率以抑制稳定币的过度投放；当抵押资产价格下降时，如何保证抵押经济系统的价格稳定就成为至关重要的问题。

解决这一问题主要有两个举措：第一，超额抵押。Maker DAO DAI 采用超额抵押模式（现阶段超额抵押率为 150%），当抵押资产的市场价格下降时，Maker 系统根据实时盯市的代码运行，会对抵押资产进行拍卖以维持 DAI 相对于美元的价格稳定。但如果市场发生黑天鹅事件，就会导致抵押资产的价格急剧下跌，基于算法的拍卖机制趋于无效，因此需要应用第二个举措——"引入系统的权益所有者"予以补充。以 Maker DAO DAI 为例，系统中除了存在 DAI 这种稳定币，还有代表系统权益的通证——MKR，MKR 持有者作为 Maker DAO 的权益所有者行使"最后买家"（Buyer of Last Resort）的职能。MKR 持有者除了分享系统的经济收益（用户借贷利息收入扣除运营成本），还享有治理权、决策权和投票权，在 Maker DAO 的社群治理中，每个 MKR 代表一票。当黑天鹅事件发生、抵押资产价格急剧下跌时，MKR 持有者可进行社群投票，决定是否启动全局清算。当 MKR 投票启动全局清算时，将中止 CDP 的创建和操作，给看护机（Keepers）一段时间在固定喂价的基础上处理 DAI 和 CDP 持有者的对应索偿，由 MKR 持有者充当 Maker DAO 经济系统的"最后买家"。MKR 同样可以在加密数字货币交易所和场外交易市场（Over-the-Counter，OTC）进行交易，其价格反映了市场对该项目的估值与定价，MKR 的价格波动同样起到了 Maker DAO DAI 系统的风险管理和定价作用。Maker DAO DAI 经济系统维持价格稳定的方式如图 1-4 所示。

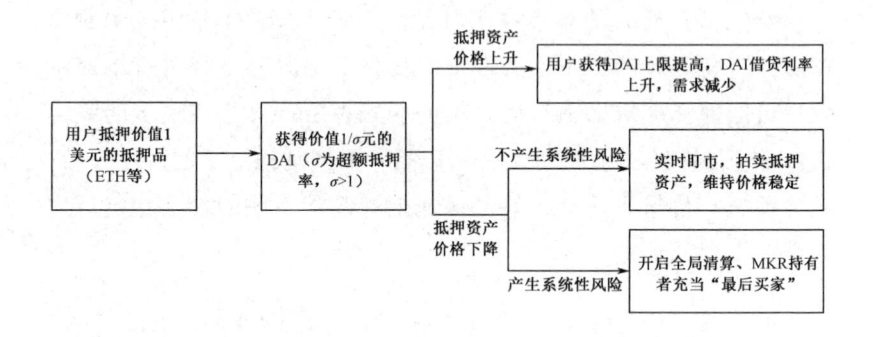

图 1-4 Maker DAO DAI 经济系统维持价格稳定的方式

截至 2021 年 8 月底，GSC 总市值已超过 1 160 亿美元，2021 年第二季度的交易量已超过 1.7 万亿美元，已成为现阶段元宇宙和现实世界连接的重要价值维度。随着 USDC 发行商 Circle 向 SEC 提交上市申请，GSC 的市值规模和交易量将进一步增加，并在 CBDC 采用分布式记账和写入智能合约之前主要承担两个世界价值连接的职能。随着全球范围内 CDBC 推进的加速及多边央行数字货币桥等全球基础设施的建设，CBDC 和 GSC 将构成两个世界价值维度连接的公私合营体系。同时，在 Web 3.0 时代，CBDC 和 GSC 也将成为主要的支付工具。

1.4 Web 3.0 促进虚实结合

广义通证经济不仅包括只满足人的心理需求的经济活动，也包括满足人的生理需求和心理需求并以心理需求为主导的经济活动。元宇宙不仅助推了满足人们想象空间的虚拟经济的发展，而且推动了与之相关的实体经济的发展，并实现"虚拟经济—实体经济"发展的正循环。相关实体经济的发展为元宇宙提供了更加真实的浸入式体验，更高速度的算力、更大容量的存储和更多资产的上链将全面推动人类社会向更高维度的数字社会演进。

1.4.1 元宇宙推动相关硬件产业发展

互联网是元宇宙诞生的重要先决条件，不仅提供了集网络和算力为一体的物质网络基础，还产生了大量原生的优质内容（如游戏、音频、视频等），从而在实际上构成了元宇宙虚拟互联的基础设施。元宇宙的发展不仅需要实现用户的虚拟互联，同时也需要让用户获得真实的虚拟体验，即既要最大限度地为用户提供真实体感的沉浸式交互体验，同时又必须让用户保持对真实世界的感知。因此，元宇宙这个数字平行世界的实现离不开与之相关的硬件产业的发展。具体而言，包括更加真实的浸入式体验，涉及VR、AR、MR（Mixed Reality，混合现实）、XR（Extended Reality，扩展现实）、视觉渲染技术等产业；更高速度的算力，涉及 AI、5G、云计算、边缘计算、区块链等产业；更大容量的存储，涉及分布式存储（Inter Planetary File System，IPFS）等；更大规模和范围的资产上链和通证化（Tokenization），既包括传统资产的上链，又包括数字资产的上链。

VR 和 AR 现阶段已经能够应用于部分商业场景，如 3D 电影、3D 演唱会、模拟驾驶训练、线上虚拟旅游等，但离为用户提供顺畅无阻、稳定持久和虚拟共享的大规模交互与共享体验尚有较大差距。其原因在于，VR 和 AR 终端只能赋予人们局部感官的超现实体验，并不能实现所有感官的共享和交互，需要脑机接口（Brain-Computer Interface，BCI）等技术的协同发展。

BCI 指通过人脑与其他电子设备之间建立直接的信号通道，从而绕开语言和肢体的方式来实现与电子设备的交互。由于人类的所有感官最终都是通过将信号传递到大脑才形成的，因此，经由 BCI，原则上将能够通过刺激大脑对应区域来模拟所有的感官体验。从原理上来说，相比于 VR 和 AR 设备，直接与人类大脑皮层相连的脑机接口更有可能成为未来元宇宙时代中玩家与虚拟世界之间的最佳交互设备。主要布局 BCI 的企业包括 NeuraLink、Kernel、Mindmaze 等。

元宇宙在网络传输层面主要确保用户交互的低延时，以获得更真实的体感，目前的最新技术进展是以 5G 为代表的高速低延时网络传输技术。以 5G 为代表的高速网络产业已经迈入大规模商用阶段，也成为各国电信产业的必争之地。相关的企业主要包括华为、中兴、诺基亚、三星、爱立信和高通等。

在算力层面，元宇宙理论上对算力的需求是没有上限的，这就对个人终端在便携化、高性能、并行化等方面提出了更高标准。因此，云计算因算力可扩展性更强，能够有效利用算力集群和边缘计算资源，从而降低个人终端的计算能力门槛，成为提高算力的主流方式。现阶段，云计算已经在游戏领域获得一定程度的应用，未来将有望成为元宇宙产业的强大算力支持。

1.4.2 元宇宙助力数字劳动范式建立

目前，元宇宙仍处于早期发展阶段，区块链游戏和艺术品、IP、版权上链是元宇宙的重要入口。基于区块链游戏的产业链正在快速发展，开发平台、推广渠道、游戏代练等产业链构成环节正处于迅速产业化的过程。以有着"元宇宙第一股"的 Roblox 为例，Roblox 对元宇宙的一个重要意义在于其提供了"在娱乐中赚钱"（Play to Earn，P2E）的经济激励模式（见图 1-5），使得游戏在单纯的娱乐和社交属性之外增添了盈利预期。

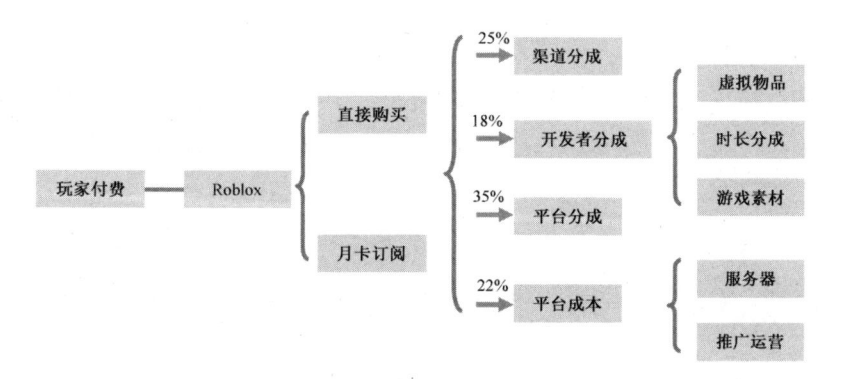

图 1-5 Roblox P2E 经济激励模式

Roblox 的 P2E 经济激励模式存在很大的改进空间。比如，用户基本不能将数字资产进行直接变现，而其所创建和持有的数字资产的解释权（包括对所有权和收益权的解释）并不属于用户，而是归属于创建它的互联网平台。这也是元宇宙"大互联网路线"不可持久的一个重要原因。在这种经济模式下的劳动协作范式也仅仅是一种过渡形态。数字经济范式下的"劳动"需要被重新定义。

在数字经济范式下，很多工作并非由人去完成，而是由机器基于算力完成的，这最早见于 1999 年被正式提出的 PoW 概念，其将工作量进行标准化。PoW 的概念在 2009 年被应用于比特币中，也成为公有链中最为经典的算法共识。PoW 的运行模式和分配制度生动地再现了数字经济范式下的马克思劳动价值论和按劳分配制度：商品价值由无差别的一般人类劳动凝结而成；在数字经济时代，无差别的一般人类劳动很大程度上并非由人类直接劳动完成，而是基于算力实现的。标准化后的电力是全球通用的一般性商品，算力和电力凝结了无差别的人类劳动。与生产方式相对应，分配到通证的数量与市场参与者贡献的算力成正比。

由于 PoW 能耗大、数据处理慢等弊端，逐步产生了权益证明、委托权益证明（Delegated Proof of Stake，DPoS）、有向无环图（Directed Acyclic Graph，DAG）等算法共识。但由此也诞生了一个社会学问题，当大量重复性工作由算力驱动机器完成时，人类还能做什么？会不会出现大规模的失业问题？元宇宙为这个问题提供了一个解决方案，即人们通过在元宇宙世界从事各种活动，也就是在元宇宙中"劳动"产生价值，即所谓的"在娱乐中赚钱"。这本质上是一种形式的"人类工作证明"（Proof of Human Work，PoHW），需要以自然人为单位投入时间和精力，并以时间和精力为核心元素进行"挖矿"。其符合广义通证经济的一个主要特征：随着经济快速发展，每天的时间却依然是有限的 24 小时，人的注意力成为更加稀缺的资源，时间则成为唯一的货币。事实上，以 *Axie Infinity* 等为代表的 GameFi，也就是"游戏化金融"，正在印证这一价值规律。随着疫情在全球范围内反复，一些国家和地区的失业率居高不下，对这些国家和地区的部分居民而言，GameFi 已成为主要的收入来源。在全球范围内，随着数字经济的深化和疫情的反复，"DAO+DeFi"正在成为一种新的就业和协作范式。

在数字经济范式下,"劳动"可被定义为两种范式:第一种是满足社会使用价值刚性需求的一般性劳动,这种劳动既可以由人完成,又可以由机器完成。随着数字经济发展的深入,由机器完成的比重越来越大。第二种是满足人类心理价值需求的"准个性化"劳动,这种劳动一般需要由人完成,在一定的情景设定下完成相对个性化的劳动,以时间和精力为主要衡量变量。

事实上,关于数字技术替代人们就业的讨论由来已久。随着数字技术覆盖我们的生活,由数字化带来的焦虑心理也愈发严重。事实上,这种焦虑是没有必要的。数字技术的进步将提高社会生产效率,降低相关产品的销售价格,进而刺激消费,促进企业扩大生产规模。与此同时,消费者相对收入提高,居民有更多"盈余收入"可以用于其他商品消费,这同样会带动相关产业发展,促进经济增长,增加就业需求,产生新的就业机会,从而提升劳动力市场就业水平。未来充满不确定性,这使得我们处在一种前所未有的焦虑状态中;未来又是如此确定,因为我们确信人类有足够的智慧去缔造新的文明,创造更美好的未来。

1.4.3 元宇宙深化虚拟经济发展

在元宇宙出现之前,尽管虚拟经济取得了长足发展,但基本都是相对碎片化、去中心化的,并且几乎是完全依附于现实世界的。形成数字平行世界的想法直到元宇宙概念诞生后才有了一个相对可行的落地路径。尽管元宇宙和现实世界密切相关,但它也保持了一定的独立性;同时,以数字化为基本特征的元宇宙是一个相对去中心化、呈现出聚合性的系统。

元宇宙在资产维度不断深化发展主要有两条路径：一是既有资产上链，主要表现为股权、债券、票据、黄金等资产上链流转。这种模式的资产上链受各国监管部门的影响较大。二是数字化原生资产上链。这种模式现阶段的一个比较主流的路径是 NFT 的发展。NFT 的重要特征在于，每一个 NFT 拥有独特且唯一的标识，两两不可互换，最小单位是"一"且不可分割，因此非常适合对具有排他性和不可分割性的权益和资产进行标记，并可以实现自由交易和转让。在技术维度，NFT 的通证协议标准主要基于 ERC721，而 FT 的协议标准基于 ERC20。

NFT 通过区块链突破了传统经济范式下对产权、版权、规制等的门槛限制，充分发挥了数据、知识等要素的潜能，在一定程度上规避了互联网巨头的垄断，实现了要素组合和长尾创新，进一步释放了数字经济的生机与活力。NFT 在经历了概念验证阶段后，也迎来蓬勃发展期。

2021 年 6 月全球最大的加密资产交易所之一币安（Biance）NFT 平台正式上线，列奥纳多·达·芬奇、文森特·梵高、克劳德·莫奈等世界级大师画作的限量版 NFT 相继发售。此外，GameFi 也走上了快速发展的道路。根据 DappRadar 的数据，截至 2021 年 7 月底，Axie Infinity、CryptoPunks 及 ArtBlocks 等顶级 NFT 收藏品的交易量增长了 300% 以上，NFT 的总销售额超过 12 亿美元。与此同时，以体育、动漫、知识付费等元素发行的 NFT 交易量也在迅速增加，NFT 成为 2021 年区块链行业炙手可热的赛道。

1.4.4 总结与展望

2021 年，随着 Roblox 在纽交所上市，元宇宙概念横空出世，"元宇宙+"成为席卷互联网、区块链和金融等各大行业的新风尚。

疫情在全球范围内反复，推动了元宇宙的发展进程，再造一个平行于现实世界的数字世界的目标似乎已经触手可及。元宇宙作为一个具备永续性、开放性、自治性和沉浸感等特征的高度发达的通证经济形态，符合现代经济的发展趋势。

元宇宙的主要发展路径有"大互联网路线"（Web 2.0 路线）和"基于区块链构建路线"（Web 3.0 路线）。从长期来看，"基于区块链构建路线"的元宇宙才能真正实现平行数字世界的目标，Facebook、微软、腾讯、阿里巴巴等互联网巨头是元宇宙生态的重要建设者，区块链提供的不可篡改性和互操作性至关重要。元宇宙通过声音、图像、视频、文字等多种途径向现实世界传递信息，现实世界则主要通过预言机向元宇宙传递信息。全球稳定币和央行数字货币是在价值维度连接两个世界的重要工具。元宇宙作为广义通证经济的高级业态，可促进虚实结合，推动相关硬件产业的发展，助力数字劳动范式建立，深化虚拟经济发展，并且会持续迭代和自我完善。虽然元宇宙和 Web 3.0 的世界绚烂迷人又前途远大，但要想达到预期目标仍需要各个条线的落地和突破。可以预见的是，这个奇点正在临近。

元宇宙和 Web 3.0 是正在临近的未来。现有的互联网 Web 2.0 已经为人类创造了足够多的财富和文明，但令人遗憾的是，Web 2.0 正在走向封闭和内卷。我们产生的数据被互联网巨头垄断，其蕴含的巨大价值也被禁锢和雪藏，我们赖以生存的数字世界不过是互联网巨头中心化处理器上的几行代码。Web 2.0 领域再也难以诞生伟大的企业家，因为创新企业在面对 Web 2.0 的互联网巨头时，要么被学习和模仿，要么被收购和"招安"，这显然在极大程度上禁锢了社会的创新力，也使得社会财富缺乏流动性，进而造成更深层次的内卷。而元宇宙和 Web 3.0 及其构成要素 DeFi、区块链、

NFT 和 DAO 的出现则带来了一个全新的时代。这些工具共同实现了人类协作的新形式，重新定义了何为财富，并打破了社会生活中的很多僵局，帮助社区就网络将如何发展、允许哪些行为及如何分配经济利益等关键问题，做出更好的集体决策。接下来，本书就以元宇宙和 Web 3.0 及其构成要素为逻辑，徐徐展开下一个属于元宇宙和 Web 3.0 的十年。

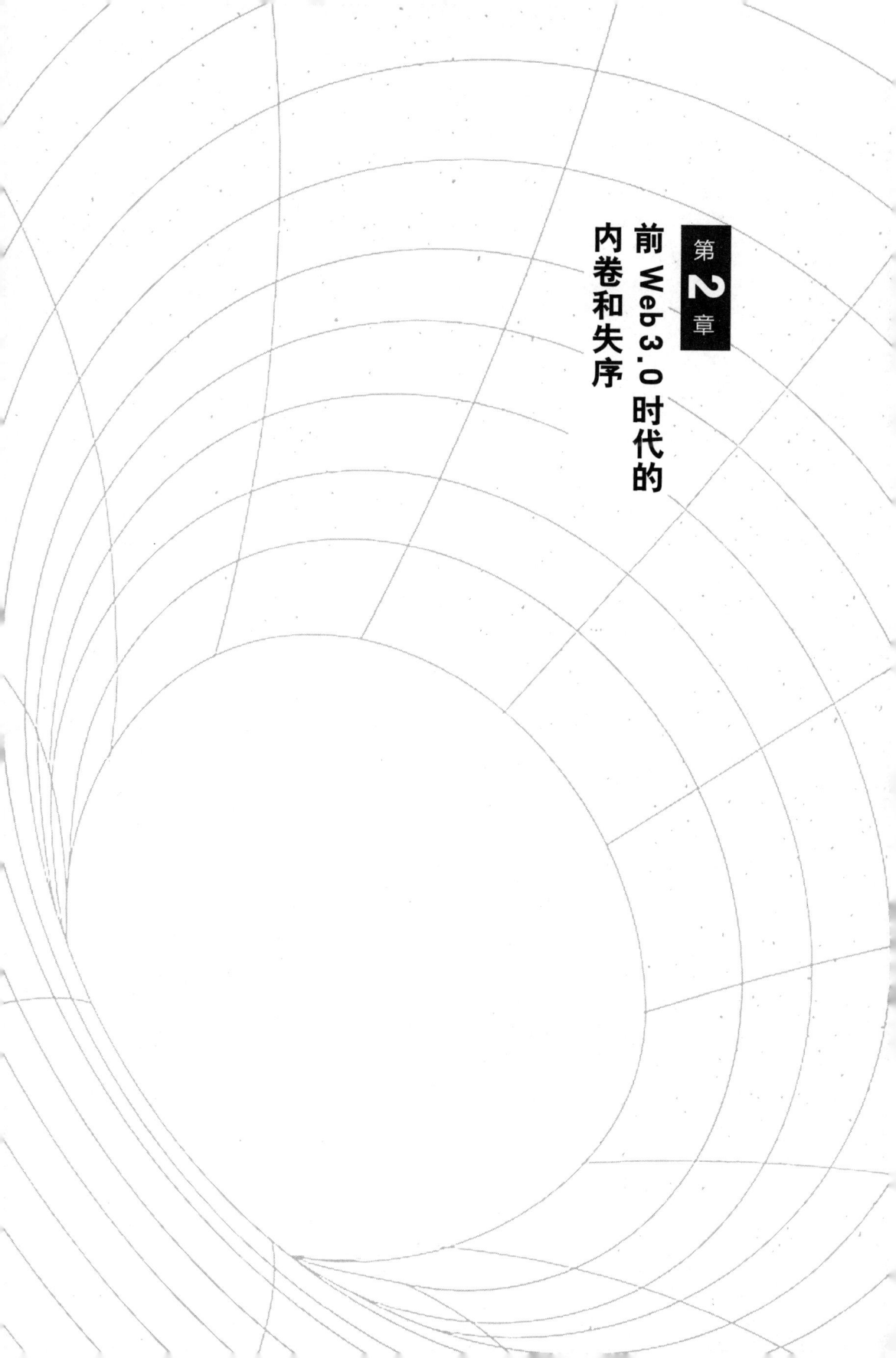

第 2 章 前 Web3.0 时代的内卷和失序

英国作家查尔斯·狄更斯的《双城记》中的一段话可以恰如其分地形容我们当下所处的时代："这是一个最好的时代，也是一个最坏的时代；这是一个智慧的年代，这是一个愚蠢的年代；这是一个信任的时期，这是一个怀疑的时期。这是一个光明的季节，这是一个黑暗的季节；这是希望之春，这是失望之冬；人们面前应有尽有，人们面前一无所有；人们正踏上天堂之路，人们正走向地狱之门。"我们享受着前所未有的互联网和金融服务，但又无法掌握自己的核心资产。互联网上最为核心的资产——数据，正被互联网巨头垄断，而包括银行存款、股票证券、基金份额等金融资产并没有被我们直接掌握。我们看似什么都有，实则一无所有；我们以为自己可以自由表达和输出自己的想法，实际上我们的思想早已被互联网巨头的算法所统治，陷入越来越多的"信息茧房"之中；我们看似可以从事各行各业的工作，但我们却又越来越清楚地认识到，劳动获得的货币价值屈指可数，仅靠劳动难以改变命运和社会阶层。这些都是我们正在生活着的前元宇宙时代的失序和内卷。

我们尊重那些对元宇宙和 Web 3.0 嗤之以鼻的人。毕竟，透过历史的迷雾看到前进曙光的人总是少数，每一次选对历史前进方向的人都会获得巨大的馈赠。因此，对于那些对元宇宙和 Web 3.0 嗤之以鼻的人，我们表示理解，毕竟元宇宙和 Web 3.0 才刚刚起步，还存在太多不尽如人意的地方；对于那些对元宇宙和 Web 3.0 漠不关心的人，我们也并不介意，因为 Web 2.0 在剥夺用户数据的同时也剥夺了他们的思考能力。生活的发展日夜不息，我们都迫切地需要一种系统化的新生事物改变我们的生活，我们也不断需要新鲜血液来证明我们活着。悲观者往往正确，而乐观者往往成功。

2.1 日益失效的传统金融框架

DeFi 作为元宇宙和 Web 3.0 的经济运行机制，在元宇宙和 Web 3.0 中发挥着重要作用。要想理解 DeFi，一定要理解 CeFi。DeFi 和 CeFi 像是镜子的两面，只有看清对方，才能更清楚地看到自己。

现代金融理论和实践的发展都无可争议地证明，实现金融功能是金融业最重要的事情，有利于高效率、低成本地实现便利清算和支付、聚集和分配资源及风险分散等核心金融功能，金融机构只是一种外在表现形式。随着金融业的发展，其外部性越来越明显，持牌经营越来越成为主流的范式，在这种背景下金融机构的边界越来越明显。此外，金融边界越明显，金融效率就越低，可能导致的系统性风险就越大。因此，金融的历史摆钟在"效率和稳定"之间摇摆，但有的时候过于稳定，稳定到不发展就是最大的风险。随着科技的发展，金融科技（Fintech）在提高效率、减少管理风险方面优势明显，这使其快速流行，但也使得大型科技平台（Bigtech）在信息传递和支付等环节实现了较大程度的垄断，不仅对创新造成了阻碍，而且影响了宏观金融稳定。DeFi 的出现也并未跳出"效率—稳定"的历史周期规律，其本质上是既有金融业设施在技术发展和理念更新下的新生事物。理解传统金融的运行框架和运作模式，是真正理解 DeFi 的基础；理解"新垄断主义"——金融科技的发展，则是理解 21 世纪第二个十年金融业发展史的关键，也是理解当前全球范围内数字经济的反垄断形势和为什么要推进法定数字货币的关键；理解了区块链能为金融提供什么，则理解了 DeFi 的革新意义。在以上阐述基础上，我们将对 DeFi 做一个概括性描述，以便读者朋友对 DeFi 有一个较为直观的认识。

　　第二次世界大战之后，特别是 20 世纪 70 年代至 80 年代以来，在全球化进程及信息技术革命的推动下，发达国家的金融资本快速增加，经济金融化趋势不断加强。金融资本的全球流动改变了以往的资本结构和产业结构，极大地强化了金融市场在资源配置中的支配作用。金融资本的主导作用在当前高度全球化的条件下已超出单一的市场领域，并深刻影响着国家治理模式、公司治理结构与战略规划、家庭投资理念和个人日常思维，促成政治、经济、文化的社会结构整体性、全方位大转型，带来"社会生活金融化"的新趋势。

　　近年来，传统金融模式和以此为基础的价值投资收益率已越来越不尽如人意。尤其是在 2008 年全球金融危机后的十余年，价值投资收益率屡屡跑输大盘指数，甚至低于大部分被动管理策略。在疫情发生后的 2020 年和 2021 年，更是如此。2020 年，方舟基金（ARK Invest）旗下的 5 支基金平均收益率达 170%，ARK Invest 也一举成为美国 2 400 多支基金中排名首位的基金。其实，ARK Invest 的创始人兼 CEO 伍德被称为"女版巴菲特"主要是由于其较高的收益率，她与巴菲特的投资理念截然不同，甚至完全相反。巴菲特的投资逻辑是充沛的现金流和稳定可持续的经营能力，伍德的投资逻辑则是专注于投资破坏性创新（Disruptive Innovation）技术，这可以用伍德的经典名言阐述：投资的未来就是投资未来。比如，在 2020 年 ARK Invest 重仓了特斯拉和灰度比特币信托（GBTC），并获得了丰厚回报。值得一提的是，伍德对 DeFi 的现在和未来同样寄予厚望，认为 DeFi 正在"掏空"银行，并倒逼传统金融进行创新，以太坊将成为互联网的原生债券，其质押收益率将成为金融市场的一个基准收益率。传统范式下价值投资失灵最主要的原因在于，现在决定全球股市大盘指数的新兴商业组织，早已不是依赖会计信息的价值投资所能理解和估值的。

第一，价值投资所依赖的决策信息体系已经无法反映新兴商业组织的真实价值。诞生于重工业化时代的会计报表，无法准确衡量信息革命和数字化时代中的新兴企业最核心的资源，即创新能力、企业家精神、人力资本、数字资产、组织活力和文化等无形资源。换句话说，依照价值投资的那些财务指标信息，根本无法捕捉到数字时代的"独角兽"。从亚马逊到京东，无一不是在上市数年后仍然亏损。

第二，基于历史数据的静态估值体系已无法适应数字化浪潮下的投资大变局时代。价值投资依赖的信息都是历史数据，或基于历史数据推算未来，等于用过去给现在定价。然而，在充满不确定性和各种新事物不断涌现的数字化时代，对一个优质公司的定价应该主要基于未来的发展趋势，而不是那些"已死去"的、且充满虚假信号的过去的信息。

第三，在债务规模大爆炸与全球央行大放水的大趋势下，传统的价值估值体系受到债务、信用、货币、流动性等变量的强烈冲击，基本面作为定价核心变量起作用的时间越来越少。2008年国际金融危机以来，全球无限量持续大放水，无风险利率被压低到零利率甚至突破下限变为负利率。需要说明的是，负利率有多重含义，在不同语义下应予以区分。其一，在央行层面，是指政策利率为负，通常情况是央行对商业银行缴存的全部或部分准备金征收负利率。其二，在商业银行层面，是指存贷款利率为负。在存款方面，负利率的对象主要是公司存款，因为公司的资金规模较大，需要商业银行提供储蓄、支付、清算等服务，对商业银行的依赖度较高；而个人储蓄通常不是负利率的对象，因为这容易引发对商业银行的挤兑。但事实上，2008年国际金融危机之后，瑞典、丹麦、欧元区、瑞士、日本和匈牙利等央行突破了零利率下限，具体做法是：在征收负利率时，商业银行通常将存款利率设定得很低（甚至为零），同时向存款人收取管理费，造成实际利率为负的事实。在贷款方面，负利率是比较少见的，代表性案例是丹麦日德兰银行推出的十年期房贷负利率。但是，借款人并不会直接收到日德兰银行补贴的利息。实际上，借款人还是要每月还贷，但是债务减少的额度会高于实际还款的金额，造成事实上的负利率。在偿还利息之外，借款人还要向日德兰银行支付服务费。补贴给借款人的利息由第三方机构投资者提供，并非日德兰银行自掏腰包。其三，在市场层面，指债券收益率为负。债券收益率为负是指债券（主要指国债）的到期收益率为负，原因是债券购买价格超过未来利息收入和到期返还本金总和，目前多国的国债到期收益率都已经转为负值。

在资金成本如此低廉、资金可得性越来越容易的情况下，高风险投机型和高频交易型资本的数量越来越多，在资本市场的估值体系中越来越占据主导地位。这些交易型资本青睐的是充满想象力、估值空间巨大的成长型资产，对那些估值较低、价值投资比较青睐的资产不感兴趣。

第四，在数字化时代，投资者赖以决策的信息源和数据库越来越多元化、实时化，主要依赖财务会计报表信息的价值投资越发显得滞后和老化。现阶段，数字化浪潮席卷全球，投资者对资产标的进行估值的信息来源越来越多，这可以更好地支持趋势投资。然而，价值投资却依然坚守财务数据和报表信息这一"阵地"。财务报表的形成周期长，短则以季度为单位，长则以年度为单位。在局势瞬息万变的今天，更迭频率如此慢的信息体系肯定无法对投资做出及时的、前瞻性的决策支持。

在具体的形式上，则表现为金融科技和 DeFi 对传统金融的冲击与改进。在金融科技和 DeFi 中，金融科技已在对生产力和生产关系的推动中释放了较大的潜力，并且已经表现出一定弊端。而 DeFi 在 2020 年于全球范围内开始落地，正处于上升期，如日初之朝阳，未来可期。

此外，以金融科技和 DeFi 为代表的新金融的诞生，不仅是全球货币金融体系的一次范式革命，而且一改传统金融严肃、极度专业化的传统金融文化，给金融文化带来了巨大的冲击。新金融在信息可得性和便捷度方面空前提高，从行为金融学的角度强化了叙事对投资者预期和市场情绪的引领，尤其是提高了个人投资者一致性预期和集体行动的可能性，这些都加剧了全球金融市场的波动和重尾风险，一度在华尔街掀起"散户革命"。比如，2021 年 3 月，一群活跃于互联网论坛 Wall Street Bets 的散户投资者发出了"都去买 GME"（GME 是美股上市公司游戏驿站的代码）及"让 GME to the moon"的号召，在几天内将其股票价格从十几美元拉升到 483 美元，导致诸多做空的专业机构爆仓甚至破产，演绎了美国金融史上罕见的一幕。

DeFi 则为金融文化带来了开放、自由、用户至上和"Meme"的理念。"Meme"是指在同一个文化氛围中，在人与人之间传播的思想、行为和风格。"Meme"的含义主要可以通过两个方面来理解："Meme"是复制因子；模仿是"Meme"的主要传递方式。DeFi 在全球范围内的流行和传播与互联网和区块链文化息息相关，这对于逐步登上历史舞台、具有新的投资和消费习惯的"Z 世代"（指 1995—2009 年出生的互联网一代）具有强大的吸引力，同时 DeFi 还处于"病毒式"传播阶段，随着时间的推移展现出愈发强大的生命力。

2.2 "新垄断主义"——金融科技

21世纪以来，以2008年国际金融危机为界限，金融发展历程大致可分为两个阶段：第一阶段为2000—2007年，处于"大稳健时代"的末期。长期的经济增长和稳定的低通胀掩盖了日益积累的金融泡沫，金融机构的主动创新催生了影子银行，加剧了金融市场的联动效应和金融系统的脆弱性，全球储蓄、投资、消费和贸易的失衡则进一步加剧了金融泡沫的堆积并延长了其存续时间。第二个阶段为2008年国际金融危机之后，全球经济和金融界一方面探索如何出台一系列救市措施，使世界经济和金融走出危机的泥潭，同时也在加强金融监管的基础上寻求新的金融发展模式，以免重蹈覆辙。2008年后，金融监管环境的深刻变化及科技创新的爆发式增长使那些以人工智能、区块链、大数据、云计算、边缘计算等数字技术为核心的金融科技被广泛应用于金融业，这些极具创新性和替代性的新兴技术重新定义了金融的业态和模式，给金融体系带来结构性影响，也开启了以数字智能为核心的金融新时代。

金融科技的主体主要有两个部分。一是银行、证券公司、基金公司、保险公司等传统金融机构。这些金融机构将科技应用于业务流程中，以实现成本的降低和效率的提高。这一类别虽然仍是垄断经营，但仍然是基于金融牌照的特许经营垄断。二是大型科技平台和互联网巨头。在2008年爆发全球金融危机后，由于移动互联网的发展，科技巨头掌握了大量的数据和流量，同时也获得了一些国家监管部门的银行、证券、基金、第三方支付等牌照。这些大型科技平台主要表现出滥用支配地位、垄断协议、经营者集中的全新垄断形式，因此形成了一种"新垄断主义"。金融科技的两类主体都对市场产生了巨大的影响，但后者无疑才是金融科技最核心的驱动力，也是 Web 2.0 时代的引领者。

2.2.1 "新垄断主义"何以垄断

数字经济时代的科技平台具备四个构成要素：一是以互联网、区块链、人工智能、云计算、边缘计算等数字技术为底层的驱动技术；二是以数字网络为载体实现多边主体的广泛连接。这些多边主体既包括企业端主体，也包括零售端主体；三是以数据为关键投入和产出品，并与货币和信用等价值载体密切相连；四是以算法为核心，制定科技平台运行的主要规则。科技平台的构成要件与运行逻辑能够最大限度地促进数据流、价值流、利润流的耦合。

就金融体系中的地位而言，大型科技平台和传统金融机构之间的差别并不大，都处于"中央银行—商业银行"二层体系中的第二层，因此科技平台也成为事实意义上的"广义银行"。在我国，自 2018 年"断直连"后，第三方支付机构在商业银行的备付金账户被取消，第三方支付备付金 100%存管在央行，可直接进入央行的资产负债表。从这个层面来讲，这与商业银行存款已经没有本质区别。

但在金融效率层面，由于科技平台掌握大量的数据和丰富的零售端场景，其效率远高于传统金融机构，也更容易形成垄断。科技平台的竞争机制天然带来结构性的垄断，在缺乏有效竞争的环境下，基于数据的垄断行为层出不穷，并展现出了全新的特征。在以分析、聚集和存储数据为特征的数字化市场环境中，数据垄断行为往往掩盖在市场充分竞争的假象下，通过数据壁垒策略性重构和打破，滥用支配地位、垄断协议、经营者集中等行为表现出全新的形式，其后果是损害相关行业的竞争环境，引发资源的不公平分配，并带来潜在的金融系统性风险。因此，大型科技平台才是 Web 2.0 时代的引领者和推动者。

但此外，大型科技平台垄断了本应该属于所有用户的数据，带来了时代的内卷，同时是"新垄断主义"的主要主体。"新垄断主义"的垄断主要体现在以下几个层面。

第一，垄断数据的价值。在数字经济时代，数据正在成为最有价值的生产要素之一。海量异构数据带来前所未有的信息传递效率及知识创造速度，不断超越既有生产模式并最大限度地释放人类的创造力。数据创造价值的机制主要有两个最重要的效应——流通效应和集聚效应。

通俗一些来讲，流通效应就是数据流动速度越快，其价值越高。当数据的流动速度加快时，经济主体的客观理性度会增加，使经济决策由经验依赖转向数据驱动，资源配置的效率也会随之提高。此外，海量数据之间的融合能够产生数据的正外部性，从而通过行业边界、产品边界的不断突破带来价值的持续创造。Mcfee 和 Brynjolfsson 的研究证明，美国制造业行业中数据驱动决策能力位于前三分之一的企业，其劳动生产率和利润率分别比其竞争对手高 5% 和 6%。

至于集聚效应，就是平常所说的大数据的价值。但是，数据收集具有快速性和低价值密度性，这将使数据创造的资本具有密集型特征，即仅有少数组织（也就是大型科技平台）能够实现大数据价值的提取。首先，从快速性来看，大数据的处理符合"秒级定律"（一般要在秒级时间范围内给出大数据分析结果），经济主体需要具备即时分析的能力，响应时间过长会造成数据价值的急速衰减。其次，数据价值的低密度性指的是与数据的体量相比，真正带来价值的数据依然是稀缺的。这要求经济主体通过有效的数据处理手段减少冗余数据带来的成本，在创造价值的过程中剔除数据噪音带来的影响。因此，数据的价值创造呈现出资本密集型的特征：数据价值的提取需投入大量物质资本，如在云计算、数据库等数字基础设施上进行大量投资；除了物质载体，还需积累大量数据分析师、数据专家等高级人力资本，通过数据的有效利用提高数据价值提取的效率。资本密集型的特征造成数据价值拥有使用壁垒，也产生了数据创造价值的集聚效应。

数据创造价值机制的流通效应和集聚效应说明，大型科技平台是现阶段适合完成这一过程的主体。从数字经济的产业角度来看，科技平台是连接多边市场的中介组织，促进了各类资源的广泛连接和重组，并通过自身制定的规则实现了多边经济主体及平台组织者的价值交互与共创。科技平台连接多边市场的规模特征和资本密集型的发展态势呼应了数据创造价值的关键机制，能够将数据的优势发挥至极致。与此同时，科技平台在规模效应、范围效应等方面的追求和作为数据分析的基础设施，极易与金融业相结合，并且，不断追求规模效应和范围效应提高了科技平台的系统性风险，这使得科技平台同时具有"太大而不能倒"（Too big to fail）和"太关联而不倒"（Too connected to fail）两大特征。金融业本身就是经营、管理信息和风险的行业，海量的数据和超强的数据分析能力有力地推动了科技平台在金融领域的扩张。

第二，垄断经营场景。在利润最大化的驱动下，数字平台间的"军备竞赛"不断升级，并通过多种策略型手段形成对数据和经营场景的复杂控制，医疗、交通、金融、消费等场景成为数字平台"重兵把守"的领域。大型数字平台利用数据优势打击竞争者，通过人为构建数据的排他性影响市场中的自由竞争，利用自身较强的议价能力强制或限制数据流向。当数字平台掌握了你的喜好时，平台会比你和你的家人更了解你自己。此外，数字平台还可以通过"信息茧房"效应不断培养消费者的消费习惯，将其变为"养成系"客户。在这些现象的综合作用下，由消费互联网带动产业互联网的发展过程中呈现风险泛化的发展态势。因此，Web 2.0 系统天然具有封闭和内卷的属性。

所谓"信息茧房"，即数字平台能够自动匹配消费者的偏好，通过协助用户过滤无关信息的方式吸引用户的注意力，维持数据输送稳定，从而提高产品和服务的质量。但是，对于用户来说，同质化信息的持续输入有固化用户认知的风险，进而影响对自身的审查和对外界事件的判断能力。正如《人类简史》的作者尤瓦尔·赫拉利所说："算法现在正看着你，看着你去了哪里、买了什么、遇见了谁。再过不久，算法就会监视你走的每一步、每一次呼吸、每一次心跳。凭借大数据和机器学习，算法对你的了解只会越来越深。而等到这些算法比你更了解你自己时，它就能控制你、操纵你，而且你无力抵抗……如果算法确实比你更了解你身体内部发生的一切，决定权就会转到它手上。"比如，数字媒体为了留住更多的用户，会以大量低俗的表层信息吸引用户，一旦用户点击某类文章，媒体将会反复为其推送相似的内容。用户在媒体表层信息的麻醉作用下，不断弱化自己的思维意识，从而产生依赖感。用户在不断咀嚼算法推荐信息的过程中，会强化其固有的内容取向，形成恶性循环。

近年来愈演愈烈的"饭圈文化"，本质上也是"信息茧房"的一种体现。2021 年，"饭圈文化"的恶果越发明显地显现，大量明星、网红"塌房"，造成越来越大的社会影响。"信息茧房"的产生是人们被个人兴趣引导，习惯性沉浸于信息舒适区的结果。"饭圈"中的个体，作为粉丝沉迷于"爱豆"的信息舒适区之中。粉丝在个人兴趣的引领下，会主动地寻找和关注"爱豆"的信息。在微博中，粉丝不仅可以关注偶像及明星工作室的微博账号，还可以接收活跃度高的头部粉丝、话语风趣的草根意见领袖等带来的信息。在微博追星的过程中，不少粉丝会通过共同的偶像在微博中与他人互相关注，从线上网友转变为线下好友，实现"奔现"。

聚焦娱乐内容的八卦博主作为娱乐领域的意见领袖，在内容的选择上也具有明显的取向。出于"固粉"、营销等目的，他们发布的内容大多和明星、娱乐相关，发挥着娱乐功能。粉丝在这一类型的意见领袖的信息过滤下，必然会减少对其他内容的关注，"我的日报"中的非娱乐内容将变得更少。就这样，一个以娱乐为中心、娱乐至死的"信息茧房"形成了。愈演愈烈的"饭圈文化"助长了一部分明星的气焰，一些明星公然逾越法律红线，最终导致不可挽回的后果。

因此，科技平台对经营场景的垄断带来的自动决策与匹配能短期提高经济效率，但可能与用户长期的利益和福利相悖。此外，数据驱动的预测分析能够通过更隐蔽的方式影响消费者的决策行为，通过消费者决策环境、交易规则、定价模式的反复试验，基于消费者的保留价格和行为弱点引导消费行为，严重侵犯了消费者选择的自主权。当数据、消费习惯、意识和金融业结合起来的时候，一张垄断的大网也就愈来愈密了。当这张大网覆盖到社区之时，它将影响大众生活的方方面面。尝到垄断甜头的互联网巨头还有心思搞技术创新吗？正如 2020 年 12 月的《人民日报》社论所言："如果只顾着低头捡六便士，而不能抬头看月亮、展开赢得长远未来的科技创新，那么再大的流量、再多的数据也难以转变成硬核的科技成果，难以改变我们在核心技术上受制于人的被动局面……掌握着海量数据、先进算法的互联网巨头，理应在科技创新上有更多担当、有更多追求、有更多作为。别只惦记着几捆白菜、几斤水果的流量，科技创新的星辰大海、未来的无限可能性，其实更令人心潮澎湃。"

事实上，从古到今，最赚钱的生意大多为私人垄断基础设施。在封建社会，地主阶级土地所有制是数千年封建制度的基础，土地兼并、农民流离失所往往是王朝覆亡的前奏。正是因为认识到了土地问题的重要性，在新民主主义革命时期，土地革命成为中国共产党领导下的新民主主义革命的基本内容之一。正如马克思在《资本论》中所言："资本的垄断成了与这种垄断一起并在这种垄断之下繁盛起来的生产方式的桎梏。资本主义私有制的丧钟就要响了。剥夺者就要被剥夺了。"在数字经济时代，数据成为日益重要的生产要素，垄断数据也就成为最赚钱的生意之一。笔者在2021年9月出版的《链政经济：区块链如何服务新时代治国理政》中已经对如何实现数据的生产要素化做过详细的分析和探讨，此处不再赘述。简而言之，应对数据垄断及带来的金融化问题有两个主要思路：第一种方式是数据和由此形成的数据资产分布式地掌握在全世界人民手中；第二种方式是数据和由此形成的数据资产集中式地掌握在公共部门手中。事实上，关于数据资产化的伟大实践也是沿着这两条路径展开的。

同样，这种逻辑也适用于金融业，金融业也有两个主要思路。第一种思路是实现一种全球可参与、高度自由、普惠和开放的金融，代表性的路径就是 DeFi。DeFi 作为元宇宙和 Web 3.0 运行的底层经济逻辑，其重要性日益凸显。第二种思路是形成一套依托于主权信用的公共金融系统。事实上，我们现有的金融体系便是如此。不管是商业银行、证券公司，还是基金公司和保险公司，其信用的本质来源都是主权信用。不管是我们使用的现金还是国家正在大力推广的数字人民币，本质上都是央行的信用。

更深一层来说，这也与货币来源的两种假说密切相关。笔者在2018年发表在《广义虚拟经济研究》的论文《广义通证经济的内涵、逻辑及框架》中对此有过详细论述。第一种看法是货币源于物物交换，这种看法是影响力最大，也是最符合逻辑的。从亚里士多德的"一切物品都可以兼作易货之用"，也就是以有余换不足的交易需求，催生了以物易物和钱币媒介的产生，到亚当·斯密的"如果后者恰好没有前者所需要的东西，两者之间就不可能进行交换"，再到马克思的"货币是商品交换过程中的必然产物，只有社会的活动才能使一种特定的商品成为一般等价物",主流经济学家不约而同地采用了归纳推理法,得到的也都是"货币起源于物物交换"的结论。持有这一观点的代表性经济学家还包括杰文斯、门格尔、米塞斯、布鲁纳、阿尔钦、清泷信宏和怀特等。几乎所有的经典经济学教材也都持有相似的观点。货币作为一般等价物充当交换媒介,使得交易中不必存在时空和需求的双重巧合,符合逻辑和认知习惯。这种逻辑将导致一种必然出现的结论,那就是由物物交换衍生出来的货币必定是商品货币,也就是通证经济中的实物通证。正如马克思所言:"分析经济形式,既不能用显微镜,也不能用化学试剂。二者都必须用抽象力来代替。"持"物物交换"观点的经济学家和哲学家大多用"抽象力"进行分析。事实上,持这种观点的人也是金融天然具有市场化基因的拥趸。

但是这一学说的主要问题有两个:第一,从商品到货币是一个"从零到一"的过程,其界限何在这一问题难以回答;第二,这一套逻辑推理缺乏证据佐证。越来越多的考古学发现给出了质疑"货币起源于物物交换"的依据,正如卡罗琳·汉弗莱所言,"没人可以举出纯粹而又简单的以物易物的实例,更遑论货币是由以物易物衍生的了",古德哈特也认为"货币理论的困惑在于拒不面对现实"。关于货币的起源,在一些考古证据的基础上逐步衍生出了第二种较为主流的观点——货币起源于公共债务。

约公元前 600 年,吕底亚王国(今土耳其)出现了第一批金属铸币,这是目前发现最早的商品货币之一。然而,在公元前 3000 年左右,在美索不达米亚的寺庙和宫殿中已经出现了用于记录粮食库存的泥版。作为债务记录,这种由大型公共机构记账的方式具有极强的社会性,在这种模式下资源流通当期只有转让价格,并不涉及实际支付,这是一个由公共机构建立的信贷体系。在这种模式下,横向的交换不一定会产生,系统通过纵向的赊欠和借贷等延期支付方式使得系统的参与者获得各自所需的物品。金融的功能是跨时空地实现资源的优化配置,"公共信贷"和"物物交易"作为货币起源的两种学说分别从时空两个角度予以阐释。"公共信贷"体系中的记账符号其本质是信用货币,也就是通证概念中的虚拟通证,依靠公共权威和社会伦理实现其价值尺度的职能。而物物交换中的商品凭借其使用价值行使了交易媒介的职能。可见,金融的自由和垄断之争根植于其基因之中,并在未来仍将持续下去。

2.2.2 解构蚂蚁集团——一个"金融科技"案例

2020年,上海外滩卷起千重浪。2020年11月,一场本来有望成为有史以来全球最大的IPO——蚂蚁集团的"A+H"联合上市被叫停了。蚂蚁集团的估值高达2.1万亿元,按照这个估值,只要持有很小比例的股份,就能成为亿万富翁。这次蚂蚁集团戛然而止的IPO吹响了我国监管层对科技平台态度转折的序幕,也断送了一批人的亿万富翁之路。本部分主要对蚂蚁集团的发展历程和业务模式进行剖析。

蚂蚁集团从成立到距离史上最大IPO仅一步之遥只用了不到二十年时间,整个历程可分为四个阶段。

第一个阶段是2004—2011年,在这个阶段蚂蚁集团立足支付,以解决信任痛点为切入口,流量为王,实现了商业模式的创新。蚂蚁集团前身是服务于淘宝网的支付结算部门。2003年,淘宝网上线后,为解决线上交易支付的信任问题,担保交易应运而生。随着交易量逐渐扩大,支付业务从淘宝网拆分独立运行。2004年底,支付宝正式成立。为扩大用户范围,在零售端,支付宝先后推出全额赔付、快捷支付,给当时普遍使用网上银行、U盾转账的用户带来前所未有的支付体验;在企业端,支付宝以免费甚至补贴的形式吸引商户，迅速占领市场。在 2007—2009 年，支付宝全年交易额从 476 亿元增加到 2 871 亿元，实现了 5 倍的增长，占整个电子支付市场 49.8%的份额。2010 年，中国人民银行发布《非金融机构支付服务管理办法》，实行牌照制度，境内主体方可申请，支付宝从已在海外上市的阿里巴巴体系下被拆分出来，并于 2011 年顺利获得国内首批第三方支付牌照。在这一阶段，蚂蚁集团将支付宝单一产品做到极致，商业模式处于扩流量、冲规模的早期阶段。

第二个阶段是 2012—2016 年，在这个阶段蚂蚁集团以普惠金融切入，以牌照为王，实现了流量变现，对传统金融机构产生了较大冲击。凭借庞大的阿里巴巴电商生态与早期流量积累，蚂蚁集团开始将业务延伸至信贷、理财、保险等传统金融领域。在理财方面，2012 年 5 月支付宝获得基金销售支付牌照，2013 年 6 月支付宝与天弘基金合作推出"余额宝"，同年 10 月支付宝以 11.8 亿元认购了天弘基金 51%的股份。这也在 2013 年引发了国内货币市场基金一众"宝宝"们的大战。在信贷层面，2014 年 6 月蚂蚁金服正式成立，2014 年 9 月浙江网商银行获批，主营小微信贷、供应链金融等业务，这也是目前仅有的 8 家互联网银行牌照之一。2015 年蚂蚁花呗和借呗等产品先后上线，芝麻信用正式投入使用，拓宽了互联网信贷领域的布局。直到现在，芝麻信用仍是中国人民银行征信体系的重要组成部分。在保险层面，2016 年蚂蚁金服向国泰产险增资，持股 51%；2017 年成立信美人寿相互保险社，保险业务开始在蚂蚁金服的版图中落地开花。在这一阶段，蚂蚁金服渗透传统金融领域，获取银行、保险、保险经纪、公募、基金销售、私募、保理、小贷等共 8 类牌照，旗下有超过 20 家金融机构。这个阶段的蚂蚁集团像一条鲇鱼，对传统金融机构产生了显著的倒逼作用，并推动了中国数字金融和普惠金融的发展。

第三个阶段是 2017—2020 年上市受阻，在这个阶段蚂蚁集团受制于监管开始逐步去金融化，主打技术输出，为金融机构和政府赋能，但由于金融领域涉及太多，已呈现"积重难返"之势。2017 年后，我国金融监管趋严，受 P2P 爆雷影响，蚂蚁金服部分产品受到严格监管。此后，蚂蚁金服宣布从"FinTech"向"TechFin"进行战略转型：一方面，向金融机构开放产品和技术能力，并提出以"BASIC 技术"（"Blockchain"即"区块链"，"Artificial Intelligence"即"人工智能"，"Security"即"网络安全"，"IoT"即"物联网"，"Cloud Computing"即"云计算"）为核心的战略发展方向，密切关注金融科技的应用场景落地；另一方面，向政府机构提供算力及相关服务，包括承接数字雄安区块链基础设施平台的建设，协助中国人民银行开展数字人民币的研发和试点等。2020 年 7 月，"蚂蚁金服"更名为"蚂蚁集团"，标志其战略转向科技领域，尽管一切已经积重难返。在这一阶段，蚂蚁集团开始有意识地"远金融，亲科技"，努力发挥数据和技术优势，业绩和估值较快提升，连续登顶全球金融科技百强榜。以马云在上海外滩那段时长 21 分钟的著名演讲为节点，这个阶段的蚂蚁集团并未完成以科技为重心的成功转型。我国监管叫停蚂蚁集团上市的原因在于，蚂蚁集团存在一些违规问题，如无牌或超许可范围从事金融业务、公司治理机制不健全、存在监管套利、不公平竞争、损害消费者合法权益等。

正如重庆市政府前市长、中国国际经济交流中心副理事长黄奇帆在 2020 年出版的《结构性改革：中国经济的问题与对策》中所言："2017 年 9 月、10 月，由于业务发展过快，资本金没有及时跟上，阿里小贷遇到了金融资管整顿。花呗、借呗资本金贷款的杠杆比达到了近百倍，被叫停运行。问题出在 ABS（Asset-Backed Securities，资产支持证券）发行上，证监会没有规定 ABS 的贷款资产可以循环多少次，蚂蚁金服让 30 多亿元资本金通过 2.3 倍的拆借融资形成了 90 多亿元网上小额贷款，又利用一个金融工具 ABS，凡是一个贷款余额拿到证券市场交易所发的 ABS 债券，就可以循环发放贷款，并在几年间循环了 40 次，造成了 30 多亿元资本金发放 3 000 多亿元网上小贷，形成上百倍的高杠杆。"蚂蚁集团通过不同的金融牌照打通金融业务，使得金融分业监管的政策趋于无效，以实现监管套利。

第四个阶段是 2020 年上市受阻至今，蚂蚁集团根据监管部门的要求落实整改，受制于内外压力真正开始去金融化，主打技术输出，为金融机构和政府赋能。中国人民银行、银保监会、证监会、外汇局等金融管理部门在蚂蚁集团上市受阻后，多次对其进行约谈。蚂蚁集团建立专门团队，在金融管理部门指导下制订整改方案，积极开展整改工作。以 2021 年 4 月中国人民银行、银保监会、证监会、外汇局等金融管理部门对谈蚂蚁集团的这次约谈为例。这次约谈的主要目的是要求蚂蚁集团必须正视金融业务活动中存在的严重问题和整改工作的严肃性，对标监管要求和拟定的整改方案，进行深入有效整改，确保实现依法经营、守正创新、健康发展；必须坚持服务实体经济和人民群众的本源，积极响应国家发展战略，在符合审慎监管要求的前提下，加大金融科技创新，提升金融科技领域的国际竞争力，在构建"双循环"新发展格局中发挥更大作用。

我国金融监管部门的原则是公平监管和从严监管，着眼长远、兼顾当前，补齐短板、强化弱项，促进公平竞争，反对垄断，防止资本无序扩张。一是坚持"金融为本、科技赋能"。平台企业开展金融业务应以服务实体经济、防范金融风险为本，不能使科技成为违法违规行为的"保护色"。对于违规经营行为，要依法严肃查处。二是坚持金融活动全部纳入金融监管。金融业务必须持牌经营，提升监管能力和水平，优化监管框架，防范监管套利。三是坚持发展和规范并重。依法加强监管，规范市场秩序，防止市场垄断，保障数据产权及个人隐私，同时把握好平台经济发展规律，提升金融服务体验，巩固和增强平台企业国际竞争力。

具体而言，蚂蚁集团的整改内容主要包括五个方面。一是纠正支付业务不正当竞争行为，在支付方式上给消费者更多选择权，断开支付宝与花呗、借呗等其他金融产品的不当连接，纠正在支付链路中嵌套信贷业务等违规行为。二是打破信息垄断，严格落实《征信业管理条例》要求，依法持牌经营个人征信业务，遵循"合法、最低、必要"原则收集和使用个人信息，保障个人和国家信息安全。三是蚂蚁集团整体申设为金融控股公司，所有从事金融活动的机构全部纳入金融控股公司并接受监管，健全风险隔离措施，规范关联交易。四是严格落实审慎监管要求，完善公司治理，认真整改违规信贷、保险、理财等金融活动，控制高杠杆和风险传染。五是管控重要基金产品流动性风险，主动压降余额宝余额。

事实上，并非只有我国对数字平台加强监管，在欧美加强数字反垄断同样是趋势，"新垄断主义"带来的影响愈发严重。欧盟 2018 年实施了《通用数据保护条例》（General Data Protection Regulation，GDPR），并加快推进《数据治理法案》。美国近年来连续发起对大型科技公司的反垄断调查，2021 年 6 月，莉娜·可汗（Lina Khan）成为新任美国联邦贸易委员会（Federal Trade Commission，FTC）主席。可汗是美国数字反垄断的代表性人物，2017 年她在《耶鲁法学杂志》（*The Yale Law Journal*）发表《亚马逊的反垄断悖论》，在法律界和政界引发巨大反响，她也由此被视为反垄断运动的主导人物之一。此外，德国在 2020 年通过《反对限制竞争法》第十次修正案。

在数据作为日益重要的生产资料的今天，"新垄断主义"越来越关乎国家安全和治理效果。科技巨头手持"利刃"，客观上存在威胁国家安全和治理的风险。2021 年初，特斯拉汽车可能在中国收集数据并传回美国的行为引起中央的高度关注。此后，我国政府部门和军队人员被限制使用特斯拉汽车。2021年6月，滴滴出行在纽约证券交易所挂牌。2021年7月2日，《网络安全审查办公室关于对"滴滴出行"启动网络安全审查的公告》发布。公告称，有关部门将对滴滴出行实施网络安全审查，审查期间滴滴出行暂停新用户注册。2021年7月16日，国家网信办会同公安部、自然资源部、交通运输部等部门联合进驻滴滴出行，开展网络安全审查。"滴滴出行事件"引发了广泛的关注和讨论。不同于以往针对数字平台的反垄断或反不正当竞争规制，滴滴出行成为我国首次以"维护国家安全"为由，依法审查并整治的数字平台。"滴滴出行事件"虽以数据安全为表征，但其背后体现的是数据安全、数据垄断、消费者权益、国家主权等问题的交织。在大洋彼岸，一场针对"新垄断主义"的政府行为也早已展开，并在全球范围内形成中、美、欧公共部门的政策共振。

2.2.3 Libra——"新垄断主义"的登峰造极

数字金融资产剧烈的价格波动无法为交易者提供一个稳定的交易环境，这不利于数字金融的长期发展，而传统法定货币（纸币和银行货币）因技术层面不兼容无法直接为数字金融资产行使流通手段职能（可以行使价值尺度职能）。在数字金融资产波动较大的背景下，一些商业机构推出了不同模式的锚定主流法币的通证，以期更好地行使价值尺度和流通手段职能，这种通证被业界称为"稳定币"（Stable Coins）。尤其是在2018年下半年，以比特币、以太币等为代表的数字资产进入价格下行通道后，稳定币的市场份额迅速扩大。

时代风口下的稳定币

根据数字资产数据分析公司 CryptoCompare 的数据，2017 年 10 月，USDT（一种锚定美元的主流稳定币）在比特币交易中份额仅有不到 1%，而 2018 年 3 月这一数据为 14.2%，在 2019 年 1 月这一数据为 60.98%，在 2019 年 4 月这一数据为 80.37%。从 2018 年 6 月开始，稳定币产品的流通市值稳步增长，产品种类不断增加，产品创新活跃度高，流转速度具有加快的趋势。由于支付体系广泛存在网络外部性，稳定币市场可能会呈现"赢者通吃"的局面。根据区块链数据库企业 Messari 的数据，2021 年稳定币市场持续增长，美元稳定币供应量飙升 388%，从年初的 290 亿美元增加到 1 400 多亿美元。稳定币的使用量也创下历史新高，2021 年稳定币调整后的年度交易量超过了 5 万亿美元，与 2020 年的交易量相比，同比增长超过 370%。

从监管层面而言，稳定币为跨境资本管理框架带来新的挑战。稳定币分布式的特点加大了行政手段监测的难度，交易呈现出的小额、分散、高频的特点，又增大了自动化监测的难度。稳定币的匿名性（部分合规稳定币项目需要满足"了解你的客户"这一要求）、去中介化的特征也使得主权国家的资本管制政策趋于无效，打击非法跨境资金流动的难度提高。同时，稳定币模糊了在岸货币市场与离岸货币市场的边界，对建立在以居民、非居民为划分标准的跨境资本流动管理框架造成巨大冲击。

总结而言，稳定币实现价格稳定的基本方式有两种：抵押品（Collateral-Based）模式和"算法央行"（Algorithmic Central Bank）模式。基于抵押品的稳定币本质上是借助锚定抵押品的价值或使用价值来实现通证价格的相对稳定，稳定币的发行机制在该系统内相当于中央银行的货币政策，根据抵押资产是否上链可分为链外抵押的价格稳定模式和链上抵押的价格稳定模式。而基于"算法央行"的模式容易形成资金盘和庞氏骗局，但在 2021 年，基于"算法央行"的模式取得快速发展,这超出了行业的想象。本节主要阐述链外抵押的价格稳定模式。

2015年3月Tether因比特币、以太币等价格波动过大发行了1:1锚定美元的稳定币USDT。Tether声称将严格遵守100%的准备金保证,以满足用户避险、日常支付、借贷及交易比特币等数字资产的需求。USDT是最早的稳定币之一。USDT多次被质疑相对抵押资产严重超发,2019年4月纽约总检察长办公室曾就Tether与Bitfinex涉嫌利用USDT储备金掩盖损失而起诉Tether,后来达成了和解。Griffin & Shams(2019)对USDT进行实证分析,认为Tether利用超发USDT为加密数字货币市场提供超额流动性,操纵比特币等主流加密货币价格。但由于其运作时间较长,具有一定数量的忠实用户,加上货币市场对信息敏感性不强等特点,USDT的交易量和总市值在稳定币中仍能保持在第一位。

2018年3月,斯坦福创业基金投资的创业公司TrustToken意识到稳定币巨大的市场需求,在提高USDT透明度、加强审计和监管等的基础上推出了TrueUSD(TUSD)。TUSD通过与商业银行和信托公司建立合作网络,为其底层资产提供定期审计,并通过KYC/AML/CFT(了解你的客户/反洗钱/反恐融资)等方式增加合规性,必要时会对用户的单笔交易进行审查。TUSD在提高合规性和透明度的同时,也增加了运营成本,这在一定程度上影响了其交易量和市值。但是,TUSD的市值和交易量长期不到USDT的5%。

2018年9月,在纽约金融服务局(NYDFS)的批准下,Gemini和Paxos正式宣布推出两种稳定币——Gemini Dollar(GUSD)和Paxos Standard(PAX),其抵押资产由信托公司托管,受到监管的稳定币获得了政府信用的部分背书,有利于提升用户和机构对稳定币项目的信心。与TUSD类似,尽管GUSD和PAX的透明度和合规性较USDT提高很多,但其交易量和市值仍与USDT

相差甚远。

2018年10月Circle推出了基于CENTRE架构开发、并受到CENTRE一系列政策监管的美元稳定币USDC，USDC与美元1:1挂钩，用户每购买1个USDC，Circle就会存1美元到Silvergate银行，将生成的USDC通过以太坊发给用户，其抵押资产受到全球知名会计师事务所Grant Thornton的定期审计，审计报告在CENTRE官方平台公布。USDC的发行方Circle拥有美国、英国和欧盟的支付牌照及美国纽约州的BitLicense，是区块链行业的独角兽企业。USDC与GUSD和PAX的推出时间相近，战略也较为相似，即增加链下抵押资产的透明度和信用背书为项目增信，但具体措施有差异：GUSD和PAX选择的路径是寻求地方监管机构批准，抵押资产托管在信托机构；USDC选择的路径是抵押资产在银行托管，相比信托机构，银行的监管要求更高，资产也更安全。同时，Circle计划于2022年底通过特殊目的收购公司（Special Purpose Acquisition Company，SPAC）上市。

Libra 1.0——试水

稳定币的蓬勃发展和广阔前景给科技巨头带来了巨大的吸引力。客观而言，欧美科技巨头在支付方面与我国的科技巨头有一定差距，稳定币赛道为其提供了弯道超车的机会。2019年6月市值为5 395亿美元、在全球拥有26.6亿用户的社交巨头Facebook（后更名为"Meta"）发布了数字货币项目Libra的白皮书1.0版本（后改名为"Diem"）。"Libra"一词意为天秤座，象征公正和公平，同时也是古罗马的货币计量单位。白皮书1.0版本中构建了一个宏大的金融愿景，声称要"建立一套简单的、无国界的货币和为数十亿人服务的金融基础设施"，白皮书1.0计划于2020年正式发行，后因为欧美金融监管机构的压力而一拖再拖。Libra由一篮子银行存款和短期国债作为储备资产，在区块链上成为低波动、低通胀、可在全球通用的数字货币。在治理机制方面，Facebook 没有对 Libra 进行独家经营，而是采用多中心化治理模式，在瑞士日内瓦注册了协会，由协会成员共同负责项目的技术维护和资产储备管理。协会的 28 个初始成员包括了 Visa、Mastercard、Paypal 等科技巨头，协会计划将成员数量扩充到 100 个。Libra 的诞生具有深刻的时代、行业及公司背景。Libra 白皮书诞生于一个数字经济深化、变革加速的大变革时代，互联网、区块链、金融等行业都被挟裹于新一轮的数字浪潮之中。Libra 白皮书的横空出世意味着 Web 2.0 已登峰造极，其迟迟无法推出也宣告了 Web 2.0 的拐点已到，接下来将不可避免地开启下行通道。

随着数字经济的深化，流量为王带来强烈的短视效应，这种路径既会造成资源的极大浪费，也会造成盈利模式的单一，这一发展模式已遇到瓶颈。以 Libra 的主要发起方 Facebook 为例，Facebook 的财报显示，2018 年第四季度移动广告营收所占比例约为 93%，盈利模式单一化的弊端逐步显现，传统互联网企业面临着严峻的转型挑战。

此外，私人数字货币价格波动过大，难以履行货币的交易媒介和价格尺度职能。从 2018 年下半年开始，以单一或一篮子法币和数字资产（以太币为主）为抵押资产的稳定币与通过"算法央行"调节供需，稳定币的市场份额逐步扩大，为数字货币市场提供了更多的流动性。Libra 的出现顺应了这一行业趋势，将一篮子银行存款和短期国债作为储备资产的方式进一步丰富了抵押品的种类，选取何种银行存款和政府债券为 Libra 留出了操作和博弈的空间。基于区块链的稳定币，不仅可以作为法币和私人数字货币的交易媒介，还因其跨国性的特征天然成为跨境支付的媒介。2018 年，全球跨境支付市场约为 125 万亿美元，跨境支付的平均成本是其汇款金额的 7.68%，远高于境内支付成本。2019 年全球跨境支付市场几乎实现了翻倍，达到了将近 250 万亿美元。

对于存在资本管制政策的国家而言，其跨境支付成本更高，区块链在跨境支付中具有广阔的发展空间。我国企业传统跨境支付流程如图 2-1 所示。

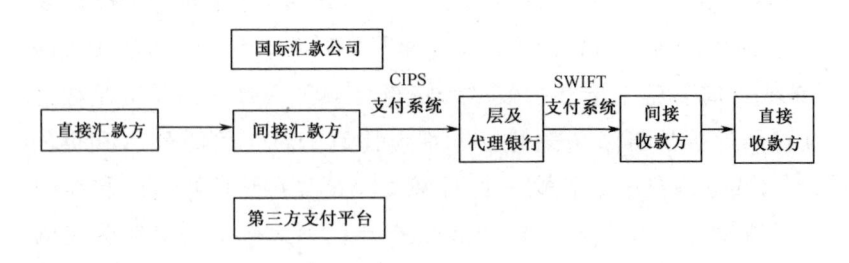

```
                    国际汇款公司
                                    CIPS          SWIFT
                                    支付系统        支付系统
直接汇款方 → 间接汇款方 →          → 层及    →         → 间接   → 直接
                                    代理银行               收款方    收款方

                    第三方支付平台
```

图 2-1　我国企业传统跨境支付流程

另外，传统金融机构正在加速进入数字货币领域，Libra 的推出延续了这一趋势。2017 年 7 月，高盛的数字货币结算系统被授予专利；2018 年 7 月，纽约证券交易所大股东洲际交易所成立数字资产服务机构 Bakkt，IBM 推出稳定币计划；2019 年 4 月，IBM 与韩国釜山银行等六家国际银行签署意向书，将在 IBM 的区块链上发行稳定币，并得到联邦存款保险公司的支持；2019 年 2 月，摩根大通推出了基于区块链的 JPM COIN；2019 年 6 月，以瑞银集团为首的 14 家金融公司联合发布基于区块链的 USC 结算系统。基于区块链的金融网络模型更加接近理想状态，信息不对称程度更低，单类通证流通成本更低，不同种类通证的汇兑成本也更低，这为金融机构主动拥抱区块链和数字货币提供了经济激励。

最后，对于 Facebook 来说，发行 Libra 也具有重要意义。2018 年 3 月，Facebook 涉嫌将用户隐私数据提供给剑桥分析（Cambridge Analytica），这是一家英国政治咨询机构。2018 年 5 月，欧盟《通用数据保护条例》正式生效，Facebook 首席执行官扎克伯格在欧洲议会出席听证会，并接受严格的质询。频发的数据泄露事件和新的监管要求都向 Facebook 提出了新的挑战，而 Libra 的出台符合 Facebook 多元化的发展战略。Libra 的出台及其与欧美监管机构的博弈在全球掀起了轩然大波。

Libra 1.0 的经济学分析

Libra 使用一篮子银行存款和短期国债作为储备资产，采用 100%储备金发行方式，其价格并不锚定某一特定法币，而是根据其储备池中的一篮子法币资产决定，以美元、欧元、日元和英镑为主。Libra 无独立货币政策，价格波动取决于外汇波动，机制类似于特别提款权（Special Drawing Right，SDR）。SDR 作为国际货币基金组织（International Monetary Fund，IMF）的记账单位，篮子货币的选取须与世界经济发展一致，相关研究也表明，人民币加入 SDR 篮子对于强化其代表性作用具有重要意义。与 SDR 不同，Libra 主要考虑储备资产的现金流稳定性、价格波动性、货币的可兑换性及监管要求，全球经济的代表性只是次要因素。Libra 不具备权益类资产的增值功能，也不具备投机属性，储备资产将被分布式地托管在金融机构中，投资收益将用于保持较低的交易手续费、覆盖系统运行成本及向协会初始成员分红。Libra 用户不具有对储备资产投资收益的分红权，仅享受便利支付的权利。Libra 协会将选择一定数量的金融机构作为授权经销商，这些经销商可与资产储备池直接进行双向交易，使 Libra 价格参考一篮子货币以保持相对稳定，但用户不具备与资产储备池交易的权利。Libra 经济系统运作机制如图 2-2 所示。

```
┌────────┐   Libra    ┌──────┐   Libra    ┌──────────┐
│Libra协会│ ─────────→ │经销商│ ─────────→ │Libra用户 │
│        │ ←───────── │      │ ←───────── │          │
└────────┘  储备资产   └──────┘  若干法币   └──────────┘
```

图 2-2　Libra 经济系统运作机制

就操作方式而言，Libra 采用了和货币局制度的小型开放经济体相似的货币发行方式，以标准化程度较高的金融资产为储备产生即时流动性：我国香港联系汇率制度要求发钞行在发行港币时须按 1 美元兑 7.8 港元的汇价缴存 100%的美元准备金。在 2013 年之后，中国人民银行强化了非常规性货币政策工具的应用，其中中期借贷便利、常设借贷便利等便是商业银行通过抵押高信用评级的债券类资产和优质信贷资产获得大额流动性的创新型工具。在 Libra 内部经济系统中，Libra 协会扮演着央行的角色：只有协会具有制造和销毁 Libra 通证的权利，经销商用符合要求的储备资产向协会购买通证构成 Libra 的发行行为，经销商向协会卖出通证换取储备资产构成 Libra 的销毁行为。这种模式践行了芝加哥学派的货币理念：取消商业银行的通证制造能力，把通证制造的权力全部收归于央行，进而避免金融危机和经济衰退。在 2008 年国际金融危机后，芝加哥学派的观点再次受到重视，英国央行前行长默文·金恩（Mervyn King）提出了"全天候当铺模式"：商业银行将其拥有的资产向央行抵押，央行对抵押品按照一定折扣率进行估算，确定可向商业银行授信的额度，商业银行放贷的额度上限为此额度和在央行的储备金之和。Libra 践行了这种货币理念。

  Libra 的双层经济体系与现有的"中央银行—商业银行"的二元货币投放体系具有一定的相似之处：Libra 协会相当于中央银行，经销商相当于商业银行。不同于基于账户的"中央银行—商业银行"体系，Libra 是基于通证的经济系统，用户之间得以实现点对点转账。Libra 采取 100%的储备金发行模式，使用银行存款和短期国债作为储备资产（一篮子货币或单一货币）。当经销商按照合格抵押品目录向 Libra 协会提交储备资产时，Libra 协会按照一定折扣向经销商发放 Libra 通证，这构成 Libra 的基础货币发行过程；与发行过程相反，当经销商向 Libra 协会提交 Libra 通证赎回储备资产时，构成了 Libra 的基础通证销毁过程。按照现行的 Libra 白皮书 1.0 版本，经销商向用户进行 Libra 的货币分发，不存在货币乘数。当 Libra 用户向经销商提交单一或复合法币时，经销商向用户提供等额的 Libra 通证，这构成 Libra 的二层流动性分发过程；相反，当 Libra 用户向经销商提交 Libra 通证时，经销商须向 Libra 用户兑换特定币种的法币，这构成 Libra 的二层流动性收缩过程。此外，Libra 用户之间可通过符合 Libra 标准的数字钱包进行点对点交易。第一层级为 Libra 协会成员，现阶段数量为 21 个；第二层级为经销商，根据其营销能力为全球不同地区的用户提供服务，2019 年 10 月，Libra 协会称已收到超过 1 800 个机构的经销商申请；第三层级为 Libra 用户，按照 Libra 白皮书中的计划，其将着力推进服务数十亿用户的普惠金融系统。Libra 经济系统运作机制如图 2-3 所示。

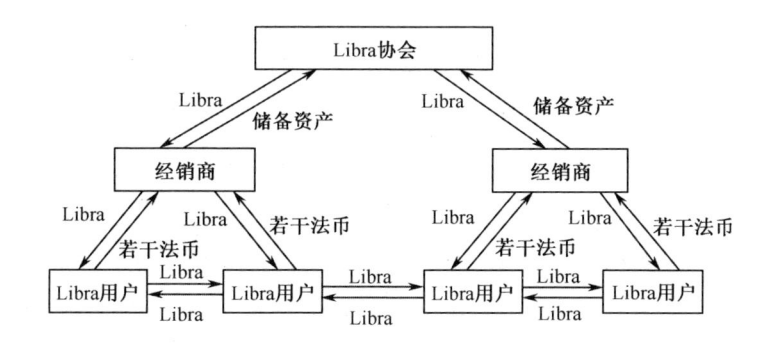

图 2-3 Libra 经济系统运作机制

从人类金融史的发展看，通过抵押稳定价格的方式在"二战"后的布雷顿森林体系中得到了充分实践。布雷顿森林体系通过"双挂钩体系"保证了汇率体系相对稳定。1971 年 8 月，美国政府关闭了黄金窗口，美元无法再兑换黄金；1973 年 2 月，美元危机再度爆发，布雷顿森林体系彻底崩溃。伴随着"黄金非货币化"，全球进入了信用货币时代。Libra 系统中的银行存款和国债相当于布雷顿森林体系中的黄金，Libra 通证则相当于布雷顿森林体系中的美元。Libra 的储备资产并不包含黄金，主要原因在于：

第一，黄金在运输和存储等方面成本较高，同时具有供给刚性，作为数字金融时代下产物的 Libra 难以选择商品货币时代的象征黄金作为储备。第二，Libra 得以推行的重要前提是主权国家监管允许，协会 28 个创始成员多为美国企业，受美国监管层影响较大，选择何种储备资产会影响对该类资产的需求，这可作为与主权国家监管层进行博弈的筹码。另外，更值得关注的是未来以比特币、以太币为代表的主流数字资产能否进入 Libra 储备资产池。作为区块链技术最早的产品，比特币具有去中心化、抗通胀性、投机性等属性，2019 年 7 月，美联储主席杰罗姆·鲍威尔（Jerome Powell）在参议院银行委员会听证会上表达了用比特币替代黄金作为储备资产的观点。

需要注意的是，Libra 并非指货币向哈耶克（F. Hayek）提出的"货币非国家化"迈进，因为储备资产采用的是与主权国家背书密切相关的银行存款和国债，并非基于发行方的信用和市场对于 Libra 的预期。在 2008 年国际金融危机后，除了以比特币为代表的用去中心化的技术信任改良货币金融体系，由时任中国人民银行行长周小川在 2009 年 3 月提出的超主权货币方案则是另一主张，这一构想最早可追溯到 20 世纪 40 年代的"凯恩斯方案"。超主权货币可以在应对单一主权信用货币内在风险的基础上调节全球流动性，当前具有代表性的超主权货币为 SDR，但其作用至今没有得到充分发挥。Libra 在经济模式上采用了超主权货币的构想，在底层技术上采用了比特币的底层技术区块链，在一定程度上结合了 2008 年国际金融危机后具有较大影响力的两种货币金融体系改良方案，兼具前瞻性和务实性。

Libra 白皮书 1.0 提出了由许可链向非许可链过渡的中长期构想：在运营初期采用的是基于 Libra 拜占庭容错（Byzantine Fault Tolerance，BFT）共识机制的联盟链，即使三分之一的验证节点发生故障，BFT 共识协议的机制也能够确保其正常运行。许可型区块链包括联盟链和私有链，Libra采取的是联盟链的形式，只针对某些特定群体的成员和有限的第三方，内部指定若干预选节点为记账人，区块生成由所有记账节点共同决定，其他接入节点可以参与交易，但不参与记账过程。非许可型区块链即公有链，符合技术要求的任何实体都可以运行验证者节点。联盟链的治理机制和经济激励不同于公有链，更加偏向传统公司治理，对于记账节点具有较高的门槛。

Libra白皮书1.0指出，目前没有成熟的公有链方案可为全球数十亿用户提供稳定安全的金融服务，只能采取联盟链的方式。不过，健全公有链是区块链的长期发展方向，也正因如此，Libra将逐步从联盟链向公有链过渡。这体现了Libra项目方的务实态度，其会根据客观情况在联盟链与公有链之间进行取舍，同时，区块链工具属性逐步强化的趋势也日益清晰，这与区块链原教旨主义者"为去中心化而去中心化"的理念不同，利用区块链提高经济发展效率是目前各界共识的最大公约数。但人们仍有一些疑问：联盟链在发展到一定程度之后能否顺利过渡到公有链？联盟链下错综复杂的利益纠葛将增加向公有链转化的难度。

Libra白皮书1.0采用联盟链需满足以下要求：第一，安全可靠，以保障相关数据和资金的安全；第二，数据处理能力和存储能力较强，为十亿数量级的用户提供金融服务；第三，异构多活，支持Libra生态系统的管理及金融创新。但要实现上述要求仍然面临着严峻的挑战，Libra协议最初仅支持1 000TPS（Transaction Per Second，每秒事务处理量），这显然达不到要求。如何在保证安全可靠和异构多活的情况下提高数据处理能力并降低延迟，是Libra在技术层面需要突破的重点。此外，Libra在技术上的一大创新点是采用了新型编程语言"Move"，主要用于实现自定义的交易逻辑和方式，与现有区块链编程语言相比，增强了数字资产的地位，使得开发者能够更加安全和灵活地在链上定义和管理数字资产。

　　Libra 的治理机制采用协会的模式。Libra 协会在瑞士日内瓦注册，协会成员由联盟链的验证节点组成，目前包括 Facebook、MasterCard、PayPal 等 28 个节点，涵盖了支付、电信、区块链、风投等多领域，具有多中心化的治理特征。协会在瑞士注册有两个主要原因：第一，瑞士的数字货币政策较为宽松，瑞士金融市场监督管理局在 2018 年颁布了关于 ICO 的指南，具有较为明确的监管框架，瑞士城市楚格更有"数字货币谷"之称；第二，瑞士是历史上著名的中立国，在瑞士注册更有利于把 Libra 打造成一个全球性项目。协会拥有以下职能：继续招募成员作为验证者节点，预计数量为 100 个；筹集资金以启动生态系统，每个验证节点出资 1 000 万美元，享有 1% 的投票权，初期储备资金为 10 亿美元；设计和实施激励方案，包括向成员分发此类激励措施；制订协会的社会影响力补助计划等。

　　Libra 虽然最早由 Facebook 发起，但 Facebook 在协会中并没有特殊地位，只在早期负责筹备事宜，在 2020 年前决策权被转移到 Libra 协会。Libra 协会的规章制度旨在保证成员的平等性和开放性，每个成员享有 1% 的投票权。由于各成员在 Libra 协会框架之外还可能进行合作和竞争，其关系更类似于"网络组织"。Libra 协会本质上是一种多中心化的治理结构，在区块链组织从去中心化向多中心化演进的同时，传统商业组织也在从中心化向多中心化演化，二者在历史的坐标上达到了相对平衡。

　　尽管从注册地、运作理念、操作模式等方面来看，Libra 是一个全球性的多中心项目，但是当前 28 个协会成员多为美国企业。虽然投票机制在设置上较为公平，但美国企业已经具有四分之一左右的投票权。可以预见的是，在继续吸纳的成员里美国企业仍然会占据相当大的比例，这削弱了 Libra 的全球化属性。2008 年国际金融危机以来，全球格局发生了深刻改变，单一法币主导的国际货币金融体系愈发难以适应世界经济发展的内在要求，以WTO、IMF和世界银行为代表的三大经贸组织同样存在发达经济体和发展中经济体权责不相匹配的问题，非美国企业加入Libra协会也很有可能会面临决策权被美国企业垄断而仅仅存在形式上民主的局面。

接下来，我们将从对各国法定货币的影响、对各国法定数字货币研发的刺激效应、对全球金融风险的增大效应、对普惠金融的意义、对商业银行体系的影响、对双支柱框架的影响六方面对Libra 1.0进行评价。

第一，对各国法定货币的影响。按照Libra 1.0披露的货币篮子构成方式，Libra对各国法定货币的影响不尽相同，对美元的综合效应可能表现为信用增强效应，而对欧元、日元、英镑的综合效应可能表现为信用减弱效应，而对币值不稳的小国主权信用则可能具有摧毁作用。

不管从市场因素还是监管因素考虑，Libra采用的抵押资产都会以美元为主。当前在SDR的篮子货币中美元权重为41.73%，但在全球央行外汇储备中美元占比远大于SDR中的权重。根据IMF数据，全球央行美元外汇储备占比呈现长期下降趋势，从2000年的72%下降到2018年的61.7%。鉴于28个Libra协会会员多为美国企业，美国监管层对Libra保持了较大影响，预计美元资产占比也会高于60%。整体而言，Libra对美元存在两个维度的效应：从国际结算维度而言，Libra与美元存在竞争关系；但从储备资产维度而言，Libra和美元则互相支持。存托在美国境外金融机构发行的Libra通证本质上是离岸美元。美国曾在过去较长时间内丧失了离岸美元的定价权，一度导致美元离岸市场同业拆借利率无法反映真实融资成本，Libra对于美国重新掌控美元离岸市场定价权具有积极意义。从美国国内视角来看，Libra是以硅谷为聚集地的科技企业第一次以群体的形式染指华尔街的金融权力,在金融科技的"金融"和"科技"两个维度中,"科技"有渐强之势。

而对美元外的法币,尤其是币值不稳的法币,Libra 可能会产生货币替代效应。20 世纪 70 年代的拉美国家和 20 世纪 90 年代的一些国家,都曾产生较大规模的货币替代,其中以"美元化"为主。进入 21 世纪后,全球美元化的程度尽管有所降低,但发生过严重通胀国家(如委内瑞拉、阿根廷)的居民仍具有较强的持有美元资产的动机。同时,这些国家也已考虑利用数字货币对抗恶性通胀。2018 年 2 月,委内瑞拉以石油为价值支持的数字货币正式对外发售。但从实际效果而言,非锚定型数字货币在价格稳定方面的表现不如美元等强势法币,Libra 会对 2008 年国际金融危机后再次流行的资本管制政策造成冲击,提高通胀国家居民获得稳定货币的便利性,再次加剧货币替代,并对该国货币金融体系产生较大冲击,甚至有可能取代其主权信用。Libra 对于欧元、英镑、日元等国际化法币也具有一定冲击,但作为 Libra 篮子货币,这种冲击将表现为替代效应和增强效应的综合效应。

第二,对各国法定数字货币研发的刺激效应。Libra 发行稳定币的方式在为各国发行法定数字货币(又称"央行数字货币")提供借鉴的同时,也对法定数字货币研发具有刺激效应。除了厄瓜多尔、委内瑞拉、突尼斯、塞内加尔及马绍尔群岛等发行过数字货币,各主要国家也已启动对法定数字货币的研发:2016 年 6 月,加拿大央行启动 Jasper 项目;2018 年 3 月,新加坡金融管理局启动 Ubin 项目;2018 年 9 月,欧洲央行和日本央行联合开展了 Stella 项目。中国人民银行对于法定数字货币的研究走在了世界前列,2014 年就已启动了对数字货币的专门研究,2017 年 7 月,中国人民银行数字货币研究所正式挂牌成立。在 Libra 白皮书发布后,中国人民银行研究局局长王信表示:Libra 对各国货币政策、金融稳定和国际货币体系可能会产生重大影响;中国人民银行经过国务院正式批准，正在组织市场机构进行法定数字货币的研发。这反映了我国官方对 Libra 的重视及积极的态度。我国在数字人民币的研发与推广方面走在全球前列，由中国人民银行牵头，中国工商银行、中国农业银行、中国银行、中国建设银行、交通银行、邮政储蓄银行六家国有大行作为主力推进，在深圳、成都、苏州、雄安等试点地区已经完成多轮试点。法定数字货币因对支付体系、货币政策、金融稳定和资本流动等方面具有广泛影响而备受关注。

第三，对全球金融风险的增大效应。从 Libra 1.0 的设计机制来看，其有可能增大全球系统性风险。其一，Libra 本质是一个全球影子银行体系，存在货币错配和期限错配。用户倾向于将单一货币兑换成 Libra 通证，但 Libra 通证却基于一篮子货币计价，在资产端和负债端存在货币错配。此外，用户可随时向经销商双向兑换 Libra 通证，但 Libra 资产池具有一定的投资期限，经销商和 Libra 协会无法实现实时兑换，这导致了期限错配。同时，货币错配和期限错配可能会相互强化，加深错配程度和金融不稳定性。其二，按照 Libra 1.0，其 Libra 经济系统存在无风险套利的空间。用户持有 Libra 通证不会产生利息，Libra 的储备资产池被托管在金融机构中，会产生投资收益，投资收益将被用于支付运营成本、确保低廉的交易费用及为协会会员分红。存在剩余收益为资金加杠杆进入 Libra 体系进行套利提供了动机，Libra 没有发行规模的限制，若规模过大可能会导致系统性风险。如果储备池资产为追求较高投资收益而采取相对激进的策略，那么当面临集中大额赎回时则可能无法完成兑付，进而折价出售储备资产，导致恶性循环，引发流动性危机。要避免这一情况，须对 Libra 资产储备池按照类型、信用评级、期限、流动性及集中度等进行审慎监管。其三，Libra 可能加剧跨境资本流动风险，并导致监管套利。Libra 基于区块链上的地址而不是银行账户进行转移，天然具有跨境属性。在美元进入降息周期时，美元为全球金融市场提供流动性，并不断加杠杆；在美元进入加息周期后，资本发生反向流动，并有可能造成当地金融系统崩溃。在2008年国际金融危机后，经济学界一改1998年亚洲金融危机前对资本账户自由化一边倒的支持，重新思考资本管制的必要性。Libra可能会削弱资本管制政策，增大跨境资本流动风险。此外，Libra全球化运营的特征为其利用不同国家法律和政策进行套利提供了空间。其四，Libra可能会导致洗钱、恐怖融资、偷税漏税和欺诈等方面的风险。Libra用户接入的低门槛和通证流通的跨国界会带来此类风险，尽管金融机构可通过KYC、AML、CFT等准则规避相关风险，但仍然无法杜绝冒名注册等问题，消费者保护及金融健全性规则亟待建立。

第四，对普惠金融的意义。2018年4月，世界银行发布的《2017全球普惠金融指数报告》显示：全球普惠金融程度加深，但不同国家居民的差距依旧广泛存在，如17亿成年人无金融账户，全世界有19.52%的金融账户不活跃等。数字技术具有促进全球普惠金融深层次发展的较大潜力。分布式账本使得Libra通证成为去中心化客观存在的数字资产，基于Libra的数字钱包和分布式应用则强化了这一属性。Libra通证可以实现跨国界、跨平台流通，在无须相关征信的情况下触达更加广泛的受众，实现低门槛开户和零成本接入，进而提高金融服务的可获得性。此外，Libra协会成员具有广泛的客户基础，可在其产品上设置Libra接口，这进一步加深了普惠金融的深度并拓宽了其广度。同时，Libra也引起了全球范围内科技行业对金融业的关注、思考甚至参与，是一次金融业全球范围内的"启蒙运动"，这也是另一种形式的普惠金融。

第五，对商业银行体系的影响。互联网金融深刻改变了传统商业银行的盈利模式，并加剧了金融脱媒，区块链点对点价值传输等特点则对以商业银行为代表的金融中介构成了更大挑战。

Libra 高度重视合规性，采取包括将部分商业银行纳入经销商以减少社会阻力的方式推进项目，同时，Libra 的运作方式对于未成为经销商的银行则构成更加严峻的挑战。Libra 不仅包括通证，也包含底层以清算结算为核心功能的金融基础设施，清算结算网络将和协会成员的社交网络、业务网络深度融合，对现有商业金融体系构成巨大挑战，进而倒逼商业银行改革。全球银行业已逐步尝试将区块链纳入其业务流程和基础设施，拥抱区块链等新兴技术。Libra 的钱包也会成为一个集多种金融功能于一体的综合生态入口，这对商业银行的核心功能"存贷汇"，以及新型功能，即资产管理等，构成了较大的挑战。

第六，对双支柱框架的影响。党的十九大报告强调，健全货币政策和宏观审慎政策双支柱调控框架，双支柱框架在国际范围内也得到广泛认可和深度实践。尽管 Libra 基于 100%储备金发行，没有货币制造能力，但会引起货币错配和期限错配，同时具有套利空间，致使杠杆资金可能进入其储备资产池中。由于 Libra 并不在货币统计口径中，其类货币属性会对主权国家的货币政策构成潜在挑战，导致货币政策有效性降低。此外，Libra 没有独立的货币政策，由于其储备资产主要为美元资产，因此价格波动和美元周期具有相关性，也会带来跨境金融风险。Libra 没有规模限制，规模过大可能会产生系统性风险，这需要宏观审慎政策并进行调控。鉴于 Libra 可能对货币政策和宏观审慎政策带来冲击，各国央行须将其纳入监管框架中。

Libra 存在种种问题和风险，而最大的问题主要体现在两个方面。第一，一篮子货币带来的货币错配和期限错配可能随着盘子市值的增大产生系统性风险，这是全球金融监管部门最不愿意看到的。第二，Libra 锚定的是法币计价资产，依靠法币信用支撑私人信用，本质上仍是信用货币，没有独立的货币政策，法币金融体系的波动也会影响其价格稳定。Libra 1.0 给出了由联盟链向公有链转化的规划，过渡周期为五年。公有链意味着更高的治理水平、更加市场化的运作机制及更低的运营成本，但当前并无从联盟链向公有链转换的成功案例。Libra 一旦运行，就成为一个包含了大型互联网企业、支付企业、金融机构的庞大货币金融联盟，其协调运转机制复杂，转向去中心化组织的难度极大，一旦转向公有链，Libra 将有可能成为一个挣脱枷锁的巨兽，公有链远景能否实现具有巨大的不确定性。

Libra 1.0 后的探索与博弈

Libra 1.0 推出之后，在金融圈、技术圈、监管圈和学术圈都引发了轩然大波，并在全球范围内引发了广泛和热烈的讨论。Libra 项目方也通过各种方式与社会各界沟通。2019 年 6 月，笔者参与完成的《Libra：一种金融创新实验》在东方出版社出版，基本上代表了中国金融圈和技术圈对 Libra 的集中思考，引起了社会各界的强烈反响。

2019 年 7 月，美国参、众两院针对 Libra 举行听证会，就 Libra 的监管归属如何界定、用户数据隐私如何保护、商业模式细节和是否存在垄断等问题进行了深入询问，并表达了对 Libra 项目在监管、安全和垄断等方面的担忧，且对 Facebook 的信用持怀疑态度。当然，也有部分议员表达了对 Libra 商业模式创新上的赞赏和肯定，认为 Libra 有着划时代的意义，监管机构不能由于自身的制度缺位和不清晰而扼杀创新。

2019 年 9 月，Facebook 在回复德国立法委员法比奥·德·马西（Fabio De Masi）时阐述了 Libra 的资产储备池构成结构设计：美元比重 50%，欧元比重 18%，日元比重 14%，英镑比重 11%，新加坡元比重 7%。这与 2019 年 7 月 Libra 项目负责人大卫·马库斯（David Marcus）接受美国参议院听证时对于 Libra 储备的介绍相比，新增了新加坡元，反映了 Libra 项目方曾设想把新加坡作为亚太地区的重要基地。

2019年10月，G7（Group of Seven，七国集团）稳定币工作组完成了《全球稳定币评估报告》，并正式提出"全球稳定币"（Global Stable Coins，GSCs）这一概念，涵盖包括Libra在内的、在全球范围内流通并相对法币价格稳定的数字货币。在2019年12月G20会议后，金融稳定理事会（Financial Stability Board，FSB）工作组已从G7工作组接手全球稳定币监管政策制定工作，这意味着全球稳定币已引起全球金融监管层高度关注，具有影响全球货币金融制度与体系的潜力。G7工作组将全球稳定币的稳定机制分成三种：第一，全球稳定币的发行面值以常用记账单位（一般为美元）表示，全球稳定币用户拥有对发行人或标的资产的直接索偿权，发行人承诺以购买全球稳定币所用的货币平价兑换全球稳定币。这种稳定机制的代表性项目为GUSD、PAX、USDC等。第二，类似于ETF，全球稳定币的发行不具有指定面值，而是按照构成基础资产组合的份额。全球稳定币的代表性项目Libra即为这种机制，锚定基于一篮子货币的银行存款和短期国债。第三，全球稳定币由对发行人的索偿权作为价格支撑，全球稳定币的价值源于发行机构的商业信用，代表性项目是Tether发行的USDT。尽管Tether宣称USDT与美元1:1锚定，但由于缺乏审计，以及货币超发现象严重，本质上是商业信用。

在受到美国监管机构较为严格的质询与听证后，2019年10月，Libra协会表示将简化储备池设计，将Libra从挂钩一篮子货币改为挂钩单一法定货币，即从全球稳定币的第二种稳定机制转向第一种稳定机制。在这种情况下，Gemini和Paxo等合规稳定币则为Libra提供了可供借鉴的经验。随着Libra的发展壮大，Libra可能会放弃100%的储备金模式，向无抵押的私人信用货币转变。如果这种情况发生，则意味着Libra从全球稳定币的第二种稳定机制变为第三种稳定机制。

2019年10月，G7/G20-FSB稳定币工作组负责人班努瓦·科尔表示："全球金融监管机构没有计划禁止Facebook Libra及其他稳定币，但这些以官方货币为支撑的数字货币必须符合最高的监管标准。"在2020年1月达沃斯世界经济论坛上，科尔再次表示："Libra没有失败，监管社区仍与Facebook保持讨论。"

Libra协会的首批26个会员中，囊括了Facebook、PayPal、MasterCard、Visa、Stripe、eBay等全球一线数字科技企业。大型数字科技企业拥有数以亿级的庞大用户基数、完整的生态系统、极为丰富的用户行为数据及数据处理经验，并以此向主要市场渗透，通过先进的数字技术建立竞争壁垒，是数字经济范式下新一轮金融脱媒的主要推手。这些特征契合了货币的网络性和外部性，对于全球稳定币替代传统法币具有重大的促进作用。尽管在严格的监管形势下，PayPal、MasterCard等5个公司相继退出Libra协会，Facebook也被Calibra取代，但剩余的21个Libra协会会员签订了更加明确的协议，其代表数字资本主义利益的本质没有发生改变。

Libra 2.0：数字资本主义和金融资本主义的合流

2020年4月14日，FSB发布了《解决全球稳定币项目所引起的监管、监督挑战》，提出10项监管建议。该咨询报告递交给2020年4月15日举行的G20财长和央行行长视频会议，我国央行副行长陈雨露参加了这次会议，公众咨询期到2020年7月15日截止，最终建议根据公众咨询的反馈于2020年10月发布。值得一提的是，陈雨露副行长在2020年第2期《金融研究》发表的《当前全球中央银行研究的若干重点问题》中，提出全球中央银行的研究重点集中在以下三个方面：一是负利率政策的逻辑与效果；二是全球稳定币的宏观政策挑战；三是气候变化导致的宏观金融风险。全球稳定币的宏观政策挑战赫然在全球中央银行最关注的问题之列，这反映了我国央行的敏锐洞察。

FSB成立于2009年伦敦G20峰会之后，受G20官方委托为全球金融系统提供观察报告和政策建议，由BIS赞助并主持，但与BIS不存在汇报关系。FSB对全球金融系统具有重要影响，代表了以美国为主导的金融资本主义的利益。2018年3月，一些G20成员方请求FSB对以比特币、以太币为代表的加密资产进行监管，但这一诉求被无情驳回。FSB给出的理由是，比特币、以太币这些加密资产规模太小了。当时的FSB主席强调，加密资产不会对全球金融系统造成威胁，原因是它们在金融系统中发挥的作用很小。即使是在行情最好的时候，它们的总市值也不到全球GDP的1%，而在2008年全球金融危机爆发前，信用违约掉期的名义价值却能和全球GDP持平。区块链在Libra里最终还是被工具化了，技术极客的理想主义在现实世界的执刀人面前不值一提。

FSB对全球稳定币提出的监管建议，其表述十分学术化，本书尽量用通俗的语言"翻译"一下，对其进行解读：

第一，监管机构应拥有并利用必要的权力和工具及充足的资源，全面地监管、监督全球稳定币项目及其各种活动，并有效执行相关法律法规。简单来说就是"管得住"。想要"管得住"，无非就是要同时"管"项目方和用户，两手抓，两手都要硬。

第二，监管机构应在职能上将与其风险相称的监管要求应用于全球稳定币项目。简单来说就是，有针对性地监管可能产生风险的环节，同时按照"相同业务，相同风险，相同规则"的原则进行监管。这跟SEC根据"豪威测试"将大部分ICO纳入证券监管框架的逻辑相同，简言之，就是技术中立原则，不管采用的是什么技术，关键看实质干的是什么业务。全球稳定币基于单一法币抵押本质上是货币市场基金，基于一篮子法币抵押则类似于ETF。

第三，各监管机构应确保对跨境和跨部门的稳定币项目进行全面的监管和监督,在国内和国际上相互合作与协调。这一点看起来冠冕堂皇,在执行起来后,有些国家不会与我国进行合作和协同,反而会将我国排除在外,我国也会是全球稳定币项目方的重点推介区域。Libra 不管是锚定美元还是锚定一篮子货币,都将人民币排除在外。而在疫情下,不管是供应链还是货币金融,"去中国化"现象都需要我们足够警惕。2020 年 3 月,美联储与澳大利亚、巴西、韩国、墨西哥、新加坡、瑞典、丹麦、挪威和新西兰的 9 家中央银行建立了临时的美元流动性互换安排,总计 4 500 亿美元。随后,美联储进一步宣布设立海外央行回购工具,在已有的美元互换工具基础上,进一步加码向全球提供美元流动性。可以说,一个以美元为核心,明确排除人民币,联合各主要经济体的新的国际货币金融网络已见雏形。而全球稳定币会在这一基础上再加一把火,我们不得不注意。

第四,监管部门应确保全球稳定币项目建立了全面的治理框架。监管部门应确保全球稳定币项目具有有效的风险管理框架。这是制度性的监管建议,以后可能会成立类似于巴塞尔银行监管委员会(BCBS)的机构专门监管全球稳定币,并出台类似于《巴塞尔协议》的文件对全球稳定币进行制度性监管、治理与风险防控。这几点同时要求在监管中纳入 KYC/AML/CFT。

第五,监管部门应确保全球稳定币项目建立健全的系统来保护、收集、存储和管理数据。这一点对全球稳定币项目提出了技术要求,并要求保护用户数据隐私。

第六,监管部门应确保全球稳定币项目拥有适当的恢复和解决方案。这意味着全球稳定币不应该是完全去中心化的,必须存在节点能控制或联合控制这一系统。当然,Libra 联盟链的架构符合这个要求。Libra 协会的大部分成员为美国企业,受谁控制也是一目了然的。

第七，监管部门应确保全球稳定币项目向用户和利益相关者提供全面和透明的信息，以了解其功能、稳定机制、治理结构等。Libra 白皮书 1.0 版本中已经一定程度地体现了这一点。

第八，监管部门应确保全球稳定币项目为用户提供赎回权的可执行性，以及赎回程序的法律清晰性。这一点就是指监管部门要确保项目方清楚地告诉用户怎么赎回法币资产，以及如果无法赎回应该怎么覆盖损失。

第九，监管部门应确保全球稳定币项目在开始运营之前，要符合特定司法管辖区的所有适用监管要求。这一要求大有深意。Libra 协会注册在瑞士，其成员大部分在美国，这两个国家的监管要求是一定要满足的。但对于包括我国在内的广大发展中国家，各国货币当局可能会采取抵制措施，因此项目方基本不会承认其在这些国家开展了实际运营，而这些国家的居民使用稳定币则会被定义为自发行为。这种套路和"九四监管"后仍然在国内开展活动的 ICO 项目方如出一辙。不过，相比于 ICO 项目，以 Libra 为代表的全球稳定币的营销能力更强，届时它可能会变为洪水猛兽。

该咨询报告递交给了 2020 年 4 月 15 日举行的 G20 财长和央行行长视频会议。仅仅过了一天，Libra 协会便发布白皮书 2.0 版本。事实上，公众咨询期到 2020 年 7 月 15 日才截止，最终建议到 2020 年 10 月发布。Libra 协会的快速反应表明其对 FSB、BIS、G7、G20、IMF、WB（世界银行）等制定全球货币金融游戏规则的制度设计者意图的深刻领会。既然 Libra 协会早晚都要妥协和让步，还不如早妥协，以便早启动。

在 Libra 白皮书 2.0 中，Libra 在支付系统设计方面做了四项重大更改，包括：第一，除了基于一篮子法币抵押，Libra 还将提供基于单一法币抵押的稳定币；第二，通过强大的合规性框架提升Libra支付系统的安全性；第三，在保持主要经济特性的同时，放弃联盟链向公有链系统的过渡计划；第四，为Libra的资产储备建立强大的保护措施。

在这四项更改中，最重要的是第一项和第三项。或许之前Libra协会和Facebook对挑战现有货币金融秩序抱有一丝希望，从2019年6月Libra协会发布白皮书1.0版本到2.0版本发布，Libra协会深切体会到了主要经济体的金融监管部门和国际经济金融组织的态度。Web 2.0的垄断和扩张引发了全球的监管共振。

随着疫情的全球大流行，全球多个国家都在公共权力和民众自由的跷跷板上倾向于公共权力，这也进一步压缩了Web 2.0的发展空间。在这种时代大幕下，之前的一丝希望也不复存在。毕竟大争之世不是大"作"之世，"作"是目空一切地挑衅与宣泄，而"争"是在认清形势的情况下有理有据有节地斗争与妥协，妥协也是"争"的一部分，是"争"的静止状态。在世界经济衰退、失业率屡攀新高的情况下，具有"争"的能力是幸福的，没有"争"的能力只能被动坐等"直升机撒钱"。

Libra协会本质上代表了兴起于美国西海岸的数字资本主义的利益，数字资本主义也是Web 2.0力量的核心代表。数字资本主义信奉"数据和算力即权力"，与大本营位于美国东海岸的金融资本主义既有利益契合点，也有利益分歧。利益的契合点在于金融资本主义可以为越来越依靠流量变现的数字资本主义注入源源不断的资金。2019年Facebook的年报显示，其超过90%的营收来自流量变现，这让人惊叹于数据价值的低效使用程度。只有将Web 2.0垄断的数据真正还给用户，才能改变当前数据粗放使用的现状，充分发挥数据的价值。

此外，数字资本主义的发展需要钱，尤其在经济下行、失业高涨、收入减少的情况下，"地主家里没余粮了"，流量变现越来越难。其实，印钞机掌握在金融资本主义手中，这是危机时期的大杀器。而数字资本主义可以将剥削进一步拓展到普通民众日常行为产生的数据中，这代表了资本主义的更深层次的剥削。金融资本主义不会放过数据资产化的大蛋糕，这需要数字资本主义提供生产资料。从利益契合点来看，数字资本主义和金融资本主义合流有可能实现双赢。代表数字资本主义利益的 Libra 的抵押资产是金融资本主义发行的银行存款和短期国债，而数字资本主义则充当了金融资本主义的"打手"，去全球攻城略地，摧毁一些主权信用不牢靠的国家的货币体系。

本质上来说，Libra 白皮书 2.0 版本是数字资本主义向金融资本主义请求合流的"投名状"。综合而言，数字资本主义和金融资本主义中综合实力更强的是金融资本主义，毕竟经历了几百年的发展与积淀，金融资本主义依旧长期占据统治地位，而数字资本主义的发展充其量也就是 21 世纪的事情，Web 2.0 的发展将数字资本主义在一段时间内推到顶峰。不过，相比于金融资本主义，侵略性更强的是数字资本主义，因为其业务发展快，实现阶层跃升的机会更多，更多地保持了创业时的冲劲和干劲。"996"在互联网公司基本上是家常便饭，但是对投身金融领域中的大多数人来说，按时上下班才是常态。尽管 Web 2.0 现在也已经陷入了"享乐主义"，但比起金融资本主义，还是强了不少。

Libra 协会想做的事，本质上是数字资本主义涉足了本属于金融资本主义势力范围的货币金融业务，入侵了金融资本主义的业务范围，从金融资本主义的碗里抢饭吃。但从金融资本主义的视角而言，自 Libra 白皮书 1.0 版本发布之后，全世界都知道稳定币的运作和经营方式了，全面禁止是禁不住的，因为这项业务盈利空间巨大。正如马克思所言，"一有适当的利润，资本就胆大起来。如果有 10% 的利润，它就保证到处被使用；有 20% 的利润，它就活跃起来；有 50% 的利润，它就铤而走险；有 100% 的利润，它就敢践踏一切人间法律；有300%的利润，它就敢犯任何罪行，甚至冒绞首的危险。"同时，Libra通证所依托的数字钱包是用点对点实现价值传输的，"野火烧不尽，春风吹又生"。

因此，从监管视角而言，堵不如疏，让Libra在监管框架下发行才可保证利益最大化。这是因为，在Libra发行后，如果那些中小型数字科技企业发行稳定币，不用金融监管层动手，那些稳定币是无法与Libra竞争的。同时，Libra还可以帮助最能体现金融资本主义利益的法币——美元去新兴市场经济体上"扫荡"，因为Libra不是由美国政府发行的，政治化色彩不明显，可以进一步减少美元的政治阻力。

但是金融资本主义也有同意Libra发行的底线，就是Libra不能损害其根本利益，需按照其模式运营，符合其监管要求，这也就是金融监管部门对Libra的"约法三章"：不损害金融资本主义的根本利益；按照金融资本主义的模式；符合金融资本主义的监管要求。Libra在白皮书1.0版本中宣称，采用基于一篮子货币法币资产抵押的模式体现了不损害金融资本主义的根本利益，其"Libra协会—经销商—用户"的二元模式借鉴了金融体系的"中央银行—商业银行—用户"的二元模式，在白皮书1.0版本中提到的KYC/AML/CFT监管框架，以及其反复宣称的"金融监管部门不同意就不发行"体现了符合金融资本主义的监管要求。于是，在FSB将《解决全球稳定币项目所引起的监管、监督挑战》提交给G20仅仅一天之后，Libra白皮书2.0版本就"如期而至"了。

下文对Libra白皮书2.0版本四条修改措施进行逐一分析。

第一，除了基于一篮子法币抵押，Libra还将提供基于单一法币抵押的稳定币。Libra协会决定添加单币种稳定币来扩展Libra网络，最先从原Libra一篮子锚定货币中的一些法定货币开始，比如单一美元锚定 Libra:Libra USD（≈USD）、单一欧元锚定

Libra：Libra EUR（≈EUR）、单一英镑锚定 Libra：Libra GBP（≈GBP）、单一新加坡元锚定 Libra：Libra SGD（≈SGD）。Libra 的本质是一个全球影子银行，存在货币错配和期限错配。用户倾向于将单一货币兑换成 Libra 通证，但 Libra 通证却基于一篮子货币计价，在资产端和负债端存在货币错配。此外，用户可随时向经销商双向兑换 Libra 通证，但 Libra 资产池具有一定的投资期限，经销商和 Libra 协会无法实现实时兑换，这导致了期限错配。同时，货币错配和期限错配可能会相互强化，加深错配程度和金融不稳定性。这也是 1998 年亚洲金融危机和 2008 年国际金融危机向新兴市场经济体扩散的根本原因。锚定篮子货币除了会加剧风险扩散和金融不稳定，还有一个监管层难以直接表达的原因：凭什么货币篮子的权重由 Libra 协会说了算？如果给 Libra 协会留下修改篮子货币权重的权力，等 Libra 发展壮大之后，会不会"废天子而自立"？因此，金融资本主义不会把这种权力留给数字资本主义，而会要求 Libra 必须锚定单一法币。

第二，通过强大的合规性框架提升 Libra 支付系统的安全性。Libra 协会已经吸收了监管机构的反馈意见，并会持续开发一个满足金融合规性和全网范围风险管理的框架，并制定反洗钱、反恐怖主义融资、满足合规性及防止非法活动的标准。这一项对应的是前文论述的核心三原则之中的"符合金融资本主义的监管要求"，此处不再赘述。

第三，在保持主要经济特性的同时，放弃从联盟链向公有链的过渡计划。前文已经明确提出了向公有链转变的困难和不确定性。技术极客的理想主义在现实世界面前不值一提，区块链在监管视角下工具化的属性日益明显。这一特征在笔者 2021 年 9 月出版的专著《链政经济：区块链如何服务新时代治国理政》中已有过充分论述。

第四，为 Libra 的资产储备建立强大的保护措施。对于任何经济系统而言，管理好储备资产都是应有之义。

2020年5月，Libra的钱包Calibra更名为"Novi"，但其定位并没有发生改变。2020年12月，Libra更名为"Diem"，"Diem"在拉丁语中是"day"的意思，此次改名颇有只争朝夕之感，Diem宣称第一步只推出单一锚定美元的稳定币。同时，Diem也进一步与Facebook脱钩，旨在通过强调项目的独立性来重新获得监管部门的批准。

2021年以来，Diem的高管一直在与美国监管层积极沟通，试图减少其对Diem的担忧，并阐述了加密货币在扩大金融产品访问范围方面的重要性，同时强调了Diem支付应用程序Novi的优势。2021年10月，国际清算银行行长奥古斯丁·卡斯滕斯在关于如何监管科技巨头的讲话中多次谈到Diem，称其可能会很快发布，并有望在全球快速普及。他认为此类项目将带来监管挑战，因为它可能迅速从微不足道变为势不可当并将产生深远影响：第一，科技巨头的网络效应会促使稳定币得到迅速普及，而支付交易数据会进一步增强此类企业的获利能力，导致市场力量进一步向少数企业集中，这将对金融稳定、公平竞争及数据治理带来威胁；第二，稳定币或将挑战商业银行的运作模式，影响对银行存款的需求，进而妨碍银行履行信用中介的职能；第三，稳定币可能导致货币体系碎片化，催生出一座座高墙花园，也可能通过Diem化侵蚀货币主权及记账单位，这将构成一种新型的美元化。

可以预见的是，即便Diem无法通过，由科技巨头推出与其功能类似的稳定币产品也是趋势，因为长期来看这无法被禁止。2021年12月，在美国众议院举办的两次听证会——"数字资产和金融的未来：了解美国金融创新的挑战和利益"听证会和"稳定币：运作原理、实际运行情况、风险点"听证会中，稳定币的运营和监管都是重中之重，这两次听证会承认了稳定币的应有地位，并承诺着手推进建立健全监管治理框架。

元宇宙原生资产剧烈的价格波动无法为参与者提供一个稳定的交易环境，这不利于元宇宙和 Web 3.0 的长期发展，而传统法定货币（纸币和银行货币）由于技术的不兼容无法直接为元宇宙行使流通手段职能（可以行使价值尺度职能）。稳定币和法定数字货币一道，构成了连接现有金融和 DeFi 的桥梁，也成为元宇宙和 Web 3.0 中最重要的支付手段。其实，"新垄断主义"下的稳定币的逻辑与大型科技平台对元宇宙的建设是异曲同工的，二者都是基于 Web 2.0 范式而构建出来的，在后面的章节中我们会进一步对此进行阐述。

2.2.4　CBDC——央行的监管科技

在以科技巨头为代表的"新垄断主义"和以商业银行为代表的"传统垄断主义"的挑战下，各国央行不得不亲自"下场干活"，这要求央行在全球范围内发挥更大的作用，大央行的趋势越来越强，"超级央行"的诞生似乎不可避免。2020 年疫情在全球范围内的大流行更加剧了这一趋势，央行不仅履行了传统意义上的最后贷款人职能，而且也承担了最后做市商（Market Maker of Last Resort，MMLR）职能。其中最具代表性的是，自 2020 年疫情蔓延后，美联储推出无上限的量化宽松，其本质为财政赤字货币化，使得美联储资产负债表从 2019 年底的 4.2 万亿美元增加至 2021 年 9 月超过 8 万亿美元。同样作为大央行趋势的产物，法定数字货币承担着央行直接接管支付和对数据实现规制的重要职能，对内抑制第三方支付机构和商业银行，对外推进数字范式下的人民币国际化。

2021 年 10 月，国际货币基金组织总裁 Kristalina Georgieva 在博科尼大学和意大利国际政治研究所主办的 T20 首脑会议上表示，超过 110 个国家正在探索 CBDC。加拿大央行推出 CAD-COIN，英国央行推出 RSCoin，荷兰央行推出 DNB Coin，欧洲央行和日本央行联合开展了 Stella。

值得注意的是美国对法定数字货币的态度和做法。2019 年底，美联储和美国财政部已经明确表示，未来 5 年内不发行零售型 CBDC，但美联储理事 Lael Brainard 也表示，美联储将对 CBDC 进行积极研究和实验。2020 年 3 月，时任美国总统特朗普正式签署了美国历史上规模最大的救市计划——2.2 万亿美元刺激计划法案。法案的初稿曾提出一个设想：通过数字美元钱包向相关家庭直接发放现金补助。数字美元使美联储可以向家庭、企业等非金融部门直接开放资产负债表，而不必通过商业银行，但该设计由于种种原因最终未被采纳。美国为了挽救疫情下的经济和金融颓势已经倾其所有，美联储在这个时候没有直接推出数字美元，意味着美联储直接发行零售型 CBDC 的可能性几乎为零。事实上，Libra 本质上代表着美元的利益，美联储不直接发行数字美元，而是在对 Libra 提出监管要求的基础上予以支持，这是更优的策略。不过，拜登上台后对于美国直接发行 CBDC 表现出更为积极的态度，Lael Brainard 也多次强调美国直接发行 CBDC 的必要性。

我国在 2019 年由国务院正式批准法定数字货币的研发，中国的法定数字货币取名为 DC/EP（Digital Currency/Electronic Payment），由中国人民银行组织市场机构进行分布式研发。要想理解 CBDC，无法脱离以下几个核心问题：推出 CBDC 具有什么现实意义？CBDC 与当前的电子化货币有何不同？CBDC 的底层技术是否基于区块链？其技术框架是否是中心化的？如何对 CBDC 的运行机制进行设定？

数字货币的相关概念界定

随着数字经济的发展，货币在形式上已向电子化、虚拟化演进，Q币等虚拟货币在虚拟空间被使用，银行卡、移动支付实现了不同层次的电子化，以比特币为代表的去中心化加密货币也已引起广泛关注，各国央行和国际金融组织计划发行的法定数字货币和合成数字货币有望全面改变经济和金融运行形态。一个重要的问题是，数字货币与电子货币、虚拟货币、加密货币有何区别和联系，当前这些概念是含糊不清的。界定这些概念不仅要基于技术视角，更要基于经济金融视角。

在现有研究中，对虚拟货币的概念界定最为清晰明确，狭义的虚拟货币指由虚拟社群经营主体发行，仅限于在某些虚拟环境中流通的通证，广义的虚拟货币泛指一切非实体形式存在的通证。从发行主体而言，虚拟货币的发行者不是央行和商业银行，因此它不是法律意义上的货币；从职能范围而言，虚拟货币仅可在特定范围和场景兑换虚拟商品和服务，不具有泛在性，因此它也不是实质意义上的货币；从与法定货币的兑换关系而言，其兑换比例处于时刻变化的状态，价格受发行主体影响甚大，虚拟货币可由法定货币购买，但无法通过官方渠道反向兑换法定货币。自2018年6月"断直连"后，我国第三方支付机构在商业银行的备付金账户被取消，商业银行和第三方支付机构间引入网联，第三方支付备付金100%存管在央行，可直接进入央行的资产负债表，成为名副其实的电子货币。

加密货币是基于密码学和点对点技术、由代码产生、在区块链上发行和流通的数字交换媒介。具有代表性的加密货币为比特币、以太币等，通过公私钥密码确保交易的安全性与隐蔽性，加密货币钱包的开设不基于开户人真实身份，其地址本质上是一串无规律字符，一个人可开设的钱包数量不受限制。加密货币的理念最早由 Chaum 提出，其利用盲签名等密码学技术实现了交易匿名性、难以追踪性等。Chaum 随后在这一理念的基础上创建了 DigiCash 和 eCash，但中心化架构极大限制了其应用范围，一旦中央服务器崩溃，系统就无法运行。在区块链分布式的数据架构诞生前，无强中心化机构背书的加密货币非常脆弱。

以 Libra 为代表的全球稳定币的抵押资产为银行存款和短期国债，同时采用区块链作为底层技术，兼具电子货币和加密货币的属性。全球稳定币在降低跨境支付成本等方面具有潜在优势，但也会对全球金融稳定、货币政策有效性、国际货币体系等产生较大冲击。全球稳定币以美元为主要锚定物，将进一步强化美元的地位，不利于人民币国际化的推进。

CBDC 需要满足两个特性：第一，法定型，即发行主体是央行；第二，数字化，即形式上是数字化的。

CBDC 是否基于区块链（以我国为例）

公众习惯性地将加密货币、数字货币与区块链捆绑，事实上区块链只是 DC/EP 备选的技术之一，DC/EP 并不一定基于区块链，中国人民银行在推进 DC/EP 的过程中不预设技术路线。若 DC/EP 选错技术方向，则会产生系统性损失。因此，中国人民银行明确给出了 DC/EP 的预期特征，对实现目标的技术路线则是开放的。我们根据官方的相关论文和讲话总结出 DC/EP 的特点：DC/EP 本质是央行担保、签名发行的加密字符串，其作用是替代 M0（流通中现金），持有 DC/EP 不产生利息，其发行和流通遵循现有的"央行—商业银行"二元框架，具体采用"一币、两库、三中心"模式，具有普适性和泛在性，不依托特定的交易介质和支付渠道，不承担货币价值尺度、流通手段、支付手段和价值贮藏四个基本职能之外的其他职能。DC/EP 的政策目标在一定程度上决定了其技术框架。图 2-4 为 DC/EP 的"中央银行—商业银行"二元框架。

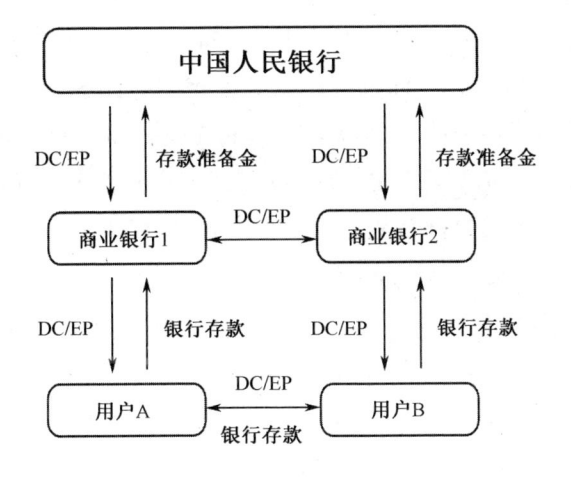

图 2-4 DC/EP 的"中央银行—商业银行"二元框架

DC/EP 在目标设定时强调面向零售系统，因此从技术要求层面而言，完全去中心化的非许可链框架是不可行的。中国人民银行数字货币研究所曾试验采用非许可链架构的 DC/EP，发现采用完全去中心化的区块链架构无法满足零售所要求的高数据吞吐量需求。去中心化程度较高的比特币，每秒数据吞吐能力大约为 7，以太币的每秒数据吞吐能力大约为 25，这显然无法满足为十亿数量级的使用者提供服务的要求。

在技术层面，许可链作为法定数字货币的底层技术是可行的，已有项目也论证了这一点。2016 年新加坡金融管理局联合市场和学术机构发起了 Ubin 项目，成功测试了以许可链为底层框架的分布式账本技术（Distributed Ledger Technology，DLT）在法币数字化、国内银行清算、基于 DLT 的券款对付（Delivery Versus Payment，DVP）及跨境银行间支付结算等场景的应用。DC/EP 如果采用区块链作为底层技术，都将以许可链为框架。

尽管中国人民银行宣称 DC/EP 并不一定基于区块链，但区块链对于实现 DC/EP 的政策目标具有重要价值。第一，在 DC/EP

的确权登记环节使用区块链技术，便可在保证发行和登记环节的高效数据处理能力的同时，确保数据查询系统的健壮性。第二，借鉴比特币区块链的 UTXO（Unspent Transaction Outputs）模式，DC/EP 采用中心化管理的 UTXO 模式。账户余额即 UTXO 聚合计算产物，这更加符合现金的理念。基于 UTXO 模式可形成一条贯穿始终的资金转移链条，也便于央行实现穿透式监管。图 2-5 为 DC/EP 的 UTXO 模式。第三，使用联盟链框架可保证 DC/EP 系统的灵活度，当 DC/EP 在境外流通时，可授予境外特定机构一定权限的节点地位，便于推进数字经济新形势下的人民币国际化。第四，未来数据在区块链上进行确权、定价、交易的趋势要求货币也在链上运行。虽然现阶段 DC/EP 仅在确权登记环节使用区块链，但为扩大区块链在 DC/EP 的使用范围奠定了基础，区块链

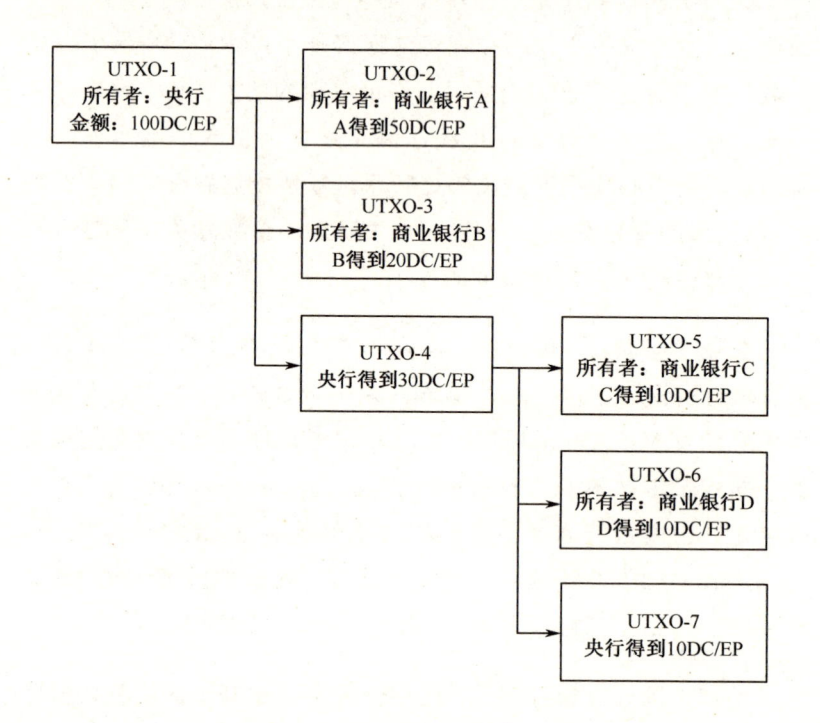

图 2-5 DC/EP 的 UTXO 模式

有覆盖 DC/EP 更多流程和环节的趋势。2019 年 11 月，党的十九届四中全会首次将数据纳入生产要素范畴。数据被纳入生产要素意味着其被纳入收入分配范畴，其中最为核心的确权、定价、交易等环节需要区块链作为底层技术。

CBDC 的优势和风险

现阶段，实质上推出法定数字货币的国家主要是厄瓜多尔、委内瑞拉、塞内加尔等小型经济体。小型经济体发行法定数字货币基本是为了解决其经济发展困境和实现外部均衡，不具备广泛的借鉴和推广意义。主流经济体开展的 CAD-COIN、RSCoin、NB Coin、Stella、DC/EP 等项目均处于局部试点阶段，并没有进入大规模应用阶段。目前，对法定数字货币的优势、风险和经济效应的研究仍处于起步阶段，大部分研究主要从理论层面展开分析，仅有 Barrdear&Kumhof、姚前等运用 DSGE 模型实证模拟了 CBDC 对美国和中国的经济效应。

总结而言，CBDC 具有以下潜在优势：第一，可极大地降低发行和交易成本，提高 M0 流通效率和央行货币地位；第二，实现 M0 全周期的数据记录和追踪，提高货币投放的精准度，抑制影子银行等非正规经济活动，增强货币政策有效性，有助于加强反洗钱和打击恐怖主义融资；第三，基于现有成熟的移动技术和操作系统，利用多种介质和渠道完成支付，满足普适性和泛在性需求，成为真正意义上的数字货币。

具体而言，第一，CBDC 可极大地降低发行和交易成本，提高 M0 流通效率和央行货币地位。以我国的纸币和硬币成本进行测算，1 角硬币的成本大约为 9 分，1 元纸币的成本大约为 0.4 元，100 元纸币的成本在 1 元之内。过去 20 年 M0/GDP 的比重在全球范围内普遍下降，也包括中国。2018 年 6 月中国 M0 约为 6.96 万亿元，按照 1%的发行成本进行测算，M0 发行成本约为

7 000 亿元。CBDC 在系统完成后，其边际成本几乎为零。CBDC 是基于数字化技术下的点对点支付，因此其流通速度不低于第三方支付和电子支付，而第三方支付和电子支付的流通速度远高于现金，产生的金融摩擦远低于现金。在 M0 总量不变的情况下，提高资金流通速度，央行货币单位时间内实际行使职能的货币量更大，其地位也得到提高。

第二，央行可通过 CBDC 实现 M0 的全周期的数据记录和追踪，提高货币投放的精准度。在 2008 年国际金融危机之后，我国依托于商业银行的影子银行体系迅速发展，在 2012 年规模达到了 22.4 万亿元，资金通过委托贷款、信托贷款、未贴现银行承兑汇票等形式绕过监管，大量流向"两高一剩"等政策限制性行业，影响了货币政策的有效性，也增加了金融系统性风险。以移动支付、第三方支付为代表的电子货币创新地部分取代了现金，但没有法定准备金等指标约束，提高了实际的货币乘数和货币市场基金份额，减少了商业银行对央行流动性的需求，削弱了央行调控短期利率的能力。此外，随着金融风险压力的上升、金融合规成本的提高及反洗钱的国际标准趋严，我国反洗钱和反恐怖主义融资的形势依然严峻。

基于交易记账的 UTXO 模式为资金转移和交易提供了全流程链条，每笔资金转移都有唯一编码，编码把此笔交易的输入和上笔交易的输出进行连接，清楚地记录资金流向。这有利于提高货币投放的精准度，增强货币政策的有效性，充分发挥结构性的货币政策，促进产业结构升级，抑制影子银行等非正规经济活动，加强 AML/CFT。当流动性创设机制掌握在以金融机构和科技公司为代表的市场机构手中时，央行的监管有效性就会面临挑战，CBDC 为央行提供了数字金融范式下管理和监管金融系统的基础设施。

第三，CBDC可借助现有互联网渠道营销，满足普适性和泛在性需求。以商业银行、证券公司为代表的金融机构和以DNA（Data Analytics，Network Effect，Interwoven Activities）商业模式为基础的大型科技公司推动的金融科技，为基于数字技术的经济金融活动提供了完整生态。在CBDC推出后，数字经济的业务链条形成完整闭环，CBDC可借助现有的金融科技的支付网络和营销渠道向用户进行推广、营销，进而实现数字货币的普适性和泛在性。同时，金融科技企业在大数据处理等方面的经验可为各国央行提供重要借鉴。

然而，CBDC也可能带来一些潜在风险：可能会对既有货币政策工具和传导机制带来不确定性；可能对商业银行存款形成挤兑，如果存款搬家规模过大，则可能会导致系统性风险，可能会为比特币、以太币等私人数字货币提供新的法币入金接口，这也会对跨境资本流动产生影响。但这些风险都能通过相应措施进行控制，不会成为阻碍CBDC推出的决定性因素。

具体而言，第一，CBDC可能导致的最大风险在于有可能大规模挤兑银行存款。若CBDC定位为M0，则用户持有CBDC不产生利息，CBDC本质上属于中央银行负债。商业银行存款本质上为M1—M2范畴，属于商业银行负债，商业银行存款的所有者享受利息收益。在金融系统正常运行的情况下，持有收益抵消了流动性溢价。但当储户对其存款的商业银行或整个商业银行系统产生不信任时，储户会放弃流动性溢价，选择信用程度更高的CBDC。即便商业银行通过提高利率来抑制这种挤兑，但因为储户已经对商业银行的信心产生动摇，其效果也会非常有限。这就是所谓的"狭义银行"现象。通俗地说，就是相比于商业银行，用户更信任央行，尤其是在出现金融危机的时候。

第二，当持有CBDC计息时，其本质上形成一种新的价格型货币政策工具，可能会对既有货币政策工具和传导机制带来不确定性。由于 CBDC 代表央行信用，其利息将成为零售利率的下限和批发利率的上限，并可成为打破零利率下限的重要举措，但也不可避免地为既有货币政策工具和传导机制带来不确定性。通俗地说，就是央行亲自下场干活了，包括现金在内的基础货币收益可能不是零了，即持有现金可能增加收益，也可能出现亏损。这种情景之前都是不存在的。

第三，CBDC 可能会为比特币、以太币等私人加密货币提供新的法币入金接口，这也会对跨境资本流动产生影响，并冲击资本管制政策。现有的私人数字货币交易渠道主要有场外交易市场和加密货币交易所集合竞价两种方式，行使支付手段职能的一般是锚定法币的稳定币（如 USDT）。OTC 市场一般要求交易双方有一定信任基础或存在中心化机构承担信用风险，价值交换的方式是买卖方直接通过数字钱包交换稳定币和私人加密货币。在加密货币交易所集合竞价交易模式中，由加密货币交易所分别作为买卖方的交易对手，买卖方将稳定币和私人加密货币从用户数字钱包传输至交易所的数字钱包中。2021 年 9 月，中国人民银行、中央网信办、最高人民法院、最高人民检察院、工业和信息化部、公安部、市场监管总局、银保监会、证监会和外汇局等依据《中华人民共和国中国人民银行法》《中华人民共和国商业银行法》《中华人民共和国证券法》《中华人民共和国网络安全法》《中华人民共和国电信条例》《防范和处置非法集资条例》《期货交易管理条例》《国务院关于清理整顿各类地方交易场所切实防范金融风险的决定》《关于清理整顿各类交易场所的实施意见》等规定，发布了《关于进一步防范和处置虚拟货币交易炒作风险的通知》，严厉打击私人数字货币 OTC 交易。

尽管 USDT 等稳定币宣称 1:1 锚定美元，但事实上存在价格波动，有研究表明 Tether 通过改变 USDT 的供给量会对比特币的价格产生影响。CBDC推出后，在交易模式不变的情况下，它可以更好地替代现有稳定币行使交易媒介和价值尺度职能，这其实方便比特币、以太币等私人加密货币的交易。同时，通过此途径完成资本出境将会更加便捷，这也在一定程度上影响了资本管制政策的有效性。

尽管CBDC存在潜在风险，但这些风险都能通过相应措施进行控制。在经济和金融运行相对稳定时，可通过增加银行存款向CBDC转换的成本和费用等经济手段避免"狭义银行"。在储户对单个商业银行或商业银行系统不信任时，央行可考虑运用经济手段叠加行政手段避免CBDC挤兑银行存款形成系统性风险。此外，现阶段包括我国DC/EP在内的CBDC都定位在M0，以行使支付手段职能为主，短期内不会形成新的价格型货币政策工具，也不会对现有货币政策框架进行冲击。另外，为应对CBDC可能导致的资本外逃，金融监管部门应对包括加密货币交易所和为OTC交易提供担保的商业银行等中心化机构进行重点监管，确保机构资金不进入这一市场。鉴于CBDC推出后优势明显、风险可控，主要经济体央行推出CBDC只是时间问题。

CBDC的运行机制

CBDC的整体框架处在其运行机制中的核心位置。当前我国法定数字货币还处于局部试点阶段，根据央行相关人员表态，DC/EP采取"中央银行—商业银行"的二元投放体系及"一币、两库、三中心"的运行框架。选择"中央银行—商业银行"二元投放体系主要是为了能够较好地利用现有商业银行的软硬件资源，提高商业银行的积极性，减少一般公众在央行开户带来的巨大工作量，同时也能在一定程度上避免由于DC/EP信用水平高于银行存款导致金融脱媒的问题。

"一币、两库、三中心"是"中央银行—商业银行"二元投放体系的具体实现方式。其中,"一币"是指央行担保发行的 DC/EP;"两库"是指中央银行的发行库和商业银行的银行库,这体现了二元投放体系的特点:DC/EP 首先在中央银行和商业银行之间发生转移,即 DC/EP 的发行与回笼,之后再由商业银行转移到居民与企业手中;"三中心"则是 DC/EP 发行与流通的技术保障,包括登记中心、认证中心和大数据分析中心。其中,登记中心负责发行、转移和回笼全过程的登记;认证中心负责对 DC/EP 用户的身份进行集中管理,这是 DC/EP 保证交易匿名性的关键,DC/EP 的一个主要问题是要在匿名性和反洗钱、反恐怖融资等监管需求之间做出权衡;大数据中心对支付行为进行大数据分析,通过指标监控达到监管 DC/EP 非法用途的目的。上述框架如图 2-6 所示。

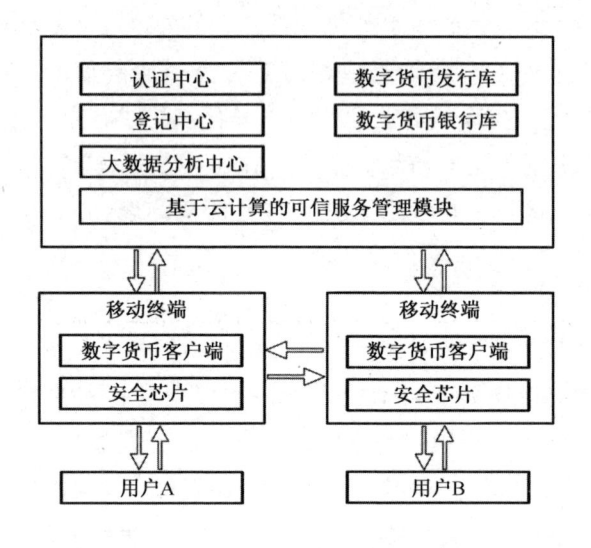

图 2-6 "一币、两库、三中心"框架

实际上,虽然我国 DC/EP 大体框架已经基本确定,然而一些具体的制度安排还需要讨论,这些问题对于 DC/EP 的运行及其对经济和金融系统发挥积极作用具有重要意义。我们试图针对这些问题做出探索性回答。

其中最重要的一个问题是，如何避免 DC/EP 的推出对金融体系产生过大影响，具体而言就是如何设置一种有效机制，防止出现金融脱媒和商业银行挤兑现象。为解决这一问题，Kumhof 和 Noone 提出了 CBDC 运行的四个核心原则：第一，应该对 CBDC 支付一个可调节的利率；第二，CBDC 与银行准备金是两个独立体系，两者不可兑换；第三，不承诺银行存款能够按需转化为 CBDC；第四，央行只以认定的合格抵押品发行 CBDC。Kumhof 和 Noone（2018）的研究在学界产生了较大影响，这四个核心原则也常被国内外学者提及。然而，这四个原则实际上都不是必需的，甚至有一些逻辑并不恰当。

关于第一个核心原则，Kumhof 和 Noone 给出的理由是，若央行对 CBDC 支付零利率，同时因没有正确判断市场对 CBDC 的需求而造成了过度供给，此时要实现 CBDC 出清，只有两种办法：一是令 CBDC 相对于其他形式的货币贬值，这是央行难以接受的；二是降低 CBDC 名义余额的实际价值从而使其出清，而这又会与反通胀的目标相左，因此只有通过调节利率才能够使 CBDC 供求平衡。这一解释看似合理，实则不然。同样的问题为何没有出现在现金上？央行对纸币支付零利率，当现金供过于求时，可通过商业银行回流到央行，同时商业银行在央行的准备金增加，多余流动性得以吸收。同样的情况也会出现在 CBDC 上，为何 CBDC 无法回流，以至于央行要通过打破平价才能实现供求平衡？关于这一问题，他们没有给出合理的解释。

第二个核心原则同样存在问题。事实上，CBDC 付息与否的确会对经济产生不同的影响，但这些影响都是有条件的。出于同样的原因，如果将 CBDC 定位于与现金等价，则 CBDC 与准备金互相不可兑换也是不必要的。第三个核心原则缺少充分依据。若

CBDC 全面推广，可能导致纸币趋于消失，如果不保证 CBDC 可与银行存款互相兑换，就意味着商业银行将不再无条件承诺将存款转化为央行货币，这完全颠覆了现在的银行体系，也是完全不必要的。第四个原则与第二个原则结合在一起导致悖论：央行倾向于将合格证券转化为 CBDC，而不是准备金，这意味着其他主体发行的证券比央行负债具有更高等级的信用，而央行负债本身就是流动性最好、风险最小的资产。

Kumhof 和 Noone 提出的四个原则存在问题的根本原因在于，没有将 CBDC 真正视为货币，而是将其视为一种对商业银行产生威胁的新型资产，为了使这种资产不对现有银行体系产生较大冲击，他们宁愿将其设置为"纪念币"。

不过，Kumhof 和 Noone 的担忧不无道理，确实需要设计一种机制预防潜在的金融脱媒与银行挤兑问题。Panetta 建议通过设定个人持有 CBDC 上限来避免这一问题。这种方法非常直接，但有些本末倒置，发行 CBDC 的目的之一就是提升法币支付效率，若对公众持有的 CBDC 额度进行限制，实际则限制了付款数量和规模，反而降低了支付效率。

对此，Kumhof 和 Noone 提出了一个解决方案，即对 CBDC 支付一个非常低的、甚至是负的可调节利率。若公众对 CBDC 需求量增加，则新增需求会被低利率所抵消，从而避免金融脱媒和银行挤兑。然而 Kumhof 和 Noone 也指出，若公众对 CBDC 的需求大幅增加（如产生金融危机时），则需要对 CBDC 施加一个非常低的负利率，这种利率将难以被公众接受。事实上，央行无法事先说明何时会支付这种负利率，但是公众一旦了解到这种可能性，则很可能不会选择持有 CBDC。

同时，可对第一层级支付一个正利率，最高可达到商业银行超额准备金利率，这相当于在危机时期给出了一项有限额的安全资产，吸引公众将 CBDC 持有量维持在第一层级，而第一层级的额度应当满足正常流通、使用的需求，可参照当前流通的纸币人均使用量。央行可以承诺一个第一层级的最低限度，并且保证不会对其收取负利率，这可以抵消一部分公众持有 CBDC 的需求，从而避免挤兑发生。

分层利率体系很大程度上提高了 CBDC 作为货币政策工具的效用。在我国央行相关人员早期的表态中，可以看到央行本意是对 CBDC 付息，利用 CBDC 与银行存款间的竞争关系，通过调整 CBDC 利率来实现对银行存贷款利率的调控。然而，在我国将 CBDC 明确定义为 M0（官方名称也确定为 DC/EP）以后，就已确定不会付息。一个补充性的方案是设置分层利率，对超出一定数量的 DC/EP 施行负利率，这样在一定程度上打破了零利率下限的限制，但也仅作为特殊时期的非常手段，在大多数时间 DC/EP 仍是不支付利息的。

另一个问题是，在确定了"中央银行—商业银行"二元投放体系后，商业银行应当如何管理 DC/EP。因为公众在央行不拥有账户，需借助商业银行体系调整 DC/EP 持有量。一种容易落地的方案是，在充分利用现有金融系统的基础上增加 DC/EP 的管理功能，即在商业银行账户中增加数字钱包功能。也就是说，商业银行账户体系同时拥有银行账户和数字货币钱包，并且两者可以相互转化。同时，为防止超发，商业银行还要对 DC/EP 缴纳 100% 的准备金。

基于此，本节根据我国央行公布的 DC/EP 特点和政策目标，设置了 DC/EP 分级利率体系，该体系具有如下特点：第一，DC/EP 是 M0 的替代物；第二，DC/EP 采取"中央银行—商业银行"的二元投放体系及"一币、两库、三中心"的运行框架；第三，DC/EP 在一定限额内施行零利率，对超过限额部分施行负利率；第四，商业银行同时管理银行存款账户和数字货币钱包，二者可以实现转化；第五，法定准备金与DC/EP可实现转化。

基于二元投放体系和分级利率设置的DC/EP运行机制如图2-7所示。

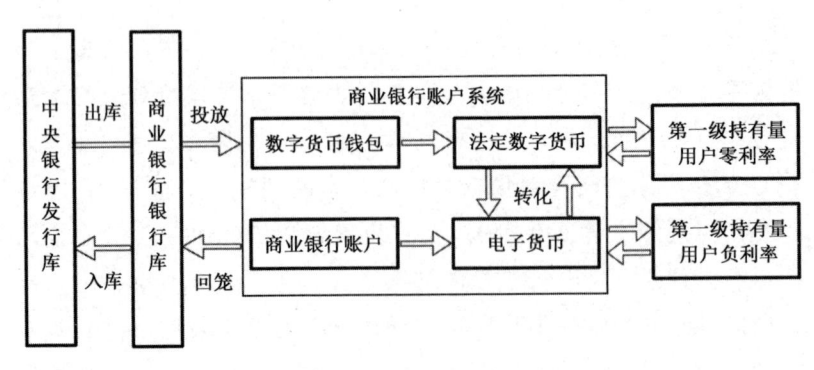

图2-7 DC/EP运行机制

DC/EP首先从中央银行发行库转移到商业银行银行库，之后再由商业银行进入其账户体系中的数字货币钱包。商业银行客户可以通过个人或企业的数字货币钱包使用DC/EP，并且规定数字货币钱包中的DC/EP可随时转化为商业银行账户中的电子货币，类似于当前的从现金到银行存款的转化。央行对数字货币钱包不设限额，个人原则上可以大量持有DC/EP，但对于数字货币钱包内余额大于某一额度的用户，对其持有的DC/EP施行负利率，对低于这一额度的部分施行零利率。在公众对DC/EP需求大幅增加的时期，持有额度低于阈值的用户可以支付一个大致等于商业银行超额准备金利率的正利率，从而避免公众将大量银行存款转化为DC/EP。

事实上，我国现阶段的法定数字货币政策目标仅是第一步，随着技术和运行框架的成熟及公众接受度的提高，未来法定数字货币有以下三种发展趋势。第一，从不计利息向计息过渡。当

CBDC 计息时，形成了一种新的价格型货币政策工具，不计息只是其利率为零时的特殊情况，扩大政策选择空间更有利于实现均衡。第二，扩大区块链的业务覆盖范围。党的十九届四中全会首次将数据确立为生产要素，区块链在数据的确权、定价、交易中将发挥基础性作用，数据上链要求货币上链与之相适应。第三，有选择地逐步放开法定数字货币境外节点的权限。DC/EP 为基于数字化的跨境支付提供了基础设施，为了推进数字范式下人民币国际化，我们应有选择地逐步放开境外节点权限。

事实上，另一个决定 CBDC 何时推出的重要因素是发行 CBDC 的经济和金融效应，即发行 CBDC 对经济和金融系统会有何影响。只有当发行 CBDC 的利益明显高于成本时，CBDC 的全面推广才会顺理成章，因此研究 CBDC 的经济和金融效应具有重要意义。目前全球公开发表的论文中，仅有 Barrdear & Kumhof、姚前、吴桐和陈加友利用 DSGE 模型实证研究了发行 CBDC 对美国和中国的经济金融效应。

姚前基本借鉴了 Barrdear & Kumhof 的四部门 DSGE 模型，并根据我国经济实际纳入利率走廊机制。姚前的研究指出，CBDC 带来的冲击不会使银行存款出现大幅下降，而是小幅下降后趋于平稳，同时还会促进经济 0.01% 的增长，整体评价偏向正面。

但是姚前的论文存在两个非常明显的缺陷。第一，商业银行存款的调整成本作为负效用进入了家庭的效用函数，这意味着，家庭的银行存款无论增加还是减少，都会给家庭带来负面效应，这明显不符合实际。因为他的观点实际上是将存款定义为传统的储蓄存款，人们不能刷卡和开支票，想要改变存款额度只能通过取款或者去银行排队办理汇款，这当然会给家庭带来负面效应。然而，如今实际情况已经发生明显改变。第二，姚前的模型中没有考虑"金融加速器"（Financial Accelerator）机制。"金融加速器"的意思是，金融传导机制的作用在经济繁荣时期与在经济下降时期是不对称的，金融市场放大了初始外部冲击的影响。金融加速器模型由美联储前主席本·伯南克在 1999 年提出，已成为非常主流的分析方法。

我和陈加友针对此处提出的两个缺陷改进了姚前的模型，构建了一个涵盖家庭、厂商、中央银行、商业银行的四部门 DSGE 模型。DSGE 模型的实证结果显示，我国央行发行 CBDC 的替代冲击效应对商业银行存款的影响有限，单位冲击可提升 GDP 增速 0.15%，同时可在一定程度上降低杠杆率，有利于降低系统性金融风险。相比于姚前的结果，经济效应扩大了 15 倍，同时金融效应更加显著。2021 年 1 月，这部分成果的英文版发表于北京大学国家发展研究院（CCER）主办的学术期刊 China Economic Journal 上，这篇论文的名字是 A study of the economic impact of Central Bank Digital Currency under global competition。因此，我国应该更加坚定地全面推出法定数字货币，并以此作为引领数字金融变革的国之重器。

数字人民币的实践

面对全球数字货币竞争的新形势、新问题、新挑战，我国高度重视数字货币的发展。中国人民银行在数字货币的研发与推广方面走在全球前列，在深圳、成都、苏州、雄安等首批试点区域已经完成多轮试点，上海、长沙、海南、青岛、大连、西安等城市也已申请进行数字人民币试点。数字人民币的特征事实如下：

第一，试点范围有序扩大。自 2020 年 4 月开始，数字人民币在苏州、深圳、雄安、成都和冬奥会场景进行"4+1"试点。2020 年 4 月，雄安新区召开了数字人民币试点推介会，包括麦当劳、星巴克、菜鸟驿站、京东无人超市等在内的 19 家单位参与其中；同年 5 月，苏州市相城区各区级机关、企事业单位员工通过央行数字人民币的形式获得50%的交通补贴；到了10月，深圳面向5万名中签人员发放总额高达1 000万元的红包，进一步拓展了数字人民币测试的应用场景。其后，成都也进行了类似试点。据不完全统计，2020年，深圳、苏州、北京、成都等试点城市的"数字人民币红包"试点活动共经过8轮测试，累积120万余人参与。2020年10月，又增加了上海、海南、长沙、西安、青岛、大连6个试点测试地区。目前，我国数字人民币试点已经形成"10+1"格局，数字人民币试点实现"多地开花"。

第二，应用场景逐步丰富。伴随着试点范围的不断扩大，数字人民币应用场景也在不断丰富。从数字人民币已实现的落地场景来看，数字人民币钱包基本以App形式出现，同时还支持离线支付。例如，使用数字人民币可视卡"硬钱包"进行支付，即为一种脱离手机的离线支付方式。数字人民币在迎合当下年轻人使用习惯的同时，也考虑到不愿意使用手机或者使用手机困难人群的需求，并为这类人群设计了"可视卡"，即底层技术是芯片加近场通信（Near Field Communication，NFC）技术，以方便相关人群使用。通过试点工作可以看出，数字人民币已覆盖生活缴费、餐饮服务、交通出行、购物消费、政务服务等日常小额支付领域，使用形式主要以条码支付、刷脸支付和碰一碰等形式为主。并且，随着接入商业银行、应用程序等工作的不断推进，数字人民币在优化我国数字经济生态的同时，也积极促进了我国数字经济规模扩张与质量提升。

第三，市场主体深度参与试点工作。数字货币的发行主体虽然是央行，但本质上是公私合营机制，在推广和运营层面离不开各市场主体。在试点过程中，企业深度参与全面推广数字人民币。工、农、中、建、交、邮储等中国六大国有银行已经在上海、长沙、深圳等部分试点城市开始推广数字人民币货币钱包，京东、美团等互联网头部平台的不少应用场景已经开始接纳数字人民币。

2021年1月，京东用数字人民币为常驻上海、深圳、成都、长沙、西安的部分员工发放了首批数字人民币工资。据腾讯相关负责人透露，自中国人民银行数字人民币项目启动以来，腾讯深度参与数字人民币相关的设计、研发、运营等工作，为数字人民币项目的落地提供了全方位支持。中国人民银行数字货币研究所与蚂蚁集团签署技术战略合作协议，双方将以蚂蚁集团自主研发的分布式数据库 OceanBase 和移动开发平台 mPaaS 为基础，共同推动建设数字人民币的技术平台。此外，除了传统的六家国有大行，数字人民币子钱包再度扩容，从最新更新的数字人民币 App 中可以看到，可添加的运营机构进一步增加，其中作为民营银行的网商银行已呈现可用状态，包括支付宝、哔哩哔哩、美团、滴滴出行、顺丰在内的 10 余个平台也都已接入使用。

数字人民币在试点推广过程中取得了一些经验，也积累了一定教训。总结而言，数字人民币在试点推广过程中带给我们以下启示：

第一，推动货币金融体系基础设施层面的改革，顶层设计是至关重要的一环。数字人民币是我国货币金融体系底层的数字化，推进数字人民币落地将会产生牵一发而动全身的效果。这一工作需要在国家的顶层设计下，按照中国人民银行的总体落地路径，在各市场主体的理解、接受程度逐步加深的情况下，稳步有序推进，逐步扩大试点范围，拓宽应用场景。

第二，先进行数字人民币局部试点，再把试点取得的成功经验逐步推广。先进行局部试点探索，待取得经验和达成共识后，再进一步推广试点的经验，这是我国经济体制改革的特殊方式。数字人民币是随着新一代信息技术的加速渗透产生的新生事物，存在着功能定位尚需进一步探索、系统和网络安全风险增大、能否满足高数据吞吐能力、对现有支付体系的影响难以评估、生态系统建设缺失等诸多不确定性。推进数字人民币的研发与应用是一项全局性、系统性的工程，需要先通过局部试点，在试点中不断积累经验，然后全面推广，这是稳慎推进数字人民币的关键。这种由点到面、由个别到一般、由特殊到普遍的改革推进方式，是具有中国特色的改革方法论。

第三，在推进数字人民币的过程中，需要协调好各相关主体利益。推进数字人民币是国家立足于数字经济发展大势下的整体部署，在试点和推广前期面临支出费用高、变现方式不确定等问题。因此，我们应不断挖掘、拓展数字人民币业务链条中的盈利点，将政治驱动变为"政治—经济"双维驱动，而这是稳慎推进数字人民币的关键。此外，我们还应充分发挥集中力量办大事的制度优势，在协调好各相关主体利益的基础上，稳步推进数字人民币。

第四，在推进数字人民币的过程中，需要与人民群众和各市场主体展开良好的沟通交流。数字人民币的推广离不开人民群众和各市场主体的积极使用，对于数字人民币在理念和操作等方面的宣传仍需加大力度。不少人认为，数字人民币与支付宝、微信支付等第三方支付没有本质区别，从便利角度出发也不愿意使用数字人民币。事实上，相对于现有的支付方式，数字人民币具有显著的宏观和微观优势，我们应与人民群众和市场主体做好充分的沟通交流，提高人民群众和市场主体使用、推广数字人民币的积极性。

CBDC 的发展成为趋势，意味着在数字金融时代，面对已壮大的金融科技巨头、"尾大不掉"的传统金融机构，以及迅速崛起的 DeFi 等金融新势力，各国央行再也无法垂拱而治，而亲自下场则更加不可避免，拿回支付权和数据权成为重构金融治理能力的关键。

2.3　区块链能为金融提供什么

区块链是将每个数据区块按照时间或者其他逻辑顺序组合成的一种链式数据结构。根据记账方式和开放程度不同，区块链可分为公有链、联盟链和私有链。在公有链中，所有节点都参与记账，账本完全公开可查询，所有节点可自由加入和退出，是市场化程度最高的区块链结构。联盟链是多个机构组成联盟并共同维护管理的区块链系统，由预先选定的节点进行记账，账本完全或部分对所有参与者公开，是宏观调控和市场化相结合的区块链结构。私有链由单一的中心化机构记账，数据读取权或对外完全开放，或不同程度地受限开放，是受管控程度最高的区块链经济结构。

现有文献对"去中心化""自治性""无须事先信任"等区块链特征做了概念化的分析与阐述，但基本未涉及特征的具体内涵和实现条件。例如，"去中心化"这一概念仅针对部分公有链而言，联盟链、私有链和部分具有若干超级节点的公有链项目仍然具有中心化特征；联盟链既可在一定程度上部分解决信息不对称问题，又能在一定程度上满足隐私要求，同时便于监管、风险可控，因而成为各国政府乐于接受的区块链金融落地模式。例如，约 2016 年 12 月，由中国人民银行推动的基于区块链的数字票据交易平台已测试成功，并付诸使用；截至 2019 年 10 月底，2018 年 4 月上线的中国建设银行区块链贸易金融平台交易量已超过 3 600 亿元，可实现国内信用证、福费廷、国际保理、再保理等功能。二者的架构都是基于联盟链，加强了特定节点对区块链平台的管控。同时，Facebook 推出的全球稳定币 Libra 初期也采用联盟链架构，Libra 白皮书中给出了由联盟链向公有链转换的过渡路线图，但现有文献对联盟链在货币金融领域的应用研究较少。

同时，区块链技术发展日新月异，这增加了将区块链前沿进展与货币金融领域结合的难度。比如，针对区块链已造成的"信息孤岛"问题，包括零知识证明、侧链/中继链、分布式私钥控制等在内的跨链技术有助于实现价值跨链流转，跨链在货币金融领域的应用也已经展开，其代表性项目 Cosmos、Polkadot 的成熟度正逐步提高。另外，现有文献对通证和社群等区块链经济构成要素的研究较少，区块链作为一个复合整体，将其割裂或者只关注其中的部分要素，难免有一叶障目之虞。

区块链从缓解信息不对称、实现金融的全球化、促进金融的自由化、形成更加完善的金融网络、增进金融的普惠度、完善金融的分配机制、降低金融业组织和交易成本七个方面赋能金融业，进而实现新金融发展业态。

第一，缓解信息不对称。增长和波动是金融领域两个最核心的基本问题，金融业是经营和管理信息的行业，其发挥作用的机制是通过重组要素，以实现某一时间段的收益最大化。如果信息披露不够充分，资金就无法判断投向哪个领域、哪个项目可以实现收益最大化。而信息不对称的解决不仅有助于减少金融体系的波动和系统性风险，还能提高实际经济活动和资源配置的效率，实现金融赋能实体经济。

区块链具有分布式账本、通证及智能合约等构成要件。分布式账本通过去中心化的方式基于特定的算法共识机制集体维护数据库，任何一个节点失效，其余节点仍能正常工作。运行规则公开透明，所有数据信息公开，各节点之间基于技术信任无须公开身份，不超过一半节点修改数据库就无法影响其他节点的数据。每笔交易通过密码学实现相邻两个区块串联，任何一笔交易都可以被追溯。

与银行账本相比，公有链的不同之处主要体现在三个方面。其一，区块链账户是匿名的，账本交易细节则全部公开，而银行账户是实名制的，账本交易信息并不公开。匿名开户保证了比特币白皮书中阐述的电子现金的匿名性，唯一性则通过算法共识机制来实现，账本在全网达成共识的基础上，通过私钥控制账户余额。其二，二者做账方式有差异：银行记账是基于复式记账法的"1+1借贷式"；区块链记账方式是基于算法共识机制（PoW、PoS等）的"1+N式记账"，表现为一方记账，多方核对账本。其三，区块链账本是交易型账本，银行账本是账户型账本。在传统会计核算体系中，资产负债表和现金流量表相对独立，区块链账本则将支付、清算和结算实现并行，将记账方式从复式记账变回流水记账，弱化了资产负债表的作用，增强了现金流量表的作用。如果这一模式在标准化下实现大规模推广，那么金融交易信息披露程度将得到显著加深。

联盟链则是公有链完全分布式结构和传统中心化结构的折中方案，只针对特定成员和有限第三方开放。其从联盟中预先指定若干节点为记账人，区块生成由记账节点共同决定，其他节点可参与交易，但不参与记账，第三方可通过系统开放的 API 进行限定查询。联盟链的准入机制提高了交易性能，避免了由参差不齐的参与者导致的问题，也在一定程度上改善了信息不对称的情况。2019 年，基于联盟链的万向区块链供应链金融服务平台在上线 4 个月内融资金额已超过 1 亿元。此外，联盟链是在全球对各种形式通证融资监管趋紧的情况下，针对特定公司或组织搭建的区块链架构，不需要通过通证进行治理，同时还是各国政府力推的区块链金融模式。私有链的记账权掌握在特定的中心化组织手中，其他机构都没有记账权，数据结构和信息传递方式与传统中心化组织无本质区别，其主要作用在于对企业内部的组织管理进行重构，降低企业的组织与沟通成本，实现内部激励及确保企业数据不可篡改。

将每个区块链项目作为独立系统考察,能在一定程度上解决信息不对称的问题,但区块链系统间的互通障碍限制了其应用空间,造成了大量"信息孤岛"。在传统金融市场中,人力、商品及资金的互联互通对于拓展市场边界、提高资源配置效率、增强市场有效性等都具有重要作用。为解决这一问题,跨链技术应运而生,这使得区块链有望真正成为新一代价值互联网。

第二,实现金融的全球化。金融作为一种价值发掘的活动,天然就是全球的。我们想象这样一种场景,如果一瓶水在中国和美国的价格不同,那就存在潜在的套利空间。所谓"套利",就是在水便宜的地方购买水,将其拉到水相对更贵的地方卖。当搬运水的数量足够多以至于减去运输成本仍然可以获利时,套利行为就产生了。套利本身会逐步抹平价差:因为在水便宜的地方买水,需求的增加推升了价格;而在水贵的地方卖水,供给的增加降低了价格,直到消除了价差。一个市场规模越大,其流动性就越好,资源配置效率就越高。20世纪60年代,欧洲货币市场推动了金融市场的全球化,20世纪80年代以后,随着西方国家纷纷放松金融管制,以及发展中国家金融深化和金融自由化的趋势日益加强,许多国家的金融市场开放程度越来越高,国际资本流动日益加快。区块链天然就是一个全球市场,为在全球范围内高效地实现资源配置奠定了基础。

第三,促进金融的自由化。金融的自由化不仅在于用户可以自由地享受金融服务,而且在于市场可以按照用户意愿自由地提供金融产品。银行、券商、基金、保险公司提供的金融产品最多,利用问卷调查,科技巨头通过获取海量用户的数据可以更加了解用户,做出更贴近用户的金融产品。但垄断竞争的运作模式增加了这些公司的傲慢情绪,也与早年间"用户至上"的理念渐行渐远。而区块链的用户是生态的共建者,很多优秀的区块链金融产品都来自社区,甚至很多用户可以"DIY"(Do It Yourself,自己动手制作）金融产品。

第四，形成更加完善的金融网络。区块链经济模型本质上是一种网络经济，而且是更加接近理想化状态的网络经济。网络经济是一种结构，并不必然基于互联网，贸易体系和货币体系也是一种网络经济。乌家培（2003）在互联网经济快速发展时总结了网络经济的七个特点，即无时限经济、全球化经济、虚拟化经济、产销直接联系经济、竞争与合作并存型经济、高效率经济及创新型经济。

互联网经济的七个特点在基于区块链的数字金融市场中得到了进一步的发展：数字货币的"7×24×365"的市场交易机制真正实现了无时限经济；数字货币突破了国别之间的界限，实现了全球化定价和交易；某些数字货币仅具有支付和交易职能，项目本身不产生现金流，无法采取现金流贴现等传统方法估值，虚拟化程度大大加深；区块链为实现点对点的直接金融提供了坚实的技术条件，在业务流程上实现了去中介化；基于区块链的金融市场相对于以环球同业银行金融电讯协会（Society for Worldwide Interbank Financial Telecommunications，SWIFT）为代表的传统转账体系更加高效和快捷，传统金融机构和组织已开始吸纳区块链技术，SWIFT于2018年9月完成了在超级账本Fabric区块链上的概念验证；区块链第一次以比特币的形式出现，初衷是以点对点的电子现金系统替代传统支付体系，比特币通过"挖矿"产生，产量每四年减半，通过控制总量的方式防止通胀，其本质是基于科技的金融创新。

全节点记账和通证低摩擦流通的特征使区块链系统具有完备金融网络的属性，在高效率实现价值传递和资源配置的同时，也为风险传染提供了途径。在现代金融系统中，金融网络由银行、券商、基金公司等金融机构作为节点，以金融机构间的业务关系作为线，相互连接形成价值网络，其特点在于具有复杂性和方向性。区块链系统则是一个各节点间都可以直接进行价值交换与传递、所有节点呈现标准化状态的金融网络。利用金融网络研究风险传染路径的文献主要从微观和宏观两个层面切入。区块链作为一个标准化程度更高、摩擦更小的金融网络，其风险传染路径发生一定变化，数字金融网络与传统金融网络既有相似又有不同。相比于传统金融网络的系统性风险，区块链的系统性风险更大程度上来自分叉（Fork），当社群内部就如何进行版本升级产生分歧并难以达成一致时，就会发生分叉。分叉本质上也是链下治理问题，属于区块链决策共识的范畴。

第五，增进金融的普惠度。"普惠金融"的学术界定是指立足于机会平等的要求和商业可持续原则，以可负担的成本为有金融服务需求的社会各阶层和群体提供适当、有效的金融服务。但随着人们的金融意识觉醒和金融需求增加，仅仅获得金融服务并不能满足人们的需求，普惠金融也意味着金融选择的普惠和金融个性化的普惠。区块链不仅可以推动金融服务的普惠，还使得用户仅仅在智能手机上安装数字钱包就可以享受各种各样的金融服务，并且在面对不同产品、不同服务时拥有极大选择权，这无疑为满足用户个性化金融需求提供了条件。

第六，完善金融的分配机制。金融本质上是通过对风险收益的匹配实现资源配置的，对于社会大众而言，获得原始资本是非常重要的事。事实上，大多数人都有相对富裕的资源，比如有一些人资金较为充裕，有一些人对于某些先进技术较为了解，还有一些人愿意从事体力性质的劳动。从历史长周期的视角来看，分配是过度偏向资本的，根据托马斯·皮凯蒂（Thomas Piketty）的《21世纪资本论》，考察过去100年的长时间序列，资本的平均年化收益率为4%～5%，而劳动的平均年化收益率为2%～3%。在资本主义的和平时代，贫富差距不断扩大，当贫富差距扩大到一定程度时，战争则成为消除贫富差距的利器。中国作为社会主义国家,也越发强调共同富裕的重要性。2020年,党的十九届五中全会通过"十四五"规划和2035年远景规划纲要,明确提出:到2035年全体人民共同富裕取得更为明显的实质性进展。2021年6月,《中共中央 国务院关于支持浙江高质量发展建设共同富裕示范区的意见》发布,赋予浙江重要的改革示范任务,即先行先试、进行示范,为全国推动共同富裕提供省域范例。2021年8月,中央财经委员会第十次会议议题之一是"扎实促进共同富裕问题",提出实现共同富裕的指导思想和基本实现路径。

收入分配过度偏向资本并非没有原因。数字化是人类历史的发展方向,数字化可以使一切经济活动更加精准,社会分工更加精细,而数字技术作为全球通用的工具,可以有效扩大资源配置的范围。货币的诞生与发展就是一个典型的案例。随着货币形式日益电子化,其交易和流通成本越来越低,流通范围越来越大,在更大范围内提高了社会分工的精细化水平,这也是数字货币成为人类社会发展必然趋势的原因。事实上,我们在历史上的落后与缺乏数字化管理能力有重要关系。黄仁宇先生在《万历十五年》中指出,明朝的衰亡是由于缺乏数字化管理,统计审计不力:国家有多少土地,不知道;有多少地主、多少农民,不知道;每个人有多少财产,不知道;每个地区发展状况什么样,不知道;该上多少税合理,不知道;该给军队供给多少给养,不知道;更无法判断完不成任务是由于不可抗拒的天灾人祸,还是官员的昏庸无能。资本的一个重要特征是,在传统生产要素中,它是最容易数字化的。很多人有时间、有劳动力,可以提出奇思妙想,可以设计出新奇的商业模式,但由于现实世界中的种种阻碍,均难以实现数字化。但现在随着区块链的大规模落地应用,这一切都已经发生了改变。Web 3.0为创作者提供了应该获得的报酬,元宇宙使得广大的游戏爱好者在玩游戏的过程中可以"DIY"自己的游戏人物并获得相应的收益,甚至可以成为主营业务收入。根据TokenTerminal数据,截至2021年10月18日底,区块链游戏项

目 *Axie Infinity* 最近 7 天的总收入为 4 354 万美元，最近 30 天的总收入为 1.7527 亿美元。数字世界已经深刻地反作用于现实世界。

第七，降低金融业组织和交易成本。分布式账本、智能合约及通证治理可以降低金融业的组织和交易成本。组织和交易成本曲线的移动会产生新型市场单元——DAO。DAO 依靠一系列公开规则运作，可以在无人干预和管理的情况下实现自我运营，参与者可通过购买其通证来分享该组织发展的收益，或者消费该组织提供的商品和服务。由于 DAO 对于促进微观主体的金融市场化具有重要作用，投融资等金融活动可基于 DAO 近乎无摩擦地展开，同时具有对企业制度实现迭代的可能性。

企业和市场是两种相互替代的资源配置机制，有限理性等原因使得市场交易费用高昂，企业制度成本主要表现为组织成本。市场和企业的边界存在于边际交易成本与边际组织成本相等的"临界点"。具体到金融业，企业制度对应的是以银行等金融中介为代表的间接融资模式，市场制度对应的是以发行股票、债券为代表的直接融资模式。各国之所以拥有不同的金融制度边界，原因在于其利用金融市场和机构的"比较优势"存在差异。随着信息经济学的兴起，出现了大量从微观层面上研究信息对金融交易成本和资源配置的影响的文献。由市场在信息和结构等方面的不完善所导致的交易成本增加即为金融摩擦，金融摩擦的存在意味着金融市场存在缺陷，当交易中止和市场功能崩溃时，交易成本已趋于无穷。

分布式记账可以在"治本"上通过削弱信息不对称降低交易成本，而智能合约则可以在"治标"上降低金融市场的交易成本，并减少金融摩擦。解决由信息不对称产生的"逆向选择"和"道德风险"的一种有效途径是通过合约解决委托代理问题。由于信息不对称和有限理性的存在，所有合同和契约都有遗漏和疏忽之处，都属于不完备契约。这意味着降低交易成本的"治标之策"同样存在问题。不完全契约由于借贷契约事后的"受限执行"也会造成金融摩擦。基于区块链的智能合约提高了满足触发条件时的执行力及对多场景下复杂条件的适应性。

约 1994 年，尼克·萨博（Nick Szabo）提出智能合约的概念，他认为智能合约是一套以数字形式定义的承诺，合约参与方可以在其上执行这些承诺的协议。智能合约可概括为商业合约的代码化表达，区块链的出现为智能合约的实现提供了较好的执行环境。智能合约具有自动化和强制化的特点：自动化即智能合约通过程序就可自动执行；强制化即合约的执行仅依赖代码而不受其他因素控制。现阶段智能合约已被运用于减少交易成本的金融实践中，如支付清算、供应链金融、保险、征信等。智能合约在金融领域的应用具有深刻的理论和现实意义，为适应金融场景的复杂性，智能合约在增加参数的复杂性、增加标准化代码的普及度、使用独特语言作为技术支撑，以及建立智能合约标准体系等方面具有较大的提升空间。

此外，区块链在降低企业组织成本方面也能发挥重要作用。现代管理学有两个核心问题，一是博弈问题，二是合约问题。相比人工智能、云计算、边缘计算等着力于提高生产力的技术，区块链作为改变微观个体信息和价值互通方式的技术，有望重塑生产关系。区块链深刻改变了企业激励模式和治理机制，引发管理要素的重新匹配，通证治理沿着"博弈论—机制设计—新制度经济学—激励相容"路径，为博弈问题的解决提供方案；智能合约则沿着"科斯定理—合约理论—产权理论—交易成本理论"路径，为合约问题的解决提供方案，如图 2-8 所示。具体到金融业，近年来金融企业面临着人员规模扩大和内部开支增加的问题，这在金融利润率下降的情况下尤为严峻。基于私有链架构的金融内控体系成为探索削减金融企业管理层级、提高目标管理的可控度，以及保障金融数据隐私性的重要方式。

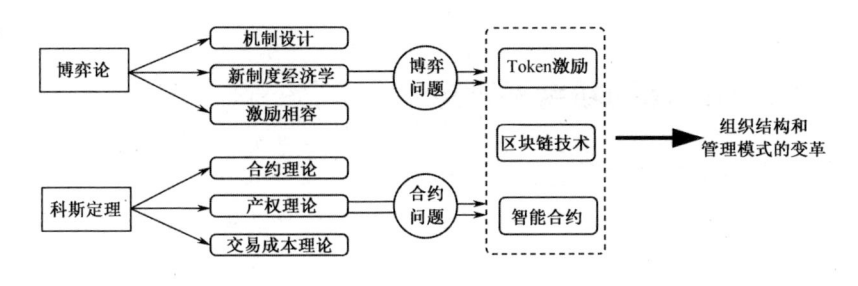

图 2-8　金融组织管理模式变革的理论基础

除此之外，介于市场和企业间的企业间网络也越来越多地受到学界和业界关注。企业间网络是一些企业通过正式契约和隐含契约所构成的互相依赖、同担风险、长期合作的组织模式。在企业间网络中，参与相关活动的双方或多方签订具有法律意义的正式契约，但由于信息不对称和契约非完备，相关方面临的多次重复博弈使得各方具有通过隐含契约来协商执行的动机。基于联盟链的企业间网络在减少信息不对称问题的同时，通过更加完备的契约进一步完善了原有的业务网络，不仅强化了声誉机制，还增强了市场和企业之外的"第三种力量"。例如，供应链金融比较契合企业间网络模型，基于区块链的供应链金融主要通过拆分流转应收账款和延伸信用链条实现盈利，易见股份等上市公司已实现基于区块链的供应链金融的全产业链服务。

综合而言，区块链对金融业交易和组织成本都具有显著的降低效应。但对组织成本而言，每个最基本业务模块的成本是企业组织活动的边际成本，这一成本在可预见的未来仍旧显著大于零。而随着记账节点的增多和市场范围的扩大，区块链金融交易的边际成本会出现递减。两条成本曲线的交点则是金融企业和市场的边界，在交点上大量市场组织会以 DAO 的形式存在，关于 DAO 的研究也会成为区块链经济和治理的研究热点。

2.4 新时代的新金融理论

金融业在实践领域是一个充满变革的行业，以至于我们很难想象在公元前 3000 年的古巴比伦就已经运行着相对完善的信贷系统，而北宋时期在天府之国就已经流通着纸币。其实最根本的原因只有一个，金融是刚需。正如仓央嘉措的《见与不见》所言："你见，或者不见我。我就在那里，不悲不喜。"各种资源禀赋的分布都是不均匀的，只有实现交换和重组，才能迸发出价值。天之道，损有余而补不足。但与此同时，在理论方面，金融业又是如此滞后，以至于货币中介论、金融中介论统治金融业多年，这种状况直到 2008 年国际金融危机爆发才出现改观，自那以后人们逐步意识到金融业在经济系统中发挥重要作用。传统的金融理论在数字金融时代亟待革新。

事实上，没有"金融的时代"，只有时代背景下的金融理论和实践。纵观人类历史，工业革命和产业大革命极大提高了生产力，也带来了生产方式和社会关系的深刻变革。先进技术创新应用、经济结构转变和社会环境变迁，推动了金融业演进发展和迭代升级；资本的快速积累和金融业发展对科技进步转化为产业革命影响重大，金融革命成为工业革命的重要推动力。

以现代商业银行为特征的第一次金融革命为第一次工业革命提供了资金支持，以现代投资银行为特征的第二次金融革命为第二次工业革命重构了资本基石，以创业投资体系为特征的第三次金融革命为第三次工业革命缔造了新的推动力量。而现在以 DeFi 和 DAO 为特征的"第四次工业革命"正在推动元宇宙和 Web 3.0 的发展。

在前三次金融革命的过程中，金融业不断通过吸纳科技创新成果并推动自我革命增加内生活力和提升服务实体经济的效率，极大地促进了经济社会发展。但由于相关制度规则的建设和监管滞后，也频频导致金融风险累积和集中暴露的问题，在一些情况下甚至引发严重的金融危机，使本国甚至全球经济遭受重创。金融风险和危机往往会使金融体制或监管制度发生变革，令经济金融重拾发展动力，为下一次工业革命、产业革命和金融革命积蓄能量。"第四次工业革命"赋予了金融业新的历史使命，传统范式的金融科技不足以独自引领这次变革，需要更加适应产业和社会发展的金融范式予以补充，而 DeFi 就是其中的代表性金融范式。

第一次工业革命与现代商业银行产生及中央银行制度的建立密切相关。第一次工业革命在 18 世纪后期率先发生在英国，并在 19 世纪中叶达到顶峰，主要特征是蒸汽机、机械纺织设备和焦炉冶铁技术的发明和广泛应用。第一次工业革命建立了以生产流程机械化和产业分工为主要特征的现代化大生产和经济增长模式，标志着现代工业的兴起和人类进入"机器时代"。

工商业发展推动商业银行体系的扩张，为第一次工业革命的全面兴起提供资金支持。工业革命不仅与人口增长相关，与科学应用到工业中相关，还与更加集中和广泛地使用资本相关。技术发明改变了生产要素配置比例，资本支出占比大幅提高。以蒸汽机为例，一台瓦特改良蒸汽机成本在 2 000 英镑左右，相当于 1770 年英国男性年收入中位数的 100 倍。到了 18 世纪，伦敦超越阿姆斯特丹和巴黎，成为欧洲金融业中心；英国已初步形成由英格兰银行、伦敦私人银行和伦敦以外的乡村银行构成的三级银行网络，伦敦的私人银行代理乡村银行在伦敦的金融业务。随着工商业和海外贸易的扩展，大批实业家的资金收支、贸易商在乡村银行和伦敦私人银行间的资产划拨、收入上升带来的政府税收业务扩张推动商业银行数量持续增加。伦敦的私人银行由1750年的30家增加至1770年的50家和1800年的80家；乡村银行从1793年的400家增加至1810年的700多家。

金融制度改革提高了金融体系的稳定性和抗风险能力，为银行业现代化奠定了基础。1825年金融危机后，英国对金融体制进行了重大改革。一是英格兰银行逐渐从私人股份银行向兼具中央银行职能过渡。随后的1844年《银行特许法案》赋予英格兰银行更大的权力，规定英格兰银行发行的银行券为全国唯一的法币，其他银行不得增发钞票，并通过分设部门使英格兰银行的商业银行业务与发行业务分开，为英格兰银行占据发行银行的垄断地位奠定了基础。此外，1825年金融危机也使英格兰银行认识到，它在银根严重短缺时期对支持金融体系负有一定责任，危机中的救助措施也为其未来正式承担最后贷款人职能积累了有益经验。1870年后，英格兰银行公开承认其具有维护金融体系稳定的公共义务，英国金融业进入长达近百年的稳定期。二是打破了英格兰银行作为唯一股份制银行的垄断权。1826年《银行法》允许其他个人和团体设立股东人数不受限制的、以吸收存款而不是发行银行券为业务的股份制银行，英国银行体制由私人合伙银行向股份银行转变。1833年，英国已有50家股份制银行，1841年这一数字则达到118家。股份制银行资本实力雄厚，更适合日益扩张的经济活动，成为现代银行业的发展方向。

第二次工业革命与美国资本市场和投资银行体系的发展密切相关。19世纪70年代，第二次工业革命在美国兴起。电力的广泛应用引发了"动力革命"和"通信革命"；内燃机的应用和汽车、航空工业的发展，重塑了美国的工业体系，并促成了燃料化工、高分子合成等新兴工业的蓬勃发展。第二次工业革命后，美国由"蒸汽时代"跨入"电气时代""石油时代"和"钢铁时代"。

资本市场的发展为美国第二次工业革命的科技成果向经济

增长转换提供了催化剂，美国工业产值迅速增加。一方面，资本市场为大规模工业发展提供了基础设施建设等重大项目的资本支撑。美国工业的巨大规模经济得益于高效的交通运输系统，而资本市场为工业和基础设施建设筹集了大量资金。1825年，由证券发行为之筹资的伊利运河修建成功，直接造就了当时美国经济的繁荣，也引发了人们对运河股票的狂热追捧，启动了华尔街历史上第一轮大牛市。随着资本市场规模的扩大，美国铁路行业也得到了极大的发展。1865—1873年，美国铁路总长度增加一倍，铁路投资增加两倍，铁路行业的迅猛发展为钢铁、机车、铜线等重工业产品创造了巨大的市场。另一方面，通过资本市场进行的并购交易优化了产业和市场结构。1887—1904年，美国共发生了2 943起并购交易，3 000多家中小企业被兼并，工业与金融联合形成了工业托拉斯，通用电气、通用汽车、美孚石油、杜邦等世界级企业诞生。这些并购改变了美国产业结构，产生了规模经济效应，为美国跨国企业在全球扩张奠定了基础。1901年，投资银行家摩根组织的辛迪加（Syndicat）并购了钢铁大王卡内基的公司，先后吞并50多家企业，创立了估值达14亿美元的美国钢铁公司，成为当时全球最大的跨国钢铁集团之一。资本市场的发展促进了美国经济的扩张，1859—1899年，美国企业增加两倍，投资总额增加近九倍，工业总产值增加了八倍。1860年，美国工业产值占世界工业总产值的比重约为17%。这一比例在1890年上升到31%，超过英国近10个百分点。

但市场的建立和完善是一个长期过程。在19世纪90年代之前，世界上甚至没有法律要求上市公司公布财务报告，只有少数内部员工知道公司的真实状况，制造谣言操纵股价的现象比比皆是。20世纪初，美国经济在汽车工业的带动下繁荣发展，低利率环境进一步引发了投机活动，华尔街很多上市公司高度杠杆化，股指上涨显著快于经济增长。1929年10月24日，美国股市出现抛售，在10月29日（黑色星期二）道琼斯工业平均指数单日跌幅高达 11.7%，此后连续多日下跌。股市崩溃造成大量投资者破产，银行面临挤兑，工厂面临倒闭和产出下滑，工人大批失业。美国经济陷入长达四年之久的衰退期，引发了波及整个资本主义世界的"大萧条"。

"大萧条"后，随着金融市场监督管理架构逐步建立，美国资本市场进入恢复期。一是出台多项证券业法规。在股票市场运行100 多年后，美国出台了第一部全国性的证券业法规——《1933年证券法》，规范证券发行人信息披露行为，防止欺诈行为，这反映了金融监管严重落后于金融监管实践的现实；《1934 年证券交易法》进一步对证券操纵和欺诈进行了界定，规范证券交易行为；《1938 年马洛尼法》将场外交易纳入监管范围；《1939 年信托契约法》《1940 年投资公司法》《1940 年投资顾问法》等相继颁布，基金、信托、投资公司等中介的证券买卖行为被严格监管，大大规范了证券交易行为。二是成立了证券市场监管和自律机构。《1934 年证券交易法》授权设立 SEC，负责监督证券市场和保障投资者利益。《1938 年马洛尼法》建立了全国证券交易商协会（NASD），推进行业自律。三是建立分业经营制度。1933 年通过《格拉斯—斯蒂格尔法案》，将商业银行业务和投资银行业务严格划分，银行只能在储蓄业务（商业银行）或承销投资业务（投资银行）之中选择其一，催生了现代投资银行业。一系列改革措施在推动资本市场良性发展和恢复公众信心方面发挥了重要作用。

第三次工业革命与美国创业投资体系密切相关。第三次工业革命始于 20 世纪下半叶，以核能、电子计算机、空间技术和生物工程的发明和应用为主要标志，涉及信息技术、新能源技术、新材料技术、生物技术、空间技术和海洋技术等诸多领域。与第三次工业革命相伴相生的是以风险投资为核心的现代创业投资体系，这一体系萌芽于 20 世纪 40 年代中期。随着美国罗斯福新政的推行及第二次世界大战的结束，美国经济进入恢复和调整时期，依靠各国军事订单建立起庞大军火工业的美国迫切需要通过培育市场主体的方式，迅速实现需求方从军用向民用的转移，创业投资资本从而产生了新的客观需求。但当时的美国资本市场机构早期投资动机不足，中小企业和新兴企业融资困难，美国许多专家、学者提出建议和方案，呼吁政府重视新企业的发展并实施直接帮助。1974年美国颁布的《雇员退休收入保障法案》和1979年放松谨慎人规则等监管规则的变化，使美国养老基金可投资于风险投资基金。20世纪80年代美国的风险投资基金行业资产管理规模飞速扩张，1982—1987年，风险投资基金行业年融资额从1亿美元迅速增长至45亿美元，为美国第三次工业革命提供了重要的资金支持。

创业投资体系对科技创新企业的支持不仅起到了直接的融资作用，而且提供了包括运营辅导、战略指引、资源支持等方面的非金融支持。1974—2014年，整个美国大约有1 339家上市公司成立，其中556家获得风险投资的支持，占比为42%。截至2014年末，获得风投支持的上市公司总市值超过4万亿美元，占在此期间上市的公司总市值的63%；研发投入达1150亿美元，占全部上市公司研发投入的44%（OECD，2014）。创投体系的支持不仅仅直接作用于被投资企业，企业研发创新的正外部性亦活跃了社会整体经济活动。风险投资具有筛选（Screening）与督导（Monitoring）两大功能，其中筛选功能更多体现为机构挑选优秀公司的能力，督导功能则为投资机构对所投初创企业的非金融资源支持，这一功能将促进企业创新并提升投资项目成功退出的可能性。

与之并行的是纳斯达克（Nasdaq）的设立与发展。1971年，为使投资者可通过高速、透明的电子计算机系统进行股票交易，全国证券交易商协会设立了世界上第一家电子股票交易市场纳斯达克，此举进一步拓宽了创投基金项目的退出渠道。20世纪

80年代，在金融创投体系的支持下，一些前所未有的科技公司出现在了历史的舞台，苹果、微软、亚马逊、思科等科技公司在纳斯达克上市。这直接推动了纳斯达克市场的蓬勃发展，也将社会带到了一个前所未有的数字时代，不仅促进了创投体系与技术产业相互交融，而且为美国经济的发展做出了重要贡献。

在相对宽松的监管环境下，大量的资金不断涌入创投体系，初创科技企业融资难度大大降低，但由于重发展、轻风险管理，导致美国在1995—2001年出现了"非理性繁荣"及随后的互联网泡沫破裂。1999年12月5日，时任美联储主席格林斯潘曾发出警告，但直至2000年春季，美联储都未曾收紧货币政策。1997年，纳斯达克进一步放宽了上市条件，增加对公司盈利能力要求的灵活性，采用综合考虑公司规模、经营时间等因素，衡量公司增长潜力与上市的可行性。这一修订后，大量资金涌入纳斯达克市场，互联网企业股价快速上升，资本市场泡沫逐渐开始累积。1999年《金融服务现代化法案》颁布，美国金融体系重新回到混业经营模式。在互联网新概念的拉动下，大量风险投资流向互联网公司。1999年，美国457项IPO中295项与互联网公司相关，2000年一季度互联网公司IPO达91项。然而，许多获得融资的所谓"互联网公司"仅仅将公司名称变更为与互联网相关的名字（如在公司名称后加上".com"），而这个名称变更行为却会使公司估值应声上涨。事实上，这些公司在经历野蛮生长、股价暴涨并最终黯然消退这一过程之后，在科技研发及创新领域并无太多建树，也未对实体经济的发展产生显著贡献。

由于纳斯达克市场当时处于发展的初期，在美国资本市场的份额并不算高，互联网泡沫并未对美国经济带来太过严重的损害，但创新的基因已经深入金融市场的骨髓。在房贷高度资产证券化之后，次贷危机于2007年爆发了，还引发了2008年的国际金融危机。其后出台的《多德—弗兰克华尔街改革与消费者保护法案》，要求私募股权基金在 SEC 登记、披露交易信息，并接受定期检查。同时，该法案的"沃尔克规则"严格限制银行从事自营交易及拥有对冲基金和私募股权基金的股份，防止金融机构过度冒险，威胁金融稳定。2011 年，SEC 又发布新的规则，提出风险投资基金需满足若干条件，对创投体系的监管进一步收紧。尽管风险投资机构更着眼于所投项目增长前景而非短期盈利能力，但其投资决策与行为同时也存在一定的顺周期性。一方面，当经济平稳运行且资金充裕时，风险投资机构可能因失于审慎而存在投资过热行为，从而引发资本市场泡沫累积，带来潜在风险；另一方面，基于专利数据的实证研究结果表明，在经济衰退期，关注早期阶段创新创业的风险投资活动明显减少，获得投资的创新活动更缺乏原创性、通用性及与基础科学的关联度。因此，可通过建立合理的激励约束机制，使风险投资机构更好地发挥其筛选与督导功能，从而更加有效地支持科技创新，推动工业和产业革命的进程。

当前，"第四次工业革命"已在全球范围内拉开序幕，世界主要国家均迅速反应，积极推动"第四次工业革命"在本国的发展。美国制订了"先进制造业国家战略计划"，成立"智能制造领导联盟"，提出"工业互联网""先进制造伙伴关系"计划等战略。德国依靠其强大的制造业根基，部署实施"工业 4.0 战略"，以期主导未来工业革命的发展。日本推出"超级智能社会战略"，大力推动其经济的自动化、智能化发展，试图在全球率先构筑超级智能社会。印度提出"数字印度"和"印度制造"战略，致力于充分利用人工智能、物联网和区块链等新技术，推动其向世界制造中心转变。元宇宙和 Web 3.0 则是"第四次工业革命"的突出代表，为"第四次工业革命"的多种技术提供一个集成复合场景。

"第四次工业革命"赋予了金融业新的历史使命。金融体系能否完成支持"第四次工业革命"的历史使命是需要解决的关键问题。相较于前三次工业革命，"第四次工业革命"对金融体系提出的要求显然更高。在这种时代背景下，DeFi、DAO 和 NFT 应运而生，成为组成新时代新金融体系的重要部分。

经济学是一门研究人类行为及如何将有限或稀缺资源进行合理配置的社会学科，金融学是经营管理信息和风险、实现资源配置优化的学科。经济学和金融学的本质是以人为本，实现每个人的全面发展和幸福生活。以人为本的经济金融发展观在农业时代和工业时代受制于生产力和认知水平难以实现，在数字经济时代由于生产力的大发展、认知水平的提高和生产关系的修复，以人为本的金融发展观有望全面实现。

自1609年世界上公认的第一家真正的中央银行——阿姆斯特丹银行诞生起，中央银行作为一国货币金融的主管部门，正在获取越来越大的权力，衡量一个好的中央银行的客观标准是，既创造了更多的货币又没有产生严重的通货膨胀和资产泡沫。如果能做到，则意味着在这个过程中，中央银行既创造了就业，又促进了资源配置和价值发现，归根结底是创造和发掘了人的价值。因此，在中央银行的货币政策目标序列——稳定物价、充分就业、经济增长、国际收支平衡、金融稳定中，充分就业的权重会越来越大，虽然金融业的职能没有发生变化，但其具体内涵在发生嬗变。同时，金融工具、媒介和作用方式的变化正在深刻地反作用于内容。以区块链、互联网为代表的数字技术和由此衍生的数字金融正在深刻地改变货币金融现实，时代正在呼唤新的货币金融理论。我们曾经以为，相对稳定的现代货币金融体系正在数字技术的推动下发生蝶变。总结而言，数字金融至少从以下六个层面对既有的货币金融理论产生冲击。

第一，法律意义上的货币重要性降低，而经济意义上的货币重要性提高，货币性是比货币更加重要的概念。以比特币为例，目前全球范围内大部分货币金融监管部门都不承认比特币为货币，一般将其界定为虚拟商品或资产，仅有少数国家如德国，将其界定为私人货币。但在一些场景中，比特币一类的私人数字货币充当了交易媒介或承担其他货币职能，那么在这个经济场景中，比特币一类的私人数字货币就承担了经济上的货币职能。相反，纸币作为中央银行的直接负债，在数字化经济的范式下，正在被越来越少的人使用。虽然各国央行都不会废除纸币，但其使用率日益降低是大势所趋。

第二，全球稳定币和央行数字货币的竞争再次引发货币起源的"大论战"。全球稳定币不管其抵押资产为何，其信用本质上源于抵押资产的信用，这种信用来源方式类似于物物交换时的价值源于使用价值。当然，在现阶段，以 USDT 为代表的稳定币的主要抵押物是国债与各种商业和金融票据，而这些金融资产的价值本质上都来自主权信用。但事实上，原生的加密资产规模扩大、种类增加，基于去中心化抵押的稳定币在 2021 年开始进入主流视野，例如，2021 年法国兴业银行（Societe Generale，SG）旗下子公司 Societe Generale-Forge（SG-Forge）向 DeFi 协议 MakerDAO 提交了一项提案，计划融资 2 000 万美元。随着基于去中心化抵押范式的稳定币的发展，其原生的价值属性会越来越强。而央行数字货币在信用来源层面与传统法币没有本质区别，都源于主权信用。数字经济时代，全球稳定币和央行数字货币的竞争再次映射到了数千年之前的物物交换和公共信贷对决，并再次引发了货币源于物物交换还是公共信贷的"大论战"。事实上，二者有可能并存，因为价值的来源并不是单一的，正如 DeFi 和 CeFi 并存一样。

第三，数字技术发展下，货币职能的解构趋势日益明显，大量类货币产品涌现，并且赛道划分越来越精细。基于价值尺度、流通手段、贮藏手段、支付手段等多种货币职能综合竞争的情况不再，在货币职能中，价值尺度的重要性有所降低，而流通手段的重要性提高。事实上，全球稳定币为了寻求全球主要金融监管部门的批准发行，基本完全放弃了价值尺度职能，即不创造新的计价单位，而选择与主流法定货币在价格上保持 1:1 的兑换关系。与此同时，全球稳定币寻求增强流通手段职能，其底层技术框架区块链天然适合进行跨境的清结算业务。央行数字货币和以央行数字货币为抵押资产的全球稳定币既有竞争，又有合作，将共同构成某一法币的数字公私合营机制，DeFi 也正在成为私营机制的重要组成部分。基于主流法币和主流加密资产的"数字货币区"（Digital Currency Area，DCA）正在加速形成，未来将会形成数字美元区、数字欧元区、数字英镑区和数字人民币区，DeFi 也会如水一般渗透各个金融市场。

第四，金融机构观进一步受到冲击，金融功能观在事实意义上进一步增强，数字科技巨头（Big Tech）和 DeFi 都在向混业经营发展，传统金融机构则实施更为严格的牌照管理。在全球范围内，数字科技巨头凭借巨大的流量和对用户数据、注意力的垄断逐步染指更多的金融牌照。比如，天星银行（Airstar）由小米集团及亚洲券商尚乘集团携手成立，于 2019 年 5 月获香港金融管理局颁发的商业银行牌照，董事会主席为小米科技创始人、董事长雷军。DeFi 协议一直被称为"金融乐高"，是因为每一个基础协议就像 API 一样，没有准入限制，允许互相直接调用。这种互相调用的形式，就像乐高积木的搭建一样。这种模式天然是混业的，并且突破了牌照限制。但从金融监管部门的视角来看，混业经营加剧了金融风险的传染，更有可能造成系统性风险，因此准入门槛更高了。正如中国人民银行行长易纲 2021 年 10 月在国际清算银行监管大型科技公司国际会议上发表的题为《中国大型科技公司监管实践》的讲话中所言："无牌或超范围从事金融业务是金融科技的不断发展给中国监管当局带来的五大新挑战之一。中国头部平台公司在开展电商、支付、搜索等各类服务时，获得用户的身份、账户、交易、消费、社交等海量信息，继而识别判断个人信用状况，以'助贷'名义与金融机构开展信贷业务合作，相当于未经许可开展个人征信业务。头部平台公司在同一个平台下提供理财、信贷、保险等金融服务,增加了金融风险的跨产品、跨市场传染的可能性。"事实上,金融牌照严监管在一定程度上提高了金融抑制,这反而为 DeFi 的发展提供了土壤。

第五,货币和数据的融合程度加深,数据的确权、定价、交易使其具备了一定的货币性,同时货币和准货币产品承载了越来越多的数据。这些准货币产品包括第三方支付、加密货币、全球稳定币及法定数字货币等。数据和货币之间的界限日趋模糊,并构成数字经济的二元信任链接器。数字被纳入生产要素是一个全球性的历史趋势,哪个国家能够率先实现,哪个国家就能够占据下一个时代浪潮的制高点,各国也已意识到这个问题的重要性。

2019 年 11 月,党的十九届四中全会发布了《中共中央关于坚持和完善中国特色社会主义制度 推进国家治理体系和治理能力现代化若干重大问题的决定》,提出"健全劳动、资本、土地、知识、技术、管理、数据等生产要素由市场评价贡献、按贡献决定报酬的机制",从中央层面首次将数据纳入生产要素范畴。

2020 年 4 月,《中共中央 国务院关于构建更加完善的要素市场化配置体制机制的意见》公布,其作为中央第一份关于要素市场化配置的文件,明确了要素市场制度建设的方向和重点改革任务,其中明确提出:加快培育数据要素市场,推进政府数据开放共享、提升社会数据资源价值、加强数据资源整合和安全保护。

以区块链为底层技术的 NFT 和以 DeFi 为运行机制的新范式为数据的资产化提供了一种新的范式,这种范式已经落地,并且自 2021 年以来取得重要进展,构成了元宇宙的重要组成部分。下文会对 NFT 及其与 DeFi 的结合进行详细介绍。

基于区块链的超级数字账户可以定义、衡量每个人的价值,进而生成每个人的价值大数据,这种大数据与每个人的收入函数大数据、消费函数大数据、投资函数大数据相互印证和支撑,并且通过市场化的模式生成每个人的价值通证。每个人的价值通证就是广义上的数字货币，而 DeFi 则可以为这种模式的实现提供最具市场化的逻辑。以数字货币为基础设施的新型数字经济发展范式如图 2-9 所示。

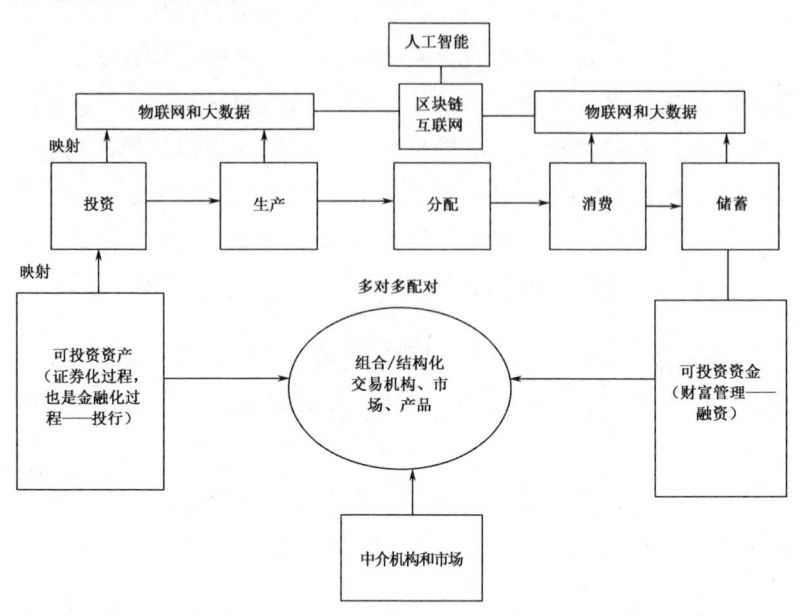

图 2-9　新型数字经济发展范式

此外，区块链的共识机制拓展到市场中形成交易过程，每个人都可以在市场上卖出自己的时间使用权（简称"时权"），这种时权也是一种附加个人与时间印戳的基于区块链的通证。时间作为稀缺的、每个人都有的资源，既具有共性，也具有个性。事实上，当前关于时权的探索已颇为波澜壮阔。2018 年，中国数字资产研究院（Chinese Institute of Digital Assets，CIDA）率先提出"时间银行"的概念，目前已应用于将从事公益的时间存入时间银行，并为自己的晚年兑换养老服务的实践中。融合区块链和人的价值构建创新数字货币，使数字货币成为发现价值、管理价值、创造价值、实现价值的工具，使得数字货币能够实时反映标的的真实情况，在数量和价值上保持与其内涵状态一致，有望从根本上消除通货膨胀与资产泡沫。其实，到最后我们每个人都会发现，时间是唯一的货币。

第六，数字技术的发展使得金融业出现一些复古倾向。

其一，以区块链为代表的数字技术的发展使得从复式记账法重回流水记账法成为可能。从流水记账法到复式记账法是历史发展的必然趋势，使账目更加清晰，以资产负债表、利润表和现金流量表为代表的财务报表构成了现代会计系统的基础。而以区块链为代表的数字技术提高了账目管理水平，降低了账目管理的成本，技术的发展使得在做账方式上具有更多资本。区块链系统将支付、清算、结算三个过程融为一体，使得从复式记账法重回流水记账法成为可能。

其二，中央银行利用数字技术提高其监管能力和行政效率，历史的钟摆在一定程度上会向大央行倾斜。在1984年中国工商银行成立之前，中国人民银行既是中央银行也是商业银行；既负责货币发行和金融管理，又具体从事各种经营业务。中国工商银行成立后，中国人民银行才成为实质意义上的中央银行。由于市场化主体的金融创新日益频繁，各国央行都面临着金融监管效率和货币政策效率低下的问题，故而都在积极研发和测试法定数字货币。尤其在疫情后，各国央行都在通过各种方式刺激资本市场，发展实体经济，积极创新直达实体经济的货币政策工具。事实上，这极大地拓展了中央银行的权限和权力，历史的钟摆在这个时点再次偏向了大央行，这体现了事物发展的客观规律，即螺旋式上升与循环往复。

其三，出现大量存款准备金率大于等于100%的类银行的DeFi项目。事实上，基于货币政策中介目标转变的内在需求，以欧美为代表的全球主要经济体已经取消了法定存款准备金率制度。但是很多基于数字技术构建的金融项目在原生信用不强的情况下，需要通过100%的资产抵押甚至超额抵押的方式实现增信。这种理念更加符合芝加哥学派的"100%存款准备金"制度。100%存款准备金在金融市场发展的早期被广泛地应用于典当铺、钱庄、票号等金融机构，这也体现了技术发展下早期商业模式的复兴。此外，以 DAI、Compound、Dharma 等为代表的 DeFi 项目提供了基于以太坊的超额抵押的去中心化货币借贷方案。原因在于抵押资产的价格处于波动状态之中，100%的抵押率已经无法满足市场需求。

数字时代，传统货币金融理论已经无法适应时代的发展，波澜壮阔的数字实践浪潮既呼唤新的货币金融理论，也在以鲜活的实践改写着货币金融理论。2021年秋季学期，加州大学伯克利分校在其课程中增加了一个关于 DeFi 的大规模开放在线课程，DeFi 已经进入了顶级学府的课堂。我们相信，十年之后，DeFi 作为元宇宙和 Web 3.0 的底层经济机制，将会被广泛写入金融学教科书中，并在人类金融史上留下浓墨重彩的一笔。

第 3 章

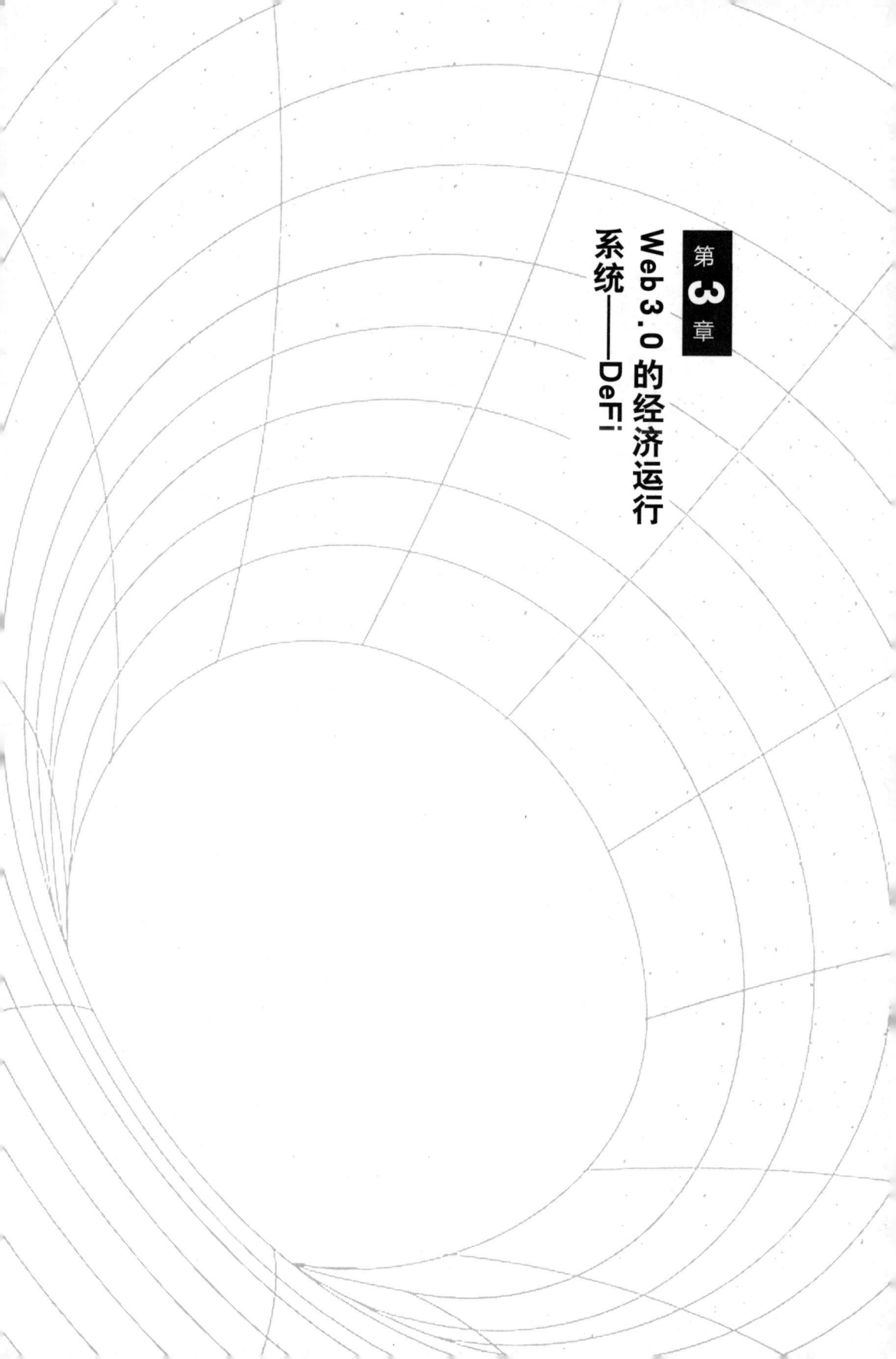

Web 3.0 的经济运行系统——DeFi

DeFi 是元宇宙和 Web 3.0 的经济运行机制,在元宇宙和 Web 3.0 中发挥着巨大作用。DeFi 可定义为无须中心化机构许可、基于智能合约和在分布式网络中构建的应用所组成的金融生态系统。具有去中心化、无须事先信任、开放式和自治性等特征的区块链,天然地成为 DeFi 的底层基础性技术,而人工智能、大数据、云计算等新兴技术也会在数字经济时代发挥重要作用。DeFi 的出现是区块链在金融领域应用的必然产物,科技的进步为金融的发展钉下了"金钉子",并有了为现代金融业带来根本性变革的可能。在以区块链为代表的新兴技术与金融业的深度融合下,DeFi 逐渐兴起并呈现蓬勃发展之势。以 DAI、Aave、Uniswap、Chainlink 为代表的 DeFi 方兴未艾,正在引领新一轮广泛的金融变革,而金融业也正在走进一个新的智能时代。

DeFi 的最大特点在于软件开源、规则透明及无须中心化机构准入,并因此得以实现更低的运营成本、更高的资源配置效率及更大范围的普惠金融。从金融功能看,DeFi 也更有利于实现便利清算和支付、聚集和分配资源及风险分散等核心金融功能。同时,DeFi 更为绿色高效,仅需要少数核心成员,就可以完成全球数以千万计的银行、券商、基金、保险等行业的从业者完成的工作,同时,解放的劳动力可以用于从事新的职业,这深化了金融文明的发展。

截至 2021 年 10 月底,尽管 DeFi 的总锁仓价值已经超过了 2 000 亿美元,但仍然处于起步阶段。相比于股票、债券、衍生品和房地产市场，DeFi 仍具有非常大的发展空间，但比起一蹴而就的演化和推广过程，其运动轨迹更可能是螺旋式上升的。相对于 CeFi 的中心化风险，DeFi 面对的是更为严峻的技术风险和由此导致的系统性风险。此外，监管政策不确定、上链通证种类有限、缺乏最后贷款人、难以均衡逐利性和公共性及公有链性能较差等问题，都会制约 DeFi 的进一步发展。本部分旨在对 DeFi 做一个概括性的描述，以为下文更深层次的介绍做一个铺垫。

3.1 基于区块链的 DeFi

3.1.1 DeFi 发展概况

进入 21 世纪以来，以 2008 年国际金融危机为界限，金融的发展历程大致可分为三个阶段：第一阶段为 2000—2007 年，处于"大稳健时代"的末期，一切看起来都是如此美好。然而，长期的经济增长和稳定的低通胀掩盖了日益积累的金融泡沫，金融机构的主动创新催生了影子银行，加剧了金融市场的联动效应和金融系统的脆弱性，全球储蓄、投资、消费和贸易失衡则进一步加剧了金融泡沫的堆积并延长了其存续时间。第二阶段为 2008 年国际金融危机之后到 2020 年，全球一方面探索如何出台一系列救市措施，使世界经济走出危机泥潭，另一方面，也在加强金融监管的基础上寻求新的金融发展模式，以避免重蹈覆辙。2008 年后，金融监管环境的深刻变化及科技创新的爆发式增长，使以人工智能、区块链、大数据、云计算等技术为核心的金融科技被广泛应用于金融业，这些极具创新性和替代性的新兴技术重新定义了金融业态和模式，给金融体系带来结构性影响，也开启了金融科技的新时代。第三阶段从 2020 年开始，DeFi 自此开始真正登上历史舞台。

金融科技的快速发展催生了 DeFi，但这并不意味着 DeFi 的出现会终结金融科技。事实上，二者将长期共存，并且同时共存的还有传统金融。尽管金融科技利用新兴技术优化、改造传统金融业务和金融服务，创新了金融业务和金融服务的手段与方式，对于广大发展中经济体而言，也在一定程度上扩大了普惠金融覆盖面。但运用金融科技的主体——传统金融机构和新兴金融科技企业，仍然具有一定的准入门槛并受到所在地区的法律政策限制与监管。巴克斯特将金融科技分为保持型金融科技和破坏型金融科技，其中保持型金融科技是指传统金融机构为提高经济效率、保障市场地位而使用的新兴信息技术，而破坏型金融科技则是指原生的金融科技企业利用新兴技术提供金融服务和产品。不管是保持型金融科技还是破坏型金融科技，本质上都是通过新兴科技简化流程、提高效率、降低成本，但中心化的管控思维和准入逻辑并没有发生变化。我们仍然只能获得金融科技公司想要提供给我们的产品和服务，而不能自己创造。同时，金融科技的主体仍是依照所在地区法律注册的商业实体（以公司制为主要形式），这一点与传统金融机构并无本质区别。

在金融科技逐步发展的同时，一种依靠开源软件保证普遍的可访问性、通过智能合约保障金融条款的可执行性，以及无须中心化机构许可下的准入以实现更大范围普惠金融的 DeFi 应运而生。DeFi 秉承金融自由化的理念，改变了需要监管机构准入的基本逻辑，将其变为依据一定的透明原则即可进入，而这一原则的实现则建立在智能合约的基础上。换言之，DeFi 将证券行业"注册制"的概念扩充到整个金融体系，将金融系统从"核准制"迁徙到"注册制"，实现了更大程度、更深层次的金融自由。

2009 年 1 月诞生的比特币通过分布式记账、非对称性加密算法和时间戳等技术手段，实现了点对点的价值传输，体现了密码朋克对中心化金融系统的改进。通过技术信任实现了金融系统核心功能中的支付功能，任何节点都可以无障碍、自由地成为比特币系统的记账节点并可自由退出，比特币的诞生成为 DeFi 的起点。但由于比特币的非图灵完备性，开发者无法在比特币系统上构建支付功能之外的 DeFi 系统，这也决定了比特币无法成为整个 DeFi 系统的基础设施和底层操作系统。为了让 DeFi 具备可拓展性，2013 年 12 月，维塔利克·布特林（Vitalik Buterin）提出建立开源的、图灵完备的区块链平台——以太坊，并提供了智能合约及其编程语言。基于代码的智能合约得以构建实现金融功能的基本单元，而复合化的智能合约则可实现不同金融基本功能的排列组合，进而生成不同种类的金融产品，这符合现代金融工程用最基础的金融工具通过"积木法"构建复杂金融工具的逻辑。除了以太坊，后来诞生的 EOS、SOL、ADA、FTM 等公有链也成为一些 DeFi 项目的底层操作平台。

大部分 DeFi 项目并非以公司制的形式存在，而是以 DAO 作为主要存在形式。这种新型组织依靠一系列公开规则进行运作，可以在无人干预和管理的情况下实现自我运营，参与者可通过购买其通证分享该组织发展的收益或消费该组织提供的商品和服务。DAO 不存在传统公司金融中的"负债"概念，其资产即为所有者权益。金融科技和 DeFi 从工具性层面看具有一定的相似性，但其根本理念有较大差别，二者将长期并存，且在一定程度上存在相互转化的可能。但长期来看，DeFi 将占据更大的份额。此外，介于二者之间的中间形态的"半开放型金融"产品和组织会大量衍生并长期存在，其中一个具有代表性的项目就是全球广受关注的稳定币项目 Libra。尽管 Libra 仍然需要中心化的机构去运营，但其领导核心 Libra 协会本质上是个多中心化组织，其分布式程度较传统的、由中心化公司发起的项目更高。更为重要的是，Libra 通过区块链和储备资产（银行存款和短期国债）推出了定位于全球支付的无息货币（相当于 M0），货币发行机制类似于港币发行机制，同时与我国2013年之后频繁采用的常备借贷便利（Standing Lending Facility，SLF）、中期借贷便利（Medium-term Lending Facility，MLF）等一些非常规性货币政策也有相似之处。Libra通过技术手段和若干要素的组合履行了中央银行和商业银行的部分职能，这诠释了DeFi的本质——利用区块链和智能合约等技术及若干其他要素构建金融机构和金融市场的某些功能（支付、借贷、融资、投资等），同时在一定程度上弥补了传统金融市场和机构的一些缺陷。

DeFi在挫折中逐渐探索，快速发展。DeFi在权益类金融市场中较早的应用是ICO，ICO通过将区块链项目的通证出售给参与者以获得融资，不过融得的资金标的不是法币，而是比特币、以太币等主流加密货币。本质上，ICO是基于区块链的股权众筹融资，但这一模式对于融资主体并无门槛限制，同时使融资主体得以规避相关法律政策，依据智能合约完成了类似IPO的行为。但由于缺乏普遍接受的价值依托、投机氛围浓厚、币值波动巨大及伪ICO项目涉及传销等，ICO融资模式遭受重大挫折。2013年12月，中国人民银行等五部委联合印发《关于防范比特币风险的通知》，2017年9月中国人民银行等七部委发布的《关于防范代币发行融资风险的公告》明确禁止各种形式的ICO，2018年8月中国人民银行等五部委发布《关于防范以"虚拟货币""区块链"名义进行非法集资的风险提示》，2021年9月中国人民银行等十部委发布了《关于进一步防范和处置虚拟货币交易炒作风险的通知》；而SEC则力图将ICO纳入证券监管的框架，2018年3月，SEC发布了《关于可能违法的数字资产交易平台的声明》，指出凡是通过"豪威测试"的通证都属于证券，并受到SEC的监管。在ICO存在巨大弊病和全球监管趋严的情形下，诸如股票、房地产等金融资产上链成为权益类DeFi市场的重要发展方向。资产上链构建的DeFi具有智能化、可编程、"7×24小时"交易及消除金融中介等优势。例如，Polymath Network旨在通过证券通证化实现万亿量级美元市值的证券向区块链迁移，而 Neufund 则利用智能合约实现了加密货币和股权市场的连接。

DeFi 将金融业务基于金融功能观进行重构，将数据、算力、算法等数字要素纳入金融系统，改变了中心化交易和集中化结算清算的金融模式，同时加强了金融资产的安全性和可识别性，减少了中央对手方的风险积聚，有助于在互联网经济的基础上构建数字金融体系。虽然面对种种挫折，但 DeFi 仍然取得了令人炫目的发展。2020 年初，DeFi 的总锁仓价值大约为 6.7 亿美元；到了 2020 年末，DeFi 的总锁仓价值约为 145 亿美元；而到了 2021 年 10 月，DeFi 的总锁仓价值已突破 2 000 亿美元。同时，DeFi 在赛道层面也多点开花，除了在稳定币和资产通证化方面，还在支付、基础设施、数字身份认证、流动性提供与交易、衍生品服务、预测市场、去中心化交易所等多方面取得发展，并与元宇宙、Web 3.0、NFT、DAO 等多个领域深度融合，呈现日渐系统化的发展趋势。

3.1.2　DeFi 的优势和制约条件

DeFi 通过区块链和智能合约等技术进一步强化了金融功能观的价值逻辑，同时大数据、云计算和物联网等则为其提供大量的宏微观市场数据，并成为其金融市场定价的决定性要素。目前，尽管 DeFi 发展迅速，但还处于应用的早期阶段，相对现有中心化金融体系具有某些特定优势，发展空间广阔，但受制于若干制约条件，大规模推广 DeFi 面临严峻的挑战。

（一）DeFi 的主要优势

第一，DeFi 分布式的结构极大降低了中心化金融带来的风险。这些风险主要表现为：集中式结算及清算风险、中心化违约风险、"大而不倒"的道德风险及第三方资金资产托管风险等。在日益复杂的现代金融网络中，由于产品的同质化和价格的稳定性，货币市场的透明度较低，在正常状态下交易者对于市场信息不敏感，通过各种途径增加的流动性会把风险推至尾部，逐步积累成为潜在的系统性风险。区块链为解决货币市场的弊病提供了两种解决方案：第一种是货币系统的账本在区块链上，但储备资产被抵押在区块链下的中心化金融机构中，代表性项目如 USDC、TUSD 及 Libra 等。第二种是货币系统的账本在区块链上，储备资产也被抵押在区块链上，链上资产可作为行使相关金融职能的"燃料费"，这属于 DeFi 的范畴，代表性项目如 DAI 等，用户可按照一定规则无门槛地生成和销毁稳定币。原生加密通证剧烈的价格波动，无法为交易者提供稳定的交易环境，这不利于数字金融的长期发展。而法定货币由于技术不兼容，无法直接使数字金融资产行使流通手段职能，只能行使价值尺度职能，这就极大地刺激了稳定币的发展。相比资产链外抵押模式，DeFi 资产链上抵押模式具有更加智能化、中心化干预更少、运营成本更低等优势。此外，基于区块链的货币市场交易通过分布式账本技术实现多个记账节点共同更新账本和存储功能，同时将支付、清算和结算三者并行，在很大程度上降低了运营成本和相关金融风险。

以 DAI、Aave 和 Uniswap 等为代表的 DeFi 项目分别提供了基于以太坊的超额抵押的去中心化货币借贷方案。通过超额抵押创造流动性的方式在金融史上由来已久，这是按市场利率、手续费、保险费、保管费等确定抵押综合费率，并约定在一定期限按照一定价格回购的金融行为。由于抵押品具有市场基准价格，抵押行为无须进行价格发现即可快速获得流动性，有效降低了相关成本。DeFi 借贷项目秉承了这一理念，通过智能合约抵押具有市场均衡价格的主流加密货币（如 ETH、UNI、SUSHI 等），按照一定折现率获取与法币（以美元为主）锚定的稳定币（如 DAI）。以 DAI 为例，在抵押期间，当抵押资产（ETH）价格上升时，抵押者可享受价格增值红利；当抵押资产价格下降至清算阈值时，其会被自动打折出售回购以清偿流动性。而抵押出的流动性可以再次购买抵押资产，进行再次抵押，以获取流动性。假设在 DAI 中抵押一单位 ETH 可以获得价格为 $\sigma(\sigma<1)$ 单位 ETH 的稳定币，理论上共可释放 $1/\sigma$ 单位 ETH 的流动性，本质上起到了加杠杆的作用。当抵押资产价格出现大幅下跌时，稳定币项目权益通证 MKR 的持有人（本质上是项目股东）则会充当"最后贷款人"的角色，对系统价值进行清算。

第二，DeFi 有助于提高数字资产的价格发现效率和市场化水平。映射到区块链上的数字资产可实现无摩擦流动和以极低成本兑换，基于智能合约的借贷协议允许投资者双向交易数字资产，数字生态中的使用者、交易者和投资者行为产生的大数据则成为数字金融市场的微观和宏观信息。区块链分布式记账的方式在一定程度上消除了信息不对称，极大提高了数字资产价格形成的市场化水平。在现有金融体系中，金融摩擦、信息不对称、限制做空等交易限制都将降低资产的价格发现效率和市场化水平，这也是导致金融风险产生的重要原因，而 DeFi 可有效规避这些问题和风险。例如，以股票市场为代表的权益市场的核心功能是实现资源配置和提供风险分担，其价格发现过程是实现核心功能的主要方式。区块链分布式记账的方式可有效提高信息披露的效率和准确度，对于证券登记、交收、结算、清算等环节来说具有很大改进空间，以区块链为核心技术的 DeFi 可在大幅降低成本、简化流程的情况下提高权益类产品市场的运行效率，重塑这一市场的微观结构。

第三，DeFi 通过分布式账本提高了交易的透明度及可审查性，并通过代码提高了金融灵活度、标准化及风险的相对隔离性。分布式账本全网节点共享、复制及同步数据库，提高了交易的透明度，增强了交易后的可追溯性和可审查性，有助于提高金融监管的效率，减少审查阻力，实现穿透式监管。随着金融多元化需求的增强，基于代码构建的智能合约日益丰富，技术端的标准化提高了 DeFi 的标准化水平，只要按照一定技术标准部署就可加入该 DeFi 项目。此外，数字钱包相当于传统金融体系中的账户，使用一个数字钱包可不受阻碍地同时借入多个数字资产，不同数字资产的风险可实现相对隔离。

第四，DeFi 在一定程度上有助于推动普惠金融的发展，在解决普惠金融"最后一公里"问题上起到重要作用。尽管传统金融机构利用金融科技进行业务升级迭代在表现效果上与 DeFi 有一定的相似性，但二者的内涵和逻辑有本质区别，其区别主要体现在金融科技仍然是中心化模式，区块链等新兴技术仅被作为实现特定金融功能的工具，仍然具有较高的准入门槛，持牌经营是从事相关金融业务的必要条件。而 DeFi 秉承了金融自由化的思想，整个系统的信任逻辑基于开源代码，任何在技术上可行的金融功能都可以被构建，仅有准入规则而无准入门槛，对事前信任的需求达到最小，有利于吸引数字货币和数字资产大规模流入，从而有助于推动普惠金融的发展。比如，以 DAI 为代表的稳定币只要持有 ETH 等加密通证就可获得一定比例的信贷，这与银行等金融机构通过历史征信数据决定是否授信不同。此外，互联网的深度发展为推动 DeFi 下的普惠金融奠定了坚实的基础。引起全球广泛关注的数字货币项目 Libra 在 2019 年 6 月发布了白皮书，也将推进普惠金融作为其重要着力点。Libra 白皮书 1.0 版本显示，截至 2019 年底，全球仍有 17 亿成年人从未接触过银行业提供的现代金融服务，而在 17 亿成年人中，有大约 10 亿人拥有智能手机，将近 5 亿人可较为便利地接入互联网。通过智能手机注册数字钱包，可有效在这一群体中推进普惠金融。DeFi 在推动普惠金融层面能发挥更为积极的作用。

区块链数据分析项目 Chainalysis 通过按人均购买力平价（Purchasing Power Parity，PPP）加权的收到的链上加密货币价值、转移的链上零售价值、P2P交易所交易量这三个指标构建了DeFi采用指数，并根据2019年第二季度到2021年第二季度的数据对全球154个国家进行排名，前20名分别是越南、印度、巴基斯坦、乌克兰、肯尼亚、尼日利亚、委内瑞拉、美国、多哥、阿根廷、哥伦比亚、泰国、中国、巴西、菲律宾、南非、加纳、俄罗斯、坦桑尼亚、阿富汗。Chainalysis对各细分指标进行了分析，认为存在"金融抑制"和缺少科技巨头的发展中经济体对DeFi有更高的需求：存在"金融抑制"，则意味着垄断金融市场的传统机构——商业银行、证券公司等金融机构不够发达；缺少科技巨头，则意味着没有"新垄断主义"的压制，DeFi更容易实现发展。数据已经证明了DeFi对于推进普惠金融具有显著作用。同时，在链上运营，则天然地意味着DeFi也是金融全球化的重要推动力量。

第五，DeFi更为绿色环保，仅需要少数核心成员就可以完成全球数以千万计的银行、券商、基金、保险等行业的从业者完成的工作，同时解放的劳动力可以从事新的职业，这深化了人类金融文明的发展。DeFi本质上是通过开放式的金融协议实现核心金融功能。以DeFi交易龙头协议Uniswap为例，其最核心的代码模块是3个人完成的。如果我们拿功能类似的证券行业类比，截至2020年底，中国证券行业从业人数大约为35万人。全球证券行业从业人数虽然没有准确的数据，但是应该不少于150万人，这种单位劳动力工作量的巨幅提升令人惊叹。相似的还有，DeFi借贷龙头Aave的核心人员也不超过20个人，与之功能相对应的银行业，则具有更为庞大的从业人员。根据《中国银行业监督管理委员会2015年报》，截至2015年底，中国银行业从业人员超过380万人。经过几年的发展，中国银行业从业人群则更为庞大，全球银行业的从业人员更是已经达到千万数量级的规模。需要注意的是，银行、证券公司、基金公司不仅人员众多，而且办公场所往往是高楼大厦。根据Ark基金的数据，在全球范围内商业银行每年大约消耗23.4亿吉焦（GJ）的能量，这种能耗级别远超DeFi。

此外，DeFi和区块链的开放性和透明度可实现抵押资产绿色和信用投放绿色。全球在解决气候问题上力有不逮，本质上是资源配置效率和配置意愿的问题。资源配置效率低有两层含义：其一，资源的初始配置效率低下，这导致了初始环节的资源不友好；其二，投向环境治理的资源配置效率低下，并没有达到预定目标，甚至可能造成资源配置再次扭曲。比如，2021年，我国部分地区发布了限电通知，出现了碳减排粗糙、限制耗能企业简单、减排对正常经济运行甚至日常生活形成阻碍等"运动式减碳"的消极现象。2021年7月，中共中央政治局会议明确强调要防范运动式减碳，为当下减碳的消极现象敲响了警钟。DeFi作为一个24小时交易的全球市场，资源配置效率是非常高的，不存在初始环节资源配置效率低下的问题，同时还可以确保流程绿色环保。此外，DeFi的开放性和透明度可实现抵押资产绿色可持续，比如，对于特定的DeFi用绿色债券等作为抵押资产，这倒逼了传统金融的绿色改革。另外，DeFi可通过代码实现信用投放绿色，通过机器信任使得信用投放绿色环保、可持续发展。而资源配置意愿的问题是指，市场和社会主体出于短期利益不愿意把资源配置到绿色产业之中，监管主体又无法对信贷投放和使用主体进行实时监管，利用DeFi和区块链的透明性和可追溯性则可有效解决这一问题。

（二）DeFi的制约条件

尽管DeFi相对于传统金融体系具有某些显著优势，但其市值仍然较小，落地成果有限，目前仍存在若干制约其发展的条件，主要表现为以下几点。

第一，在DeFi系统内行使资产和货币职能的通证种类较为有限，ETH、SOL、FTM、LUNA等公有链之外的资产难以进入DeFi

系统中。甚至在很长一段时间内，比特币不能成为 DeFi 的抵押资产，直到运用了以太坊通证标准（ERC20 标准）的比特币——WBTC（Wrapped BTC）出现，比特币才得以进入 DeFi 的抵押资产池。受限于物联网等技术的发展，实物资产和传统金融资产通证化取得的进展有限，原生的链上资产需要跨链基础设施和协议兼容，比特币等早期加密货币因其协议不兼容，无法作为智能合约自动执行的数字资产标的。尽管 WBTC 可以解决比特币进入 DeFi 的抵押资产池中的问题，但截至 2021 年 10 月底，WBTC 的流通市值也仅为 9.5 亿美元，与比特币超过万亿美元的总市值相去甚远。此外，链下资产上链则对去中心化预言机存在较强依赖，而目前去中心化预言机并不是非常成熟。

第二，DeFi 不存在最后贷款人和最后做市商，人们对仅依靠算法机制保证该金融系统稳定运营存在疑问。中央银行作为最后贷款人，为出现问题的金融机构提供流动性支持是金融长期发展下历史选择的结果，依靠算法机制本质上还是通过对金融市场参与者的激励机制维护系统稳定，在系统外不存在最后贷款人，这种实践的长期成功在人类金融史上未曾得到证明。然而，一旦成功，便将翻开人类金融史新的一页。

如果我们更深入地去思考这一问题，可能就会得到不同答案。中央银行作为最后贷款人和最后做市商的价值基础来自公众，但公众在特定时刻是否愿意贷款和做市却不得而知。DeFi 维持价格稳定的最后一道闸门来自权益通证的持有者，而这些权益通证的持有者则来自市场上真正认可其价值的人。这些人的选择是完全市场意义上的行为。因此，这种模式一旦经得起市场考验，就会成为人类金融史上的一道光芒。

第三，DeFi 旨在通过不受管制的金融协议提高运营效率，但金融业具有显著的外部性和公共性，这一矛盾难以协调。效率和稳定是人类历史上的永恒矛盾，将金融业完全交给私营部门运营会导致以盈利为目的的商业实体过度制造具有公共属性的金融产品，这会增大金融风险，严重时甚至会引发金融危机。比如，最大稳定币 USDT 在 2021 年流通量进一步增长，已达到 690 亿美元，并被媒体报道持有恒大的商业票据。不管是否属实，加密金融带来系统性风险的可能性日益增大了。但是，话说回来，传统金融业务也有引发系统性风险的可能。

第四，DeFi 仍无法支撑大规模的安全商业应用，尤其是在可回滚性、实时交易性及互操作性等方面难以达到商用标准。可回滚性意味着健全金融基础设施的容错机制，当交易发生错误或账户出现问题时，可通过验证身份信息等进行找回和修复，但 DeFi 范式下的数字资产持有依赖于私钥，私钥丢失意味着数字资产无法找回。同时，基于工作量证明机制的数字资产交易回撤，须依赖 51% 以上的算力重新挖一个分叉链，这种操作既不经济，也不易行。DeFi 受到作为其基础设施的公有链数据处理能力的制约，以太坊的每秒数据吞吐量约为 25，已成为制约 DeFi 发展的重要技术约束，DeFi 已出现向其他高速公有链和以太坊二层进行迁移的迹象。此外，跨链技术尚不成熟，各公有链间进行信息和价值传递存在障碍，"孤岛效应"仍然存在，各 DeFi 项目间的互操作性较差。

第五，DeFi 的业务逻辑无法满足有金融需求的全部人群。DeFi 的规则全部由代码写在区块链上，用户通过 DeFi 获取借贷、流动性、衍生品、数字身份认证等服务的前提是将通证抵押在链上，这要求用户具有一定的原始加密资产。以 DeFi 的借贷业务为例，其要求用户将加密资产抵押在链上，按照一定比率获得即时流动性。很多用户的借贷需求无法满足，原因就是缺乏原始资产，这种业务逻辑无法满足对于普惠金融最为刚性的需求。但是元宇宙、Web 3.0、NFT 和 DAO 的发展可让用户通过劳动获取 DeFi 生态内的财富，并不一定需要依靠传统范式下的资本，有的时候认知、见识和劳动更为重要。这是数字经济和数字金融的"大航海"时代，最有可能限制我们的就是我们的想象力。

3.2 比特币和以太坊——Web 3.0 和元宇宙的基础设施

到底什么是核心资产？这个问题是人类金融史上一个很深奥的问题。要想回答这一问题，我们不能脱离历史背景，没有恒久不变的核心资产，只有时代下的核心资产。在人类金融史上，贝壳、黄金、白银、房地产、股票都承担过核心资产的职能。但不同的资产有不同的弊端，在数字经济时代，这些弊端逐步被放大。以比特币为代表的加密资产在 2020 年开始被全球上市公司广泛持有，并且成为元宇宙原生的核心资产。比特币最核心的功能在于其能最大程度地发挥价值存储功能，随着全球央行放水成为一个长期现象，比特币的价值存储功能在全球被广泛认可。从性质上看，比特币化学性质稳定，易于分割（可以精确到小数点后八位），总量有限、较为稀缺（到 2140 年完全挖出的理论上限为 2100 万个，现在已经丢失了超过 400 万个），市场深度足够，是一个"7×24×365"的无涨跌停的全球市场。

事实上，在比特币诞生之前，大多数虚拟货币的探索仅仅停留在纸上谈兵阶段，而无代码或实现能力，少数付诸实施的虚拟货币系统均以失败告终。失败的原因基本为流通范围有限，极其有限的流通范围扼杀了虚拟货币的生命力。究其深层次原因，不外乎两点：第一，这些虚拟货币的组织结构是中心化的。在缺乏国家信用支撑的情况下，一旦发行和维护组织破产或遭受法律、道德指责，或保管总账的中央服务器被黑客攻破，这些货币系统将面临信用破产与内部崩溃的风险；第二，在虚拟货币生态扩大和受认可程度逐步加深时，虚拟货币就潜在地挑战了法定货币的地位，进而会受到政府部门的强势监管。

之后的数字货币技术又有了新的发展，比特币开创性地提供了一套解决方案。中本聪在密码学邮件组发表了一篇论文，提出了比特币的概念。中本聪认为，借助金融机构作为可信赖的第三方来处理电子支付信息，受制于"基于信用的模式"（Trust-based Model）的弱点，因此他希望创建一套基于密码学的原理，使得任何达成一致的双方不需要第三方中介的参与，就能够直接进行支付的电子支付系统。他认为，该系统能够杜绝伪造货币和双重支付。

比特币的核心支撑技术是区块链，其主要特点是去中心化，能够通过运用数据加密、时间戳、分布式共识和经济激励等手段，在节点无须互相信任的分布式系统中实现基于去中心化信用的点对点交易、协调与协作，从而为解决中心化机构普遍存在的高成本、低效率和数据存储不安全等问题提供一种可选的解决方案。比特币是一个开源项目，其源代码也是其他软件项目的基础。由比特币衍生出来的最常见的形式，就是替代性的去中心化货币，简称"竞争币"。这类货币使用了与比特币相同的模式，通过创建区块链构建自己的电子货币系统。

区块链的起点是技术，然而其本身又类似于一个经济系统，而其有机组成部分的通证一旦公开交易和流通，就具有了金融产品的属性。此外，基于区块链的第一个产品——比特币又诞生于影响深远的2008年国际金融危机之后。因此，区块链和经济学之间具有密不可分的联系，而通证经济是诞生下一个诺贝尔经济学奖的土壤。当前已有多位在全球范围内具有重要影响力的经济学家开始关注和研究通证经济。

2008年的国际金融危机以一种破坏性极强的方式提示人们，

现行的金融体系具有极大的不稳定性，同时这次金融危机也对全球产生了极其深远的影响。2008年10月，比特币白皮书问世，次年1月，比特币正式诞生，同时也是区块链技术第一次以完整的形式呈现在世界面前。2008年爆发的国际金融危机和比特币的诞生之间有着深刻的经济逻辑和历史逻辑。

比特币从2009年诞生用了十余年的时间，从备受质疑到成为一个超过万亿美元市值的价值储备工具，再到成为元宇宙和Web 3.0原生的最为核心的资产，其经受住了时间和市场的考验。比特币白皮书公布于2008年10月，2009年比特币主网上线，其创世区块上的留言表明了比特币反对中心化金融运作模式的初衷。2010年5月，一位美国程序员用10 000枚比特币换取了两个披萨，比特币第一次行使了流通媒介的职能。2010年11月，比特币交易平台Mt.Gox的比特币单价突破0.5美元。2011年2月，比特币价格与美元相等。2011年3月到2011年4月，比特币与英镑等多币种兑换交易平台相继上线，吸引了来自更多国家的投资者。2011年6月，比特币单价达到31.9美元，随后Mt.Gox受到黑客侵袭，加密货币的安全性受到质疑，比特币价格持续走低，2012年2月单价跌破2美元。为止住下跌颓势，比特币社区内拥有重大影响力的几名成员于2012年下半年成立了比特币基金会，并召开会议制定相关措施，比特币价格随之回暖，于同年12月涨至13.69美元。现实金融系统的问题和危机给比特币提供了机会。2013年1月，塞浦路斯爆发债务危机，不少塞浦路斯居民开始摒弃以商业银行为中心的传统金融模式，转而投向加密货币，大量资金的注入使得比特币单价暴涨至265美元。2013年下半年，德国承认比特币为私人货币，助推比特币单价超过1 147美元。然而，从2014年初到2015年下半年，比特币市场行情却持续低迷，导致这一现象的原因是全球宏观经济复苏、缺乏刺激性事件、投资者增量减少等。

2016年，加密货币市场迎来上涨，内因是比特币年产量减半，外因是英国脱欧等黑天鹅事件，以及亚洲金融市场迎来了"资产荒"，投资者将加密货币纳入标的范畴。截至2016年12月底，比特币单价突破1 000美元。2017年，比特币则延续这一趋势，全年涨幅高达1 700%，其增幅即使在现代金融史上亦属罕见。2017年9月，中国人民银行等七部委发布《关于防范代币发行融资风险的公告》，禁止ICO，在短期内取得显著的政策效果，比特币价格短暂下跌，但之后其价格继续高涨，并于2017年12月18日触及历史峰值。2018年，受全球监管趋严的影响，比特币价格进入下跌周期，仅1月8日当天就下跌了2 219美元，跌幅高达15.6%。尽管比特币正处于熊市的痛苦之中，但其基本面仍在不断改善。到2019年年中，比特币网络算力已达到每秒70exahash。比特币衍生品也迅速发展起来，引入了期货和期权合约等市场，像富达这样的主流公司也宣布了比特币托管解决方案的计划。2020年3月，在经历了"3·12暴跌"之后，特斯拉、微策略（Microstrategy）、Block（也就是"Square"）等上市公司开始重仓比特币。而包括灰度投资公司（Grayscale Investment）发行的灰度比特币信托（Grayscale Bitcoin Trust，GBTC）也成为美国机构入局比特币市场的重要工具。

到了2021年，这一轮周期来自"机构牛"的驱动力更为明显。2021年2月，全球首个比特币ETF在加拿大获得批准，并于2月中旬在多伦多证券交易所由Purpose投资推出。截至2021年3月底，其资产规模已达10亿美元，拥有超14 000枚比特币。2021年3月，加密资产管理公司CoinShares在瑞典上市；2021年4月，加密货币交易所Coinbase在纳斯达克上市。2021年二季度，高盛、摩根等金融巨头也开始为客户提供加密资产的敞口。截至2021年5月底，全球比特币持有地址超过1亿个。2021年6月，萨尔瓦多宣布成为世界上第一个将比特币作为法定货币的国家。2021年10月美国第一支比特币期货ETF——ProShares比特币期货 ETF 正式于纽交所高增长板市场（NYSE Arca）上市，代码为"BITO"。2021 年 12 月，资产管理规模达到 4.2 万亿美元的富达投资（Fidelity Investments）在加拿大推出了北美市场首支比特币现货 ETF。全球金融机构对比特币十分青睐，甚至在全球范围内引发其他机构投资者的"FOMO 现象"（Fear Of Missing Out）。

值得一提的是比特币闪电网络（Lightning Network）。比特币闪电网络是一个基于比特币的去中心化的支付系统，本质上是一个二层网络，其卓越之处在于拥有无须信任对方及第三方即可实现实时的、海量的网络交易。闪电网络基于微支付通道演进而来，创造性地设计出了两种类型的交易合约——序列到期可撤销合约（Revocable Sequence Maturity Contract，RSMC）和哈希时间锁定合约（Hashed TimeLock Contract，HTLC）。RSMC 解决了通道中货币单向流动的问题，HTLC 解决了通证跨节点传递的问题。这两个类型的交易组合构成了比特币闪电网络。2021 年，比特币闪电网络实现了长足发展，这证明了这条道路的可行性。在 2021 年 9 月 3 日至 12 月 3 日，节点数量增加了 23.13%，现阶段已经超过 3.1 万个。到目前为止，比特币闪电网络经历了两个显著增长时期：第一个增长阶段在 2019 年 1 月，当时一名 Twitter 用户启动了名为"闪电火炬"的点对点支付活动，包括 Twitter 前 CEO、Block CEO 杰克·多尔西（Jack Dorsey）和 PayPal 执行副总裁、LinkedIn 联合创始人里德·霍夫曼（Reid Hoffman）等名人纷纷加入；第二个增长阶段是 2021 年萨尔瓦多宣布将比特币纳入法币并大规模采用 Strike 钱包后，此外 Twitter 宣布支持比特币小费打赏功能，也推动闪电网络节点的增加。比特币闪电网络的发展不仅证明了比特币的价值存储功能，而且证明了其价值媒介功能。

事实上，元宇宙和 Web 3.0 作为人类命运共同体共同期许和憧憬的下一代互联网，其记账模式和共识形成机制在全球范围内应该是去中心化的，比特币则天然适合承担这一重要职能。但由于比特币的非图灵完备性，开发者无法在比特币系统上构建支付功能之外的元宇宙系统，这也决定了比特币无法成为整个元宇宙和 Web 3.0 系统的基础设施和底层操作系统。尽管 2019 年在以太坊上诞生了 WBTC，实现了图灵完备，但以太坊等公有链才是元宇宙和 Web 3.0 最为重要的基础设施和底层操作系统。不过，毫无疑问的是，比特币是整个元宇宙和 Web 3.0 生态最重要的底层资产，也是所有故事的开端。

如果说比特币是元宇宙和 Web 3.0 生态最重要的底层资产，那么以太坊无疑就是元宇宙和 Web 3.0 最为重要的基础设施和底层平台。比特币开创了去中心化加密货币的先河，超过 10 年的全球实践充分检验了区块链技术的安全性和可行性。但是比特币机制并不完美，其最大的局限是由于非图灵完备性导致可扩展性不足，即比特币网络仅能构造一个价值传输体系，而不能根据其网络构建复杂的应用层。而以太坊依靠基于区块链的编程语言 Solidity，推出了智能合约开发环境，让开发人员可以进行更复杂的数据处理，从而完成对去中心化应用的开发，突破比特币仅仅实现简单价值传递的局限性，成为全球最大的可编程分布式超级计算机网络，也是整个元宇宙和 Web 3.0 生态最为重要的基础设施和底层平台。

以太坊的创始人是 1994 年出生在俄罗斯的布特林。在比特币刚刚出现两年的时候，布特林的父亲就向布特林介绍了比特币的特性。此后，布特林发现当时的比特币仅仅能够实现支付功能，具有局限性。布特林基于对区块链的浓厚兴趣，2011 年 9 月，他以联合创始人的身份同罗马尼亚程序员米海·阿利齐（Mihai Alisie）创办了《比特币杂志》，并成为该杂志的首席撰稿人。这份杂志是一份实体与在线并行的出版物，直到 2015 年被收购前，在全球范围内共有约 150 万名读者。

比特币创始人中本聪出于安全考虑，规定只用一种复杂、单一的脚本语言编写比特币协议。然而，区块链本质上是一个去中心化的分布式账本数据库，去中心化、安全性和高效率（可扩展性）构成了区块链的"不可能三角"，即在设计中无法将三个特性同时满足，只能满足其中两个。比特币作为一种去中心化的加密货币，在满足去中心化和安全性需求的前提下，牺牲了性能上的可扩展性，导致开发者无法以比特币作为基础设施孵化出更多的应用层项目。布特林认为应该开发更加简洁、编程语言更加便于开发者理解的区块链基础设施，这样任何人都可以在该区块链上自由开发、搭建应用程序。布特林将想法写成一份白皮书，并首次提出"以太坊"的概念，设想将以太坊作为开发人员在区块链上编写应用程序的底层平台和基础设施。

除了作为加密货币能够实现简单的转账功能，以太坊还使用编程语言 Solidity 结合区块链，推出了智能合约开发环境，让开发人员可以利用智能合约，开发基于区块链的分布式应用。智能合约作为以太坊对传统加密货币的创新性变革，其开发环境容易被开发者掌握，开源免费、算法简单等优势令开发者争先恐后加入。在以太坊得到了大量开发者的认可后，以太坊成为"第二代区块链技术"的代名词。

在以太坊网络中，需要用其治理通证 ETH 来支付手续费，无论交易、执行智能合约还是支付数据存储费用等，发起者均需要消耗手续费，该手续费在以太坊中被称为"gas 费用"，流向贡献算力去验证、确认和维护以太坊网络正常运转的矿工，让矿工获得相应的奖励。因此，"gas 费用"对于矿工和用户来说，主要具有两个作用：第一，让矿工劳有所得，达到激励矿工维护以太坊网络正常运行的目的；第二，通过手续费机制防止破坏者肆意转账，避免以太坊网络被滥用之后导致拥堵，保证以太坊网络流畅、可持续运行。

2021 年 8 月 5 日，在以太坊网络实施了伦敦硬分叉之后，在以太坊网络上的使用都会构成其通证 ETH 的燃烧消耗。在 2021 年的最后 4 个月内，以太坊燃烧消耗了超过 120 万枚 ETH，价值超过 50 亿美元。其中，最大的燃烧器是 NFT 交易平台 Opensea，它在超过 950 万笔交易中燃烧了超过 13 万枚 ETH。DeFi 龙头协议 Uniswap V2 已消耗超过 11 万枚 ETH，在以太坊上使用的稳定币 USDT 已经燃烧了超过 7 万枚 ETH，Uniswap V3 已经燃烧了超过 4 万枚 ETH。接下来排名前五位的 ETH 燃烧器依次是 Metamask（超过 3 万枚 ETH）、USDC（超过 2.6 万枚 ETH）、*Axie Infinity*（超过 1.8 万枚 ETH）、Sushiswap（超过 1.5 万枚 ETH）和 Opensea Registry（超过 5 000 枚 ETH）。其中，Opensea 和 Opensea Registry 是全球主流的 NFT 交易平台，Uniswap V2、V3 及 Sushiswap 是 DeFi 交易协议的龙头。USDT 是全球使用量最大的稳定币之一，USDT 在以太坊上发行数量最多，Metamask 是全球最受欢迎的去中心化数字钱包之一，*Axie Infinity* 是最受欢迎的元宇宙游戏之一。元宇宙、NFT、DeFi 和稳定币都是本书重点论述的内容，彼此之间具有紧密的关系。DeFi 是元宇宙的经济运行机制，Web 3.0 是元宇宙的网络和数据机制，NFT 是元宇宙的重要表达形式，DAO 是元宇宙的主要组织形式。而这些领域中的很多重要项目都是基于以太坊开发和运行的，因此，以太坊被称为元宇宙和 Web 3.0 最为重要的基础设施和底层操作系统。

基础设施和底层操作系统的重要作用在 Web 2.0 时代已得到充分体现。Google 通过安卓（Android）切入 Web 2.0 领域，顺利把握发展机遇，成为 Web 2.0 时代的执牛耳者。自 2008 年发布至今，Android 的发展已经超过了十年时间，其所经历的变化是极其惊人和迅速的。并且，Android 凭借其移动端操作系统的强大开发功能及应用开发的简易性，最终吸引了大量用户和开发者。在手机操作系统领域，由于 Android 没有采用类似 iOS（苹果开发的移动操作系统）的封闭式操作系统，而是开源共享，一经推出就迅速抢占 iOS 操作系统的市场份额，其凭借在操作系统的竞争优势地位加之用户长时间的沉淀，在手机操作系统领域树立了极高的行业壁垒；而作为领导安卓开发的 Google 凭借 Android 的竞争优势切入移动互联网领域，不断向用户渗透 Google 产品及服务，让 Google 成为 Web 2.0 生态的超级巨头之一。

倘若没有 Android，Google 原有的移动搜索和广告收入业务版图就可能会被苹果侵蚀。另外，Google 对于安卓系统的控制，防止了苹果独立开发移动搜索 App，避免直接催生另一个扎根搜索的巨头。Google 通过底层操作系统 Android 顺利切入 Web 2.0 生态，为其今后十年的发展奠定了一定的基础。

实际上，Android 顺利切入 Web 2.0 领域，让 Google 保住了它在移动搜索上的竞争优势，并且最终占领了大部分市场份额；同时，通过操作系统和 Google 搜索结合，以及预装的 Google Store、Inbox、Google Map 等应用，为 Google 带来了极大的 Web 2.0 入口价值。

在元宇宙和 Web 3.0 时代，以太坊同样有类似于 Android 在 Web 2.0 的发展潜力。以太坊同 Android 操作系统一样，均属于公开、无须许可的开源方式，其可扩展性、易开发性及去中心化的机制不断吸引大量开发者通过智能合约对去中心化应用进行开发，围绕以太坊建立了元宇宙和 Web 3.0 领域强大的生态系统。

2013 年底，Vitalik 发布了以太坊白皮书。自此，以太坊在大方向上一直将白皮书的规划和实际情况相结合。2014 年 7 月，以太坊开始了为期 42 天的预售，以太坊团队通过预售 60 102 216 个以太币，募集了超过 3 万个比特币。根据以太坊公布的整体发展计划，以太坊的发布分成四个阶段，即 Frontier（前沿）、Homestead（家园）、Metropolis（大都会）和 Serenity（宁静）。

2015 年 7 月，Frontier（前沿）版本发布，以太坊迎来了智能合约应用里程碑。2015 年 11 月，EIP-20 提案通过，这使得以太坊可以通过智能合约发行数字资产和权益。在以太坊的最初实验阶段，软件基础设施并不成熟，只有命令运行界面，没有UI（界面设计），不过可以进行基本的挖矿、学习和试验。该阶段是以太坊发展的起点。在EIP-20提案执行后，智能合约系统开始运营，以太坊作为一个应用平台，只有研发者不断在智能合约中开发应用，才能实现以太坊自身的价值，在这个过程中以太坊逐步积累人气，其价值也得到市场认可。2016年初，智能合约应用逐渐落地，以太坊的技术得到了市场认可，以太坊宣布即将推出更稳定的第二代网络协议版本Homestead，其价值也逐渐得到投资者认可。2016年3月，ETH价格到达15美元，这也让以太坊市值首次突破10亿美元。以太币价格上涨带动投资者发现智能合约的优势，吸引了大量开发者以外的人走进以太坊的世界、参与以太坊网络的建设。

2016年3月，Homestead（家园）版本发布，以太坊遭受挫折浴火重生。这个阶段承接前沿阶段，是以太坊第一个正式的产品发行版本，100%采用PoW机制，该版本同样采用命令运行界面，没有UI。挖矿的难度除了算力增加，还加入了一个"难度炸弹"，也就是会让挖矿难度呈几何式上升，使矿工挖矿收益减少。

2016年6月，第一个DAO——The DAO遭到黑客攻击，以太坊面临被盗危机。The DAO是第一个成熟的DAO，整个社区完全自制，并且通过代码编写的智能合约来实现。该项目于2016年5月完成众筹，共募集1 150万枚以太币，当时的价值达到1.49亿美元。2016年6月，黑客利用The DAO代码中的漏洞从该项目中窃取价值约6 000万美元的以太币。这一负面消息给以太币市场价格造成严重影响，使其市场价格减少一半跌至11美元。

为应对以太币被盗所带来的负面影响，布特林团队提出通过硬分叉将以太坊网络恢复到攻击前的状态并把被盗资金归还给用户。2016年7月，以太坊在社区用户争议声中实施硬分叉，之后该网络一分为二，变成以太坊（Ethereum）和以太坊经典（Ethereum Classic）。

2017年2月，一批代表着石油、天然气、金融和软件开发行业的全球性企业正式推出企业以太坊联盟（Enterprise Ethereum Alliance，EEA），致力于将以太坊开发成企业级区块链。EEA是由摩根大通、微软、英特尔等30多家企业巨头于2017年3月正式成立的协作组织，截至2021年6月底，成员数量已经达到数百个。EEA最初的愿景是合作开发标准和技术，使企业更容易使用以太坊区块链代码，从而迈向分布式账本系统时代。该组织致力于提高以太坊区块链的隐私性、安全性和扩展性，使其更加适用于企业应用。EEA的成立标志着以太坊智能合约应用渗透传统行业，并逐渐得到用户、企业的认可。

2017年10月，Metropolis（大都会）版本（EIP-649）发布，分为拜占庭（Byzantium）升级和君士坦丁堡（Constantinople）升级两次分叉，大幅减少货币供给。2017年10月，在几次推迟之后，以太坊拜占庭网络在4 370 000区块进行硬分叉，被称为"大都会"的多元升级。在以太坊主网络第4 370 000个区块诞生时，通过拜占庭代码执行一次硬分叉，大都会阶段更被视为提升以太坊平台整体可用性的重要基石。同时，在此区块后，矿工挖矿奖励从5以太币降至3以太币，减少了以太坊40%的新增供应量。

2019年3月，君士坦丁堡版本升级（EIP-1234），硬分叉主要的功能就是平滑处理拜占庭网络升级所引发的问题，并引入PoW机制和PoS机制的混合链模式，将PoS机制实验性添加到以太坊网络。此外，矿工得到的区块奖励从3以太币降至2以太币，以太坊每年新增供应量缩减33%。这一举措被称为"1/3奖励削减"。

2020年12月，Serenity（宁静）版本发布，开启以太坊2.0

新阶段。布特林虽然已经提出以太坊第四阶段升级版本路线图的具体规划，但需要相当长的时间才能推出。主要原因是，在保证网络安全运转的前提下，改变以太坊底层机制是一项具有挑战性的任务，故以太坊 2.0 的推出不会一蹴而就。以太坊 2.0 阶段将分为三个阶段发布，每个阶段都有各自独特的功能，确保以太坊升级成功。2021 年 6 月，已经完成的阶段是 Phase0，即以太坊信标链的发布。

Phase0 信标链被认为是以太坊 2.0 的核心，目标是引入基础的 PoS 共识机制，使得以太坊从 PoW 机制平滑过渡到 PoS 机制，从根本上改变底层经济基础模型。Phase0 信标链为整个星际系统的新型共识定下基调，即开通以太坊存款质押合约，用户可以通过质押一定数量的 ETH 成为验证者，参与网络运行和维护，并收获相对稳定的质押收益。Phase0 的启动由一个以太坊 2.0 存款合约来触发。该合约地址此前于 2020 年 11 月公布，规定当其收到的质押 ETH 数量达到 524 288 时将触发信标链阶段启动阈值，以太坊 2.0 的创世区块于 2020 年 12 月正式开启。数据显示，2020 年 11 月大量 ETH 质押进该地址，标志着以太坊 2.0 成功达到发布门槛。截至 2021 年 6 月底，合约中的 ETH 总数已达 568 万个，超过 ETH 流通量的 10%，并且质押数量仍在持续增长。

在分片链阶段完成实施之前，所有质押 ETH 的注册节点验证者的操作都不可逆。这代表在该阶段内，节点验证者的 ETH 资产将被锁定，直到下一阶段开启。同时，通过质押获得的收益率会随着存款合约中以太币的总量增加，而呈现出递减的趋势。

以太坊最终阶段将完全抛弃 PoW 机制，同时以太坊网络将不再需要矿工通过强大的算力支撑挖矿，而是完全向 PoS 机制转变。大量矿工将通过锁仓 ETH 的方式进行挖矿，且质押具有一定的质押回报率，限制大量质押的以太币流入二级市场缩减市场抛压，在供给端缩减 ETH 供给，将增加以太坊内在价值，同时这也更加符合全球绿色经济的发展理念。

随着以太坊的应用日益普遍，其并发性和可拓展性会成为限制其上应用落地的瓶颈。以太坊作为全球最大规模的公有链生态，数以万计的 DApp 运行其上，底层的一致共识区块链网络则出现了较为严重的拥堵现象，以太坊社区也一直在讨论如何实现升级、扩容。在以太坊主网改动难度较大的情况下，以太坊二层网络（Layer2，L2）成为可行方案，也是下一阶段其上的元宇宙生态繁荣的基础。对以太坊区块容量和每个区块 gas 上限的限制，使得其每秒事务处理量仅能达到 15 左右，这就导致了交易确认时间过长、高峰时网络拥堵严重和网络手续费居高不下等问题，进而阻碍了低净值用户的进入、小额高频交易和许多长尾项目的发展。而在以太坊 2.0 还没有推出的情况下，以太坊 Layer2 就是现阶段以太坊扩容的最佳方案。事实上，比特币闪电网络也是比特币的二层。但由于比特币上几乎没有搭载应用，而是仅仅搭载支付功能，因此这一矛盾并不突出。

以太坊 Layer2 是一类拓展以太坊区块链性能的方案，其基本思路是通过在主链外的二层网络上进行计算、交易等业务处理，以获得较快速的响应、高扩展性和低费用，并将最终的状态变更结果反馈到主链上，从而减少主链上的负担，实现区块链网络的可拓展性。任意一个区块链网络，都存在着安全性、可拓展性和去中心化的"不可能三角"问题。以太坊 Layer2 则可视为针对这一问题的"中间解"，即在牺牲部分安全性的条件下，保留去中心化性质，极大地增强区块链网络可拓展性的方案。而二层网络上面的数据结果会反馈到主链上获得共识。

主流的以太坊 Layer2 方案按技术原理可分为 Plasma、Rollups 和 Sidechains，它们在实现逻辑、安全性、可拓展性和去中心化等方面各有优劣。

第一种方案是 Plasma。Plasma 实际上是以太坊对比特币闪电网络的模仿，它最早由以太坊核心开发者 Vitalik Buterin 和比特币闪电网络开发者 Joseph Poon 在其论文 *Plasma: Scalabe Autonomous Smart Contracts* 中提出。Plasma 的实现逻辑是，将交易的具体计算和储存转移到子链上，仅将最终的状态变更结果记录在主链上。如果用户对提交上链的结果存在异议，则可以在规定的"挑战期"内提供"欺诈证明"。一旦"欺诈证明"被主链节点验证有效，正确的结果将会覆盖错误的结果，挑战者也可获得原验证节点的部分押金。理论上来说，Plasma 可以拥有无限的拓展空间，但在实践中，其安全性存在较大风险。由于交易的具体内容保存在区块链下，除了个别验证节点，其他节点无法获得原始的交易数据，倘若所有的验证节点同时宕机，用户在子链上的资金将无法取回。受限于此，Plasma 方案在以太坊 Layer2 中的作用不如其他方案。

第二种方案是 Rollups。Rollups 即"汇总交易"的意思，是以太坊 Layer2 的主要发展方向之一。相较于 Plasma，Rollups 在可拓展性方面略逊一筹，但在安全性方面得到了极大提升。Rollups 的改进之处在于将原始的交易数据也记录在主链上，使任何节点都可根据交易数据成为新的验证节点。如此一来，用户不再依赖于特定的验证节点，哪怕原始的验证节点宕机，用户也可正常提取资金。Rollups 可进一步被细分为 Optimistic Rollups 和 ZK-Rollups。

Optimistic Rollups 即"乐观汇总交易"，依靠验证节点和挑战者间的博弈保障资金安全。验证节点将交易数据和最终状态变更结果打包上链后，会进入一个"挑战期"，这期间，资金将被锁定，无法转移。如果其他节点发现验证节点提交的结果和交易记录有出入，就可以提交"欺诈证明"，让正确的状态变更结果覆盖错误的结果，并获得原验证节点的押金。在"欺诈证明"被证实前，其他节点默认原验证节点提交的状态变更结果是正确的，所以这类 Rollups 被称为"乐观汇总交易"。Optimistic Rollups 的优点在于开发门槛较低，可以兼容较复杂的智能合约。例如，由 Off Chain Labs 团队开发的 Arbitrum One，已经兼容了许多以太坊主网上的龙头 DeFi 项目，包括 Balancer、Curve、Uniswap 和 Sushiswap 等。Optimistic Rollups 的缺点在于存在不可忽视的安全风险，以及有一段漫长的"挑战期"。Optimistic Rollups 的安全性依赖于挑战者和验证节点间的博弈，实际上是由验证节点的押金而非代码担保的。在博弈过程中，有可能会受到"审查攻击"，即验证节点串通矿工不打包挑战者的"欺诈证明"，一旦"挑战期"结束，错误的结果将无法回滚，用户的资金就有被盗的风险。为保障潜在的挑战者有充足的时间监督验证节点，"挑战期"一般被设定为7至14天，这一漫长的过程对于追求资本效率的用户来说是无法容忍的。

Zk-Rollups（Zero Knowledge Rollups），即"零知识汇总交易"，依靠密码学原理保障资金安全。Zk-Rollups 选取的是"有效证明"的思路，其实现逻辑是，验证节点会将一个"零知识证明"一同打包上链，其他节点只需要运算该证明即可认定验证节点提交的状态变更结果是否正确无误。这样做的好处是，运算"零知识证明"要比直接运算每笔交易简单、快捷得多，并且其正确性是由密码学原理保证的，而非验证节点的押金所担保的。

Zk-Rollups 的优点在于摒弃了 Optimistic Rollups 中"挑战期"的设定，使得主链与子链间资金转移的速度极快。Zk-Rollups 的缺点在于技术不成熟导致存在安全隐患和兼容性较差。在一些零知识证明算法中，如简洁非交互零知识证明，算法中一些与安全相关的随机数是由初始节点选取的，倘若有恶意节点保存了这些随机数，就可以生成虚假的零知识证明，从而盗取子链上的资金。此外，由于生成零知识证明要比具体运算每笔交易复杂得多，对于一些复杂的智能合约，尚没有通用的、简单的生成方法，使得

Zk-Rollups 暂时还无法兼容大部分 DeFi 项目。现阶段，Zk-Rollups 的 Layer2 网络仅能够实现转账、期货交易和铸造 NFT 等操作。

第三种方案是 Sidechains，即侧链。Sidechains 指兼容以太坊虚拟机、与以太坊网络并行运行的独立区块链。侧链不是以太坊网络的子链或直接的二层网络，为了提升交易吞吐量并加快交易确认速度，它们所采用的共识模型一般也与以太坊不同。例如，BSC（Binance Smart Chain）和 Polygon（Matic）网络，它们采用的都是 PoS 共识机制，而非 PoW。尽管侧链在可拓展性和效率上有了显著提升，但其安全性和去中心化程度都要弱于以太坊网络。Plasma、Optimistic Rollups、Zk-Rollups、Sidechains 等以太坊 Layer2 方案的特点如表 3-1 所示。

表 3-1 各以太坊 Layer2 方案的特点

	Plasma	Optimistic Rollups	Zk-Rollups	Sidechains
实现逻辑	不在主链保存原始交易数据、专门的验证节点和"欺诈证明"	在主链保存原始交易数据、专门的验证节点和"欺诈证明"	在主链保存原始交易数据、专门的验证节点和"有效证明"	与主链相互独立、自行负责安全性和共识实现过程
安全性	低	中	中	低
可拓展性	高	中	中	高
去中心化程度	低	中	中	低

Plasma、Optimistic Rollups、Zk-Rollups、Sidechains 等以太坊 Layer2 方案的落地进展也不尽相同。闪电网络是比特币的二层网络，其原理是在比特币钱包地址间构建点对点的支付通道，再由支付通道共享节点来搭建支付网络。与 Plasma 类似，二层网络中的交易不会被记录在主链上，只有提取资金时才会将余额变更结果上传至主链。同样，提取闪电网络中的资金需要一段挑战

期，如果这期间支付通道的一方提出异议并提供"欺诈证明"，则其可获得另一方的保证金并覆盖错误的余额变更结果。相比以太坊 Plasma，无论在用户数量还是应用场景方面，比特币闪电网络的发展状况都要好得多。截至 2021 年 10 月底，闪电网络拥有 15 566 个节点和 73 076 条支付通道。萨尔瓦多在正式支持将比特币作为该国的法定货币后，也推荐其国民使用闪电网络进行日常支付和转账。根据闪电网络钱包服务商 ChivoWallet 的数据，累计超过 220 万萨尔瓦多公民使用过闪电网络钱包，而这一数字已经超过了萨尔瓦多任何一家银行的用户量。除此之外，Twitter 也在 2021 年 9 月宣布支持用户通过闪电网络向博主支付比特币小费，这一举动无疑也可为闪电网络带来更多的用户和交易。

Plasma 可以被视为以太坊开发者对比特币闪电网络的借鉴，但这一模式并不适合以太坊网络，所以其发展几乎处于停滞状态。以太坊网络与比特币网络并不完全相同，以太坊是一个虚拟机，其地址的账户状态可被任意节点调用，Plasma 中的每笔交易都会影响整个二层网络的账户状态。在闪电网络中，用户仅需要盯住与自己共同构建支付通道的节点，确保没有提交虚假的余额变更结果，即可保证安全；在 Plasma 中，用户需要关注整个二层网络的交易和状态变更，而监控如此庞大的数据量对于普通用户来说是难以实现的。

由于开发的便利性优势，Sidechains 最先承接了以太坊的溢出价值。以太坊网络拥挤和 Rollups 方案的研发进度缓慢为侧链的爆发创造了条件。2020 年 6 月，随着 DeFi 借贷龙头 Compound 开启"流动性挖矿"和"借贷挖矿"，所谓的"DeFi 之夏"掀开了序幕，越来越多的项目、用户和资金涌向了以太坊；与此同时，以太坊主网交易确认速度慢、gas 费用过高和交易吞吐量不足的缺点愈发明显。Sidechains 的开发者果断地抓住了这次机会，推出了兼容以太坊虚拟机的区块链网络，移植了以太坊上热门

DApp 的智能合约，配合各种营销策略，迅速吸引了许多以太坊溢出的用户、资金和项目。其中，最具代表性的侧链包括 BSC 和 Polygon。

BSC 是由 Binance 资助开发，采用了权益证明共识机制的智能区块链，也是最早上线的以太坊侧链之一。相较于以太坊，BSC 以牺牲去中心化程度为代价，换取了更快的交易确认速度、更大的交易吞吐量和更低的 gas 费用；同时，拥有 Binance 的隐性背书，BSC 在获得用户流量的同时，也打消了用户的安全顾虑。2021 年 2 月以来，BSC 的用户量、总锁仓价值和项目数都实现了快速增长，远远甩开了其他以太坊侧链的竞争者。

Polygon 是一种用于创建与以太坊兼容的区块链网络和拓展解决方案，其主网在 2021 年 5 月正式上线。相较于 BSC，Polygon 主网的交易确认速度和手续费低廉程度有过之而无不及，也吸引了不少用户和项目，其总锁仓价值在所有以太坊侧链中名列前茅。

Sidechains 的价值捕获能力在 2021 年 "5·19" 去杠杆之后已遇到了一定的增长瓶颈。以 BSC 为例，将其总锁仓价值走势与以太坊对比可以发现，在 "5·19" 去杠杆之前，BSC 跟随以太坊一路上涨，甚至在一些时段增速更快；而在 "5·19" 去杠杆之后，当以太坊总锁仓价值突破前高时，BSC 却几乎停滞，并没有表现出曾经的强势。然而，尽管 Polygon 的总锁仓价值在 "5·19" 去杠杆之后不但没有回落反而实现了增长，但是其绝对体量较小。

Sidechains 遇上增长瓶颈的原因包括两方面：第一，短时间被其他性能更强、费用更低的非以太坊侧链区块链网络分流；第二，遭遇去中心化、安全和技术方面更先进的 Rollups Layer2 网络分流。不同于 PoW 共识机制，PoS 共识机制不具备算力这一客观参考指标来衡量其网络的抗冲击能力，哪怕一些 Sidechains 有着中心化机构的背书，它们能够凝聚的共识和承载的价值都是有限的。非以太坊侧链区块链网络异军突起，也分流了不少侧链的用户。例如，Solana 和 Terra 的总锁仓价值在 2021 年 9 月和 10 月都曾突破 100 亿美元。在 2021 年末，Terra 生态中的总锁仓价值更是突破了 200 亿美元，仅次于以太坊。此外，被一些从业者誉为"Real Layer2"的 Rollups Layer2 网络陆续上线，使得侧链的发展空间进一步被压缩。

被誉为"Real Layer2"的 Rollups Layer2 发展潜力巨大，有望超越 Sidechains，成为被大众普遍接受的 Layer2 方案。相对于 Sidechains，Rollups 是更安全、更去中心化的解决方案。在过去一段时间，受限于 Rollups 方案在技术上尚未成熟，以太坊生态的溢出价值被 Sidechains 所捕获；到了 2021 年第四季度，随着基于 Rollups 原理的 Layer2 主网正式上线，用户、资金和项目已展现回流趋势。

自从基于 Optimistic Rollups 技术的以太坊 Layer2 主网 Arbitrum One 在 2021 年 9 月正式上线以来，其用户数量和总锁仓价值都实现了飞速增长。不仅如此，以太坊主网上的许多头部项目也已在 Arbitrum One 上线，如 1INCH、Uniswap、Sushiswap、Curve 和 Balancer 等，使得其生态日趋完整。尽管截至 2022 年初，Arbitrum One 并未发行通证，但行业仍对其寄予厚望。

但是，以太坊 Layer2 也存在风险和不确定性。就目前的技术而言，无论哪一种 Layer2 方案都无法真正实现与以太坊主网相同的安全性。其中，Sidechains 的安全性最差。其一，在共识实现机制上，Sidechains 的安全性远逊于以太坊主网。区块链网络的核心要义是去中心化和不可篡改，而 Sidechains 恰恰在这方面做出了牺牲，导致攻击者篡改 Sidechains 账本的成本显著低于篡改以太坊账本。其二，Sidechains 上的 DeFi 项目可能存在更多智能合约漏洞。由于以太坊主网上的智能合约多是开源的，因此有许多代码开发能力不强的仿盘团队将其简单改动后移植至

Sidechains 上。即使这些仿盘项目最初可以获得第三方审计公司出具的审计报告，但在后续的迭代版本中，出现新的智能合约漏洞的情况也十分常见。

　　Rollups 的安全隐患包括智能合约漏洞、博弈机制失灵、人为交易排序和密码学漏洞等。其一，无论 Optimism Rollups 还是 ZK-Rollups，都是利用智能合约将用户存入 Layer2 网络的资金锁定在主网上，如果智能合约本身存在漏洞或被恶意篡改，用户的资金就有可能被盗。其二，Optimism Rollups 的博弈机制未必有效，潜在的挑战者未必能够审查验证节点发布的所有状态变更结果，一旦挑战期结束，即使状态变更结果与交易记录不符，错误的结果也无法回滚，Layer2 中的资金就有可能被盗。其三，Optimism Rollups 的交易排序是可被人为控制的。例如，Arbitrum One 的服务器中有一个中心化的交易排序器，如果运营商利用它抢先打包交易，那么即使其他节点率先提交"欺诈证明"，验证节点的保证金也会落入运营商的手里。其四，ZK-Rollups 依靠的密码学原理也有可能存在漏洞。ZK-STARKs 发展时间较短，属于较新、实验性的密码学原理，需要更长时间来证明其安全性；ZK-SNARKs 中的"有毒废料"更是一直被诟病的漏洞。

　　在区块链网络"不可能三角"的框架下，首先应当保证的是安全性，其次是去中心化程度，最后才是可拓展性，对于以太坊 Layer2 也不例外。综合比较各 Layer2 方案，从长远角度来说，采用 ZK-STARKs 的 Zk-Rollups 是最好的选择。首先，从安全性角度考量，Rollups 优于 Sidechains，Zk-Rollups 优于 Optimism Rollups，ZK-STARKs 优于 ZK-SNARKs。其次，从去中心化程度角度考量，ZK-Rollups 依靠的密码学原理是客观事实，经得起反复验证，不需要通过博弈机制保障其有效性，也消除了中心化的交易排序问题。最后，从可拓展性角度考量，虽然目前 Zk-Rollups 的兼容性不如 Optimism Rollups，但随着技术的成熟，Zk-Rollups

的 Layer2 网络陆续上线，逐渐兼容以太坊主网上的 DeFi 项目，届时 Layer2 网络的高交易吞吐量将使可拓展性得到极大提升。

以太坊 Layer2 网络的多种发展路径为以太坊扩容提供了行之有效的解决途径，也为元宇宙和 Web 3.0 丰富生态中的高并发问题提供了切实的解决办法。类似地，除了以太坊 Layer2 的发展，以太坊直接在 Layer1（L1）层面竞争构成了另一条发展主线。本书的下一部分会重点介绍多链竞争的 L1 生态。

3.3　L1：千帆竞发，多链竞争

以太坊在高并发处理上力有不逮，不仅推动了以太坊 Layer2 的发展，而且对于 L1 的多链竞争格局起到了促进作用。L1 的代表性项目包括 Solana、Terra、Avalanche 及 Fantom 等。2021 年随着元宇宙的爆发和 Web 3.0 理念的发展，对底层基础设施和操作平台的需求也大大提高，以太坊生态难以独自承担底层基础设施和操作平台的职能，L1 层面形成千帆竞发、多链竞争的格局。L1 是 2021 年整个市场的突破性赢家之一，若干 L1 龙头通证的价格表现明显优于 ETH 的价格收益，如 Fantom（FTM）、Solana（SOL）和 Terra（Luna），这构成了元宇宙和 Web 3.0 的又一个宏大叙事。

2021 年，L1s 的可量化用户活动大幅增加，这主要是由各种 L1 平台上出现的 DeFi 生态系统推动的。随着可选择的 DeFi 协议不断增加，用户将创纪录的资金存入去中心化应用程序，如去中心化交易协议、借贷协议、收益聚合器和衍生品交易所。

仅在以太坊上，DeFi 协议的总锁仓价值从 2021 年初的约 161 亿美元上升到 2021 年底的超过 1 000 亿美元，这一年中增长了约

530%。L1 生态系统的 DeFi 项目总锁仓价值整体增长更快，2021 年初以来增加了超过 1 660 亿美元，增长了约 974%。尽管以太坊在 2021 年初仍然拥有几乎所有锁定在 DeFi 的资本，但截至 2021 年底，其在 DeFi 总锁仓价值的份额已降至 63%。

  L1 替代生态系统的出现发生在加密市场持续增长的大背景下。随着以太坊交易量在 2021 年 1 月至 5 月不断创下历史新高，在更广泛的加密市场激增的背景下，这个最大的智能合约平台的用户在 2021 年初开始遇到网络可伸缩性方面的重大问题。2021 年上半年，以太坊的平均交易费用升至历史最高水平，在网络需求极端的时期，过高的 gas 费用和过长的确认时间有时会让用户瘫痪。优先 gas 拍卖（PGA）机器人，以及 2021 年 1 月以来 MEV 活动的增加都助推了 gas 费用长期高企。在这种网络需求巨大、成本快速增加的环境中，当用户为他们通常在以太坊上执行的活动寻找替代方案时，费用相对较低的非以太坊 L1 逐渐得到人们的关注。

  2021 年下半年，EVM 兼容链的用户量和活动量急剧增加，部分原因是 L1 团队提供的奖励和他们的资金大幅增加。在这些项目中，最值得注意的是 Avalanche。该项目于 8 月 18 日启动，通过向 Avalanche 协议的流动性提供者分发 1 000 万枚 AVAX 通证（当时价值约 1.8 亿美元）来扩大其 DeFi 生态系统。

  从那时起，L1 的其他基金至少宣布了 8 个 1 亿美元或以上的激励计划，包括 Fantom 基金会、Terraform Labs 和 Algorand 基金会。大多数项目都专注于促进各自生态系统中 DeFi 的发展，尽管每个项目的确切目标、范围及通证分发方法各不相同。

  Avalanche 主要作为生态系统参与者的流动性挖矿奖励，而其他项目，如 Fantom 的 3.7 亿 FTM 奖励项目则专门针对融资开发商。在 Fantom 项目中，如果开发商在一段时间内达到了一定的表现标准，那么他们可以按照自己的意愿使用奖励，包括各种流动性奖励。

2021年，投资公司增加了对特定L1生态系统的投资，无论通过对特定项目投资还是通过本地通证销售。例如，Solana Labs 在 2021 年 6 月通过由 A16z 和 Polychain Capital 牵头的一笔私人通证销售筹集了 3.1415 亿美元。Avalanche 还宣布在 2021 年 9 月融资 2.3 亿美元，由 Polychain Capital 和 Three Arrows Capital 牵头。

L1 层面的竞争为元宇宙和 Web 3.0 的底层操作系统及基础设施提供了一个相对比较充分的竞争环境，也为其良好发展奠定了坚实的基础。下文将详细介绍 Solana、Terra、Avalanche 及 Fantom 等除了以太坊的主流公有链 L1。

3.3.1 华尔街的代言人——Solana

Solana 创立于 2017 年，总部位于瑞士日内瓦，其三位主要创始人阿纳托利·雅科文科（Anatoly Yakovenko）、格雷格·菲茨杰拉德（Greg Fitzgerald）和斯蒂芬·阿克里奇（Stephen Akridge），都曾就职于高通，其中创始人兼 CEO 雅科文科曾是高通和 Dropbox 网络专家，专攻分布式系统和压缩算法；菲茨杰拉德担任 CTO，是高通 Boulder 前高级软件工程师。这样一支主打技术的团队致力于将 Solana 打造为一条根据摩尔定律扩容、为大规模应用提供高性能和低费用的公有链。

Solana 的八大核心技术为其在 L1 竞争方面奠定了坚实的基础。第一，历史证明 PoH（Proof of History，验证事件的顺序和历史实现的证明方式）结合 PoS 质押证明机制。PoH 是一个加密时钟，能够使得节点共同决定链上事件的先后顺序而无须彼此交流。通过存储交易的历史记录并追溯事件的顺序，得以实现更高效、吞吐量更大的区块网络。第二，塔式拜占庭容错。利用加密时钟的共识算法，省去遍历所有信息的过程，使得节点提升达成共识的速率。第三，湾流机制。湾流机制能够实现很高的每秒交易量。通过缓存交易并发送至网络边缘，使得验证节点提前执行交易，大大减少了区块确认用时和未确认交易池对节点计算机内存的需求。第四，涡轮。Solana 的区块发布机制是将数据分割成小块，使得节点间传输数据更加便捷。涡轮帮助 Solana 解决带宽问题，整体提高网络的处理速度。第五，海平面。海平面并行智能合约运行。并行交易处理引擎能够让 Solana 扩展显存 GPU 和提高固态硬盘 SSD 的使用率。第六，管道。通过优化验证过程的元件，使得交易数据能够迅速复制并在节点间检验。第七，云破。扩展账户数据库存储，并作为一种数据结构，用于实现网络拓展和吞吐量提升，实现 32 线程并行读写。第八，档案。使用分布式账本存储，基础的笔记本电脑可以作为节点存储数据的载体。这项创新可以极大地降低节点的接入门槛，使得更广泛的群体加入网络环境，共同维护区块链网络平稳运行。上述八大创新技术分别从交易的验证、打包和发布流程，数据的压缩与传输，虚拟机的内存利用和处理速度，以及分布式节点的接入等方面提升了 Solana 各个环节的底层效率。

　　Solana 治理通证 SOL 初始总量 5 亿枚，当前流通量约 1 635 万枚。Solana 创立不久，便与另一个 DeFi 协议 Serum 合作建立去中心化交易所，目标是建造一个非托管性的现货和衍生品交易所。SOL 除了可以用于支付 gas 费用，质押 0.01 个 SOL 以上还可以参与验证节点，帮助区块链验证交易，同时产生相应的质押收益，质押有初始价格九折回购保证。另外，治理通证持有者可参与治理投票。通证的产生除了上述的售卖活动，只有通过验证节点质押才能产生收益。质押收益率是由官方计划好，随时间递减的，从而实现通货膨胀率稳定下降，直至达到良性平衡。

  Solana 仅用了两年左右的时间就具有了和以太坊竞争的实力，不仅与其技术实力有关，而且与其背后有华尔街的支持密不可分，其中代表性人物为 FTX 创始人兼 CEO 塞缪尔·班克曼-弗里德（Samuel Bankman-Fried）。弗里德是加密行业唯一一位可以比肩以太坊创始人——布特林的 90 后行业领袖，他不仅是当前第五大公有链 SOL 的投资人，还一手创立了全球一线加密资产交易所 FTX。FTX 与"新晋华人首富"赵长鹏创立的 Binance 和在美股上市的 Coinbase 形成了加密资产交易所的"新三大"。弗里德还是全球引领 DeFi 发展的重要人物。此外，弗里德在毕业后曾在知名证券交易公司 Jane Street 从事交易工作，这为他增添了华尔街的工作背景，也说明其对传统金融业的运作是非常熟悉的。拥有毕业于麻省理工学院的教育背景，以及父母皆为斯坦福大学法学教授的家庭背景，弗里德成为连接加密金融业和美国主流社会的桥梁。2021 年 10 月，《福布斯》发布美国 400 大富豪榜，年仅 29 岁的弗里德以财富净值 225 亿美元登上第 32 名，成为全球 30 岁以下最富有的人之一。弗里德非常重视社会宣传，他获得了 NBA 球队迈阿密热火的冠名权，并将其主场美航球馆改名为 FTX 球馆，并邀请 NBA 巨星库里等担任形象大使，这快速增加了弗里德在美国社会的知名度。与同为 90 后的行业领袖布特林相比，弗里德更熟稔商业和人性，更为重要的是其背后站着的是华尔街。可以预见的是，SOL 拥有相对过硬的技术及华尔街的支持，必然会在 L1 的竞争中占据一席之地；而其较高的数据处理能力对推进元宇宙和 Web 3.0 的发展也具有重要意义。

3.3.2 突围而出的 Avalanche

Avalanche 在中文中被称为"雪崩协议",由康奈尔大学教授及 IC3 联合创始人艾敏·古恩·西雷尔(Emin Gün Sirer)、计算机学者凯文·塞克尼奇(Kevin Sekniqi),以及 Facebook Libra 协议 HotStuff 共识第一作者 Ted Yin 于 2019 年共同创立,在 2020年 9 月正式在主网上线。Avalanche 基于其本身的"共识 3.0"理念,从技术层面进行构建,创立了 X、P、C 三链结构平台,从而从源头设计方面解决了数据处理效率瓶颈和跨链问题。

Avalanche 的 X 链、P 链、C 链依次被称为交换链、治理链(平台链)及合约链。这三条链共同构成并链运行结构,对内各司其职,对外统一战线,可谓快速高效。其中,X 链充当创建和交易数字智能资产的去中心化平台,是 Avalanche 上默认的资产链,可以创建新的资产,资产直接进行交换和跨子网转移;X 链的存在实现了 Avalanche 的共识协议,X 链的交易资产是治理通证 AVAX。P 链是 Avalanche 上的元数据链,可以协调验证器,跟踪活动子网并允许创建全新的子网,P 链实现了 Avalanche 支持的"雪人共识协议"。C 链是 Avalanche 上默认的智能合约链,允许使用 C-Chain 的 API 创建智能合约,可以创建兼容以太坊的智能合约,C 链同样实现了 Avalanche 支持的"雪人共识协议"。有了这三条链的加持,Avalanche 不仅能够实践去中心化的理念,还拥有高效的性能,交易清算的速度更是达到了中心化 VISA 网络的3 倍。

Avalanche 的优势十分突出,其协议 AVAX 一经推出,便吸引了众多以太坊社区开发者加入。Avalanche 的成功与其背后的卓越团队密不可分。Avalanche 由多名来自业内的知名人士共同创建，其中，古恩教授起到了领衔作用。古恩不仅是一名学者和研究人员，更是一位典型的极客、密码学上的先驱。早在2001年，他便成功开发出了Karma系统，这也是第一个运用PoW机制的网络系统。而古恩当时发表的论文，也成为当之无愧的行业经典，被学者们多次引用。更难能可贵的是，古恩还曾经任职于贝尔实验室，针对Google做了一套名为"Go"的开发程式语言，"Go"语言对整个开发领域产生了极大影响。

除了有专业过硬的技术人才保驾护航，Avalanche在资本方面也抢占了先机。Avalanche成功获得了Sureview Capital/Sego的投资。这家侧重于技术投资和另类投资的家族投资办公室可谓来头不小。Sureview Capital/Sego不仅获得了黑石集团的战略投资，还成功参与了Thunder Bridge的两次IPO。而Avalanche的两位重要创始人，BD VP Lydia C和John Wu，均来自Sureview Capital/Sego。除此之外，Avalanche早在2019年便获得了Andreessen Horowitz（A16z）的投资。作为一家成功的投资机构，Andreessen Horowitz掌管了数十亿美元的资金。

2020年5月，Avalanche成功完成了1 200万美元的私募轮融资。由知名加密投行Galaxy Digital、比特大陆、Initialized Capital、NGC Ventures、Dragonfly Capital五家知名机构领投；由Continue Capital、Fundamental Labs、SNZ、IOSG Venture、优币等机构和个人跟投。在公募轮，Avalanche完成了4 200万美元的融资。

相对于L1当之无愧的龙头以太坊，Avalanche具有高性能、高容量、低手续费等显著优势，更拥有每秒支持超过6 000笔交易的出色数据处理能力。不同于很多一上线就要与以太坊一决高低的新公有链L1，Avalanche并没有将自己视为所谓的"以太坊杀手"。相反，Avalanche更希望达成一种共赢的局面，而这也恰恰体现出了其团队的格局和理念。随着DeFi的发展、元宇宙及Web 3.0的推进，越来越多的数字资产已经可以通过跨链桥转到 Avalanche 上完成交易。也正因此，Avalanche 跻身 L1 的一线之列。截至 2022 年初，Avalanche 上的 DeFi 协议总锁仓价值超过 110 亿美元。

迄今，Avalanche 已建立比较健全的生态系统。Avalanche Wallet 是一个简单、安全的非托管式钱包，用于储存雪崩协议上的资产。Guava Wallet 是一个雪崩链上的非托管式网页钱包，帮助用户管理 AVAX 通证。该钱包致力于为用户提供简单、快捷、安全的使用体验。Sinzu 是一个手机上的非托管式钱包应用软件，可通过 Rest API 实现雪崩 X 链、C 链和 P 链的跨链联合。其使用 Google 的开源 UI 软件搭建，目前专注于安卓和 iOS 版本，未来还会开发 Linux、Mac 和 Windows 版本。Pangolin 是目前雪崩生态中最大的 DEX 之一，其使用和 Uniswap 及 Sushiswap 一样的自动做市商模型（AMM），支持所有雪崩协议和以太坊链上的交易。得益于雪崩协议的结构，Pangolin 具有成交快速、交易费用低、民主的特点。Complus Network 是一个支持多链的交易平台，主要针对 ERC-20 通证在 ECO 链、雪崩协议和 BSC 上的运行。COM 是治理通证平台，可用于在所有链上买卖通证和 NFT。同时，该平台拥有一个便宜、快捷、社区驱动型的 AMM 去中心化交易协议，与 Sushi 类似，平台收取 0.3%的交易费，其中 0.25%返回 LP 池，0.05%被放进 Complus 的质押池。用户可以在交易所上质押 COM 获得 xCOM 通证，以享有 COM-LP 通证池的利息。Elk.Finance 的目标是为市场上可套利的通证提供亚秒级的跨链互换。ELK 是该平台的应用型通证，可在交易所自由交易。首先，该通证可用于相关流动性挖矿；其次，平台上的所有交易都要消耗 ELK；最后，用户还可通过支付 ELK 来避免无偿损失（Impermanent Loss）。为减少跨链交易中的风险，Elk.Finance 还将发行 CHFT，这是一种与瑞士法郎挂钩的稳定币。目前该交易所已支持雪崩链，未来将继续接入 Polygon（MATIC）、BSC、以太坊等。Unifty 是一个围绕着去中心化 NFT 的基础设施平台，其主要目标是为NFT创作者提供完全去中心化的无代码发展环境。此平台允许用户挖NFT、创建NFT集或设立NFT池，目前支持Ethereum、BSC、Avalanche、Celo、Matic、Rinkeby（测试网）。420Swap是Avalanche上的NFT交易平台，用户可以购买NFT或发布自己的NFT。OSIRIS是雪崩C链上的收益平台（Yield Plaform），用户仅通过持有通证就能够获得收益，无须质押或储存资金。平台在发生交易事件后会更新用户余额，用户也会获得交易费用（1.5%）。很难想象，Avalanche在不到一年的时间里取得了长足发展，建立了相对健全的生态系统。

L1层面的千帆竞发、多链竞争格局弥补了以太坊作为元宇宙和Web 3.0底层操作平台与基础设施数据处理能力的不足，也为以太坊在L1层面树立了几个强有力的竞争者。任何一个市场都需要开放和竞争，当一个市场缺乏较为充分的竞争环境时，也就是其走向衰败的开始，Web 2.0的垄断和内卷已经充分说明了这一规律。L1层面的充分竞争为元宇宙和Web 3.0底层的发展提供了不绝的动力。

3.4　DeFi的货币生成机制

现阶段整个DeFi体系仍然以法定货币作为计价标准，而传统法定货币（纸币和银行货币）由于技术的不兼容性无法直接为DeFi提供流通手段职能（可以行使价值尺度职能）。因此DeFi的货币生成机制具有极其重要的意义。在DeFi原生资产波动较大的情况下，一些商业机构推出了不同模式的锚定主流法币的通证，以期更好地发挥流通手段职能，这种通证被业界称为"稳定币"。尤其是在2018年下半年，以比特币、以太币等为代表的加密资产进入价格下行通道后，稳定币的市场份额迅速扩大。根据数字资产数据分析公司 CryptoCompare 的数据，2017 年 10 月 USDT（一种锚定美元的主流稳定币）在比特币交易市场中份额仅占不到 1%，2018 年 3 月这一数据为 14.2%，2019 年 1 月这一数据为 60.98%，2019 年 4 月这一数据为 80.37%。同时，从 2018 年 5 月到 2019 年 5 月 USDT 的市场交易量呈现逐步增加的趋势。总结而言，稳定币实现价格稳定的基本方式有两种："抵押品"（Collateral-Based）模式和"算法央行"（Algorithmic Central Bank）模式。

从 DeFi 和元宇宙的视角出发，上链与否是衡量内生货币和外生货币的重要标准。链外稳定币主要是抵押资产在区块链外的稳定币，链上稳定币包括抵押资产在区块链上的稳定币和算法稳定币。DeFi 的内生货币更能反映 DeFi 系统内的经济运行情况，DeFi 的外生货币在金融层面更能反映传统金融对 DeFi 的融入程度，也反映着现实世界对元宇宙的资产支撑状况。

3.4.1　DeFi 外生的货币——链外稳定币

基于抵押品的稳定币本质上是借助锚定抵押品的价值或使用价值来实现通证价格的相对稳定，稳定币的发行机制在该系统内相当于中央银行的货币政策。在传统金融领域中，货币政策的传导渠道主要包括传统的资产价格渠道（利率、汇率、托宾 Q 渠道等）和信贷渠道。其中，资产价格渠道是传统宏观经济学的主要研究对象，而信贷渠道考虑了信息不对称导致的金融摩擦问题。信贷渠道主要包括借款者资产负债表渠道和银行贷款渠道，其中，资产负债表渠道主要从借款者的资产负债表角度考虑信贷需求，而银行贷款渠道则从贷款者的资产负债表角度考虑信贷供给。资产负债表渠道可以分为金融加速器渠道和信贷抵押约束渠道。从本质上来说，在金融加速器渠道，借款者的净值可以作为借款的抵押品，净值越高，借款能力越强，借款成本越低。信贷抵押约束渠道则意味着借款者的借款数量依赖于其信贷抵押品的数量和价格，抵押品数量越多，价格越高，可供借贷的资金也越多。在信贷抵押约束渠道的研究中，房地产往往被作为信贷抵押品，因此在宏观经济波动中起着非常重要的作用。

　　根据稳定币选择的抵押品种类的不同，即支撑稳定币（作为一种负债）的资产池的不同，稳定币可以分成以下四类：第一，使用法定货币（如美元）作为抵押品，则该稳定币实质上成为数字化的货币市场基金，当前大多数稳定币（如USDT、TUSD、PAX等）锚定的是美元，少部分稳定币（如STASIS、NOS等）锚定欧元和日元等。除了锚定单一法币的稳定币，还可以锚定一篮子法币的稳定币（如SAGA锚定的是SDR）。广受关注的全球稳定币Libra既有可能锚定一篮子货币（美元、欧元、英镑、日元和新加坡元），又有可能迫于美国的监管压力单一锚定美元。第二，如果使用具有公信力的商品（如黄金）作为抵押品，则该稳定币实质上是一种数字商品货币（如DigixDAO等）。第三，如果使用传统金融资产（股票、债券、房地产等）作为抵押品，则该稳定币实质上是将传统金融资产进行通证化，与证券类通证发行（STO）的方向一致。第四，使用主流数字资产（如以太币）作为抵押品，基于智能合约构建去中心化的DeFi体系（如MakerDao DAI等），采用这种模式的项目当前在市值上仅次于基于法币抵押的模式。链外稳定币主要是指抵押资产在区块链外的稳定币。

　　基于法定货币的稳定币是最为简单直接的抵押方式。法定货币是价值尺度和流动性最为直接的实现方式，其中，美元是世界上最重要的储备货币之一，也是整个国际货币体系的基础。全球金融和贸易对美元有着很强的依赖性，因此基于法定货币的稳定币以美元资产抵押为主。其中，代表性项目有 Tether 发行的 USDT（见图 3-1）、Gemini Trust 发行的 GUSD、Paxos 发行的 PAX、TrustToken 发行的 TUSD、Circle 发行的 USDC 及 Stably 发行的 USDS 等。GUSD 和 PAX 是由纽约金融服务部批准发行的，是率先受金融监管部门监管的稳定币，作为发行保证的美元资产受联邦存款保险公司保护，同时聘请专业的外部审计公司审计，每月对外公开发行情况及美元保证存款情况。这种稳定币主要靠用户兑换回等额美元时所缴纳的一定比率的手续费（一般是 5%）来盈利。

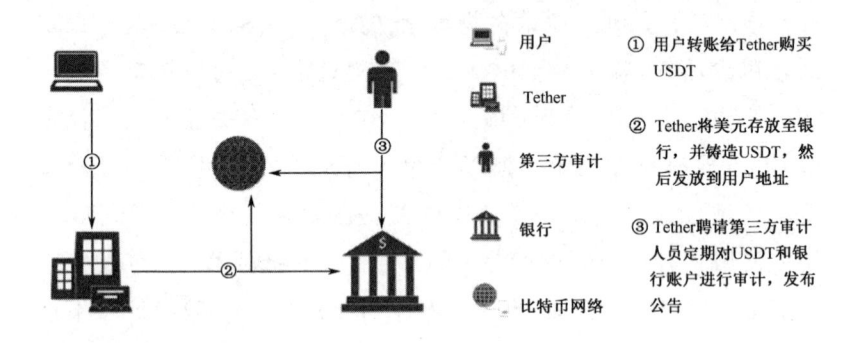

图 3-1　USDT 发行过程

2015 年 3 月，Tether 因比特币、以太币等价格波动过大发行了 1:1 锚定美元的稳定币 USDT，Tether 声称将严格遵守 100%的准备金保证，以满足用户避险、日常支付、借贷及交易比特币等数字资产的需求，USDT 是最早的稳定币之一。USDT 多次被质疑相对抵押资产严重超发，2019 年 4 月纽约总检察长办公室也曾就 Tether 与 Bitfinex 涉嫌利用 USDT 储备金掩盖损失而起诉 Tether。Griffin 和 Shams（2019）对 USDT 进行实证分析，认为 Tether 利用超发 USDT 为加密数字货币市场提供超额流动性，操纵比特币等主流加密货币价格。然而由于其运作时间较长，且拥有一定数量的忠实用户，加上货币市场对信息敏感性不强等特点，USDT 的交易量和总市值在稳定币中仍能保持第一位。

2018 年 3 月，斯坦福创业基金投资的创业公司 TrustToken 意识到稳定币巨大的市场需求，在提高 USDT 透明度、进行审计和监管等的基础上推出了 TrueUSD（TUSD）。TUSD 通过与商业银行和信托公司建立合作网络，为其底层资产提供定期审计，并通过 KYC/AML/CFT 等方式增加合规性，必要时会对用户的单笔交易进行审查。TUSD 在提高合规性和透明度的同时，也增加了运营成本，这在一定程度上影响了其交易量和市值。截至 2020 年 2 月底，TUSD 的交易量仅占 USDT 的 1.42%，市值仅占 USDT 的 3.08%。2018 年 3 月—2020 年 2 月 TUSD 价格、交易量、市值走势如图 3-2 所示。

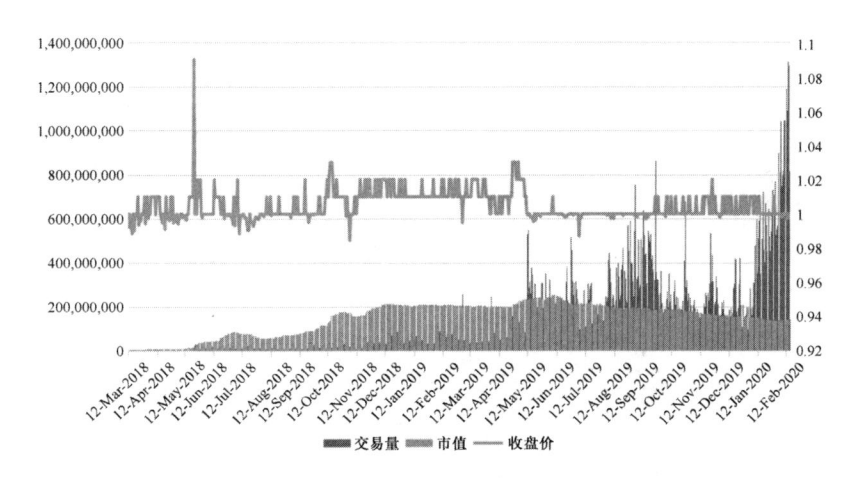

数据来源：CoinMarketCap

单位：美元

图 3-2　2018 年 3 月—2020 年 2 月 TUSD 价格、交易量、市值走势

2018年9月，在纽约金融服务局的批准下，Gemini 和 Paxos 正式宣布推出两种稳定币——Gemini Dollar（GUSD）和 Paxos Standard（PAX），其抵押资产由信托公司托管，受到监管的稳定币获得了政府信用的部分背书，有利于提升用户和机构对稳定币项目的信心。GUSD 和 PAX 的推出也为 Libra 由锚定一篮子货币向锚定美元单一货币的转变提供了监管先例。与 TUSD 类似，尽管 GUSD 和 PAX 的透明度和合规性较 USDT 提高很多，但其交易量和市值仍与 USDT 相差甚远。截至 2020 年 2 月底，GUSD 的交易量仅占 USDT 的 0.08%，市值仅占 USDT 的 0.11%；PAX 的交易量仅占 USDT 的 0.71%，市值仅占 USDT 的 4.51%。2018 年 10 月—2020 年 2 月 GUSD 价格、交易量、市值走势如图 3-3 所示。2018 年 9 月—2020 年 1 月 PAX 价格、交易量、市值走势如图 3-4 所示。

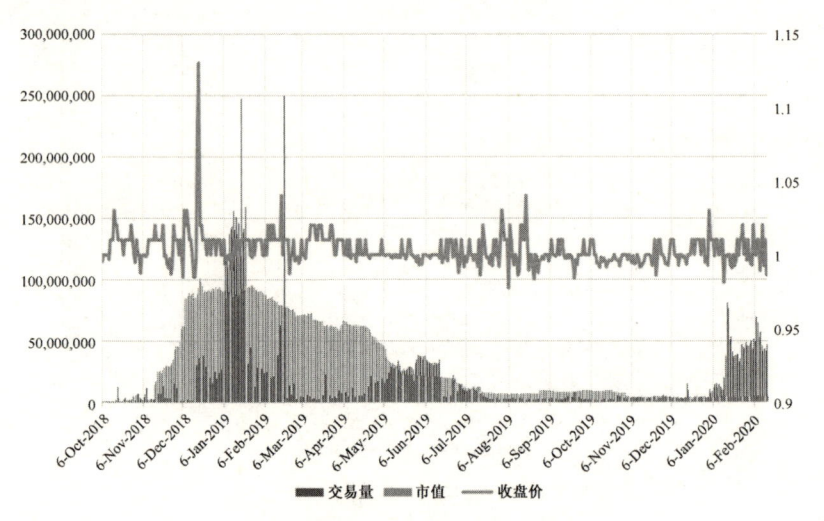

数据来源：CoinMarketCap

单位：美元

图 3-3　2018 年 10 月—2020 年 2 月 GUSD 价格、交易量、市值走势

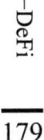

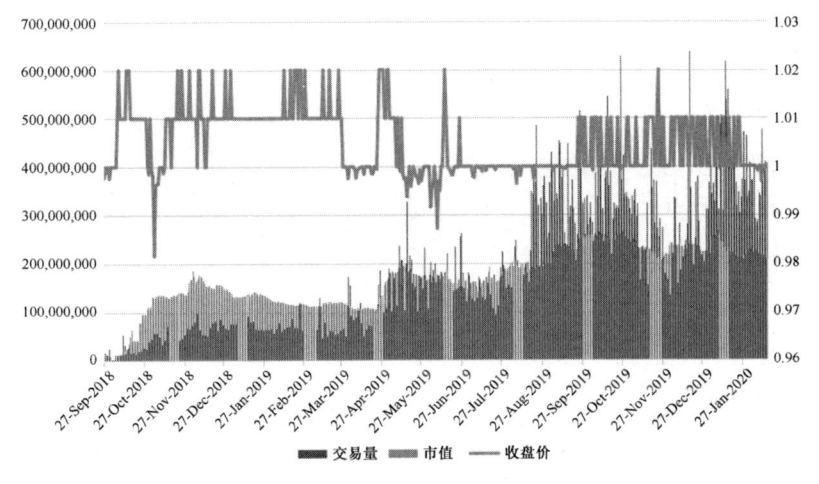

数据来源：CoinMarketCap

单位：美元

图 3-4　2018 年 9 月—2020 年 1 月 PAX 价格、交易量、市值走势

2018 年 10 月，Circle 推出了基于 CENTRE 架构开发、并受到 CENTRE 一系列政策监管的美元稳定币 USDC。USDC 与美元 1:1 挂钩，用户每购买 1 个 USDC，Circle 就会存 1 美元到 Silvergate 银行，并将生成的 USDC 通过以太坊发给用户。此外，其抵押资产受到全球知名会计师事务所 Grant Thornton 的定期审计，审计报告在 CENTRE 官方平台公布。USDC 的发行方 Circle 拥有美国、英国和欧盟的支付牌照及美国纽约州的 BitLicense，是区块链行业的独角兽企业。USDC 与 GUSD 和 PAX 的推出时间相近，战略也较为相似，即增加链下抵押资产的透明度和信用背书，为项目增信，但具体措施存在差异：GUSD 和 PAX 选择的路径是寻求地方监管机构批准，抵押资产托管在信托机构；USDC 选择的路径是抵押资产在银行托管，相比信托机构，银行的监管要求更高，资产也更安全。截至 2020 年 2 月底，USDC 的交易量仅占 USDT 的 1.48%，市值仅占 USDT 的 9.28%。2018 年 10 月—2020 年 2 月 USDC 价格、交易量、市值走势如图 3-5 所示。

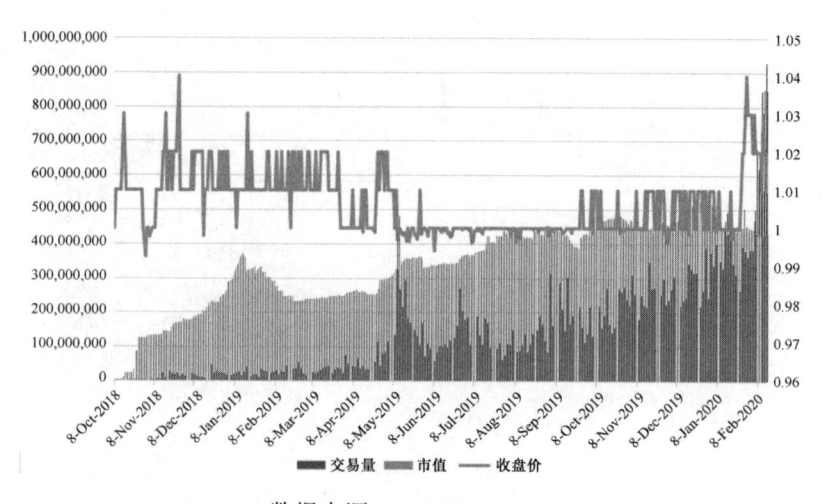

数据来源：CoinMarketCap

单位：美元

图 3-5　2018 年 10 月—2020 年 2 月 USDC 价格、交易量、市值走势

基于美元完全抵押的稳定币本质上是一个 100% 存款准备金的离岸美元银行，而从历史表现来看，稳定币能否和美元保持锚定关系主要取决于三个因素。

第一，是否能对储备美元实行透明、严格的定期审计。当用户对美元稳定币项目的信心产生动摇时，如果无法提供对储备金及时透明的审计，则会导致用户大量抛售美元稳定币，造成其与美元价格的偏离，如 2018 年 10 月 15 日的 USDT 大跌事件及 2019 年 4 月 26 日 USDT 被纽约总检察长办公室提起诉讼事件。出台较晚的稳定币项目如 USDC 和 USDS 等都提供了详细的财务及运营透明度的解决方案。本特·霍尔姆斯特伦（Bengt Holmström）认为股票市场与货币市场有着根本的不同，股票市场是为了提供风险分担，而货币市场是为了提供高效的流动性。货币市场天生是不透明的，基于不透明性，在很多情况下反而可以提供更好的流动性。因此在非极端状况下，人们对于全透明的运作方式应用于美元稳定币这种货币属性较强的市场是否会提高成本的问题，尚存一定的争议。

第二，稳定币项目方是否增发稳定币。从历史上看，存款准备金制度诞生于商品货币时代，在美联储诞生之前美国就已出现存款准备金制度，而在中国清代的山西票号也已显现存款准备金制度的雏形。早期存款准备金制度设立的初衷是为了确保储户在银行等金融机构的存款或其他票据可兑换，从而保障银行体系的流动性和稳健性。然而银行和类银行金融机构从自身盈利的角度出发，则具有降低存款准备金率和超额发行的动机。尽管稳定币项目方宣称自己具有100%的存款准备金，但一直受到质疑。

第三，以比特币为代表的数字资产是否处于价格快速上升的通道。锚定美元的稳定币由于价格相对于去中心化的数字资产较为稳定，在数字资产的交易中承担了提供流动性的职能。在数字资产市场价格处于快速上升通道时，大量的法币通过兑换成以USDT为代表的稳定币进入比特币、以太币等数字资产交易市场，从而产生稳定币供不应求的状况。由于稳定币准备金有限，稳定币项目方超发具有上限约束，因此会导致每个稳定币的价格略高于1美元。事实上，从2018年下半年开始，USDT等美元稳定币在比特币、以太币等主流数字资产的交易份额中已超过一半，稳定币可能会被用来操纵数字资产的价格。

与此同时，以USDT为代表的锚定美元的稳定币对币值不稳、通胀严重的国家（如委内瑞拉、阿根廷、埃及、巴西、伊朗、伊拉克、叙利亚等）可能会产生重要影响，其居民具有接受USDT等稳定币而抛售本国法币的经济动机，这会促进数字经济下的"美元化"，进一步提高美元在数字货币领域的定价权和使用率。

3.4.2 DeFi 内生的货币——链上稳定币

目前以美元、欧元、英镑、人民币等为代表的传统法币资产还无法大规模上链，而比特币又具有不可拓展性，链上抵押的资产需要满足在区块链上执行的必要条件，主要是以以太币为主。链上抵押模式全程人工参与较少，基本由代码与算法完成，从事实上构成了 DeFi 范式下的商业银行。由于技术、商誉、治理等层面存在较大壁垒，基于链上抵押的稳定币项目头部效应较强，代表性项目为 MakerDAO DAI、Bitshares、Havven、Augmint 等。其中 MakerDAO DAI 的市值比重长期超过 80%，其决策治理机制也是较为健全的。Maker 是基于以太坊的智能合约体系，通过超额抵押以太币等数字资产（现阶段超额抵押率为150%）提供了一个去中心化的锚定美元的基础稳定货币 DAI。在 2019 年 11 月之前，MakerDAO 生成的 DAI 是由以太币超额抵押生成的，在 2019 年 11 月后，MakerDAO 拓展了合格抵押品目录，将 Augur（REP）、Basic Attention Token（BAT）、DigixDAO（DGD）、Golem（GNT）、OmiseGo（OMG）、0x（ZRX）等纳入了合格抵押品框架，发布了基于多资产抵押的 DAI（Multi-Collateral DAI），旧版的 DAI 被称为 Sai（Single-Collateral DAI）。虽然合格抵押品目录得到拓展，但其稳定币生成方式没有发生改变。2017 年 12 月—2020 年 1 月 DAI 价格、交易量、市值走势如图 3-6 所示。

相比链外抵押，链上抵押的资产实时在链上，可全天候地实现资产审查，其资产透明度大大提高。用户基于智能合约生成各自的抵押债仓，没有传统资产交易中的中央交易对手方，全程人工参与度较低，大多数环节基于程序和代码完成，其技术要求大大提高。此外，链上抵押模式的经济模型的难点在于其抵押资产

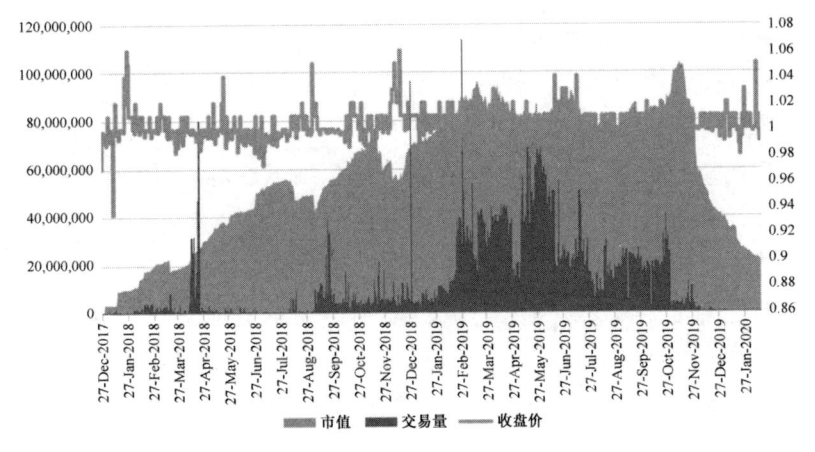

数据来源：CoinMarketCap

单位：美元

图 3-6 2017 年 12 月—2020 年 1 月 DAI 价格、交易量、市值走势

（如以太币）的价格也在时刻波动，并且抵押资产价格上升与下降具有不对称性：当抵押资产价格上升时，相同的抵押资产会生成更多的稳定币，同时抵押经济系统会提高借贷利率以抑制稳定币的过度投放；当抵押资产价格下降时，如何保证抵押经济系统的价格稳定就成为至关重要的问题，一个价格只能上升、不能下降的经济系统具有庞氏属性。由于 MakerDAO DAI 采用超额抵押模式，当抵押资产的市场价格下降时，系统根据实时盯市的代码运行，会对抵押资产进行拍卖，以维持 DAI 相对于美元的稳定价格。然而如果市场发生黑天鹅事件，就会导致抵押资产的价格急剧下跌，基于算法的拍卖机制便会趋于无效，由于不存在最终贷款人，稳定币的经济系统也会趋于崩溃。这也是基于链上抵押的经济模式和 DeFi 需要在经济系统设置层面解决的关键问题。

MakerDAO DAI 解决这一问题的方式是引入系统的权益所有者分享收益、承担风险这一机制，并承担经济系统"最后买家"的职能。MakerDAO 系统中除了存在 DAI 这种稳定币，还有代表系统权益的通证——MKR。MKR 持有者除了分享系统的经济收益（用户借贷利息收入扣除运营成本），还享有治理权、决策权和投票权，在 MakerDAO 的社群治理中，每个 MKR 代表一票。当黑天鹅事件发生、抵押资产价格出现急剧下跌时，MKR 持有者可进行社群投票，决定是否启动全局清算。当 MKR 投票启动全局清算时，将中止 CDP 的创建和操作，给看护机一段时间以固定喂价为基础来处理 DAI 和 CDP 持有者的对应索偿，由 MKR 持有者充当 MakerDAO 经济系统的"最后买家"。MKR 同样可以在加密数字货币交易所和 OTC 市场进行交易，其价格反映了市场对该项目的估值与定价，MKR 的价格波动同样起到了 DAI 系统的风险管理和定价作用。尽管 MakerDAO DAI 的运作方式较为成熟，至今也没有出现系统性风险，具有广阔的发展空间，但其交易量和市值较 USDT 仍有较大差距。

还有一种链上稳定币是"算法央行"模式的稳定币。"算法央行"保持通证价格稳定的方式同中央银行调控货币供需动态平衡的方式基本一致，其进步意义在于，借助代码实现这一过程的自动化和程序化，但其缺陷在于，这种模式的稳定币共识度较低，很容易沦为资金盘和庞氏骗局。在传统中央银行范畴内，中央银行需要预测每天的银行准备金需求，然后通过自身的准备金（基础货币）供给来调整广义货币的供需平衡，而调整基础货币的供需平衡的目的是希望实际通胀水平以目标通胀为锚。因此，传统的货币动态自稳定机制实际上是以通胀目标为锚建立起来的实现相对购买力稳定的动态系统。这套系统在实践中最早的基本准则是泰勒规则（Taylor Rule），其后的版本多是对泰勒规则进行修正和调整。

基于"算法央行"模式的稳定币本身无任何资产作为抵押背书，其试图模仿中央银行的业务操作逻辑，利用算法根据稳定币的实时价格自动增发或回收稳定币，调控供需平衡，从而保持稳定币的汇率稳定。其中 Basecoin（后改名为 Basis）是"算法央行"模式稳定币的代表性产品。

  Basis 项目方通过算法保持稳定的机制如下：Basis 项目方发行三种通证，第一种是目标稳定在 1 美元的稳定币 Basis，第二种是基础债券 BaseBonds，第三种是总量恒定、可获得分红权的股权通证 BaseShares。当稳定通证 Basis 的价格高于 1 美元时，系统会增发 Basis 给股权通证 BaseShares 的所有者，从而降低 Basis 价格；当稳定通证 Basis 的价格低于 1 美元时，系统会发行基础债券 BaseBonds，以折扣价回购 Basis，试图提高 Basis 的价格。然而这一经济模型却存在致命的缺陷：当稳定通证 Basis 的价格高于 1 美元时，系统会增发 Basis，这大概率会降低 Basis 的价格；但当稳定币 Basis 的价格低于 1 美元时，系统发行基础债券 BaseBonds 是否会以折扣价回购 Basis，则取决于投资者对项目的预期。此外，BaseBonds 的购买机制是"优先购买，优先兑付"，这意味着基础债券的优先购买者具有推广项目以求其他投资者接盘的动机，而该经济模型并没有对基础债券设置上限，这会增加项目方滥发债券回购 Basis 的动机，甚至陷入恶性循环。

  基于"算法央行"模式的稳定币项目虽然在一定程度上借鉴了中央银行的思路和操作方式，但忽略了在其背后作为央行操作标准的法定货币是依靠主权国家的信用作为支撑的。而"算法央行"的稳定币项目既没有主权信用，也没有基于抵押经济体系的商业信用，这也不难理解为何基于"算法央行"模式的稳定币项目进展不顺，再精巧的经济模型在缺乏信用（主权信用或商业信用）支撑下也难以成功。迫于美国政府的高压监管政策，Basis 已经于 2018 年 12 月 13 日在官网宣布停止运营。

3.5 跨链——打通 Web 3.0 的价值桥梁

经常有朋友向我们咨询这样的问题："仅有一个元宇宙还是有多个元宇宙？不同元宇宙之间能否互通？"实际上，元宇宙的互联互通分多个层次，比如应用层、协议层等。一个重要的问题是，元宇宙中大量的 NFT 等数字资产无论存放在联盟链（蚂蚁链、至信链、百度超级链、长安链等）还是公有链（以太坊、SOL、Luna、FTM 等），其最基本的需求是跨链互通。不同公有链之间是无法直接传递消息和执行操作的，Web 3.0 诸多应用协议（可能是基于不同的底层公有链）之间的鸿沟往往通过跨链的方式实现互联互通。当然，Web 3.0 协议之间的跨接一般不需要第三方主体进行授权，这一点仍然遵循 Web 3.0 的开放性原则。跨链可以是跨链资产桥（类似于多链资产兑换协议），也可以是 Polkadot、Cosmos 这类多链协议。

Polkadot 是一个可伸缩的异构多链系统，能够传递任何数据（不只限于通证）到所有区块链，实现各个链之间资产与数据的互相流通。Polkadot 是由 Web3 基金会发起的项目，由以太坊前 CTO 加文·伍德（Gavin Wood）主导的 Parity 团队进行设计和开发。Polkadot 网络的基础构架包括中继链（Relay Chain）、平行链（Parachain）和转接桥（Bridge）。Polkadot 是一个真正的多链应用环境，使跨链注册和跨链计算等类似操作成为可能。值得一提的是，Web 3.0 的概念最早就是由 Polkadot 创始人伍德提出的。

如果说比特币是转账器和价值储备器（电子现金系统），以太坊就是区块链世界的计算机，Polkadot 就是路由器或交换机，在计算设备（无论 Windows 系统还是 iOS 系统，甚至是移动设备）

之间可以传递数据，实现万链互联互通。Polkadot 不仅突破公有链自身的性能瓶颈（交易处理速度的提升），而且从更多角度解决扩展性这一问题——使得原本不兼容的链之间实现互操作，为多链共存的未来世界提供中枢或路由。Polkadot 是由许多独立运行的区块链组成的，Polkadot 为这些区块链（成为平行链）提供中继路由。

作为中继链，Polkadot 为平行链间传递消息提供基础设施，值得注意的是，所传递的消息不仅限于通证，而是包括任意数据，平行链之间的类型可以不同（异构）。区块链作为一个分布式账本，矿工处理的工作主要就是维护账户。区块内最核心的数据是通证余额，其他文本数据可以作为附注写入，但很难在区块间自由传递；并且，跨接的两条区块链类型可以不同（甚至是私有链）。由于 Polkadot 可以在公共、开放、未经许可的区块链，以及私有链、许可区块链之间传输此数据，因此 Polkadot 是真正的多链应用程序环境，在其中可以进行跨链注册和跨链计算等。例如，学校的许可链上的私有学术记录链可以向公共链上的学位验证智能合约发送证明。再如，跟先前主要作为独立环境运行的网络不同，Polkadot 提供了互操作性和跨链通信功能。这为颇具创新性的新服务打开了大门，同时，其也允许用户在链之间进行信息传输。例如，提供交易通证化股票（用通证来标记股票）的交易所的链，可以跟提供股票交易所帧数数据的链（预言机链）通信，为通证化的股票交易提供喂价。

Cosmos 与 Polkadot 被称为"跨链双雄"，与以太坊提供开发 DAppp 软件框架不同，两者是提供开发一条链的平台，均致力于解决多链并存与交互的问题，实现区块链互联网的愿景，但两者采用的机制不一样。与以太坊和 Solana 等单一区块链不同，Cosmos 是一个由众多单独链组成的生态系统。Cosmos 的核心技术为 Tendermint 共识机制、Cosmos SDK 和跨链 IBC 协议，采用其中任何一项技术的项目，都可被纳入 Cosmos 生态中。

Polkadot 采用了中继链与平行链相结合的方式，中继链与每条平行链相连，实现跨链交互，同时负责保障整个网络安全。Cosmos 采用 Hubs 与 Zones 的结构。Hubs 类似于 Polkadot 中继链，连接生态中不同的其他链，相当于网络的中心枢纽；Zones 类似于平行链，是单独的区块链网络。与 Polkadot 不同的是，Hubs 不负责其他 Zones 的安全性，每条 Zones 链拥有自己的验证者。以目前手机操作系统类比，Polkadot 被誉为 iOS 系统，安全性和开发标准较高；Cosmos 与 Android 系统相似，没有共享安全层，安全性和开发难度较低。Polkadot 侧重于生态的安全性，而 Cosmos 侧重于整个网络不同链间的交互性。

Cosmos SDK 和跨链 IBC（Inter-Blockchain Communication）协议是 Cosmos 生态中开发区块链网络并使其可互操作的软件基础。Cosmos SDK 是一种提供给开发者设计 Zone 的模板软件，使 Zone 的上线如在 Etherum 上部署智能合约一样便捷，类似于 Polkadot 的 Substrate。IBC 是一种跨链通信协议，实现了不同链之间的信息传递，Cosmos 中的 Hub 与每个 Zone 通过 IBC 协议相联系，不同 Zone 通过 Hub 实现跨链交互。

截至 2022 年初，Cosmos 已集成 262 个应用与服务，拥有 28 条支持 IBC 协议的公有链，如 Terra、Oasis Network、Crypto.com、Sifchain 等，相对比较热门的应用有 Osmosis、Gravity DEX、Emeris、NFTs 等。

Osmosis 是 Cosmos 生态中的一个 Zone，是利用 Cosmos SDK 设计的一条服务于 AMM 的应用链，不同开发者可以根据自身需求在 Osmosis 链上部署相应的 AMM 应用。Osmosis 链拥有原生的 DEX Osmosis，其通证为 OSMO，支持 Cosmos 生态内不同链之间的资产兑换，提供不同链上资产来组建 LP 进行流动性挖矿。

Gravity DEX 是由 Cosmos 官方团队开发部署在 Cosmos 主网 Hub 上的首个去中心化交易协议，支持在无须跨桥的条件下，对 Cosmos 原生通证（ATOM）与其他 Zone 的通证进行 Swap 与组建资金池。目前 Gravity DEX 不支持流动性挖矿。以 Uniswap 为代表的第一代 DEX，矿工一般会优先打包处理矿工费高的交易，而这会给普通用户造成较高的滑点损失，以及导致用户看到的价格与实际成交的价格相差较大。Gravity DEX 使用批量执行交易订单的技术，同一个区块里的订单会被同时处理，有效解决了抢先交易的问题。

Emeris 是由 Tendermint 基金会开发的一站式 DeFi 门户，旨在支持多个钱包、多个 DeFi 交易平台和多链质押。目前，Emeris 支持 Cosmos 内资产的跨链交易，其平均交易时间约为 0.07 秒，平均交易费用约为 0.08 美元。同时，Emeris 也支持资产的跨链转移，通过 Send 和 Receive 即可实现。Emeris 提供了显示 Cosmos 生态中通证的实时价格这一功能，同时实现了用户钱包资产分布情况的可视化，致力于成为 Cosmos 生态应用的一站式资产管理平台。

在 NFT 领域，Cosmos 生态的项目有音乐 NFT 项目 BitSong、由 NFT 驱动的去中心化媒体 Omniflix、Secret Network 上的 NFT 项目 Stashh 等。随着元宇宙和 Web 3.0 的发展，不同元宇宙生态系统之间通过桥梁和跨链协议实现互操作，避免形成"元宇宙孤岛"。通过 Polkadot 和 Cosmos 等跨链协议，人们正在努力建立一种 Layer 0，即一个能够相互通信的与众不同的元宇宙底层网络。只有当跨链真正实现的时候，元宇宙和 Web 3.0 才真正属于人类命运共同体。

3.6 DeFi 如何改变金融范式

DeFi 是元宇宙和 Web 3.0 的经济运行机制，在元宇宙和 Web 3.0 中发挥着重要作用。DeFi 系统通过底层技术区块链和智能合约完成了传统金融范式下需要金融机构耗费大量的人力、物力才能完成的工作：将数字钱包作为保存数字资产和提供一站式服务的基础设施；分布式数字身份（DID）在链上证明了"你是你"，解决了数字产权这一基础性问题；以 Uniswap 和 Sushiswap 为代表的去中心化交易系统通过 DeFi 实现了交易这一金融功能；以 Aave 和 Compound 为代表的去中心化借贷协议通过 DeFi 实现了借贷这一金融功能；以 Chainlink 为代表的去中心化预言机通过 DeFi 实现了喂价这一金融功能；以 Nexus Mutual、Cover 和 Nsure 等为代表的去中心化保险协议通过 DeFi 实现了保险这一金融功能；以 Yearn Finance 为代表的去中心化投资收益器通过 DeFi 实现了投资这一金融功能；以 Synthetix 为代表的去中心化资产合成协议通过 DeFi 实现了资产合成这一金融功能；以 Mean Finance 为代表的去中心化定投协议通过 DeFi 实现了定投这一金融功能。此外，还有行使别的金融功能的 DeFi 协议，它们在链上构建了一个丰富多彩的金融世界，其精彩程度不啻于链下物理世界。这些重要的 DeFi 协议将生动地诠释为什么 DeFi 被称为"金融乐高"，而这些"金融乐高"又是如何拼积成一个完整的金融市场的。本节将对不同金融职能的 DeFi 协议进行介绍，力图呈现一个真实的、精彩的 DeFi 世界，也便于大家理解为什么 DeFi 在元宇宙和 Web 3.0 中如此重要。

3.6.1 去中心化钱包——保护好你的数字资产

去中心化钱包代表着用户对元宇宙和 Web 3.0 资产的所有权，是元宇宙和 Web 3.0 领域最重要的基础设施之一。元宇宙和 DeFi 跟传统金融的账户模式最重要的区别在于，其摆脱了以账户为依托的代理模式，从而使得用户可以将资产掌握在自己的手中，而使用户能够做到这些的就是去中心化钱包。去中心化钱包不需要手机号注册，不需要邮箱注册，甚至设置用户名、密码也不是最重要的，最重要的是备份好钱包生成的私钥和助记词。去中心化钱包创建成功后，用户的私钥和助记词将以加密的形式存储在其手机本地，它不会以任何形式上传至任何服务器，只会存储在用户手机本地的存储空间中。

在使用去中心化钱包的过程中，用户所看到的所有资产数据都是钱包从链上获取下来的，并且如实展现在用户眼前。当用户做转账操作的时候，需要通过钱包使用私钥来签名确认。私钥代表着用户对加密资产的所有权与控制权，只要用户拥有私钥，那么其资产就不会被任何人触碰到。而钱包是存储私钥的地方，也就意味着钱包是用户行使资产权利的工具。这就是去中心化钱包的工作原理。

更进一步而言，去中心化钱包可分为冷钱包和热钱包。冷钱包用于存储加密资产的离线钱包，由于处于不联网的状态，外界一般无法通过网络访问到存储私钥的位置，所以就可以避免黑客攻击或者中毒等情况。热钱包指互联网能够访问用户私钥的钱包，往往以在线钱包的形式存在，在使用热钱包时，最好在不同钱包设置不同的密码，且开启二次认证以确保资产安全。一般而言，普通散户用得比较多的是热钱包，因为使用起来更加方便，而加密资产大户才会用冷钱包，因为资产庞大，需要预防黑客入侵。比较主流的热钱包有 MetaMask、imToken、Coinbase 钱包、Bitpie（比特派）、Kcash、AToken、Blockchain、Jaxx、Cobo、MEET.ONE 等，比较主流的硬钱包有 Ledger、Trezor、Coldlar（库神）等。现在大部分的知名钱包品牌同时提供热钱包和冷钱包。

去中心化钱包不仅拥有资产贮藏的功能，而且是加密资产管理工具和行业资讯浏览器及元宇宙、Web 3.0 的一站式服务入口。2021 年，随着元宇宙和 Web 3.0 的发展，各项基础设施愈发成熟，上层应用也开始渐渐推广开来。以头部的去中心化钱包 MetaMask 为例，2021 年，MetaMask 业务量呈井喷式爆发，其开发商 ConsenSys 完成了 2 亿美元融资后，估值已上升至 30 亿美元。

3.6.2　分布式数字身份（DID）——如何证明"你是你"

身份无论在经济层面还是在社会层面都是一个非常重要的问题，在元宇宙和 Web 3.0 中同样如此。分布式数字身份是元宇宙的最初入口，也是 Web 3.0 时代的 ID 和护照。在经济层面，产权是所有经济活动的基础，而身份是界定产权的重要标志。在社会层面，身份是行为产生社会影响的追溯主体，我们每个人都需要为自己的行为负责。事实上，我们每个人对于身份都不陌生。在物理世界中，每个人从出生就拥有独一无二的身份特征，包括外貌、体重、年龄、肤色、指纹、基因等。为了快速描述任何个体的身份特征，我们使用姓名作为代号，这种方式可以帮助大家快速识别他人，并联想到有关对方的一切信息。在物理世界中，由人类构成的系统变得日益庞大，为了便于中心化机构的管理，身份证明出现了。中心化机构根据不同人的身份特征签发唯一的身份证明，用于证明主体拥有某项资产的所有权或申明其享有某种社会权益，同时在不同个体及组织之间交互时，可以用于定责、纠纷追溯和信任保障。身份证明使身份的特征从隐性变为可视与可追踪，如政府签发的身份证、护照等，可以证明主体属于某个国家或享有某种权益；再如驾驶证，能够证明某个身份具有车辆驾驶技能。

在元宇宙和 Web 3.0 数字世界中的主体身份证明完全不同于物理世界。在物理世界中，身份证明与身份有着直接关系，即通过身份证明就能映射到主体本人；但在最初的数字世界中，身份证明和身份之间并不存在映射关系，不同主体只需根据设想中的身份特征（年龄、身高、姓名等）提交身份证明申请，而无须与物理世界身份特征保持一致，因此仅凭数字身份证明是无法映射到主体本人的。随着互联网的发展，匿名性和不可追溯性逐渐影响到了物理世界的治理和安全，多项规定要求平台方做好用户实名制验证工作，这样就出现了数字身份证明与物理世界身份证明之间的映射关系，由此进一步出现了与主体身份的映射关系。

有意思的是，数字用户的身份证明需要依赖于物理世界身份证明的映射，来保证身份的唯一性和确定性。然而数字世界中的网站却完全不同，它从开始就有一套完整的身份证明体系，如图 3-7 所示。每个网站拥有独一无二的域名，域名的签发（身份证明）由国际域名管理中心统一管理，我国的域名签发则由中国互联网络信息中心管理。

在现代社会体系下，身份的验证是建立信任的基础。当个体和组织之间发生交互关系时，需对双方进行身份的验证，即证明某个体和组织拥有某项资源的所有权或享有某些权益，其目的是通过身份验证系统维护系统运行的基本规则和保障安全。在物理世界中，身份验证的模式已经发展得较为成熟。物理介质证明是

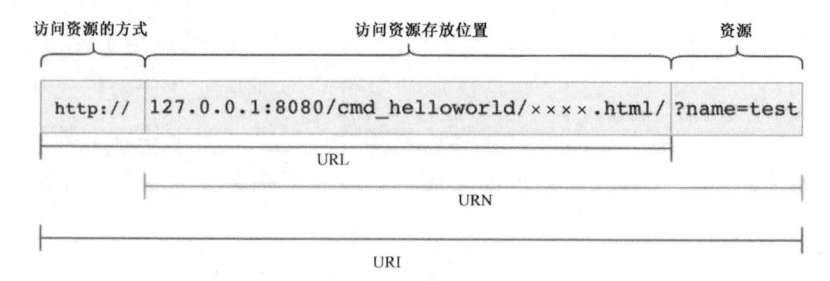

```
访问资源的方式        访问资源存放位置                  资源
  http://    127.0.0.1:8080/cmd_helloworld/××××.html   ?name=test
              URL
              URN
              URI
```

图 3-7 统一资源标识符架构

人类发展史上存在时间最长的一种身份证明，包括身份证、护照、社会医疗保障卡、驾驶证等在内的各种纸质文件或卡片证明。随着技术的发展，伪造物理介质证明变得越来越容易，且时常发生在身份验证环节无法有效辨别身份的情况下，故也经常出现身份篡改、身份冒用等导致资产非法转移及社会权益盗用等问题。因此，通过物理介质实现身份证明的方式，在一定程度上难以起到较好维护既有社会规则和保障安全的效果。为了防止身份作假，各政府及组织从两方面进行升级。第一，对身份证明的物理介质升级，增加了各种特征可供验证，如我国身份证上增加激光变色识别、微缩文字，视觉上呈现图层叠放等。这增加了非法分子的作假成本，但一旦他们掌握了这些技术，依然可以复制出各种身份证明，因此这一技术改进无法从根本上杜绝作假问题。第二，丰富验证手段，政府机构对接各类身份证明平台，这样就能够在某主体享有权益或处置资产前，通过比对物理介质证明与系统信息进行身份真伪的识别。不过，后者存在两种问题，第一个问题是各类身份证明平台尚未全面联通，由此形成了"数据孤岛"，导致验证信息不完整；第二个问题是企业及其他个体用户无权对接身份识别平台，在日常交易合作中，无法通过该模式验证身份的真伪。

而在数字世界中的身份验证则具有不同的模式。在互联网世界中，身份验证主要依赖于用户名和密码，只要输入正确的信息，就能够通过身份验证。然而，这种验证体系存在两个问题：第一，用户名和密码容易被网络攻击者盗用；第二，中心化平台对用户身份信息拥有绝对控制权，其可以在未获得用户许可的情况下，根据自己的需要来删除、增加、更改、甚至交易用户的身份信息。比如腾讯开发的现象级手游——《王者荣耀》，虽然腾讯拥有删除用户游戏账号的权利，但是它不会随意行使这项权利。

无论物理世界还是互联网世界，都存在身份管理方面的问题，而且两个平行世界的身份证明逐渐融合。物理世界中的身份证明作假问题，主要借助互联网来加强身份验证的能力以使之得到解决；互联网世界中则存在由于匿名性和不可追溯性导致的安全问题，这些问题可以通过物理世界的身份映射方式来解决。我们解决了身份真实性和可信性方面的困扰，但同时我们也面临着新的麻烦，即身份的特征和行为将会暴露在网络中，一些无视相关规定的平台可能肆意收集与用户相关的行为信息，并滥用这些信息。如图3-8所示，在中心化管理模式下，用户信息被不同平台重复收集并存储，我们面临着用户信息被过度采集、身份信息在不同平台之间交易、用户对个人行为数据没有控制权等问题。

当前我们面对的不仅仅是前文提及的个人身份管理问题。随着互联网生态的发展与繁荣，一个与物理世界平行的数字世界也在逐步形成，那就是元宇宙。元宇宙的参与者不仅有人，还包括数字世界中的万事万物。如何定义元宇宙里的这些万事万物所属权，以及怎么定义每一个数字对象的权益？这个问题关系着元宇宙正常秩序的维护及信任的构建。前文提到的"身份标识—身份证明—身份验证"三要素仅围绕人来讨论，但在物理世界中，除了人的身份，还需要考虑各种国际统一标识，比如商品的统一编码等。管理元宇宙中的每一种要素的前提是做好这些要素的身份管理。进一步说，我们需要一项能够统一维护不同身份标识方法的工具，唯有如此才能够实现不同事物之间的"身份标识—身份证明—身份验证"。

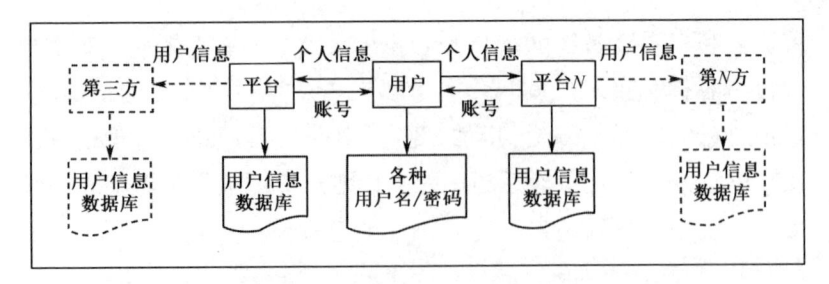

图 3-8 用户信息传统数据库管理模式

DID 为这一问题的解决提供了一种行之有效的方案。DID 可被定义为一种新的全球唯一标识符。这种标识符不仅可以用于人，更可以用于万事万物。DID 架构的核心要素包括三部分——DID、DID Document 和 VDR（Verifiable Data Registry）。VDR 就是支持记录 DID 数据且能够在生成 DID Doc 时提供相关数据的系统。

自 DID 提出至今已经有四年多时间，各行业协会、互联网平台、基金会都在积极推动并完善 DID 技术。经过长时间探索，W3C 于 2021 年 8 月发布了 DID 1.0 版白皮书。相比初期 0.1 版搭建的全新身份标识体系，1.0 版白皮书开始考虑如何融合市场上已有的身份标识方法。其他协会、组织及企业也基于 W3C 的 DID 规范提出了多种 DID Method，即便如此，距离 DID 技术落地应用，仍然有很多问题需要进一步解决。

第一，如何满足合规性要求。互联网最初只需要通过用户名/密码就能实现身份验证，但为了满足合规性要求，进一步增加了物理世界身份验证。这种方法的初衷是为了让用户的行为可问责、可追溯，逐步建立网络信任体系，但负面影响是造成大量个人信息泄露。DID 有效解决了这些问题，但合规性问题仍然没有得到解决。虽然当前暂未出台相关规定，但在不远的将来，肯定会出现如何将不同的 DID 映射到具体主体的问题。

第二，如何验证 DID 与持有人之间的关系。DID 具有匿名性，当前主流 DID 技术给出的解决方案是，谁持有 DID，谁就有权享受相关权益。这种方案无法验证 DID 的提供者是不是本人，也无法避免 DID 被盗取并用于非法目的。虽然部分 DID Method 提出将 DID 映射到中心化数据库并通过中心化的一套方法验证 DID 提供者是不是本人的方案，但这仍会给个人信息保护留下漏洞，如是否能够通过中心化数据库倒推出 DID 的持有人。

第三，DID 如何市场化推行。在当前的 DID 市场化过程中，主要存在两方面的瓶颈。第一方面，没有企业愿意主动放弃用户的数据，用户数据如同平台的护城河，产生了大量价值。如果同意 DID 的使用，就等于同意拆除护城河，但这对于互联网企业来说是致命打击。同时，这也是当前数字经济领域普遍面临的一个问题。笔者在《链政经济：区块链如何服务新时代治国理政》中针对这一问题提出了一套较为系统的解决方案。第二方面，DID 技术推行该由谁来买单。其一，不同用户是否愿意为自己的身份信息买单。换句话说，用户是否愿意向类似智能钱包这种供应方付费。虽然未来个人行为数据有机会变现，并足够支付这部分费用，但在商业模式不清晰的情况下，主要的问题在于会有多少用户对此感兴趣并愿意参与其中。其二，DID 技术将打破各平台方原有的数据管理结构，必定需要新增相关验证平台，相关成本该由谁来承担？这些瓶颈将会极大阻碍 DID 技术的发展，然而，目前仍没有理想的方案可以平衡相关方的利益。

第四，密钥管理风险大。DID 的可信性主要依赖于密钥技术，如果第三方机构的私钥被窃取，那么会不会出现随意签发证书的行为？或者某个身份主体无意之间丢失私钥，是否再也无法使用这些 DID 证书？这些问题目前没有非常理想的解决方案，对于现实使用也会提出较大挑战。

第五，身份信息泄露风险。相比传统身份信息管理手段，DID 已经在很大程度上提升了数据的安全性，但在具体应用中仍有一定的风险。例如，当第三方收集足够多的个人 DID 数据时，有可能通过海量数据进行逆向推理，发现 DID 标识符之间的映射关系，并推出物理世界的个人身份。产生这一问题的根本原因在于基于 W3C 的 DID Method 大多是静态身份，而非动态身份。如果未来能够设计一套动态身份管理体系，定期更新 DID 标识符，那么即使第三方能够收集部分 DID Subject 的数据，也无法通过海量数据发现 DID 之间的关联关系。

区块链能够助力 DID 技术的实施，避免很多争端问题的发生，同时能够以更低成本维护数据的可信性，主要体现在以下若干方面。

第一，降低验证成本。DID 技术提倡的是将 DID 和 DID Doc 存储在用户端，但如何保证 DID Doc 不会在用户端被篡改？如果不使用区块链，就需要 DID 证书签发者同步维护这些证书，这无疑增加了维护成本。当使用 DID 时，合作方需要将 DID 持有人的 DID Doc 与签发方的数据库进行一致性验证，这同样增加了验证成本。然而使用区块链能够降低签发方这部分成本，持有人 DID Doc 的信息一旦被写入，就将被记录在链上，无法被他人修改，这在极大程度上保证了信息的真实性和安全性。签发人无须增加数据库存储及维护成本，而合作人也无须对持有人的 DID Doc 与签发方的数据库做一致性检验，因此规避了增加成本的麻烦。

第二，搭建基于 DID 的信任体系。当前围绕区块链的方案大多没有实现生态闭环，假如有人在区块链生态中出现违约问题，仍须回归到中心化模式下寻找法律解决方案，并没有减轻政府的治理压力。能否通过构建基于 DID 的信用记录系统，来补齐这块生态闭环构建的短板？这个问题值得深思。不同主体的行为信息随着 DID 被记录在 DID Doc 中，也将成为不同相关方合作的重要参考。随着数据的增加，违约的成本也将变高，例如，违约者无法从银行获取贷款、无法找到工作、无法找到合作伙伴等。因此，这种信任体系将会对生态治理产生积极影响，而这一切的基础是数据可信，区块链不能缺席。

DID 是用户参与元宇宙和 Web 3.0 的基础设施，信用的基础是以产权为代表的各种权利，而 DID 则为用户各种权利的实现提供了行之有效的载体，这种载体是从事各种活动的基础。

3.7　Uniswap——DeFi 的交易系统

以 Uniswap 为代表的去中心化交易系统在元宇宙和 Web 3.0 中承担着交易核心的功能，元宇宙不再是不会流动的封闭系统，而是"为有源头活水来"的充满生机和活力的系统。中心化交易系统和去中心化交易系统的核心区别在于是否需要通过中介机构，当我们可以自由交易的时候，我们才能够充分发掘元宇宙和 Web 3.0 的价值。

3.7.1　中心化交易和去中心化交易

2020 年的夏天属于 DeFi。整个 DeFi 世界诞生于"DeFi 之夏"，其中，去中心化交易和去中心化借贷是发展 DeFi 的两大基石。尽管 2021 年迎来了"NFT 之夏"，但 DeFi 仍然是支撑整个加密金融业成长的中坚力量，同时 DeFi 也是大多数 NFT 项目的运行模式。交易对于经济和金融系统具有至关重要的作用，成万上亿的市场微观参与者影响着市场价格，这一过程也实现了社会的资源配置。

具体到金融资产的交易，加密资产交易所的交易模式与各国股票市场基本是相同的，一般分为以下流程：第一，交易者发起交易请求；第二，请求发送到交易所与对手方进行匹配；第三，交易所将请求发送到中央交易对手清算所；第四，请求发送到结算环节；第五，交易者托管人通过中央证券托管所实现资产和资金的转移；第六，交易数据发送给基础发行人的注册商或转让代理。这种架构模式在一定程度上能够保证交易的安全性，但也存在三个明显的弊端。第一，存在中介机构和冗余数据，清算和结算效率低下。第二，缺乏标准化和互操作性。比如，不同的证券市场之间无法实现交易，中国投资者无法买到美股，外资只能通过外商直接投资（Foreign Direct Investment，FDI）或合格境外机构投资者（Qualified Foreign Institutional Investor，QFII）购买A股。第三，证券托管在特定状况下存在风险。比如，交易所可能会短时间内挪用客户的资产进行操作。

加密资产交易所相比于股票市场监管较少，一般不经由中央交易对手清算所和中央证券托管所。这两个机构一般由加密资产交易所自行担任，相比股票市场减少了中介机构，避免了数据冗余，在一定程度上提高了效率，但也在事实上增加了交易所之于加密金融业的系统性风险。此外，加密资产交易所挪用客户加密资产的事件屡见不鲜，甚至多次出现监守自盗的情形，比如震惊行业的"门头沟事件"。2014年2月，当时占比特币交易量70%的世界第一大交易所Mt.Gox被曝遭到黑客攻击，平台10万枚比特币及用户75万枚比特币被盗（后来找回20万枚比特币）。三天后，Mt.Gox申请破产。不过，很多人认为Mt.Gox是监守自盗，这件事至今仍是行业里的一桩悬案。

而去中心化交易改变了传统范式下的交易机制。在DEX，用户利用DApp进行买卖交易，用户自己掌握私钥、持有数字资产，进行点对点交易，不必将其资金的控制权交给任何中介或托管人。

DEX 的初衷是免去任何权威机构对特定交易所内交易的监督并批准这一程序，通过智能合约实现交易。相比加密资产的中心化交易所（CEX），DEX 具有以下几个显著优势。

第一，更强的安全性。加密资产的 CEX 的一大固有风险是黑客入侵。Coincheck、Mt. Gox 和 Bitfinex 等交易所都出现过安全问题，这严重侵蚀了公众的信任。仅 Coincheck 盗窃案就造成当时价值 5.3 亿美元的加密资产损失，打破了此前 Mt. Gox 当时价值 4.72 亿美元损失的纪录。用户的加密资产被集中托管在 CEX，这使得其成为黑客的目标。当用户的加密资产分布式地被本人持有时，黑客的攻击成本将变得非常高。

第二，更健全的隐私保护。在全球金融监管部门的要求下，几乎所有的 CEX 都要符合 KYC 的要求，这使得加密资产持有者在使用 CEX 时不得不向交易所运营商提供他们的个人数据，而 CEX 在面对主权监管部门时也会向其提供这些数据。大多数 DEX 目前都没有实现这一点。由于它们不由任何中央机构维护，因此没有必要使用 KYC 协议。这为用户在 DEX 交易时提供了隐私保护。虽然现在金融监管部门已经对部分 DEX 项目进行了监管，但被监管程度与 CEX 相比仍有较大差距。

第三，完全的用户资产控制。用户在 DEX 中可自由行使完全意义下的加密资产控制，只要拥有私钥，用户就可以像持有现金一样完全保有其资金，并可以随心所欲地使用它们，钱包冻结资产或阻止提款等问题在 DEX 上很少发生。需要注意的是，并非所有 DEX 都是完全意义上的去中心化的。

当然，DEX 并非只有优点，相对来说，DEX 存在着交易速度慢、流动性差等问题。然而这些问题也是有原因的，比如，DEX 上的订单处理速度可能会很慢，这是因为交易需求必须先广播到公有链网络，并在被处理之前由矿工确认，这就是 DEX 上的交易更有可能遭遇"价格下滑"风险的原因：由于所交换的加密资产价格变化，导致交易无法执行。此外，在一些用户较少的 DEX 中，存在流动性较差的情况。

3.7.2 Uniswap 的性质和工作原理

在所有的 DEX 项目中，Uniswap 和 Sushiswap 无疑是其中的执牛耳者，可谓"DEX 双璧"，其中 Uniswap 更是由于其原创贡献，在 DEX 上具有无可替代的地位。Uniswap 是一个基于以太坊的去中心化的、自动化的通证交换协议，其目标是实现易用性（Ease-of-Use）、燃料费高利用率（Gas Efficiency）、抗审查性（Censorship Resistance）和零抽租（Zero Rent Extraction）。

所谓"易用性"，指的是在 token A 换成 token B 的时候，在 Uniswap 只需要发出一笔交易就能完成兑换，在其他交易所中可能需要发起两笔交易，即第一笔将 token A 换成某种媒介货币，如 ETH、DAI 等，再发起第二笔交易换成 token B。所谓"燃料费高利用率"，指的是在 Uniswap 上消耗的燃料费是以太坊几家主流的 DEX 中最低的，也就代表在 Uniswap 交易要付的矿工费最少。所谓"抗审查性"，指的是在 Uniswap 发展的早期，上架新的 token 及交易对没有门槛，任何人都能在 Uniswap 上架任何 token。这在 DEX 中很少见。虽然大多数的 DEX 不会像 CEX 那样收取上币费，但还是需要提交上币申请，通过审查后才会出现在 DEX 中。在 2021 年，由于 SEC 加强监管，Uniswap Labs 宣布限制 app.uniswap.org 前端对 129 种通证的访问。所谓"零抽租"，指的是在 Uniswap 协议设计中，开发团队不会从交易中抽取费用，交易中的所有费用都归还给流动性提供者。

那么 Uniswap 是如何工作的呢？在回答这个问题之前，我们首先需要了解 CEX 是如何实现交易的。传统的 CEX 一般采用的模式是以订单簿来撮合买卖双方。在订单簿模式下，买方挂出自己的购买数量和价格，卖方挂出自己的卖出数量和价格，CEX 对买卖双方进行配对，当买价高于或等于卖价时就可促成交易，同时产生一个当前最新价。其有以下几个特点：第一，市场上必须有用户进行挂单，没有订单就没有流动性（市场流动）；第二，订单必须重叠才能成交，即买价高于或等于卖价；第三，需要将资产存储在 CEX 中。但是，当市场上此种资产的流通性较低时，价格达成共识将变得困难，市场流通性变差，此时就需要依靠做市商（Market Maker）的参与。简单来说，做市商会在买卖两个方向上挂单，让交易得以达成，避免出现因一方没有挂单而导致流动性降低的情况。资产的流动性对其价值影响巨大，如果资产无法在人们需要的时候变现，那么便和空气无异。在金融市场中，做市商扮演着非常重要的角色，他负责为市场提供充分的流动性，撮合买家和卖家促成交易。与 CEX 不同，Uniswap 是一个运行在以太坊上的去中心化的流动性协议，支持免信任的通证互换。也就是说，该交易所上的所有交易都是由智能合约自动执行的，用户无须依靠某个中介平台，也无须信任某个第三方。

Uniswap 是一种去中心化的基于以太坊的协议，旨在促进 ETH 和 ERC20 通证数字资产之间的自动兑换交易。Uniswap 完全部署在区块链上，任何个人用户，只要安装了去中心化钱包软件（当前已经支持的钱包包括 MetaMask、WalletConnect、Coinbase Wallet、Fortmatic、Portis 等在内的大部分钱包），都可以使用这个协议。

以 DAI-ETH 交易对为例，Uniswap 交易做市原理的模型如图 3-9 所示。

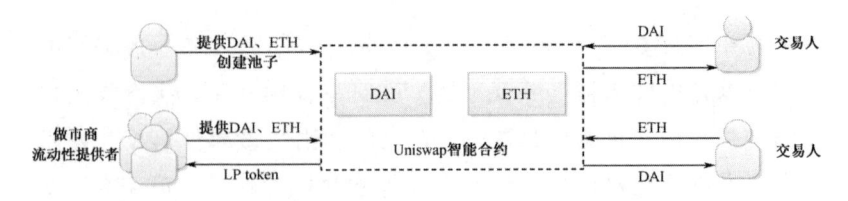

图 3-9 Uniswap DAI-ETH 交易对的整体模型

任何用户都可以在 Uniswap 上面建立一个双通证兑换的池子，由创建者往这个池子里添加这两个不同类别的通证，添加的数量由第一个创建者决定。池子的创建者也属于流动性提供者。做市商即流动性添加者。以 DAI-ETH 的池子为例，做市商往池子里添加这两种通证，并获得 LP token（做市凭证）。在做市商提供了流动性以后，用户就可以和这个池子进行交易，可以选择把 DAI 换成 ETH，也可以把 ETH 换成 DAI。在交易的过程中，还需要向流动性提供者支付手续费，目前收取支付通证的 0.3%。由于交易用户的手续费直接全部分给做市商，因此吸引了大资金玩家进入 Uniswap，这无疑为其提供了流动性保障。大资金的进入会使得用户在交易的时候以更优的价格进行成交，进一步吸引用户进入 Uniswap 中进行交易，让交易的生态更繁荣。LP token 用于跟踪用户资产在总资产池的比率，当用户取消做市时，可以通过 LP token 确定赎回资产的份额，同时将 LP token 换成 DAI 和 ETH，并获得做市期间的交易手续费。Uniswap 通过智能合约来管理两种 ERC20 通证组成的通证池，每一笔存入、兑换记录都可查询、可追溯，只要进入以太坊区块查询网站查找区块，就可以看到每一笔兑换记录。

Uniswap 通过 AMM 实现做市职能，Uniswap 中的任意一个通证交易对，都遵守一个简洁的反比例函数：$x \times y = k$。x、y 分别代表交易对的两种通证。协议保证当用户要从一个资金池中换出资产时，交易前和交易后池内两种资产的具体数量的乘积相等。为了鼓励用户向 Uniswap 的流动池中提供更多的流动性，Uniswap

会从每笔交易总额中抽取 0.3%作为交易手续费，并将手续费全额交给那些将资金注入 Uniswap 资金池的流动性提供者。在 Uniswap V1 中，所有的通证兑换操作都要以 ETH 为媒介，Uniswap 需要手续费的地方包括：用 ETH 兑换 ERC20 通证，其手续费为 ETH 的 0.3%；用 ERC20 通证兑换 ETH，其手续费为 ERC20 通证的 0.3%。不过，在 Uniswap V2 和 V3 中，用户不必依赖 ETH 就可以完成通证兑换。流动性提供者投入的通证价值（占总量的 1%），即拥有 ETH=0.9、DAI=111.111，假设此时提取并折算成 DAI，折算后为 222.324 DAI；对于此时拥有 1 ETH、100 DAI 的用户，折算后其拥有 223.457 DAI，二者对比即少了 1.133 DAI，这就是 Uniswap 中的流动性资产损失。在实际操作中，因为每次兑换都有手续费，手续费的累加将比较客观，所以流动性提供者最终的收益是"手续费收益-流动性资产损失"的结果。流动性提供者实际可获得的收益是用累计的交易费减去由价格差导致的暂时性亏损所得的余额。如果长期以来做市通证的价格波动过大，那么造成的损失将远远超过交易费带来的收益。

在恒定乘积公式 $x \times y=k$ 中，x、y 代表两种通证在池子中的数量，即在流动性 Uniswap 中价格取决于兑换关系，所以 x 兑换 y 的价格为 $Pxy=x/y$，y 兑换 x 的价格则是 $Pyx=y/x$。Uniswap 提供的服务其实就是用 x 来换 y 或者用 y 来换 x。这里我们假设通过 x 来换 y，经过一段时间以后 x 减少了 $\triangle x$，y 增加了 $\triangle y$，同时需要保持恒定乘积，即 $(x-\triangle x) \times (y+\triangle y)=k$，则 $Pxy=(y+\triangle y)/(x-\triangle x)$。因此，被兑换的通证越多，Uniswap 中兑换价格就越高。

相比于 Uniswap V2 不需要以 ETH 为交易媒介，Uniswap V3 的出现标志着 DEX 到了一个新的阶段。Uniswap V3 最主要的改进在于聚合流动性的粒度控制。Uniswap V1 和 V2 中资金利用率低一直被诟病。以 2021 年 4 月 23 日为例，Uniswap 中锁定的资产价值大约是 77.8 亿美元，但过去 24 小时的交易量只有 11.2 亿美元,占比仅为14%左右,超过80%的资金没有实现利用。造成资金利用率低的主要原因是流动性的提供方式不同。在Uniswap V2中,所有流动性按照恒定乘积公式 $x×y=k$ 来为全区间提供。然而在实际交易过程中,某一段时间内的绝大多数交易只会发生在局部价格区间,也就是说,大量的锁定资产并没有实际参与交易。在一些特殊场景中,如稳定币交易对,超过99%的流动性永远不会被理性交易者所使用。

Uniswap V3在恒定乘积公式 $x×y=k$ 的基础上增加了粒度控制功能,流动性提供者可以选择将资金集中在交易最频繁的区间内,以实现集中流动性和提高资金利用率。Uniswap V3为流动性提供者的头寸创建 ERC-721 合约,也就是使用 NFT 创建。与Uniswap V2 的同质的流动性不同,Uniswap V3 的流动性由一系列不同区间上的流动性组成,这反映了做市者对通证未来价格变化的主观预测。

不同的流动性提供者在不同区间上提供的流动性不是同质的,但区间和区间会出现重叠的情况。为此,Uniswap V3 引入了"Tick"的概念。Uniswap V3 将整体价格曲线分解成很多不同的Tick。每个 Tick 都有流动性,如果一个 Tick 的流动性耗尽,那么交易会进入下一个 Tick。当流动性提供者在某个价格区间提供流动性时,这些流动性会被分配到这个区间的所有 Tick 中。价格区间可以由区间上下限的两个 Tick 表示。交易费可以对每一个 Tick 分别进行计算,并根据这个 Tick 上的流动性占比对流动性提供者进行交易费的分配。

Uniswap V3 的聚合流动性的粒度控制会对 DeFi 项目中的去中心化交易所产生很大影响。聚合流动性的粒度控制功能可以提高资金利用率,这一点对于稳定币交易的影响尤其明显。如果DeFi 生态中的 AMM 都加入聚合流动性的粒度控制功能,那么对DeFi 进行经济攻击的难度就需要重新评估。在当前 AMM 模式中，攻击者会向 AMM 资产池投入资产 x，获得资产 y 并抬高 AMM 资产池内资产 y 的价格。随后攻击者便可以通过 $x \times y = k$ 来精确计算攻击后的价格和需要动用的资金。加入聚合流动性的粒度控制功能后，在 AMM 中的流动性都可以集中在攻击者的目标价格之前的区间，攻击者需要动用更多的资金才能达到相同的目的。从这个角度来看，攻击者进行经济攻击的难度增大了。当然，攻击者也可能通过闪电贷等方式获得足够的资金来完成攻击。

对于使用 AMM 作为价格预言机的 DeFi 项目，聚合流动性的粒度控制功能可以使更多的流动性集中到合理的价格区间，这意味着在正常情况下 AMM 的滑点更小，可以更稳定地提供价格数据。然而在极端情况下，由于合理价格区间之外的流动性会减少，AMM 的价格可能会发生剧烈变化，具有扰乱预言机报价的风险。在极端情况结束后，套利者进行套利会使价格回归到正常区间，套利者的获利情况与实际流动性的分配区间有关。

资产的定价权是由市场的主力——大资金决定的。对于比特币、以太币等主流资产，交易主要发生在 CEX，因此这些资产的定价权由 CEX 掌握。对于小市值的长尾加密资产，交易主要发生在 DEX，定价权由 DEX 掌握。聚合流动性的粒度控制功能可以进一步集中长尾资产的流动性，增加交易深度，交易者可以有更接近 CEX 的用户体验。因此，这个功能可以增强 DEX 对长尾资产的定价权。

2021 年 5 月 5 日，Uniswap V3 正式在以太坊主网上线。上线后，锁仓量和加密项目的交易费都增长得很快。在 2021 年 5 月底，Uniswap V3 的锁仓量约为 15.5 亿美元，在 DeFi 项目中排名第 15 位。当时，考虑到 Uniswap V3 的上线时间还不足一个月，这已经是一个不错的成绩。从近 7 天锁仓量变化率的角度来看，Uniswap V3 的表现要比其他 DeFi 项目好很多。由于 2021 年 5 月加密市场大幅萎缩，很多 DeFi 项目的锁仓量锐减，但 Uniswap V3

的锁仓量在这期间逆势增长了约 40%，这体现出很多流动性提供者非常看好 Uniswap V3，并且为之提供了大量流动性。

与此同时，Uniswap V3 的改进也带来了一些新的问题。

第一，公平性问题。从流动性提供者提供流动性的角度来看，所有的流动性提供者都为这个生态做出了贡献，然而 Uniswap V3 的分配机制使得这些流动性提供者不能直接按提供流动性的比例获得奖励。为了提高资金的利用率，Uniswap V3 的流动性是非同质的，流动性提供者被允许针对不同价格区间提供流动性。当实际交易发生在这个价格区间时，流动性提供者可以获得交易费的分成；当实际交易发生在这个价格区间之外时，流动性提供者不能获得交易费的分成。Uniswap V3 的流动性提供者之间存在竞争关系，他们需要再对交易价格区间进行预测。

第二，普通参与者的参与空间被压缩。在 Uniswap V2 中，所有流动性提供者获得交易费分成的方式是一样的，相当于所有流动性提供者都能获得市场平均收益。在 Uniswap V3 中，流动性提供者可以通过更合理的价格区间和资金分配获得超过市场平均收益的 Alpha 收益。然而这对于普通参与者而言是非常困难的，他们无法针对价格变化做出合理的响应策略，只能购买专业服务商的服务。专业的策略团队迎来了新的机会，其可以通过提供策略或资管的方式获得收益，成为 Uniswap V3 中的强大力量。

在 Uniswap V3 中，流动性提供者获得的交易费分成受到很多因素的影响，主要包括价格波动、其他流动性提供者选择的区间、调整流动性而额外支付的费用等。并且，流动性提供者在制定策略时需要用到价格波动的历史数据、流动性提供者已提供的流动性数据，以及重置价格区间的方法。由于这些因素并不受某个流动性提供者的控制，因此流动性提供者很难提前预测自己的准确收益。目前已经有团队推出 Uniswap V3 自动化流动性提供策略，在市场价格超出流动性提供者设置的价格范围时调整价格区间，使得流动性提供者可以获得收益。当然，现有的策略相对比较简单，市场需要更精细和更复杂的策略以进一步提高资金利用率。

第三，调整流动性而额外支付的 gas 费用。流动性提供者想要选取一个合理的有限价格区间长期获得交易费分成是非常困难的。特别是对于价格波动很大的交易，实际价格可能会偏离预设的价格区间。故而，流动性提供者还需要根据价格的实际变动来动态调节价格区间，因此他们还需要额外支付 gas 费用。

第四，在极端行情下，Uniswap V3 可能会增加流动性提供者的风险。目前很多交易标的定价权掌握在 CEX 中。在 Uniswap V2 中，流动性提供者为全区间提供流动性，因此无论价格怎么变化，都不会把所有流动性用完。在 Uniswap V3 中，流动性提供者为设置区间提供流动性，价格剧烈波动完全可能超出这个区间，并耗尽流动性。同时，由于合理价格区间之外的流动性减少，交易价格可能会发生大幅变化。

提供流动性的策略是 Uniswap V3 未来竞争的重点领域。与 Uniswap V2 相比，Uniswap V3 可以通过更精细和更复杂的策略来获取更多的收益。当然这也意味着，如果策略选择不当，那么流动性提供者获得的收益就会低于市场平均收益，他们的资金利用率甚至有可能低于 Uniswap V2。

尽管 Uniswap V3 仍然存在一些问题和弊端，但它毫无疑问为 DEX 指明了新的方向，并助推 Uniswap 成为 DEX 赛道上当之无愧的执牛耳者。事实上，Uniswap 最初并没有发行通证，而仅仅是存在 DEX 的应用，直到 Uniswap 的仿制项目 SushiSwap 从 Uniswap 上分叉出来并发行通证，SushiSwap 才迅速依靠 Uniswap 的资源获得流量，在短短一周内锁仓 14 亿美元，站上流动性挖矿的舞台中心，让一度炙手可热的独角兽黯然神伤，由此倒逼 Uniswap 发行通证。

除了 Uniswap，DEX 赛道上还有 Sushiswap、0xKyber、Bancor、Curve、1inch 等龙头项目，受限于篇幅，此处不再赘述。DEX 在去中心化的条件下、基于智能合约实现了交易这一金融的核心功能，构成了 DeFi 体系最为坚实的根基。

3.8 Aave 和 Compound——DeFi 的银行

DEX 和去中心化借贷是发展元宇宙和 DeFi 的两大基石，也是 Web 3.0 海量数据定价和交易的基础。而去中心化借贷的收益率提高一直是 DeFi 增长的关键驱动力之一。正如前文所言，在最近的几年中，虽然传统金融体系进入零利率甚至负利率时代，但 DeFi 系统却保持了一个较高的收益率。这不仅是由于主流 DeFi 通证的价格长期保持一个向上的趋势，还因为增量资金源源不断涌入 DeFi。货币市场是全球金融的重要组成部分，以短期贷款、固定资金回报和较低风险的形式提供流动性。截至 2020 年底，货币市场中的资产已超过 4 万亿美元，其提供的稳定性和流动性成为全球市场的支柱。在快速发展的 DeFi 领域中，货币市场模型的迭代扮演着越来越重要的角色。在去中心化借贷协议这个赛道中，Aave 和 Compound 无疑是执牛耳者。Defi Llama 数据显示，Aave 在所有 DeFi 项目的锁仓量中排名第 2，大约为 150 亿美元，而 Compound 的锁仓量也已经超过 130 亿美元。Aave 和 Compound 协议允许任何人存入资本以换取利息，以及利用超额或低抵押的方式（通过闪电贷或授信）借款。

Aave 是一个开源的、非托管的货币市场平台，以去中心化的方式提供各种基于债务的产品。Aave 是基于以太坊的 DeFi 平台，可以支持 ETH、DAI 和 USDC 等稳定币，以及来自 DeFi 生态中的各种 ERC-20 通证。通过 Aave 协议，用户可以将数字资产存到池中赚取利息，也可以从池中以固定利率、可变利率及闪电贷的形式借入资产。将通证存入 Aave 的池子中，用户会收到相应数量的 aToken（生息通证），其代表该用户的持有量。如果从 Aave 借款，则必须在另一资产中提供足够的抵押品以支持贷款。这样可以确保协议中的资金安全，防止用户无法偿还贷款或抵押品价值下降的情况发生。

Aave 的固定利率贷款随时间推移具备了稳定的利率水平，固定利率贷款和传统银行的贷款类似，可变利率贷款的动态利率根据供求关系而波动。像许多 DeFi 借贷平台一样，Aave 市场机制的关键要素在于超额抵押，只要有足够的抵押品支持，稳定利率和浮动利率贷款就都可以开放。闪电贷是一种新颖的实验性借贷机制，不需要抵押品，但必须在一次以太坊交易中偿还贷款。闪电贷被设计为供开发人员或具有一定技术知识的人员使用。

在管理其创新的货币市场时，Aave 协议采用了完全意义上的分布式自治组织治理模型，Aave 通证持有人被激励通过投票和"staking"（持有）的方式来安全地开发和管理平台。Aave 通证持有人负责对平台的变更提出建议并进行投票，从而共同管理 Aave 货币市场中的风险和回报。Aave 于 2017 年推出 LEND，DAO 的第一个 Aave 改进提案投票通过了将 LEND 迁移到 Aave 的工作，该提议于 2020 年 9 月执行。

Aave 使用超额抵押和清算系统来管理系统中的债务。用户将资产存入 Aave，可以为 Aave 的 token 池提供流动性，触发 aToken 的自动铸造机制。这些 ERC-20 通证与基础资产的价值固定为 1:1，是用户提供流动性的求偿权。aToken 直接在用户钱包中实时赚取利息，利息根据借款需求和流动性供应波动。用户通过持有aToken可以连续赚取存入资产的利息,且可以随时赎回；aToken还可以使持有人从Aave的闪电贷机制中获得一定比例的费用。

用户将ETH存入Aave可以铸造aETH,而将DAI存入Aave可以铸造aDAI,aETH和aDAI将根据各自基础资产的借贷供给和借贷需求获得不同的利率。使用的资产越多,利率越高,风险也越高。当利用率接近100%时,就需要注意流动性不足的风险,因为这可能导致系统的抵押品不足,而抵押品的价值不足以偿还债务,或者用户希望提取抵押品。

在Aave平台贷款（非闪电贷）需要超额抵押——抵押品的价值必须高于贷款的价值。对于超额抵押贷款,借款人有责任确保其抵押品的价值不会跌至最低水平以下,否则就有被清算的风险。当一笔贷款被清算后,会自动出售一部分抵押品以偿还部分债务及任何罚款和费用。虽然清算对借款人而言是痛苦的,但清算可以通过剔除系统中不健康的贷款来确保Aave平台的有效性,这有助于确保其他用户有足够的流动性,并维持平台的平衡。如果清算事件不足以维持系统中的流动性,则锁定在安全模块中的Aave将在公开市场上拍卖,以恢复平台的流动性。

DeFi的一个特点是可组合性,Aave与其他DeFi平台（如Balancer）集成,创建了新颖的金融产品和机制。Aave的安全模块是Balancer平台上的特定流动性池,Aave通证持有者可以在其中锁定其Aave通证,以赚取更多Aave通证,并就协议的决策进行投票。锁定在安全模块中的Aave通证从Aave协议中收取费用,以确保其流动性机制的运行,并在出现赤字事件（Aave上的资产利用率过高且存在高运行风险）的情况下成为万不得已的抵押品（在流动性不足的情况下）。

超额抵押是Aave维持流动性的关键。没有流动性,就不会有新的借贷发生。在出现短缺事件的情况下，最多会售出 30%锁定在安全模块中的 Aave 通证，为协议提供更多的流动性。

2021 年 11 月，Aave 批准了社区对 Aave 协议进行新迭代的评论请求，决定引入 Aave V3，加入与 Aave V3 相关的功能标志着 DeFi 流动性协议的重大进步。

相比 Aave，Compound 的基本原理和运作模式基本是一致的。Compound 于 2018 年 9 月推出，在 2019 年 5 月推出其 V2 协议，该协议引入了额外的资产，以及每种资产的单独风险模型和智能合约网关等功能。2020 年 4 月，Compound 用社区治理取代了协议的管理员，授权 COMP 通证持有人控制协议。2020 年 6 月，Compound 开始通过一个开创性的流动性挖矿计划，将 COMP 分配给用户，保留了 COMP 总供应量的 42%，并将在未来四年内分配给用户。不同的是，Aave 的产品体系更为丰富。相较于 Compound，Aave 还提供了稳定的借贷年化收益率（Annual Percentage Yield，APY）。稳定的 APY 在短期内是固定的，但在长期内可以改变，以适应通证之间供需比的变化。在稳定 APY 的基础上，Aave 还提供了闪电贷，用户可以在极短的时间内（以太坊上的一次交易）借到资金，无须前期抵押。

2021 年 9 月，Compound 社区成员在报告中提到，自执行第 062 号提案以后，关于 COMP 的分配出现了异常活动，该提案是关于 COMP 奖励分配的分割。在接下来的几天里，一个地址在 Compound 的 Reservoir 上调用了 drip( )函数，触发了 202 472.5 个 COMP（约 6 800 万美元），这些均被发送到 Compound Comptroller。根据 Yearn 核心贡献者 Banteg 的说法，大约 1/4 的 COMP 有可能被耗尽。不过，在这次交易之后，COMP 被耗尽的确切数额还没有被 Compound 实验室团队确认。在 COMP 分配错误之后，社区通过了一项提案，暂时禁止了 COMP 奖励的分配。这将阻止进一步的 COMP 分配，直到恢复正确的逻辑秩序。

事实上，包括 DAI、FEI、UST 等链外抵押的稳定币也可以视为去中心化借贷协议，但由于稳定币赛道比较特殊，还是对其单独分析更为妥当。值得一提的是，Compound 和 Aave 都在 2021 年下半年开始进军机构用户。2021 年 6 月，Compound 宣布将支持机构用户以 USDC 获取稳定利息。具体方式是 Compound 成立新公司 Compound Treasury，与 Fireblocks 和 Circle 合作，允许新银行和金融科技公司将美元转换为 USDC，并在 Compound 平台上获得不低于 4% 的年化利率。2021 年 7 月，Aave 宣布推出面向机构用户的产品 Aave Pro。面向机构用户的 Aave Pro 是 Aave 联合机构级安全公司 Fireblocks 推出的产品，该产品将使用 Aave V2 版的智能合约，创建 Aave Pro 池，且该池添加的白名单系统仅允许 KYC 参与者访问；流动性池初始阶段仅包含机构需求较多的比特币、以太币、USDC、Aave 四种资产，并与 Aave 上的其他流动性池分开；机构用户的 KYC 将由 Fireblocks 支持，Fireblocks 还将在 Aave Pro 市场上添加反洗钱和反欺诈控制；Aave Pro 产品仍是去中心化的，将通过 Aave 社区治理机制进行管理。

加密资产的散户投资者关注 DeFi 协议安全，大资金体量的机构用户更是如此。此外，其金融行为常常需要符合监管部门的要求，特别是 KYC 和 AML。这也是 Aave 和 Compound 在开拓机构市场时，选择与第三方、机构级的安全公司 Fireblocks 合作的原因。这家公司通过数据安全企业 Chainalysis 引入了自动化的 AML 和 KYT 筛查，以此帮助机构用户在遵守合规要求的前提下进入 DeFi。

除了合规要求，机构用户不敢盲目入局 DeFi 的原因还在于，当下的 DeFi 基础设施对他们不够友好。以入口来说，普通用户访问 DeFi 协议所使用的工具是浏览器，而机构用户想要进入，也同样如此。然而以浏览器为基础的应用程序无法提供企业级的效率和安全性。在传统证券市场，交易系统的 API 集成可以让机构用户在算法下完成大规模自动化交易。API 交易在加密资产的中心化交易所中也已普及，但依赖浏览器的各种 DeFi 应用还无法支撑企业级别的 API 交易。基于浏览器或者移动钱包访问 DeFi 存在安全隐患，因为用户的私钥会在浏览器中授权交易，一旦黑客窃取了浏览器的信息，用户的资金安全将受到威胁。面对潜在的风险，DeFi 市场相较于传统金融市场，尚无成熟的托管和保险体系。然而诸如 Compound 提供的年化 4%的无风险收益，无疑对机构用户有着巨大的吸引力。

此外，利率作为金融市场的价格，以利率为标的的 DeFi 产品也日益丰富。现阶段 DeFi 市场主要限于浮动利率借贷，Compound 和 Aave 都支持浮动利率。虽然这些产品对于旨在获得可观收益的用户来说效果很好，但它们不适用于需要可预测性的公司和银行。随着 DeFi 服务于更多金融场景，锁定利率的能力将成为一项关键的技术。利率互换（又称利率掉期）是最流行的利率衍生品形式之一。2020 年，全球利率互换的每日交易量为 6.5 万亿美元，占全球衍生品总交易量的 80%以上。利率互换服务于多种用例，比如借款人利用利率互换来锁定利率，投机者可以利用利率互换来获利，而投资组合经理和贷款方也可以利用利率互换来管理风险。

在 DeFi 三大借贷协议——Aave、Compound 和 MakerDAO 中，Compound 和 MakerDAO 的贷款全部为可变利率。截至 2021 年 7 月底，Aave 的 5 个最大市场（DAI、GUSD、SUSD、TUSD 和 USDC）中，只有约 1.5%的未偿还贷款是恒定利率贷款。现阶段也有一些 DeFi 固定利率平台上线，如 Yield Protocol 和 Notional Finance。截至 2021 年 10 月底，Notional Finance 拥有 1 200 万美元的锁仓量，Yield Protocol 目前正在构建 V2。很明显，在 DeFi 领域浮动利率贷款比固定利率贷款成熟得多。然而，我们预计未来在 DeFi 领域，固定利率贷款的发展速度将超过浮动利率贷款，因为 DeFi 最终会为传统金融市场提供涌入的动力。DeFi 潜在的机构用户除了关注合规性和应用的安全性、高效访问功能，借贷市场利率波动过大也是其主要顾虑之一。

为了让传统机构进入 DeFi 的借贷领域，DeFi 的利率需要更加可预测和稳定。一家以 2% 的利率在链上借款 1 亿美元的企业，不可能接受在一周后利率飙升至 20% 的情况。企业希望要么借出固定利率的固定期限贷款，要么从 Compound 和 Aave 那里获得对可变利率敞口的对冲访问权。随着加密金融的发展，我们还预计链上 DAO 的借贷市场将持续扩大。随着业务的成熟，债务融资将成为主要的资金来源，DAO 也不例外。DeFi 固定利率借贷和 DeFi 利率衍生品协议将成为快速发展的细分领域。

DeFi 固定利率借贷主要有零息债券（ZCB）、Yield Stripping 和稳定费率三种模型。在 ZCB 模型中，借款人通过将抵押品存入智能合约并借入 yDAI 来创建债券通证（如 yDAI-2021-12-31）。然后在特定日期结算时，他们会在公开市场上出售 yDAI。借款人支付的实际利率由 yToken 在公开市场上出售的折扣和贷款期限决定。例如，爱丽丝可以铸造由 200 美元 ETH 支持的 100yDAI，然后将 100yDAI 出售给鲍勃，以换取 97DAI。因此，鲍勃借出 97 美元，并在合同到期时收到 100 美元。ZCB 模型有多种实现方式，主要有在 AMM 或 CLOB 上交易债券通证、实物与现金结算、清算管理等。Hifi、UMA、Notional 和 Yield Protocol 使用 ZCB 模型。

ZCB 模型的优点主要有结构简单、支持固定利率借贷、以超额抵押提高贷方安全性，可以在协议之上建立收益率曲线，以及通过支持清算风险可以清楚地获取原生通证价值。然而 ZCB 模型也有一些缺点，比如到期时流动性分散，抵押/债务比率需要预言机，需要将抵押品存入新的智能合约系统，投机者和流动性提供者的资本效率低下及存在清算风险。

在 Yield Stripping 模型中，用户可以将货币市场通证（如 Compound 的 cUSDC）存入 Yield Stripping 的智能合约中。然后，该协议将存入的 cUSDC 拆分为两种通证，一种为主要通证（PT），另一种为收益通证（YT）。之后，存款人可以预先出售 YT 以换取现金，从而使他们能够在合同期限内锁定固定利率。例如，假设 Compound 当前的贷款利率为 10%，如果爱丽丝存入 100 美元，那么她的年收益——如果复合利率在接下来的 12 个月内保持不变——就将是 10 美元。也就是说，她在此时可以用 8 美元现金交易这不可预测的 10 美元 YT。

Swivel、Pendle、Tempus、Element、Sense 和 APWine 均在使用 Yield Stripping 模型。Yield Stripping 模型的优点有：启用固定利率贷款；允许对利率加杠杆的多头投机；本金可预先存入且隐含杠杆，不需要清算；投机者的资本效率提升；比 ZCB 模型更具安全性，因为抵押品包含在 Compound、Aave 等之中；Aave 和 COMP（充当协议风险的支持）的市值和流动性已达到新协议难以复制的水平。Yield Stripping 模型的缺点有：不允许明确做空利率；因为需要预先支付全部本金，所以利率交易的资本效率较低；仅限于本金资产和利率（无外来利率风险）；由于 Compound 和 Aave 的借贷利率之间存在利差，因此不允许在浮动方面进行完美对冲。

还有一种模型是稳定费率。Aave 凭借其稳定的贷款功能搭载了协议的可变利率。其基本思想是当借款人新开一笔贷款时，他有机会选择"稳定利率"，其发起利率将高于（通常是高得多）可以借到的可变利率。例如，USDC 的浮动借款利率为 5.4%，稳定借款利率为 11.9%。ETH 的可变借款利率为 0.25%，稳定借款利率为 3.3%。该缓冲可确保协议在"再平衡事件"（即现有借款人的稳定利率发生变化）之前保持偿付能力。与可变借款利率不同，在大多数市场条件下，稳定借款人的借款利率不会随着新借款、新存款、新清算等进入 Aave 市场而波动。

　　稳定费率的优点有：Aave 拥有庞大的市值和足够的流动性来支持以太坊生态系统中可信协议的规模，可能比其他模型更安全；用户能够以稳定的利率借款（尽管在非常特殊的市场条件下不能保证其固定性）；在较低市值、低流动性、价格波动较大的通证市场中可被高度利用。稳定费率的缺点有：无法准确推测利率；仅适用于借款人而非贷款人；在不利的市场条件下，用户的利率可能会被"重新平衡"；稳定借款利率明显高于浮动利率。

　　DeFi 利率衍生品协议主要有差价合约和利率永续合约两种模型。在差价合约模型中，用户可以将任何形式的抵押品存入保证金账户，并选择多头或空头利率。这种结构看起来与 FTX 和 BitMEX 上的永续合约非常相似。资金是根据合同指向的基础参考利率与协议上的当前标记利率支付的。这些产品提供杠杆作用，因此需要清算引擎。如果交易者的账户保证金少于其维持保证金，那么系统将针对永续合约 AMM（或 CLOB）平仓，Strips Finance 和 YieldSwap 使用该模型。差价合约的优点有：可以进行明确的利率卖空；能够接触非链上衍生的合成利率（如 LIBOR 或 FTX 的 BTC perp 资金利率）；资本效率高，因为它不需要预先提供本金通证并允许双边杠杆；由于合约具有永续性，因此流动性集中。差价合约的缺点有：需要一个链下利率的预言机；因为存在杠杆，所以需要进行清算；需要为 Compound 和 Aave 借贷利率制定单独的永续债券合同，以创建完美的对冲。

　　DeFi 利率衍生品协议的第二种模型是利率永续合约。利率永续合约合成性质的灵活性使投机者和对冲者能够以任何理论利率（如 USDC 复合贷款利率、LIBOR 利率、联邦基金利率、FTX 融资利率、ETH 抵押收益率）进行交易。值得注意的是，这些合约本质上是永久性的，不会到期。因此，跨期不存在流动性碎片化的问题。投机者推动资金的流动性，从而使对冲者和其他有真实需求的用户获益。想象一下，爱丽丝从 Aave 借用 XYZ 通证用于她的交易策略。她可以通过利率永续合约，做多 XYZ 通证的 Aave 利率，这样她就可以在借款利率上升并侵蚀她的交易策略盈利能力的情况下受到保护。利率永续合约并非十全十美，但它为市场参与者押注利率提供了一种资本高效的方式。虽然稳定利率模型对贷方来说是安全的，因为资本保存在 Aave 内，但它不允许对利率进行双边杠杆敞口，这无疑有降低其效用的风险。ZCB 可以实现完全可预测的固定利率借贷，但不能以资本利用率进行投机，因此流动性较低。虽然 DeFi 利率永续合约的构建尚未达到一定规模，但我们从中看到了巨大的机会。利率永续合约已是加密金融的主要交易衍生品，未来也将适用于 DeFi 利率。

面对机构对 DeFi 的需求，Fireblocks 这类第三方安全公司已然出现，我们应抓住这部分用户的痛点为其提供解决方案。从 2020 年 11 月底开始，Fireblocks 面向机构类的企业级用户，提供针对 DeFi 应用的安全、高效访问系统，可访问的应用除了 Compound、Aave，还包括 Maker、Synthetix、dYdX 等 11 个 DeFi 协议。解决吞吐量问题，使现实世界中的个人、公司在受到隐私保护的情况下，可以保持非匿名身份参与到 DeFi 中，这些都是 DeFi 未来进化的方向。同时，针对 DeFi 利率波动大这一问题而诞生的多种产品也处于蓬勃发展之中。DeFi 不仅仅是流动性挖矿和治理通证，它应该回归金融促进经济增长、帮助社会繁荣的本质，为个人、家庭和企业创造价值。而这一切，随着 DeFi 的生长、繁衍，已经并不遥远。由于 DeFi 是元宇宙和 Web 3.0 的经济运行机制，DeFi 回归金融、促进经济发展也意味着元宇宙和 Web 3.0 与实体经济的融合。

3.9 Chainlink——链上报价预言机

预言机是元宇宙和现实世界之间信息传递的重要渠道，其中的代表性项目为 Chainlink。Chainlink 作为一个去中心化的预言机网络，可以将区块链上的智能合约连接至链下数据，LINK 是其治理通证。区块链的诞生带来了智能合约，而智能合约也将成为元宇宙运行和事项执行的基本准则。智能合约的概念最早由尼克·萨博于约 1994 年提出，他认为智能合约是一套以数字形式定义的承诺，合约参与方可以在其上执行这些承诺的协议。智能合约可概括为商业合约的代码化表达，区块链的出现为智能合约的实现提供了较好的执行环境。智能合约具有自动化和强制化的特点：自动化即智能合约通过程序就可自动执行；强制化即合约的执行仅依赖代码而不受其他因素控制。为适应元宇宙场景的复杂性，智能合约在增加参数的复杂性、提高标准化代码的普及度、使用独特语言作为技术支撑，以及建立智能合约标准体系等方面具有较大的提升空间。如果要将智能合约连接到区块链以外的环境，就需要将链下数据转换成链上可以兼容的格式。然而，链上智能合约与链下数据不能互相兼容，这是导致智能合约一直无法得到广泛应用的最大瓶颈。在这种背景下，预言机应运而生。预言机其实是一个中间件，它作为链下数据和链上智能合约沟通的桥梁，可以让彼此能够读懂对方的语言。

如果网络中只有一台预言机，那么就会造成中心化的问题（即单点失效）。如果这台预言机出现问题或者遭到攻击，那么，怎么知道它提供的数据是否准确？如果智能合约的数据出现问题，那么智能合约本身再安全、再可靠又有什么意义呢？而这些问题正是以 Chainlink 为代表的去中心化预言机致力于解决的根本问题。

Chainlink 是一个去中心化的节点网络，可通过预言机将链下数据传输至链上智能合约。在这个过程中使用了添加额外安全层的硬件，规避了单一预言机可能出现的安全风险。接下来就详细介绍其工作流程。首先，区块链上的智能合约需要获取数据，因此会发送一个数据请求（即请求合约）。Chainlink 协议将数据请求注册成一个"事件"，然后在区块链上创建对应的智能合约（即 Chainlink 服务水平协议合约），获取链下数据。Chainlink 服务水平协议合约会生成三个子合约，即 Chainlink 声誉合约、Chainlink 订单匹配合约及 Chainlink 聚合合约。Chainlink 声誉合约会查看预言机服务商的历史服务水平，验证其真实性和历史表现，并且淘汰声誉较差或可靠度较低的预言机节点。Chainlink 订单匹配合约会将请求合约中的数据请求发送至 Chainlink 节点，并接受节点的竞标（这种情况下请求智能合约不会自行选择节点），然后 Chainlink 订单匹配合约会选择适当数量和类型的预言机完成任务。Chainlink 聚合合约会从所选择的预言机获取全部数据，验证并聚合数据，最后得出准确结果。接下来，Chainlink 节点会收到请求合约的数据请求，并用 Chainlink 核心软件将链上数据请求翻译成链下数据源可以读懂的编程语言。然后，翻译过的数据请求会被发送至外部 API，以从数据源获取数据。收集完成后，Chainlink 核心软件会将数据翻译成链上编程语言，之后再发送至 Chainlink 聚合合约。Chainlink 聚合合约可以验证单一数据源或多个数据源的数据；另外，它还能聚合来自多个数据源的数据。Chainlink 聚合合约可以对多个数据源反复进行验证，然后将所有经过验证的数据取平均数，聚合成单一数据。除了数据源，Chainlink 还建立了一个可靠高效的机制，向区块链上的智能合约提供准确数据。

LINK 除了是 Chainlink 的治理通证，还可以被发起数据请求的一方使用，以购买 Chainlink 节点的服务。Chainlink 节点操作者会根据用户对数据的需求量及数据当时的市场价格来定价。Chainlink 节点操作者还会用 LINK 做保证金，担保他们的服务质量，这个机制也会激励节点提升服务水平。Chainlink 声誉合约在分配任务时会考虑节点的保证金金额（当然还会考虑其他因素）。保证金更高的节点更有可能被选中提供服务并赚取 LINK。Chainlink 网络还会没收问题节点的保证金，以惩罚其提供低质量的服务。

2021 年下半年，Chainlink 发布了白皮书 2.0。Chainlink 白皮书 2.0 是在原版白皮书的基础上做的进一步扩充，其愿景是智能合约可快速可靠地接入任何链下数据源和链下计算资源，同时保障隐私，补充并增强已有和新增区块链的性能。不难发现，Chainlink 服务的是现存及潜在所有区块链的智能合约，不仅为它们提供链下数据，还提供链下计算，这一变动完全满足了智能合约的任意链下需求。

为实现这一愿景，Chainlink 2.0 提出去中心化预言机网络（DON）的概念，DON 是由一组 Chainlink 节点负责维护的网络，节点基于委员会的共识协议，可灵活选择并部署任何预言机功能。DON 的提出将原本功能性的预言机拓展为预言机集群，实现了预言机拓扑结构由点状到网状的演进。DON 的最大优势是可以快速启动新的区块链服务，无须为每个区块链或者每种服务开发新的专用网络。这样一来，无论新的应用场景如何变化，DON 都能迅速响应，及时接入。

DON 由可执行程序和适配器组成，其中可执行程序是确定性的程序，而适配器是 DON 与外界交互的接口。可执行程序类似智能合约，可执行特定计算，如生成随机数/触发链上合约自动执行等。适配器类似接口转换器，使得 DON 可以与区块链、Web 服务器、存储服务器及其他 DON 连接。

2021 年，元宇宙和 Web 3.0 概念的流行为 Chainlink 的爆发与推进提供了广阔的应用场景。2021 年初，Chainlink 网络为区块链生态保障了 70 亿美元的价值。12 个月后，Chainlink 预言机保障的价值超过了 750 亿美元，实现了大幅增长。这也使得 Chainlink 成为 DeFi 生态中保障金额第二高的去中心化共识。TVS 的增长不仅是因为 Chainlink 预言机网络的安全性和可靠性提高了，还因为链上应用可以获取的数据种类不断丰富，得以保护用户资金安全。截至 2022 年初，Chainlink 已经正式发布了 700 多个去中心化的预言机网络，可跨越众多独立的区块链发布数据。DeFi 应用需求量最大的数据集包括加密资产、稳定币、外汇交易对、大宗商品和指数的金融市场价格，即 Price Feeds。同时，Chainlink 生态中的项目数量已超过 1 000 个，其中有一半以上的项目都是在 2021 年集成的。目前，Chainlink 已经为这些集成的应用传输了超过 10 亿个数据点。每个数据点都通过具有抗女巫攻击能力的独立 Chainlink 预言机节点负责获取、验证并发送至链上。

2021 年，Chainlink 在项目集成和数据量方面都实现了爆发式增长，已覆盖众多主流的 DeFi 垂直应用场景，并保障了高额价值。DeFi Llama 数据显示，接入了 Chainlink 预言机的应用目前跨各个 DeFi 用例，在 TVL 方面占领先地位。Chainlink 还为各个创新 DeFi 应用保障价值，比如算法稳定币、DEX、预测市场、支付网络、保险平台及资产管理协议等。除了 DeFi，2021 年 Chainlink 还更多地用于为 NFT 和链游提供可验证的随机数，以保障不可预测性和公平性。总共有几百万个 NFT 通过 Chainlink 生成或发行，有效推动了链上 NFT 经济的发展。另外，Arbol 等公共事业项目也接入了 Chainlink 预言机来获取天气数据、结算参数型农作物保险协议，其风险承受能力共计超过 10 亿美元。

Chainlink 可以兼容任何公有区块链，并且在不断扩展，通过

Chainlink 社区激励计划，接入更多区块链环境。2021 年，Chainlink 接入了众多顶尖的 L1 区块链和 L2 扩容方案，其中包括 Arbitrum、Avalanche、BSC、ETH、Fantom、Harmony、Heco、Moonriver、Optimism、Polygon、Starkware 及 xDai。由于大量智能合约用例都需要接入预言机，因此把 Chainlink 部署至新的区块链环境将为链上开发者提供开发应用所需的关键基础设施。其中一个案例就是在 Avalanche 上发布 Chainlink Price Feeds。Avalanche 区块链上有了安全的市场数据源，Aave、Benqi、Everest、Maximus Farm、Teddy Cash、Trader Joe、Vee Finance 和 xDollar 等开发团队就能够在上面部署应用，包括借贷市场、期权、yield farming 和稳定币等一系列应用。Chainlink 预言机加速了 Avalanche 的发展，其锁仓量在集成后五个月内翻了 88 倍。

另外，Chainlink 预言机集成至其他区块链网络后，其各自链上生态中的 DeFi 应用数量也实现了惊人增长。Fantom 网络的 FTM Bet、Ola Finance、SCREAM、SpritSwap 和 Syfinance 等各种项目都集成了 Chainlink，因此有效推动了生态向前发展。Chainlink Price Feeds 在 Solana 测试网发布后，Marinade Finance、Nextverse、Phantasia、Saber、Seeded、Synthetify 及 Tupip Protocol 等项目也都在积极集成 Chainlink，以增强协议的安全性和可靠性，并提供卓越的用户体验。

为了支持智能合约开发者生态，Chainlink 举办了多个面向 Chainlink 全生态的社区活动，为开发者提供机会，使之能够与创作者、艺术家和行业顶尖的导师共同打造下一代智能合约应用。Chainlink 2021 春季黑客松从 3 月持续到 4 月，吸引了 4 000 多人报名，共有 140 多个项目提交，涉及来自 170 多个国家的参与者。Chainlink 社区激励项目和赞助商总共出资 13 万美元，以奖励顶尖的混合型智能合约开发团队。奖项涵盖智能合约的各个垂直领域，包括 DeFi、NFT、元宇宙游戏、科技公司及政府智库等。

除了黑客松活动，Smart Contract GitHub 的开发工作也在不断推进。2021 年，超过 180 名开源社区贡献者发起了 3 300 多次公共 pull requests。多个独立的开发团队都在为生态做贡献，其中包括 Chainlink Labs、LinkPool、LinkRiver、Oracle Reputation 及 Fiews 等。这些开发团队共同努力，让 Chainlink 在核心客户端、外部适配器、去中心化服务及基础架构方面都取得了长足的发展。另外，有 4 000 多个第三方 GitHub 代码库引用了 Chainlink 预言机。

更值得注意的是，全球各大企业开始将 Chainlink 作为进入元宇宙和 Web 3.0 的经济入口。Chainlink 生态中包含各类参与者，比如开发者、贡献者、用户、数据提供商、节点运营商、基础设施提供商及社区成员等。在 2021 年，许多大型企业加入了 Chainlink 生态，支持或发布 Chainlink 预言机节点，以进一步推动多链生态中的混合型智能合约经济的发展。

亚马逊云（Amazon Web Services，AWS）宣布与 Chainlink 合作，发布 AWS Chainlink Quickstart。这是针对企业、数据提供商和 DevOps 团队开发的一键式工作流，让他们可以轻松地在 AWS 上部署 Chainlink 预言机，并将真实世界的数据卖到各个区块链网络。这个工具可以降低安全发布 Chainlink 预言机的门槛，并将更多数据发送到链上。

全球最大的新闻组织之一美联社宣布正式发布 Chainlink 预言机节点，将可信的经济、体育和大选数据发布到各大主流区块链上。美联社会对其发布的数据进行加密签名，开发者可以独立验证这些直接来自美联社的数据，并打造出创新性的智能合约用例。

全球领先的天气和媒体公司 AccuWeather 发布了 Chainlink 节点，该节点可以将优质的付费天气数据传输到链上的各个智能合约应用中。集成 Chainlink 后，AccuWeather 能够将付费天气数据卖向新兴市场，并支持开发下一代天气智能合约应用。

Google 云平台部署了 Chainlink 预言机，将 Google 云上的美国国家海洋和大气管理局天气数据发送到链上智能合约应用。这可以打造出农作物智能合约保险，并使用优质的天气数据自动进行结算。

瑞士顶尖的电信服务商瑞士电信加入 Chainlink 网络成为节点运营商，并开始为 DeFi 应用提供优质的付费金融市场数据。瑞士电信这样的企业加入 Chainlink 网络，可以大幅提升 Chainlink 服务的安全性和去中心化水平。

跨链互操作性将为全球 DeFi 和传统金融解锁巨大价值。随着智能合约经济不断发展，Chainlink 网络将持续扩张，并为开发者提供安全的基础架构，推动去中心化应用不断向前发展。智能合约的发展和应用正在朝着多链的方向迈进，并逐步覆盖各个独立的区块链，因此开发跨链解决方案迫在眉睫。为了应对这一需求，Chainlink 正在积极开发跨链互操作性协议（CCIP）。这是一个安全实现跨链通信的全局开源标准。CCIP 为智能合约开发者提供具有计算能力的通用基础架构，能够跨越公有链和私有链传输数据和智能合约指令。领先的 CeFi 平台 Celsius 宣布将使用 CCIP 跨多个区块链聚合收益。Celsius 的在管资产高达 260 亿美元，并拥有 100 万名用户。

除了 Chainlink，还有 Nest Protocol、Band Protocol 等去中心化预言机。Nest Protocol 是一个去中心化的价格预言机协议，通过设计通证模型来形成链上价格。不同于 Chainlink 通过节点质押来保证数据的安全性，Nest Protocol 试图通过激励，促使矿工和套利者在链上直接博弈出一个准确的价格数据，从而避免传统预言机可能产生的风险。Nest Protocol 通过市场参与者对某个交易对报价生成链上事实，让任何人都可以参与报价挖矿，并获得系统中原生通证 Nest 奖励。每个参与报价过程的用户，都是这个预言机系统中的矿工。在这种机制下，只有正确进行报价，才符合这些矿工的经济收益。如果矿工的报价与市场真实价格偏离较大，那么就给其他人提供了一个套利机会。一旦其他人利用矿工报价与市场真实价格之间的偏差进行套利，就会让报价矿工损失资金。通过这种套利惩罚机制，可以促使参与报价的矿工按照市场公允价格进行报价，从而向报价系统输送真正有效的价格信息。

Band Protocol 同样是一个去中心化预言机，为开发者提供链外数据，与 Chainlink 的工作原理基本一致。对于开发者来说，两者的核心区别在于，Band Protocol 提供的数据获取接口非常简单易用，同时可以支持链上原生资产来支付其费用。Band Protocol 协议内有众多数据集，每个数据集都有对应的通证，数据集通证通过通证池与协议通证 Band 兑换获得。数据提供者需要抵押数据集通证，数据集通证持有者会对数据提供者进行投票，排名靠前的节点才能成为数据提供者。Band Protocol 协议内还有协调者，协调者负责收集数据提供者提交的数据，并将这些数据进行聚合，然后将聚合后的数据发送给数据集内的节点签名，若签名比例达到 2/3 以上，协调者就会将数据上传到链上，供数据需求方调用。完成数据提供以后，系统会奖励数据提供者和投票者数据集通证，奖励大部分会分给数据提供者。和 Chainlink 相似，Band Protocol 也是通过各种直接奖励系统刺激参与者创建可用预言机选项的协议的。

DeFi 作为元宇宙和 Web 3.0 的底层经济系统，在元宇宙和 Web 3.0 中具有重要作用，而大多数 DeFi 项目都需要预言机，其生态系统都需要依靠预言机将链上 DeFi 智能合约连接到链下数据源，以获取商品和加密资产价格等数据。通俗地讲，去中心化预言机便是连接 DeFi 世界与现实世界的桥梁和纽带。在 DeFi 中涉及的借贷、保险、稳定币、去中心化杠杆交易、金融衍生品交易等应用场景，都需要去中心化预言机安全地把现实世界的数据与元宇宙连接起来，帮助智能合约连接现实世界的数据，实现元宇宙与现实世界的数据和价值交互，推动 Web 3.0 发展。

本节描述了在若干金融细分领域中最重要的 DeFi 协议，这些 DeFi 协议也是当前 DeFi 最重要的应用，它们构成了 DeFi 世界的根基，也为元宇宙提供了最底层的经济运行机制。通过阐述这些 DeFi 协议，可以帮助大家更好地理解为什么 DeFi 被称为"金融乐高"，而一个个金融功能又是如何汇聚成为一个完整的金融市场的。当单个的金融职能被智能合约分解，同时以一种更加灵活自由的方式重构的时候，一个 DeFi 的雏形就基本奠定了。然而，市场并非一成不变，一个健康的市场需要用反馈机制来应对变化。这种反馈机制除了价格反馈机制，很大程度上是与其组织形式息息相关的。在本书的第 4 章，我们将为大家介绍元宇宙的治理结构——分布式自治组织。作为数字范式下的大规模合作机制，分布式自治组织将成为公司制之后人类合作模式的新一座高峰。

3.10 DeFi 和 CeFi 的竞争与融合

DeFi 作为元宇宙及 Web 3.0 的经济运行机制和金融科技中最前沿的部分，当其发展到一定阶段的时候，必然会与 CeFi 产生竞争与合作，同时也会引起全球金融监管部门的关注。正如有着"牛市女皇"和"女版巴菲特"之称的伍德认为，DeFi 正在"掏空"银行，导致每年数千亿美元的资金流入 DeFi 中，并认为其正在倒逼传统金融进行改革，以太币将成为互联网的原生债券，其质押收益率将成为金融市场的一个基准收益率。

此外，很多传统金融机构也在加速拥抱 DeFi，并认为这是实现弯道超车的重要手段，其中一个例子是 Block。这家公司最初是作为中小型企业的销售点解决方案而出现的，此后成为给消费者提供比特币访问的企业领导者。自从 2017 年底通过 Cash App 推出比特币购买功能以来，该产品线的收入运行率已增长到 10 亿美元以上。这促进了 Cash App 的货币化、方便用户获取信息和提高应用参与度：Cash App 现在每月有近 4 000 万名活跃用户，多于 2017 年底的 700 万名，这促使竞争对手 Venmo 在 2020 年推出类似的产品作为回应。

2021 年，Visa 也开始在以太坊上使用稳定币进行交易结算。Visa 正在探索如何将 DeFi 网络作为交易结算的基础。Visa 的参与证实了稳定币的增长，稳定币的资产已从 2019 年的不到 10 亿美元增长到 2021 年的超过 1 000 亿美元。

2021 年，世界上最大的超国家银行之一欧洲投资银行（EIB）在以太坊上发行了数字债券。EIB 强调了基于 DeFi 网络的金融服务可能会给市场参与者带来的好处，包括减少固定成本和对中介机构的依赖，提高资本流动性和资产所有者的市场透明度，以及提供更快的结算速度。

Robinhood 是提供加密资产产品线相对较早的推动方之一，于 2018 年推出了 Robinhood Crypto。从那时起，Robinhood 便成为一家由加密通证驱动的公司：自 2021 年初 IPO 以来的两个季度，Robinhood 分别从加密交易中获得了 2.33 亿美元和 5 100 万美元的收入——高于 2020 年第二季度的 500 万美元。自 IPO 以来，Robinhood 的加密通证占基于交易收入的约 40%，高于 2020 年第四季度的 4%。该公司现在持有平台上超过 200 亿美元的加密资产。Revolut 是欧洲最大的新银行之一，也是加密领域的先行者，见证了加密资产的显著增长——其在平台上持有的加密资产于 2020 年增长了 5 倍以上，达到了 7.42 亿美元。

DeFi 的快速发展也与其对优秀人才的巨大吸引力有关，正如尼基尔·特里维迪（Nikhil Trivedi）指出的那样，元宇宙、Web 3.0、DeFi、NFT、DAO 及其产品线团队已经成为吸引优秀人才的磁铁。这在一定程度上是成熟生态系统运作的结果，因为领先的加密原生项目拥有建立强大的工程、财务、运营、法律和业务相关功能的资源。元宇宙、Web 3.0、DeFi、NFT、DAO 对高素质人才日益增加的吸引力从根本上是由其多学科的属性所驱动的。计算机科学、密码学、博弈论、社区建设、经济学、金融、文化、媒体、游戏等，都有极大的创新空间和对个人的吸引力，在吸引跨行业人才方面为与密码学相关的团队提供了重要的支持。在人才争夺战中，DeFi 项目提供世界一流的薪酬，并在当今最广泛和最深入的技术创新领域中占据领先地位。

　　此外，全球的社交平台亦希望通过加密功能和 DeFi 保持领先地位。全球社交媒体平台具有巨大的影响力，触及全球约 60 亿人。他们是现代文化的意见领袖，现在正在嵌入金融服务以更深入地与用户互动，这使他们成为整合 Web 2.0 和 Web 3.0 的最佳候选者。我们开始看到这些集成如何既增强他们的金融服务工作能力，又为实现以前传统金融网格无法实现的新功能创造机会。

　　2021 年，Twitter 宣布其用户可以使用比特币支付小费，这使其成为第一个鼓励使用比特币作为支付方式的主要社交网络。这是一个很典型的案例。比特币的闪电网络是一种建立在比特币之上的协议，旨在实现更快、更便宜的交易，有效解决了以前不支持小额支付的难题。此外，在 2020 年启动测试后，Reddit 正在寻求为社区成员扩展其基于以太坊的通证奖励计划。用户可以通过提交高质量的帖子和评论来获取通证，而这一方法使他们能够衡量社区内的声誉——将结果和货币转化为用户与平台互动的质量。因为它们存在于以太坊上，所以它们可以被用于其他基于以太坊的应用程序。

小费和基于社区的奖励本身是相对无害的，特别是考虑到它们如今的规模很小。然而，它们预示着社会文化与金融之间的界限将不断模糊。笔者在 2018 年发表于《广义虚拟经济研究》上的《广义通证经济的内涵、逻辑及框架》一文中已经指出，关于货币起源的第三种来源假说即礼品赠送，是在"小国寡民"且社会成员相对固定、社群基础比较牢固的情况下，从古典人情社会（或礼俗社会）的礼物逻辑逐步向现代契约社会（或法理社会）的货币逻辑过渡中产生的。

这些早期对加密产品功能的尝试让我们得以窥见接下来的发展，从社区将其文化影响货币化到个人品牌成为可投资资产，这些细微的转变都会促进 DeFi 和 CeFi 的融合，从而带来金融范式的裂变。

近年来，SEC 在"实用型通证"（Utility Token，UT）和"证券型通证"（Security Token，ST）的"二分法"框架下对 DeFi 项目开启了重拳监管。尽管取得了一定效果，但这种不成制度的监管方式遭到了行业诟病。此外，2021 年 12 月 8 日，美国众议院金融服务委员会在国会山举行了以"数字资产和金融的未来：了解美国金融创新的挑战和利益"为题的听证会，在这次听证会上来自加密金融业的代表集体表达了对于美联储、SEC、美国货币监理署（Comptroller of the Currency，OCC）等监管部门的不满，他们呼吁更加公平、透明的监管环境。这些加密金融业的诉求与呼吁在美国众议院听证会得到了认可。DeFi 和 CeFi 的竞争与融合也在不断地推动着全球监管治理的演进。

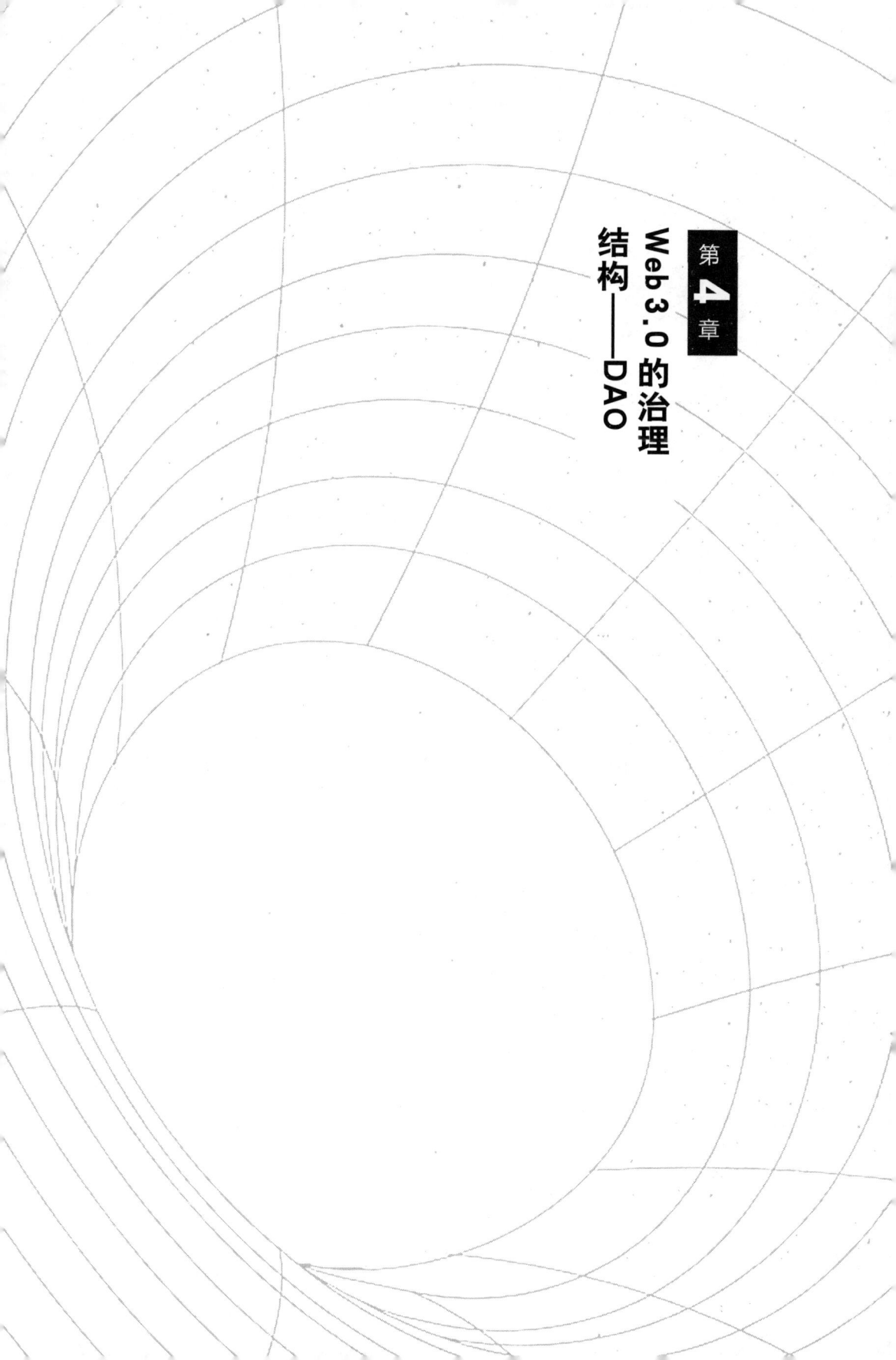

第 4 章 Web 3.0 的治理结构——DAO

社会结构的变化从奴隶时代的游牧到农耕时代的群居，从封建时期的城邦/等级制度到现代的国家/公司体制，都离不开组织架构的搭建与完善，而 DAO 的出现就是来回答数字经济时代这个命题的。"中心化自组织公司"（Decentralized Autonomous Corporation，DAC）这个概念最早由丹尼尔·莱默（Daniel Laimer）在 2013 年提出，他将比特币比作一个公司，比特币持有者是公司股东，公司员工则是比特币的矿工。2014 年，莱默将这一概念落地，创立了 Bitshares。Bitshares 基于区块链技术、具有去中心化属性的全球化交易网络，使用区块链自动操作各种业务，无须人工干预。在 2014 年发布以太坊白皮书时，布特林就提到了基于区块链的去中心化自治组织（Blockchain-based Decentralized Autonomous Organizations），它被视为冲击和革新传统组织架构乃至生产关系结构的燎原星火。正如布特林所言："大多数技术倾向于使边缘化的工人自动地做枯燥的任务，而区块链则自动去中心化。这不仅没有让出租车司机失业，而是让中心化的优步失业，同时让出租车司机直接与客户合作。"如果说 2020 年是属于 DeFi 的一年，2021 年是属于 NFT 的一年，那么 2022 年则是属于 DAO 的一年。随着 DeFi、NFT 和 DAO 等重要组成部分的发展完善，未来十年都将属于元宇宙和 Web 3.0。

2016 年 5 月，"The DAO"作为以太坊上的一组智能合约和第一个 DAO 项目而诞生，其目标是为商业组织和非营利企业提供一种新的分布式商业模式。作为一种组织形式的创新，DAO 改变了过去传统组织管理的形态，没有中央管理员和层级式管理，而是以智能合约的形式实现自治运转。在项目的初创期，"The DAO"取得了巨大的成功，成功募集到了大约1 270万个ETH（市值约1.5亿美元），在当时创下了区块链众筹项目的融资纪录。然而由于"The DAO"尚处于起步阶段，其本身存在的安全问题也愈发明显。2016年6月，黑客利用"The DAO"代码上的漏洞，将近三分之一的ETH资产转移到一个附属账户，"The DAO"在被攻击的几小时内就丢失了360万个ETH，引发了行业对DAO安全性的讨论和反思。

作为元宇宙和Web 3.0的重要组织形式，DAO在2020年开始进入发展的快车道，并在2021年大放异彩。既有的社会生产的主要组织方式是公司制，16世纪航海贸易的快速崛起促使现代公司制产生和发展，英国东印度公司和荷兰东印度公司相继成立，一般认为这是现代公司制度的源头。生产组织形式是社会生产关系的重要组成部分，而社会生产关系则对生产力的发展具有重要的反作用。在数字经济快速发展的当下，公司制已经日益表现出了与生产力诸多不适应的地方。公司制的这些弊端反而为DAO的发展提供了一个契机，在疫情之下，DAO实现了进一步发展。现代经济的全面发展为具有多项比较优势的劳动者提供了机会，使他们可以利用闲暇时间进行劳动，而DAO为数字经济发展范式下在全球配置人力资本提供了坚实的基础，全球数千万劳动者在这种模式下实现了大规模分工协作，这显示出DAO极强的适用性和旺盛的生命力。

2021年7月，美国怀俄明州通过了一项地方法律，宣布允许DAO在此地被承认为一个有限责任公司（LLC）。2021年12月，红杉资本官方账号将简介从"帮助有冒险精神的人创建伟大的公司，从想法到IPO"改为"从想法到落地。我们帮助有胆识的人缔造传奇DAO，从创意到通证空投。让我们一起冲吧！"，这一变动引发了全球的广泛关注。2021 年 12 月，EOS 网络的 17 个主节点通过并执行了一项提案，提案内容为"停止释放 Block.one 账户的 6 800 万枚 EOS 通证"，这意味着 EOS 总流通量的 6%被强制锁仓，二级市场迅速表达了对于 EOS 社区提案的支持——EOS 价格短时间上涨 10%。这个事件在当前的公司制治理范式下是难以想象的。

事实上，在 2021 年 DAO 取得了长足发展，出现了协议型 DAO、投资型 DAO、赠款型 DAO、服务型 DAO、媒体型 DAO、社交型 DAO 和收藏型 DAO 等多种形态的 DAO。DAO 在组织方面的自治性保证了元宇宙和 Web 3.0 在形态上的开放性，与元宇宙和 Web 3.0 的远大前程一样，DAO 也具有极大的发展空间。

4.1 从公司制到 DAO

我们今天非常熟悉的公司制度事实上是人类生产力发展到一定阶段的生产关系和组织形式。在奴隶时代和封建时代，公司制度是不存在的。16 世纪，随着生产力及航海贸易的快速发展，现代公司制度应运而生。在现代公司制度产生之前，尽管存在小手工作坊等商业合作方式，但这种商业组织形式存在一些局限性：第一，缺乏代理人制度，决策往往需要合伙人一致同意；第二，企业与个体资产不隔离，个体承担无限责任，而任何合伙人都有权利要求清算企业。这种企业规则使得集中投资难以长久，它们只能做些如开餐厅、建立作坊的小事，像修铁路、造桥梁、卫星上天这样的资金密集事务根本做不起来。可以说，没有公司这一商业组织形式的出现，人类社会迈出封建社会的步伐将遭受更多阻碍。

相比手工作坊，现代公司制度具有四个主要特点。第一，所有的股东并非彼此认识。在此之前企业几乎都是家族式的，彼此之间有一定的血缘关系，现代公司的股东破除了以前股东身份的限制。第二，所有权和经营权分离，决策权由董事会掌握，这也成为现代职业经理人制度发展的前提。第三，股东承担有限责任，不再像以前一样承担无限责任。第四，公司作为一个独立的法人，具有独立的法人地位，公司以独立的意志进行生产经营，独立承担责任。如此一来，公司扩大了组织范围，增强了组织执行力，降低了投资风险，可以从事更大规模的投资与生产，相较之前变得更加灵活。现代公司制度的发展和完善在释放人类生产力方面起到了至关重要的作用。

然而，随着数字经济的发展和深化，公司制度和生产力发展之间的不适应之处越来越多。第一，公司内部和外部信息不对称导致协同成本高昂。因为公司必然存在不同的层级和部门，不同的层级和部门之间存在着信息不对称的问题，这一问题对于大公司而言尤其显著。第二，公司的资产形态（股票、债券、不动产、无形资产）在法律上都有明确的界定和保护范围，要想改变资产的价值形态，除了法律的限制，还需要付出高昂的市场成本。第三，公司组织结构、权利和义务在法律上相对固化，很难及时对现实情况做出调整和适应，在当下快速变化的市场环境下更是如此。第四，公司承担了一些本不该承担的成本。公司制度下，公司往往与一些特定人员（如董事长、CEO、创始人等）具有强锚定关系，但实际上这类关系可能没有想象中那么紧密。比如，当上市公司董事长本人传出负面消息时，其公司股价往往大跌，但可能并不影响公司的基本面。第五，数字世界的生产与消费是天然跨主权的，但跨国公司的门槛高，跨国协作成本和信任成本都是小团队无法承担的。第六，公司组织的目标下，难以兼顾开源和商业价值，因为公司通过提供服务与产品获得收益，开源基础设施难以为公司产生商业价值，但开源项目又是数字世界得以发展的重要基础。

DAO 的出现和崛起，使得后公司制时代涌现出了大规模商业化的第二条路。DAO 是"Decentralized"（去中心化的）、"Autonomous"（自治的）、"Organization"（组织）的缩写。从字面理解，去中心化即规则制定和执行的去中心化，自治即完全由社区决定自己的规则。

DAO 一般指通过区块链、智能合约、通证经济等重要组成部分建构的分布式组织，参与者有着共同的目标，以链上分布式的形式进行协作，用代码而非法律保障利益关系。DAO 的发展依赖于区块链。基于区块链的智能合约平台保障了代码的可信运行，使得组织规则能够程序化，通过程序设计再将规则的制定权交给社区。通证经济的发展主要体现在对 DeFi 基础设施、通证治理工具及通证机制的探索（如流动性挖矿）上，这些生态应用为 DAO 提供了共识凝聚、社区激励的金融工具。

相比现代公司制度，DAO 具有以下五个特点。

第一，DAO 的组织规则由程序自主运行，组织规则最终的保障是代码而非法律。区块链技术保障程序的去中心化运行，程序规则限制着组织成员。这种事前约束使得 DAO 能在更低信任的模式下形成组织，用户可以匿名、跨国进入组织。

第二，参与者与所有者的身份边界消失，DAO 的参与者一般也是通证持有人。除了参与构建项目所获得的报酬，参与者也能够共享组织发展带来的经济利益，而这种利益上的统一进一步强化了组织共识。

第三，DAO 的信息透明，大部分项目代码开源，任何用户都可以获得组织的全部信息。相较于公司制，DAO 不设置信息门槛，这在最大程度上激励了组织的内部竞争。能力强、获得社区支持的任一参与者将很快占据一个重要位置，并主导业务的开展。如此一来，能力和声誉的效用将有可能最大化。

第四，DAO 是自由开放的，用户可以为多个 DAO 工作，也可以随时退出。当然也有少部分 DAO 设置了进入的筛选门槛，但往往都是早期的项目。这带来两个主要的好处：其一，DAO 间的资源流动比公司更加高效频繁，行业间的信息沟通尤其深入，大大加快了创新和资源配置的效率，使区块链成为发展速度最快的行业之一；其二，用户可以随时进入和退出，有着相同目标的参与者进入组织，对组织路线不满意即可随时退出，这让组织达成共识的速度更快。

第五，DAO 不需要紧密的组织结构，而是去中心化地做出决策。与公司不同的是，DAO 的决策是集体做出的，而不是由 CEO 或高管层做出的，规则的变更与执行一步到位。实际上，拥有一个或预定数量的 DAO 原生通证的成员可以用提案更改智能合约，提出倡议、投资想法等并对其投票，具体方式因 DAO 的不同而不同，从而推动 DAO 发展壮大。

DAO 的理念在上一个周期于行业内被传播，也在 2016 年出现"The DAO"的探索实践。这些早期项目在治理方面进行了许多重要的实验，为现代 DAOs 的出现和发展铺平了道路。早期 DAO 首先解决的是安全问题，因为如果用户担心他们的资金会消失，那么没有哪个 DAO 网络能够正常运行，更遑论增长了。其次，诸如 Tezos 等以太坊竞争对手承诺使用更安全的智能合约编程语言，使开发人员更容易避免"The DAO"的问题。与此同时，在以太坊上也出现了许多实验，比如 Aragon、dxDAO、Kleros 和 Moloch。这些 DAO 实验为这个领域带来了更好的编程标准和全新的通证分发机制。随着安全问题的减少，早期的 DAOs 组织还面临着一个共同问题：它们无法找到一种能够鼓励选民对 DAO 事务高度参与的激励模式。如果没有具有做出明智决策所需专业知识的选民的参与，那么 DAO 治理就会停滞不前。到了 2021 年，随着 DeFi 机制的完善和成熟，以及元宇宙概念的全球普及和 Web 3.0 时代的到来，DAO 作为元宇宙的重要组织结构再一次站在风口浪尖上。

4.2　DAO——Web 3.0 的组织治理结构

开放性和自治性作为元宇宙最重要的核心特征，在治理结构层面需要依靠 DAO 予以保障。DAO 的核心要义在于：第一，通过治理使成员拥有话语权；第二，在扁平化的组织结构下得以建立顺畅的工作流；第三，资源分配合理，得以实现共同目标。这三点换成另一种表述是：第一，DAO 是具有共享任务、目标、观念和资金账户功能的互联网社区；第二，DAO 的组织基础是提交到公共账簿的代码，而不是提交到司法机关的文本；第三，DAO 根据群体优先级分配资金，激励用户群的参与，以及惩罚反社会行为，自下而上，灵活且组织松散。

元宇宙和 Web 3.0 的永续性、开放性和自治性等特征决定了 DAO 是比公司制更加适应其发展的组织方式。2021 年元宇宙概念广为流传，为 DAO 提供了宏大的落地场景，而 DeFi 的发展和相对成熟为 DAO 的广泛参与提供了较为完善的激励机制。比如，DAO 在 2020 年 6 月实现了重要进展，DeFi 借贷协议 Compound 实现了去中心化，该协议的核心开发者将该协议的运营权和所有权移交给了社区。与之前的 DAOs 不同，Compound 的治理 DAO 让社区成员控制该协议的储备资产，这些资产是通过向借款人收取费用产生的。对于链上协议来说，这些现金流（在当时）是协议产生的最高收入。Compound 提出了一个新颖的通证分配模式（即所谓的"流动性挖矿"），旨在既激励协议内的资本（流动性）

增长，又为用户提供更好的贷款定价。该模式将 Compound 的原生通证 COMP 持续地分发给向该协议提供流动性或者从协议中进行贷款的用户。Compound 的每个用户都会立即成为该协议的"股东"，其中一些人成为积极的贡献者和投票者。这些经济激励措施对于控制一些关键参数（比如保证金要求和借贷利率）至关重要。Compound 的分配方式使得由协议用户来控制该协议及协议的现金流的梦想成为现实。由于 Compound 协议有着数十亿美元的资产和抵押款需要治理，一种新型 DAO 的基本设置已经定型——参与者有明确的理由用时间、资产和投票为协议的最佳利益而行动，因为网络的增长和成功可以使他们受益，这将每个用户主观上为实现个人利益、客观上推动集体利益落到了实处。

DAO 将治理通证分配给协议用户，而不仅仅是分配给投资者和开发团队，这为许多新模式的出现创造了一个设计空间。首先是在协议上设计各种激励行动，即所谓的"收益耕作"（Yield Farming）：用户通过借贷、质押或提供其他形式的资产流动性等行为获得奖励，且这些奖励以某种代表了协议本身所有权的通证的形式发放。奖励获得者可以积累该所有权并寄希望于该协议价值的增长，也可以在公开市场上出售该奖励，从而使自己的收益耕作行为产生复利，增加自己的收益。想象一下，如果每次用户存钱的时候，银行都会给用户一小部分他们的股票，那么用户就会更愿意存钱，这对用户和银行都有好处。例如，Compound 的用户可以通过在协议中锁定其资本（即将资产作为抵押品，从而在协议中进行借贷交易），并赚取指定的 DAO 治理通证，从而获得某种形式的收益，即将资产作为抵押品，并在协议中通过借贷进行交易来赚取指定的 DAO 治理令牌，以实现某种形式的收益。通过这种方式，Compound 能够使用 COMP 通证来激励协议增加，并为协议创建一个用户群。这些用户被激励进行投票和为协议做出贡献，这些收益会不断地吸引更多的用户。

当开发者们意识到他们可以通过这种收益耕作的方式来吸引资金到新的 DeFi 协议中时，2020 年整个夏季都在开展一场流动性竞赛，主要通过 DAO 治理通证分发来推动 DeFi 协议的发展。2020 年夏季 DeFi 领域增长的催化剂是 DeFi 收益聚合器 Yearn Finance 的推出。该协议通过"公平分配"（即所有的收益通证都分配给流动性提供者，而不会分配给该协议开发者），将 DeFi 领域的叙事从"由风投资助的项目"转变成了"由社区资助的项目"。当 Yearn Finance 推出并取得快速增长时，许多竞争者推出了该协议的克隆版和山寨版，并承诺对原版进行相应的改进，但更重要的任务是推出新的 DAO 治理通证。Yearn Finance 证明，仅通过治理的承诺就可以引导协议的采用。其使用的"公平分配"的模式，以及使用初始通证分配来瞄准理想未来用户的方式，自那以来已经变得十分普遍。

此外，一些新的协议已经建立在这些激励模式的基础上，以进一步激励用户。一个突出的例子是追溯性空投，即向当前或以前的用户的钱包投递通证，以传播意识、构建（协议）所有权或追溯奖励早期用户。例如，去中心化交易协议 Uniswap 推出的 UNI 通证以追溯性的方式发放给所有曾经使用过 Uniswap 协议的用户。这次空投使一些早期用户获得了价值数千万美元的 UNI。更重要的是，空投和通证发行被证明是一种有效的资本（流动性）保护武器，很快成为寻求获得市场份额的新 DeFi 协议必需的方式。通证发行的增加也带来了治理权利的变化——早期用户不知道他们的参与会为自己带来治理权利，在他们拥有很大一部分协议治理权后，更为去中心化的协议治理得到发展。本部分就 DeFi 如何为 DAO 提供激励、发挥出 DAO 的最大效用做出论述。

DAO 治理的底层基础设施是 Ethereum、Solana、Terra 等，DAO 的治理分为链上治理和链下治理。链上治理是通过智能合约实现去中心化的决策执行，参与者的投票结果将直接影响智能合约，并不受任何主体影响。执行投票的目的是批准或拒绝对系统状态的更改。每种投票类型都由智能合约管理，提案合约是通过编程的方式写入了一个或多个有效治理行为的智能合约，任意 Ethereum、Solana、Terra 等地址都可以部署。通证持有人以投票形式决定是否执行提案，投票通过后自动执行提案程序。在这种治理框架下，项目的治理是完全去中心化的，特征是代码开源、资产自由流动、人员自由贡献、社区投票表决、治理结果执行不受干扰。

然而，链上治理存在一些局限性，因此大部分 DAO 会采取链下治理的方式进行平衡。其局限性主要表现为：第一，速度较慢。链上治理的决策速度较慢，执行风险也会大大增加，从而增加了 DAO 项目开发的难度，限制了 DAO 项目开发的速度；第二，成本较高。链上治理的流程完全上链，需要参与者在链上进行操作，在 gas 费高昂的今天，这种一次投票动辄几百美元 gas 费的模式令用户难以接受；第三，链上不能完成所有事情。链上治理的目标对象只能是链上的代码，具有很强的局限性，有时 DAO 的决策结果不在于修改代码，而有些项目（比如游戏）也并不会把全部代码放在链上，这些是现阶段在链上无法治理的。

一般而言，DAO 会采取相应的链下治理模式予以辅助。链下治理指的是社区通过链下方式实现治理和执行结果，一般会使用各类工具，实现社区与开发团队的权利制衡。具体而言，链下治理的举措包括：

第一，链下投票，投票结果存证上链。以目前最为主流的投票应用 Snapshot 为例，Snapshot 对用户链上投票权的快照得益于区块链数据的开放性，并根据项目治理规则让用户在链下实现投票，大大节省了与合约交互所需要的手续费。同时，Snapshot 会将详细的投票结果报告上传到去中心化存储网络中，从而保证任何人都无法修改投票结果。项目管理团队再根据投票结果执行操作，但这种约束是一种软性约束，需要管理团队遵循投票结果。

第二，社区核心成员通过多签钱包管理社区金库，并公示金库地址，这一过程受社区监督。多签钱包和普通的区块链钱包相似，不同的是，多签钱包设置了多个钱包密钥的拥有者，在执行资金划转任务时需要多个密钥才能顺利转移资金。多签钱包的签名权限往往会发放给3名以上社区认可的团队核心成员，使之相互制约，同时这些成员往往在社区中拥有较高声誉，大部分也会实名认证。目前最主流的多签钱包是GnosisSafe，"GnosisSafe + Snapshot"的治理模式，以这两种工具为治理基础。

第三，社交网络工具实现信息同步。Twitter、Telegram、Discord是DAO所使用的最主要的社交网络工具。虽然讨论组并不直接关系到项目的治理决策，但对于去中心化项目来说，当前去中心化治理中的重要一环即是信息透明和公正性。项目方的沟通渠道直接决定了去中心化治理中信息扩散的透明度，因此也应被视为去中心化治理的重要一环。大部分项目都会同时采用Twitter、Telegram、Discord等社交媒体进行社区沟通。

这些社交应用也在适配区块链DAO组织所产生的新需求。Twitter在开通用比特币支付小费的功能后，表示未来将支持NFT的验证，用户可以更方便地在Twitter上展示自己的收藏。Discord也将对以太坊应用做适应性开发，使得账户可以关联地址。一旦社交应用与通证结合，将产生更加多样的去中心化组织模式。

链下治理并没有完全实现"代码即法律"，而是通过工具辅助、信息公开、核心成员的声誉及通证持有人"用脚投票"（即随时可以将投资转移到其他项目）实现制约。对于大多数的项目来说，目前的社区自治均是通过几个中心化及去中心化组件的协作来达到社区治理的目的的。

一般而言，DAO 项目往往在发展时期更多地采用链下治理，并在产品成熟后改为更为全面的链上治理，把规则制定权交给社区。目前比较完全意义上的链上治理项目，基本上都从以链下治理为主发展而来。2021 年 7 月，MakerDAO 宣布将治理权完全交给社区，并解散核心团队。MakerDAO 从最开始的完全由开发团队控制，到如今完全去中心化治理，治理权的转移也是根据项目发展阶段一步一步进行的。

随着区块链、DeFi、Web 3.0 和智能合约等的发展，链上将承载更多的代码工作，而链上治理的范围也将扩大。展望完全数字化的元宇宙世界，更是如星辰大海一般，未来实现完全意义上的链上治理数字世界也并非没有可能。

4.3　DAO 的现实进展和应用前景

2021 年，A16z 在其官网发布了 Rabbit Hole 的运营负责人本·施克特（Ben Schecter）的文章，该文章认为随着智能合约的发展，大众工作的未来并非指向企业而是指向 DAO，收入的未来是"X-to-earn"。文中有这样的表述："在拥有复杂信息和外围利益相关者的世界中，公司不再适合帮助协调我们的活动。加密网络在参与者之间提供了更好的一致性，DAO 将成为这个新世界的协调层。"这并非空中楼阁和无稽之谈，而是正在发生的现实。随着 DAO 的深入发展，可以把 DAO 应用分为以下若干大类，主要包括：协议型 DAO、投资型 DAO、捐赠型 DAO、服务型 DAO、社交型 DAO、媒体型 DAO 和收藏型 DAO 等。2021 年 DAO 的生态格局如图 4-1 所示。

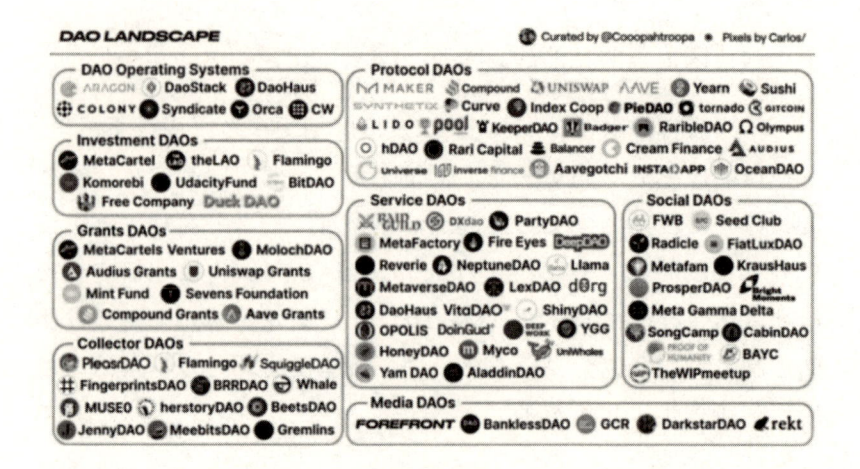

图 4-1 2021 年 DAO 的生态格局

协议型 DAO 的目标就是构建一个协议，大部分 DeFi 都是由其 DAO 支持运营的。以 MakerDAO 为例，其构建了一个由 15 个核心单元组成的复杂结构。每个单元都有任务和预算，由一个或多个协调人管理，协调贡献者以实现 MakerDAO 内的长期目标。此外，每个部门都是一个独立的结构，由自己的条款管辖，但仍然要对 Maker 持有者的治理结果做出回应。大部分 DeFi 社区都可以视为协议型 DAO，包括 MakerDAO、Uniswap、AAVE 等。协议型 DAO 通过发行项目通证，将权利从核心团队转移到社区手中，并为团队提供额外的金融工具。Compound 开启流动性挖矿，将协议手续费收入用于回购销毁通证，并对提供流动性的用户给予通证奖励。因此，治理通证不仅仅代表治理权，还意味着用户可以拥有项目的分红，而且通证发行、流转的机制设计，可以激励参与者为项目贡献流动性、参与度、劳动等。这种特点为项目的启动和发展提供了更灵活的工具。

投资型 DAO 的目标是给社区带来投资收益回报。投资型 DAO 筹集了参与者的资本，汇聚了各方的投资渠道和思考，并共同完成投资决策。尽管投资型 DAO 在国内外面临更多的法律限制,但它的发展表明,任何一群人都可以聚集起来,以更低的门槛对更大型的资本进行投资。协议型 DAO 通证的流行,使得完全上链治理、执行的投资型 DAO 成为可能。随着 DeFi 协议的完善,以及大量协议通证的流行,投资型 DAO 可以做到投资的决策和执行完全上链,并保障参与者的资金安全。BitDAO 作为典型的投资型 DAO,旨在通过集体投资推动 DeFi 的发展。利用 Gnosis Safe 多签钱包和 Snapshot 投票工具实现去中心化治理,用户可以创建提案,并接受通证持有人的投票。通证 BIT 是 BitDAO 的治理通证,BitDAO 由 BIT 通证持有者拥有和管理,只有在提案和投票成功后才会进行相应投资。BIT 的投资回报来自投资项目的收益,以及自身未来开发相关协议的收益。

捐赠型 DAO 是为了社区生态发展而创立的,拨款以支持新的区块链项目,更关注生态发展而非项目回报,这是与投资型 DAO 最大的不同。捐赠型 DAO 是早出现的 DAO,往往会通过治理提议的方式,共同决定如何运用资金。早期捐赠型 DAO 的治理通过不可转让的股权进行,这意味着参与行动很大程度是受社会资本而非金融回报驱动的。捐赠型 DAO 投资的项目大多是基础设施,它们本身对生态发展很重要,但较难捕获其价值。Snapshot、ENS 都是通过捐赠获得开发资金的。目前的捐赠型 DAO 有 MolochDAO、Uniswap Grants、Compound Grants 等。

服务型 DAO 的目标是实现人力资源的全球化配置,让用户可以为开放的元宇宙项目工作。从开发、产品、美术,到治理、营销、财务管理,服务型 DAO 为人才的匹配提供了全渠道,通常以 ERC20 通证作为奖励——即用户所贡献的项目的所有权。服务型 DAO 旨在探索未来的工作模式,以及元宇宙原生的就业形态。目前的服务型 DAO 包括 YGG、Gitcoin 等,它们都搭建了一个去中心化治理平台,组织人们为元宇宙项目工作。YGG 游戏公会是一个典型的服务型 DAO,YGG 游戏公会的核心业务是组织玩家打金，该 DAO 旨在通过投资区块链游戏赚取游戏资产、培养游戏玩家、租赁游戏资产，以及打造、升级元宇宙商业模式，推动创建全球最大的元宇宙经济体。YGG 游戏公会主动管理其社区拥有的资产，以获得最大效用，并与社区分享这些资产的利润。

社交型 DAO 关注的是建立更加多元化的网络社区。社交型 DAO 与聊天社群最大的区别在于，它把社区网友从利益关系上进行了绑定，并且使之共同参与规则的制定。社交型 DAO 的最终目的是聚拢一群具有相同兴趣的人，而且通过通证经济能够更加强化这种网络关系。例如，FWB（Friends With Benefit）是一家目前有 2 000 多位会员的私人俱乐部。加入这个俱乐部不仅要通过严格的身份审核，还需购买接近一万美元的通证作为门票。而当成员持有这些门票的时候，他也就拥有了俱乐部的一部分，相当于项目股东，并且可以参与俱乐部的运营和决策，也可以经常参加会员线下交流沙龙。

媒体型 DAO 的设立旨在制作公开的媒体内容，这使得任何人都可以参与到创作中。媒体型 DAO 往往会设置内容制作的激励计划，并通过去中心化治理决定社区走向。目前的媒体型 DAO 包括 Bankless DAO、Forefront、Media DAO 等。以 Bankless DAO 为例，它是一个开放的媒体创作社区。任何人都可以通过 Discord 加入 Bankless DAO 的服务器，并可以浏览绝大部分信息和历史工作文档。参与协作和会议需要成为会员，而条件是持有一定数量的 Bank 通证。Bankless 在社交工具 Discord 上建立组织，其成员在 2021 年四季度大约有 8 000 人，当前共形成了 13 个公会，分别是写作、财务、翻译、研究、运营、市场、法律、教育、设计、商务开发、开发、视频和数据分析公会。所有的工作都是成员通过数字工具协作完成的，主要的讨论发生地是 Discord，讨论中形成的共识和结论及工作事项会被放入消息栏中，由社群共同维护并跟踪工作状态。任何成员都可以参与到任何工会的讨论中，并且几乎所有的工作文档和会议纪要都是完全向社区公开的。

收藏型 DAO 的创立目标就是收藏 NFT 数字艺术品，并把艺术家、爱好者、平台、作品黏合起来，创造数字艺术的长期价值。随着 NFT 数字艺术资产逐渐被大众接受，Twitter 等主流互联网应用也开始兼容这种资产形式，NFT 走入主流市场中，收藏者 DAO 出现了，其目的在于：收藏具有长期价值的 NFT、孵化新锐 NFT 艺术家、建立爱好者们交流讨论的平台，以及降低 NFT 投资的门槛。目前的收藏型 DAO 包括 WhaleDAO、MeetbitsDAO、PleasrDAO 等。

面对"谁来制定元宇宙的规则""如何执行元宇宙的规则"这类深刻命题，DAO 给出了一个行之有效并且可以迅速落地的解决方案。元宇宙作为一个庞大的数字平行世界，必然需要设置合理的规则秩序。如果互联网巨头能随意屏蔽内容，游戏公司能随意修改规则甚至停服销号，而运行规则可以按照相关公司偏好调整，那么这样的元宇宙就无法承载人类对数字平行世界的巨大想象。治理规则制定的开放性与执行的不打折扣，是推动元宇宙发展最关键的问题之一。

DAO 最打动人的地方是将治理权完全交给社区、通证持有人及其他参与者。无论比特币、以太币，还是 DeFiDAO、投资型 DAO，其可靠的原因不仅在于区块链实现了"代码即法律"，还离不开 DAO 拥有完全意义上的用户自治权。用户知道这些应用的程序规则，特别是数字产权的规则，这些规则不会随意变更。规则变更的权利属于社区，属于通证持有人，属于矿工，而任何人在既定规则下都能成为通证持有人和矿工。

DAO 治理权保障了数字资产的产权。正是因为区块链将规则制定的权利交予社区，参与者才能够参与到规则的制定中，链上资产才得到了保障。如果说区块链技术保障了"代码即法律"，那么 DAO 就拥有着自治权。尽管大部分用户不会长期参与到治理中，但因为他们掌握着治理权，这就相当于他们与开发者形成了制衡关系，规则便不能任意修改，而这意味着他们真正拥有了数字产权。如果用户没有治理权，那么所谓的"数字资产"是能通过修改规则被随意剥削的。数字资产成立的条件不仅仅是可信账本，更重要的是可信规则、社区共治。而这一切 DAO 都已经实现，或者说正在实现。

那么如何创建一个 DAO 呢？一般而言，创建一个 DAO 分为五个步骤。第一，建立使命。使命对于一个 DAO 而言，具有至关重要的作用。比如，Gitcoin DAO 的使命是做基金公益，Pleasr DAO 的使命是收集文物，Bankless DAO 的使命是让 10 亿人从传统金融加入加密金融，FWB 的使命是创建终极社交俱乐部。第二，建立社区。这是最难的一步，如何构建社区？社区需要什么样的参与者？参与者需要采取什么措施才能加入社区？这些都是需要考虑的问题。第三，创建一个社区共享所有权的金库，它使 DAO 拥有更高价值。社区金库关乎社区如何协调和部署资金以实现使命这一问题。虽然每个 DAO 都不同，但确定引导资金库的方式是重要的一步。第四，实现治理。在 DAO 中，治理是成员的义务。参与讨论、提案和提交投票是至关重要的任务，唯有完成这些任务，才能使 DAO 向前发展。现阶段实现治理的方式主要有两个——链上治理和链下治理。链上治理主要围绕通证投票展开，而链下治理则是讨论论坛帖子，最终形成正式的链上治理投票。治理的主要工具有 Snapshot（通证投票）、Tally（通证投票和治理聚合器）、Discourse（论坛讨论）、Boardroom（治理聚合器）及 Messari Governor（治理聚合器）等。第五，分配所有权。这是用户代表成员资格访问和对治理决策进行投票的方式。实现所有权的工具主要有 Coinvise（ERC20s）、Mirror（NFT 众筹）等。

人类历史上最伟大的革新从来都不是一个创新型的产品或者公司，而是孵化产生创新型产品和公司的土壤和制度。现在公司制已经表现出诸多与生产力发展不相适应之处，而 DAO 正是孕育更多伟大项目的土壤。就目前而言，毫无疑问的是，DAO 将和公司制长期共存，但 DAO 会呈现逐步扩张的趋势，公司制会呈现逐步紧缩的趋势。一消一长，一枯一荣，一个属于 DAO 的时代正在来临。

4.4　DAO 和 DeFi 2.0

DeFi 的发展速度如此之快，以至于在 2020 年的 "DeFi 之夏" 崛起的 DeFi 1.0 的龙头项目，到了 2021 年下半年已经不再动不动拉出一个大阳线。DeFi 的锁仓量不断创下新高，DeFi 的理念日益深入人心，并成为元宇宙和 Web 3.0 的底层经济模式。我们见证了一个风起云涌的 DeFi 时代。DeFi 采用的流动性挖矿模式，引爆了整个加密领域，也改写了金融的历史。但随着流动性挖矿模式的进一步演进，人们逐渐发现了流动性挖矿的弊端。这种短期激励模式会导致一些流动性提供者对项目和协议过度开采，甚至让项目加速走向消亡，进入"死亡螺旋"。在这种行业背景下，为实现更高的流动性而开发的 DeFi 2.0 应运而生。

"DeFi 2.0" 这一术语最早在 2021 年下半年由 Alchemix Finance 匿名开发者 Scoopy Trooples 提出，Scoopy Trooples 强调了建立在第一代 DeFi 协议（如 MakerDAO、Uniswap、Compound 和 Yearn）所创造的从 0 到 1 创新基础上的第二代协议，并且将其称之为 "DeFi 2.0"。DeFi 2.0 的核心是流动性挖矿设计的创新，这种创新通常指的是协议拥有自己的流动性，而不是像 DeFi 1.0 那样通过流动性挖矿激励机制暂时租用流动性。

DeFi 之所以能成为 DeFi，除了以太坊等底层公有链基础设施，最重要的是需要提供流动性。这是 DeFi 能够运行的前提，也是支撑其生命的血液。这也是 2020 年夏天，Compound 推出流动性挖矿之后引爆整个市场的重要原因。随着实践的展开，人们看到了 DeFi 1.0 的弊端，短期的激励模型只会鼓励流动性提供者短期的行为，增发的通证进入流动性提供者手中。在不少情况下，流动性提供者并没有跟协议形成长期的互利合作关系。流动性提供者随时可以撤退，给协议留下一地鸡毛。

为解决这个问题，Olympus DAO 首先提出了"POL"（Protocol Owned Liquidity）的概念，也就是协议控制的流动性，甚至还推出了"流动性层"的服务，专注于为 DeFi 项目提供流动性基础设施层。不同于 DeFi 的流动性挖矿模式，Olympus DAO 的核心之一在于 POL，也就是协议控制价值，这改变了它跟流动性提供者之间的关系。Olympus DAO 将资金流向协议，而不是团队。协议使用这些早期支持者的资金提供流动性。Olympus DAO 向参与者发行折扣价格的 OHM 通证（债券），获得流动性提供者的通证头寸，从而捕获流动性。Olympus DAO 的财库掌握了流动性，虽然其 OHM 在增加，但其债券销售越多，其掌握的流动性也越大。协议捕获的流动性不是由流动性提供者自由掌控的，而是由协议来控制的，这意味着不会产生流动性突然消失的"Rug Pull"（资金逃跑）状况，从而保证了参与者退出的可能性。同时，协议参与流动性提供，成为做市商还可以获得交易费用收入。截至 2021 年 10 月底，Olympus DAO 获得超过 1 000 万美元的费用收入。

更好的流动性，可以提升参与者持续参与的信心，不用担心突然有一天流动性完全消失。早期 DeFi 挖矿时代"Rug Pull"很常见，使很多参与者损失惨重。当然，它并非完全无风险，只是相对来说要比之前的流动性支撑度更好些。随着 Olympus DAO 的成功，现在各个链上的类似项目已经多达十来个，风险会越来越高，Olympus DAO 的模式并不能保证没有"Rug Pull"。同时，对于 Olympus DAO 来说，也可以将其通证 OHM 嵌入更多的协议中，从而形成更多的应用场景。对于这种方法，甚至有项目提出了流动性即服务（Liquidity-as-a-Service，LaaS）的概念。

另一个迭代了流动性挖矿概念的协议是 Tokemak。Tokemak 专注于通过去中心化的做市协议在 DeFi 中创造可持续的流动性。在 Tokemak 中，每个资产都有自己的池子，称为反应堆（Reactor）。其中，协议通证 Toke 被用来引导流动性。流动性提供者只向一个专门的反应堆提供一种通证，而 Toke 持有者则成为流动性引导者，决定流动性应该流向哪里。这种设计使流动性的获得变得民主化，并为流动性提供者和流动性引导者提供了激励。在成功引导其 ETH 和 USDC 创世池的流动性后，Tokemak 社区现在已经开始对将启动反应堆的项目进行投票。很快，这些反应堆资产将与创世池的资产配对，并在 DeFi 上部署。

对于 Tokemak 协议来说，其长远目的是构建一个在没有第三方参与的情况下提供流动性和做市的服务机制。它的方式是通过其在流动性提供服务中积累价值，然后将这部分价值转化为流动性。当然，前提是它有足够的网络效应，在这个过程中积累足够的价值，一旦价值突破临界点，它有可能产生类似黑洞的效应。当然，在达到临界点之前，它会经历很多阶段，突破临界点并不是那么容易的事情。

DeFi 的去中介化模式往往需要提供超额抵押的资产。这里存在资产效率低的情况。Abracadabra 模式与 MakerDAO 类似，都是超额抵押资产以生成稳定币。不过与 MakerDAO 不同的是，Abracadabrao 抵押的资产是带有收益的资产，对于抵押资产的用户来说，这相当于提高了资金的效率，因为这些抵押资产本身还在获得收益。这些带有收益的资产包括 yvYFI、yvUSDT、yvUSDC、 xSushi 等。超额抵押这一类资产可以生成其稳定币 MIM，除了提高资金的利用率，还降低了清算的可能性，因为这些抵押资产会增加价值。这是一类基于用户需求的创新型项目。

由于 DeFi 2.0 存在大量的"DAO to DAO"组合，其承担更大的可组合性风险。例如，Abracadabra 这样的协议，一旦抵押资产的协议出问题，那么，它本身也会出问题。因此，我们在看到其优点的同时，也要看到其潜在的风险。此外，DeFi 2.0 并不能保证没有"Rug Pull"，在没有形成自身的可持续流动性之前，风险无处不在。因此，不要被 DeFi 2.0 的概念所迷惑，这里同样充满极高的风险。

DeFi 的基础设施不仅包括以太坊等公有链，以及 DEX、借贷、衍生品等基础"乐高积木"，还包括支撑这些模式的流动性，流动性本身也是 DeFi 可持续发展的重要基础设施层。DeFi 2.0 的核心就是要将流动性变成 DeFi 的基础设施层，在这个基础上，让 DeFi 可持续发展。从这个角度看，DeFi 2.0 是 DeFi 本身必然的演化趋势。DeFi 就像生命体，它需要不断成长，并完善各个部分，最终才可以造就不依赖于任何中介的可自我增强且可持续发展的技术演化趋势。

DeFi 2.0 似乎是一个暂时性的叙事，但其背后的核心概念不会轻易更改，即使 DeFi 的流动性挖矿更具可持续性，整个市场的流动性更为充沛，当前甚至涌现出了一些号称 DeFi 3.0 的项目。新的 DeFi 协议将找到吸引持久流动性的方法，而不会陷入用流动性挖矿奖励补贴用户的无休止循环中。DeFi 2.0 的是非功过还有待评说，但几乎可以肯定的是，DeFi 2.0 为实现元宇宙提供了更高的金融效率，这将为元宇宙的发展助力。

4.5 登堂入室——DAO 的监管实践

自 2021 年下半年开始，SEC 加大了对 DAO 项目的审查力度，其中最为重要的原因莫过于 SEC 现任主席加里·根斯勒（Gary Gensler）已经基本做到令行禁止了。2021 年 7 月，SEC 对 DeFi 的龙头项目 Uniswap（社区治理已经 DAO 化）进行审查，其后 Uniswap Labs 宣布限制 app.uniswap.org 前端对 129 种通证的访问，这些通证大都归于通证化股票、期权和衍生品的范畴。Uniswap Labs 给出的理由是"监管情况不断变化"。2021 年 8 月，SEC 指控 DeFi Money Market 采用欺诈手段发行了未经注册的证券，其中包括协议治理通证 DMG。这正是监管日益严峻的印证。

Uniswap Labs 限制了 app.uniswap.org 的一些功能。如果监管限制了 DAO 协议的前端，那么还可以使用相应应用程序吗？Uniswap Protocol 是以太坊上完全去中心化的免许可智能合约，app.uniswap.org 是 Uniswap Labs 拥有的指向 Uniswap 接口的 IPFS 托管域名。Uniswap Labs 有权在其网站设置一些权限，但这并不意味着 Uniswap 没有去中心化。用户依旧可以通过去中心化（uniswap.eth.link）的手段访问 Uniswap 协议，而非 Uniswap Labs 所管理的 app.uniswap.org。uniswap.eth.link 由去中心化域名 ENS、去中心化存储 IPFS 和中心化接入口（eth.link 或 cloudflare）组成，我们可以通过它在任一浏览器中访问 Uniswap 去中心化前端。如果 app.uniswap.org 因监管受限，那么我们完全可以通过 uniswap.eth.link 使用 Uniswap。在目前的 DAO 生态中，由于在日常生活中大众大多使用传统互联网进行冲浪，因此大多数 DAO 协议仍然在使用中心化前端。虽然这在一定程度上降低了 DAO 的门槛、提升了用户体验，但也打开了监管 DAO 的敞口。

由于 DAO 具有开源透明、去中心化和安全的性质，通过代码塑造的加密资产想象力更加丰富。因此，除了加密货币市场，DAO 资产的衍生品市场也在被开发者们不断发掘。DAO 体量的增长也在一定程度上影响了传统金融市场。但随着衍生品市场扩张，以及一些产品的推出，传统资产已经感受到了来自 DAO 世界的威胁。股票、期权和金融衍生品等的通证化一直牵动着金融监管敏感的神经。除了以太坊上众多金融衍生品、合成资产协议，随着多链发展，更多金融衍生品、合成资产协议被部署在了低 gas 费、高扩展性的公有链上，甚至 CEX 也开始推出对应的通证化股票，支持"7×24×365"小时交易。

SEC 对加密金融业的监管框架，基本上沿袭了 SEC 前任主席杰伊·克莱顿（Jay Clayton）的实用型通证和证券型通证的"二分法"。按照克莱顿的描述，他所见过的通证，除了比特币，基本都是 ST。SEC 现任主席根斯勒在上任前曾在麻省理工学院教授区块链与加密货币课程，并发表了很多有关加密金融的言论，因此在上任前被全球加密金融业寄予厚望。然而根斯勒上任后，一是没有推动加密金融业的制度改革，使之仍停留于克莱顿的"二分法"框架之中；二是在执行层面加大了打击力度，以"运动式"的方式对 DeFi 龙头 Uniswap 和公有链龙头 Terra 等项目进行了审查，但又难以以清晰的监管规则指出这些项目存在的具体问题。这些都构成了加密金融业对 SEC 的不满。Terra 公有链上的 Mirror Finance 目前的服务范围已经涵盖美股的各支股票，并在合成美股交易领域处于领先地位。虽然用户无法从合成美股中获得分红，但可以享受 DeFi 所带来的红利——不受地域限制地访问需要 KYC 的优质资产。Solana 上也出现了许多金融衍生品协议。来自瑞士的金融工具通证化公司 Digital Assets AG（DAAG）也在其上推出了通证化股票，不过该产品目前只对 FTX 用户开放。然而 2022 年 Terra 的全面崩溃又似乎论证了这一监管方式的合理性。

目前，根斯勒在任内推动的一件大事是推出了比特币期货ETF，但现在越来越多的来自加密金融业的声音质疑，SEC 为什么一直不发行价格发行效率更高的比特币现货 ETF。SEC 给出的答复还是万年不变的"可能存在欺诈和市场操纵的问题"。随后，加密金融业又给出证据，SEC 的这些担忧在美股市场同样广泛存在，"欺诈和市场操纵"本身就是一个带有强烈主观判断的命题。既然 SEC 按照证券行业的标准对 ST 进行监管，那么 ST 也应该获得与证券行业相同的地位。

事实上，已有一些来自 SEC 的声音提出要推动加密金融监管治理改革的方案。其中具有代表性的是 SEC 委员海丝特·皮尔斯（Hester Peirce）提出的《通证安全港提案》。该提案提出了三年宽限期，建议允许加密初创项目满足一定条件时可筹集资金，以资助其开发工作，而不会违反《证券法》。具体需要满足的条件包括需披露源代码、网络交易激励、通证经济学、网络发展计划、此前的通证销售及出售通证的重要性等，并需要每隔 6 个月进行一次披露，直到三年宽限期结束。另外，还需在三年宽限期之内、网络趋于成熟后提交退出报告。

2021 年 12 月 8 日，美国众议院金融服务委员会在国会山举行了以"数字资产和金融的未来：了解美国金融创新的挑战和利益"为题的听证会。商业银行在这次听证会中多次被提到，俨然成为"低效率"和"具有监管特权"的代名词。比如，Circle CEO 杰里米·阿莱尔（Jeremy Allaire）在回应众议员亚历山大·奥卡西奥-科尔特斯（Alexandria Ocasio-Cortez）稳定币在数字资产生态系统中所扮演的角色时表示："稳定币比传统银行系统更快，这使它具有优势，我认为这是必不可少的。"再如，担任 FTX 创始人兼 CEO 的弗里德在回应众议员汤姆·埃默（Tom Emmer）时表示："加密货币在为无银行服务或银行服务不足的个人提供金融服务，提出了非中介化的既定目标。传统跨国汇款速度慢、成本高，而加密货币可以将那些未能获得足够银行服务的人群纳入金融系统，提供速度更快、成本更低且更平等的转账方式。"又如，BitfuryGroup CEO 布鲁克斯在回应众议员布莱恩·斯蒂普（Bryan Steil）时称："最低余额限制、每月账户维护费及类似的要求，导致个人银行存款不足，稳定币发行方则没有这些要求。"布鲁克斯在回应众议员泰德·巴德（Ted Budd）担心这个"保姆国家"（指美国）对加密货币实施了太多规则时称："美国的独特之处在于对银行的监管体系是分散的，建议美国利用现有的监管机构将当前的规则应用于加密货币，而不是让一个单一的监管机构监管整个行业。"

此外，加密金融在普惠金融方面的推动作用也使得其占据了道义上的制高点。FTX 创始人弗里德在听证会上指出："加密金融可以帮助解决美国国会已经确定的许多问题。当查看美国乃至全球没有银行账户的人数时，我们就会发现传统金融系统并不适合所有人。而加密资产确实提供了一种解决这些问题的方法，并且可以让人们更轻松、更便宜、更快捷、更公平地做他们需要做的事情和管理他们的财务生活。"2018 年 4 月，世界银行发布的《2017 全球普惠金融指数报告》显示：全球普惠金融程度加深，但仍存在不同国家人群间差距广泛存在、17 亿成年人无金融账户及全世界 19.52%的金融账户不活跃等问题，数字技术具有促进全球普惠金融深层次发展的较大潜力。事实上，传统金融存在的所有问题，正是加密金融存在的理由，也是加密金融业论证其合法性和合理性的重要依据。全球央行持续放水，而这些流动性大部分流到了富裕阶层，事实上进一步加剧了贫富分化。当前美联储的"Taper"和可能出现的加息，也仅仅是在边际的角度减慢放水的步伐。现代货币金融体系的构成和运行方式已经决定了放水是一件不能停的事情，各国央行要做的仅仅是调控放水的节奏。在这种背景下，传统金融业和金融监管部门对加密金融的打压，都会被视为维护既得利益的"保守主义"行为。事实上，DeFi 就像一个

"反脆弱性系统",在每次被打压后都会呈现更猛烈的反弹,以完成对前期错误定价的修正。

  Web 3.0 数据分析项目 Chainalysis 通过按人均购买力平价（Purchasing Power Parity，PPP）加权收到的链上加密货币价值、转移的链上零售价值、P2P 交易所交易量这三个指标构建了 DeFi 采用指数，并根据 2019 年第二季度到 2021 年第二季度的数据对全球 154 个国家进行排名，前 20 名分别是越南、印度、巴基斯坦、乌克兰、肯尼亚、尼日利亚、委内瑞拉、美国、多哥、阿根廷、哥伦比亚、泰国、中国、巴西、菲律宾、南非、加纳、俄罗斯、坦桑尼亚、阿富汗。在我国 2021 年下半年开始执行严格的加密金融监管政策后，这一数据很有可能发生变化。Chainalysis 对各细分指标进行了分析，认为存在"金融抑制"问题和缺少科技巨头的发展中经济体对 DAO 有更大的需求：存在"金融抑制"问题，则意味着垄断金融市场的传统势力——商业银行、证券公司等金融机构不够发达；缺少科技巨头，则意味着没有"新垄断主义"的压制，DeFi 更容易实现发展。2021 年，非洲大陆和南美大陆对加密金融的热情前所未有，毫无疑问的是，加密金融会对普惠金融起到巨大的助推作用。DAO 和传统组织方式的竞争与融合也在不断地推动着全球监管治理的演进。

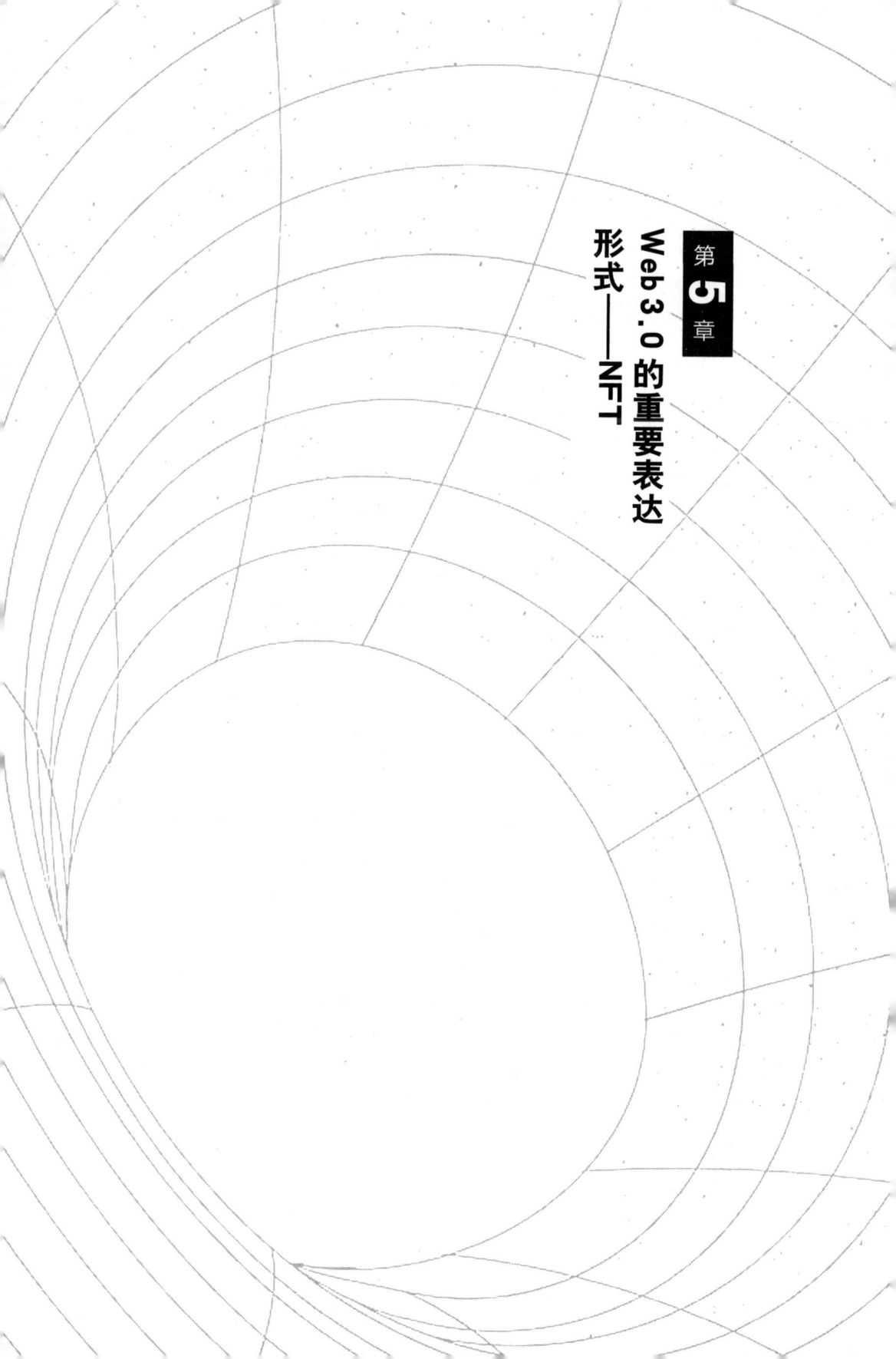

第 5 章
Web 3.0 的重要表达形式——NFT

如果说 2020 年是属于 DeFi 的一年，那么 2021 年则必然是属于 NFT 的一年。NFT 于 2015 年首次亮相，2017 年首批项目启动，并于 2021 年快速成长。NFT 是一种记录在区块链里，不能被复制、更换、切分的，用于检验特定数字资产真实性或权利的唯一数据表示，可以理解为是独一无二的加密数字产品。2021 年上半年，NFT 总市值为 25 亿美元，2021 年 7 月，NFT 销售额就飙升至 15 亿美元，同时 NFT 项目 CryptoPunks 的#2140 和#5217 分别卖出 1 600 ETH 和 2 200 ETH 的天价。此外，元宇宙游戏中的 NFT 迎来爆发式增长，*Axie Infinity* 的游戏平均日收入超过《王者荣耀》，并持续迅速增加。这些令人兴奋的数字，将 NFT 的故事推向了高潮。

与此同时，许多 non-crypto 的 NFT 项目也在以极快的速度落地，路易威登、巴宝莉、保时捷、可口可乐、梅西、库里、周杰伦等品牌及明星都在推出自己的 NFT 产品。再看国内大厂，前有阿里巴巴的蚂蚁链推出的敦煌 NFT 皮肤，后有腾讯基于联盟链推出的 NFT 平台幻核，这无疑为 NFT 做了一次更主流的社会推广。当 Web 2.0 时代的一切都可以通过复制粘贴，得到无数份拷贝时，用户看似拥有很多数字资产，其实并未拥有这份资产所有权。而 NFT 则通过区块链为获得这个所有权提供了有力的工具，明确了数据资产所有权，使之可以永久保存并且独一无二。随着元宇宙概念深入人心，NFT 作为元宇宙的重要表达形式，未来不可估量。

5.1 NFT——DIY 元宇宙的"利器"

NFT 作为元宇宙的重要表达形式，在 2021 年取得了爆发式的增长。NFT 概念的产生由来已久，按照时间可以划分为四个阶段。其中第一个阶段为 1993—2014 年的概念前身阶段，第二个阶段为 2015—2017 年的实验出现阶段，第三个阶段为 2018—2019 年的回归建设阶段，第四个阶段为 2020 年至今的发展热潮阶段。

第一个阶段为 1993—2014 年的概念前身阶段。关于 NFT 的概念及其前身可追溯至 1993 年的加密交易卡（Crypto Trading Cards），其表达形式依托于加密学和数学的呈现形式，然后随机排列组成一个系列的套卡，哈尔·芬尼[1]（Hal Finney）将其定义为"加密卡"。

2012 年，第一个类似 NFT 的通证彩色币（Colored Coin）诞生了。彩色币由小面额的比特币组成，最小单位为聪（Satoshi）。虽然彩色币在设计上存在着很多缺陷，但是彩色币通过链上的备注实现多种资产的象征，展现出了现实资产上链的可塑性，这奠定了 NFT 的发展基础。

真正推动 NFT 出现的是 2014 年创立的 Counterparty，其创建的 Rare Pepes 将热门的 Meme 型通证悲伤蛙做成了 NFT 的应用。"Meme"被翻译为"模因"，其实就是一种表情包、一张图片、一句话，甚至一段视频、一个动图，可以简单理解为我们熟

---

[1] 哈尔·芬尼是第一个收到中本聪比特币的资深密码学专家，比特币先驱。

知的"梗"。

第二个阶段为 2015—2017 年的实验出现阶段。代表性的项目为 2015 年的集换式卡牌游戏（Trading Card Game，TCG）——*Spells of Genesis*。以卡牌收集为主要玩法之一的 TCG 天生适合 NFT，2015 年上架的 *Spells of Genesis* 就将"有史以来第一款基于区块链的手游"作为招牌，把游戏的经济系统与区块链技术结合到了一起。

到了 2017 年 6 月，世界上真正意义上的第一个 NFT 项目 CryptoPunks 诞生，并最早启发了 ERC721 标准，它通过改造 ERC20 合约发行通证，生成了 10 000 个完全不同的 24×24、8 位元风格像素的艺术图像，开创性地将图像作为加密资产带入了加密金融领域。2017 年 10 月，Dapper Labs 团队受到 CryptoPunks 的启发，推出了专门面向构建 NFT 的 ERC721 标准，并且随后在 ERC721 的基础上推出了一款叫作 *CryptoKitties* 的游戏，每一只数字猫都独一无二，其价值不可复制。加密猫这类在价值塑造的呈现方式上面的创新，使得 *CryptoKitties* 迅速走红，并成为市场的主流，曾占据以太坊网络 16%以上的交易流量，导致以太坊网络出现严重拥堵，转账交易延迟、无法转账等情况。

第三个阶段为 2018—2019 年的回归建设阶段。NFT 项目在 2018 年初经历了一个小的炒作周期后，开始进入建设阶段，推出了一个 NFT 市场追踪平台，并整合了"非同质化"这个术语作为其主要术语来描述新的资产类别。在这种背景下，数码艺术平台应运而生。Opensea、SuperRare、Known Origin、MakersPlace 和 Rare Art Labs 都建立了用于发布和发现数字艺术的平台，而 Mintbase 和 Mintable 开发了一些工具，帮助普通人轻松地创建自己的 NFT。此外，数字世界扩展、交易纸牌游戏、去中心化域名服务等其他实验也陆续兴起。

第四个阶段为 2020 年至今的发展热潮阶段。自疫情在全球蔓延之后，以美联储、欧洲央行为代表的各国央行选择了通过发放货币来刺激经济的手段，这也助推了科技类风险投资的高估值。更多投资人在风险投资上变得更为激进，进而将目光投向看似蓝海的领域，FLOW、WAXP 等主打游戏的公有链崛起，NFT 与 DeFi 的结合实现了 GameFi——NFT 迎来了属于它的春天。数字艺术家 Beeple，也就是迈克·温克尔曼（Mike Winkelmann），从 2007 年开始每天创作一张图片，最终把 5000 张图片拼接成一个 316M 的 JPG 文件，并将其作为 NFT 出售。这个耗时 14 年创作的作品——*Everydays：The First 5000 Days*（《每一天：前 5000 天》），最终以 6 934 万美元的价格在著名拍卖平台佳士得上卖出。

Beeple 创纪录拍卖后，锡安·威廉姆森（Zion Williamson）、村上隆、史努比、Eminem、爱德华·斯诺登（Edward Snowden）、帕丽斯·希尔顿（Paris Hilton）、姚明、斯蒂芬·库里（Stephen Curry）等人纷纷通过各种 NFT 平台发布了 NFT，再一次将 NFT 推向大众视野。2021 年 12 月，艺术家 Pak 的项目 *Merge* 在 NFT 交易平台 Nifty Gateway 公开发售，最终总成交额近 9 181 万美元，成为新晋的史上最贵 NFT，更跻身全球在世艺术家作品成交金额的第三位。

2021 年中，以 NFT 为重要表达形式的 GameFi 全面崛起，*Axie Infinity* 的销售量暴涨。CryptoSlam 数据显示，截至 2021 年 8 月 7 日，NFT 游戏 *Axie Infinity* 累计交易量突破 10 亿美元，在 NFT 市场中按成交量计算位列首位。*Axie Infinity* 的迅速上涨带动整个 NFT 市场板块的快速发展。随后，Sandbox、Decentraland 等中的 NFT 接过接力棒，以土地作为主要资产进行 NFT 的售卖。到了 2021 年 11 月，SpaceX 和特斯拉创始人埃隆·马斯克（Elon Musk）的妈妈——梅伊·马斯克（Maye Musk）创建的元宇宙游戏 *RACA* 开始快速发展，元兽（Metamon）和土地等 NFT 受到市场追捧，并提出了 2022 年构建公有链 USM 的布局。

2021 年，全球 NFT 的总交易额突破 230 亿美元，不少科技巨头（腾讯、支付宝、Mega、微软、Twitter 等）、一众传媒平台（《时代》杂志、CNN、Vogue 等）、众多消费品牌和大 IP 方（Nike、欧莱雅、可口可乐、麦当劳、迪士尼、索尼等）、一些文体领域明星和部分政商界人士纷纷购买、发行或布局 NFT。NFT 从最初的在小范围内影响藏品领域，到为创作者经济赋能，再到更广域消费级别上改造粉丝经济和品牌市场关系，其辐射半径逐步扩大。

如果按照功能，则 NFT 可以分为基础设施、艺术、收藏品、元宇宙游戏、元宇宙房地产、流媒体、出版、公共事业、DeFi+NFT、开发工作室和 DAO 等不同的赛道。

现阶段 NFT 的基础设施是生成 NFT 的公有链。目前，以太坊仍然是领先的 NFT 区块链基础设施，因为以太坊承载的项目数量最多、质量最高。其专注于 NFT 的公有链 WAX、Flow，专注于 NFT 的 Layer2 解决方案 Immutable X，新兴的公有链 BSC、Solana、Polygon 也在其中扮演着重要角色。

NFT 艺术通常被称为"Cryptoart"，是增长最快的 NFT 细分市场之一。画家、设计师、音乐家等通过区块链铸造 NFT，以便更好地促进销售。其代表性项目为 SuperRare、Rarible、Pixlr Genesis 等。

SuperRare 是一个由区块链支持的艺术创作者和收藏者的社交网络平台。创作者可以创建数字艺术品，并在以太坊上对其进行标记。通过智能合约，收藏家可以购买和交易艺术品，其版税可归还给创作者。

Rarible 是一个供用户铸造、销售和创建收藏品的开源的、非托管的平台。任何用户都可以创作和展示自己的艺术品，也可以用以太币购买艺术品，进行收藏。用户拥有 NFT 的所有权及知识产权。买家和卖家可以在 Rarible 上以几乎可以忽略不计的成本进行交易。Pixlr Genesis 由全球最佳线上图像编辑器之一 Pixlr 开发，旨在建立世界上最大的分布式虚拟博物馆，目标是与卢浮宫、MoMA 和美国国家美术馆相媲美。

Pixlr Genesis 生态系统包括五个模块："画廊""拍卖""铸造""杰作""社区"。自上线以来，Pixlr Genesis 发行了 10 000 个中的 2 000 个独特的、由 AI 演算法生成的 NFT "通行证"。从艺术收藏的角度来说，每个"通行证"都代表着一件独一无二的艺术品；而从艺术展示的角度来说，"通行证"代表着可以将自己的 NFT 艺术品展示在数字博物馆中的权利。此外，Pixlr Genesis 还将支持艺术创作者与知名艺术家合作发行 NFT，为艺术家建立一个与社区结合的桥梁。

在收藏领域，实体收藏品越来越不被新一代所青睐，而以太坊、SOL 等公有链提供了一种简单可行的方法来制作高质量的数字收藏品，包括原生的 NFT 和与现实世界收藏品相关的 NFT，代表性项目为 CryptoPunks、Bored Ape Yacht Club（无聊猿）等。

作为最早的一批 NFT，CryptoPunks 于 2017 年夏天推出，这是第一个通过以太坊发布的 NFT 项目，并为迄今为止主导 NFT 生态系统的 ERC-721 令牌标准铺平了道路。朋克只有 10 000 个，分类为外星人、猿猴、僵尸、人类，它们是稀有而精美的收藏品。CryptoPunks 是 NFT 的开山鼻祖，被公认为是加密艺术运动的起点。目前已知的 CryptoPunks NFT 的持有者包括全球龙头支付公司 Visa、美图董事长蔡文胜、波场创始人孙晨宇等。

Bored Ape Yacht Club 由美国 Web 3.0 公司 Yuga Labs 发行，用算法生成的 10 000 个无聊猿，为用户提供了丰富的选择空间。每只猿猴的特征随机生成，因此每只猿猴都拥有独特的背景风格、服装、耳环、眼睛、嘴巴和皮毛。目前已知的 Bored Ape Yacht Club NFT 持有者包括著名说唱歌手波兹·马龙（Post Malone）、知名主持人吉米·法伦（Jimmy Fallon）、NBA 达拉斯独行侠队老板马克·库班（Mark Cuban）、传奇嘻哈音乐制作人汀巴兰德（Timbaland）、NBA 传奇巨星沙奎尔·奥尼尔（Shaquille O'Neal）。

由以太坊、SOL、Terra 等公有链提供支持的元宇宙游戏正在朝着"Play-to-Earn"的未来迈进。玩家玩游戏，赚取更多资产，并可以在此过程中进行交易。NFT 作为游戏物品所有权的形式，发挥着重要作用，代表性项目为 *Axie Infinity*、*RACA* 等。

Axie Infinity 是一款类似口袋妖怪的 NFT 游戏，用户可以通过可交易和出售的 NFT 游戏资产收集、培育具体有战斗标志性的 Axie 怪物，以获得荣耀和利润。*Axie Infinity* 不仅是目前最大的以太坊游戏之一，也是目前以太坊最常用的应用程序之一，同时还作为区块链领域"打金"的先导者，在 2021 年夏天打响了 NFT 和 GameFi 狂潮的第一枪，也使得元宇宙游戏在 2021 年下半年步入了狂热发展的阶段。同时，*Axie Infinity* 的 Ronin 侧链也是元宇宙游戏里唯一有侧链的项目。

在元宇宙中，房地产业具有重要作用。作为元宇宙重要物品的数字土地/房屋，就是以 NFT 的形式构成的。用户可以邀请其他玩家帮助自己开发土地，或将其租给创作者以赚取利润。元宇宙房地产的代表性项目为 Decentraland、Sandbox 等。

Decentraland 最初创建于 2015 年，于 2017 年首次推出 Beta 版，并在 2021 年的 NFT 浪潮中逐渐成为元宇宙的龙头项目之一。用户可以在其中购买土地、参观建筑物、四处走动或与人会面。Decentraland 已经成为元宇宙的热门聚集地，多家知名机构已经在 Decentraland 上构建了数字总部。加勒比岛国巴巴多斯外交和外贸部已与 Decentraland 签署了一项协议，以建立数字版大使馆。

Sandbox 在以太坊上运行，玩家可以自由地创建自己的数字世界，利用创造力和想象力，在与他人合作的同时，按自己的意愿进行定制。Sandbox 推出了 P2E 活动，在虚拟世界中，玩家可花时间完成一系列任务来赚取资产。在 2021 年四季度，Sandbox 获得了 9 300 万美元融资，由日本软银（Soft Bank）旗下愿景基金（Vision Fund）领投，这加大了传统资本对 NFT 的探索热情。

流媒体是 NFT 较早应用的领域之一。加密艺术家 Beeple 的数字艺术品《每一天：前 5000 天》在佳士得拍出了超过 6 000 万美元的价格，这使得 NFT 瞬间在艺术圈火爆，一些音乐人、艺术家纷纷加入，仿佛不懂 NFT 的艺术家就已经被时代抛弃了一般。流媒体 NFT 的代表性项目为 OpenSea、Royal、Async Art、Audius 等。

OpenSea 是最流行的 NFT 市场和 NFT 铸造平台之一。艺术家可以在多个链上进行铸造，包括 Ethereum 和 Polygon。OpenSea 支持的文件类型包括 MP3、MP4、WAV。正如全球知名 NFT 交易平台 OpenSea 的理念："音乐 NFT 正在改变粉丝与他们最喜欢的艺术家联系的方式。从 3LAU 到 Imogen Heap，各种各样的创作者都在区块链上进行创新，而在一个为独立创作者服务不足的行业中，寻求改变的渴望是显而易见的。"

Royal 是一个 2021 年 5 月成立的 NFT 音乐平台，2021 年 8 月种子轮募资 1 600 万美元，A16z、Coinbase 等顶级机构纷纷参与。Royal 的业务逻辑非常清晰，就是让音乐家制作并出售 NFT 作品，粉丝在购买后还能获得未来的作品版税。Royal 的创始人是 DJ 制作人 3LAU。3LAU 在 2021 年 10 月底进行了一场实验：为新单曲 *Worst Case* 发行了 333 个 NFT，占该单曲在流媒体所有权的 50%。值得一提的是，这首歌在 2021 年第四季度每月播放量均超过 300 万次。

Async Art 是个建立在以太坊上的音乐/艺术品创作平台。

Async Art的作品由"Master"和"Layer"两部分组成，Master是作品的主体形式，一个Master可由多层Layers构成，艺术作品能够根据"图层变化"进行改变。例如，艺术家可以通过Layers给一幅画的天空创造不同状态，因此作品能够展现下雨、晴天等不同状态。创作者在申请成为Async Art艺术家后，无须任何编程知识，只需在作品上传过程中，将作品切为图层即可。在作品出售时，创作者可设置"立即购买"或者"开放式拍卖"，拍卖结束时间由自己决定。

Audius是一家基于Solana的去中心化音乐共享平台，旨在去除音乐流服务的中间环节和额外费用，让艺术家直接拿到自己作品应有的收入份额。具体说来，该平台的用户可以使用通证来解锁音乐，也可以通过收看广告赚取通证再去解锁。当用户在这个去中心化音乐库中听歌时，钱包会自动付款。其中，大约有85%的收益归于艺术家，剩下部分由歌曲提供方及开发团队获得。

出版和数字出版是NFT应用的另一个场景，也就是所谓的"创作者经济"。在创作者经济中，NFT代表作者对其创作内容的所有权，真正将权利还给了创作者，其中的代表性项目为Mirror等。Mirror由A16z前合伙人丹尼斯·纳扎罗夫（Denis Nazarov）创立，类似于文章博客平台Medium，主要通过为创作者提供通证发行工具来帮助创作者众筹。现阶段，Mirror的主要功能包括发布文章、NFT藏品、竞拍、众筹、收益分流、投票等。值得注意的是发布文章的功能，如果勾选了NFT选项，那么在文章发布后，会在Editions中自动生成很多条目，这些条目相当于文章的NFT。只有当用户购买时，才能查看这些条目的具体内容，不然点开基本是空白的。除了发布文章时的NFT，用户还可以在Editions中手动创建其他类型的NFT，包括图片和视频格式，这样创建NFT的好处是可以直接嵌入文章中售卖，形成内容创作与NFT出售的闭环。

元宇宙的公共事业是 NFT 应用涉足的另一个领域。现在元宇宙和 NFT 还处在早期阶段，NFT 通常与传统数字化领域相关联，如艺术、音乐、游戏资产等。然而，NFT 还可以用来表示任何东西，包括域名等。预计未来五年之内此类用例会激增，其中的代表性项目为 ENS（Ethereum Name Servic，以太坊名称服务）。ENS 允许以太坊用户在以太坊上创建和管理分散的域名。这些分散的域名被铸造为 NFT，如"ethereum.eth"，与长字母数字地址相比，通过这些 NFT 进行钱包管理便变得相当简单。

NFT 还有一个非常重要的应用是和 DeFi 的深度结合。NFT 和 DeFi 天然具有契合性，本处论述的是二者的深度融合。其中重要的方向是 NFTX（NFT 碎片化）和 NFTfi。NFTX 是一个为 NFT 创建流动性市场的平台，也是 NFT 碎片化的代表性项目。用户可以将他们的 NFT 存入 NFTX 保险库，并铸造一个可替代的 ERC20 通证（vToken），代表保险库内的资产。通常，NFT 缺乏流动性且难以定价，但是 NFTX 使 NFT 市场变得更加简单，包括为新创作的 NFT 创造即时流动的市场。换言之，就是把 NFT 发行质押到一个池子里，然后发行出对应的 ERC20 通证。碎片化后的 NFT 提高了交易流动性，也会发挥出资产流动性的价值。

NFTfi 是一个 NFT 抵押借贷平台。NFTfi 可以满足用户的借贷需求，以及 NFT 资产的流动性需求，可以说正处于"NFT+DeFi"深度融合的最前沿。借款人将自己的 NFT 资产作为抵押品投放到市场上，然后由市场上的放贷人来报价（贷款额、贷款期限及到期归还的总金额）。借款人最后选择到底接受哪笔贷款，然后就会收到放贷人的 wETH 或 DAI。与此同时，借款人的 NFT 会被锁定在 NFTfi 智能合约中，直到借款人在到期日之内（贷款期限为 7 日、14 日、30 日和 90 日不等）还清贷款。如果没有在到期日之前还清贷款，那么放贷人将获得借款人的 NFT。

顶级的 NFT 工作室是另一个赛道，这个赛道的代表性项目为

Dapper Labs、Animoca Brands 等。Dapper Labs 曾经开发了火爆整个加密行业的 NFT 游戏——*CryptoKitties*，该游戏一度让以太坊发生了拥堵。为了避免以太坊高昂的交易费用，Dapper Labs 建立了专注于 NFT 的公有链 Flow。另外，该工作室旗下与 NBA 官方联手制作的 NBA Top Shot 系列 NFT 也深受爱好者的喜爱。

Animoca Brands 是一家位于香港的游戏开发公司。2017 年以来，Animoca Brands 积极涉足区块链，除了各种大手笔进行扩张性的投资，还快马加鞭地建立各种合作。目前，Animoca Brands 旗下的元宇宙游戏包括 *The Sandbox*、休闲游戏平台 *GAMEE*、3D 动作游戏 *Phantom Galaxies* 和赛车模拟游戏 *REVV* 等。此外，该公司还开发了一个名为 Quidd 的 NFT 收藏品市场，合作伙伴包括迪士尼、漫威、HBO（《权力的游戏》）、CBS（《星际迷航》）和 NBA 等。

NFT DAO 是 NFT 和 DAO 紧密结合的部分，可分为治理 DAO、投资 DAO、收藏品 DAO 等。治理 DAO 指的是利用通证将项目治理权利下放到社区，从而实现社区驱动、分散治理，通证持有者可以对项目进行提案、投票和治理。目前，主要的 NFT DAO 有 NFT 交易平台 Rarible、Mintable 和指数基金协议 NFTX。投资 DAO 是目前阶段 NFT 与 DAO 融合的主要类别，这类 DAO 的主要逻辑是社区成员共同决策、投资、持有和释放 NFT 艺术收藏品，目前主要有 JennyDAO、Whale、PleasrDAO 等。收藏品 DAO 主要是指一群人通过购买同样的 NFT 收藏品而形成有特定身份共识和归属感的社区，他们购买的 NFT 就象征着他们的身份。收藏品 DAO 更像一个俱乐部，Bored Ape Yacht Club、Bored Ape Kennel Club、Cool Cats、Meebits、Wicked Cranium 都属于这种类型。

NFT 在全球范围内是一个非常年轻的领域，随着时间的推移，交易量、资产流动性和新用户数量正在迅速增加，同时与 DeFi、

DAO 等正在迅速结合,未来十年之内会在元宇宙和 Web 3.0 领域扮演重要的角色。随着更多用例的出现与成熟,NFT 生态系统逐渐从"王谢堂前燕"的小圈子飞入"寻常百姓家"。

5.2 "DeFi+NFT"——组合 Web 3.0 的金融积木

在 NFT 项目百花齐放的同时,其基础设施建设(交易市场、数据分析平台及搜索导航工具、借贷/租赁/分拆/众筹等金融服务)也正在冉冉升起。数据分析商把现阶段 NFT 生态现状分为了 7 层堆栈层,分别是:第 1 层 Layer 1、第 2 层 Layer 2 和侧链、第 3 层垂直和应用、第 4 层辅助应用、第 5 层 NFT 金融化、第 6 层聚合器、第 7 层前端和界面,具体如图 5-1 所示。

A&T Capital 按照通证的流动性来理解 NFT 产业板块分层逻辑,由下至上将其划分为基础设施层、协议层及应用层,具体如图 5-2 所示。

基础设施层包含例如 ETH、Flow、Polkadot、NEAR、EOS、Solana 等底层公有链,Polygon、ENJIN、WAX、RONIN、iMMUTABLE 等侧链/L2,ERC-721、ERC-1155 等通证标准及开发工具、储存、钱包等。

协议层则分为 NFT 铸造协议及一级市场,分别是可交易多种类实物的综合性交易市场(Mintable、VIV3、Mintbase 等)、艺术/收藏类为主的铸造(CryptoPunks、NBA Top Shot、Bored Ape Yacht Club 等)及一级市场(Makersplace、Rarible 等)、NFT 游戏(*Axie Infinity*、*Gods Unchained*、*Alien Worlds*、*Sorare* 等)、元宇宙(Cryptovoxels、Decentraland、Sandbox 等)和粉丝经济(BitClout、Rally 等)。

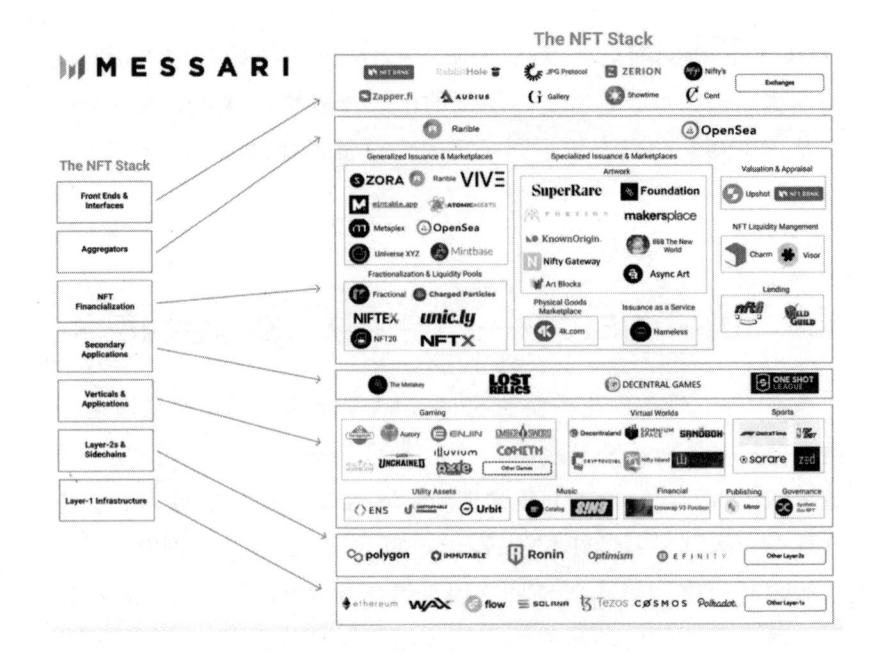

图 5-1　NFT 生态的 7 层堆栈

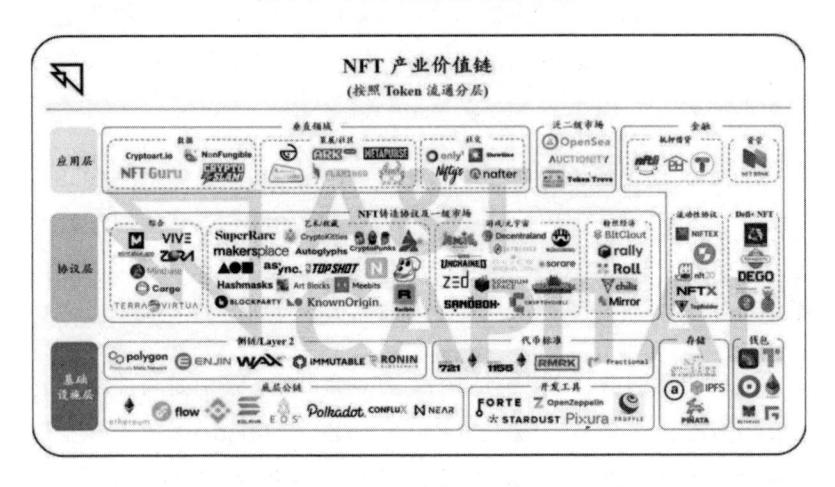

图 5-2　按照通证流动性划分的 NFT 产业价值链

应用层主要分为金融、泛二级市场和一些垂直领域。其中，金融性的应用包括：NFT 作为底层资产，提供 NFT 定价流动性协议，例如 NiftEx/NFT20/NFTX，通过将 NFT 抵押，生成易于流通的 ERC20 通证来提升 NFT 的流动性；利用 NFT 作为资产表示工具的协议，如通过金融活动铸造的 Uniswap LP token 和 yinsure 保单这样的 Financial NFT；NFT 作为底层资产实现抵押借贷的协议，如 NFTfi；NFT 产业链上层的资管工具，类似 DeFi 里的 DeBank 等资管平台，如 NFT Bank。泛二级市场，包括主要的铸造平台产出的 NFTs，比如 2017 年 12 月上线的 OpenSea，它是目前最大的 NFT 交易平台之一。在垂直领域，还包括数据（Cryptoart.io、Nonfungible、NFTGuru、CryptoSlam!等）、策展社区（Whale DAO、Flamingo 等）、社交（Nifty's、Showtime 等）、域名（Unstoppable Domains、ENS、Namebase 等）等其他分支。

在基础设施层，还有很大的铸造空间。而 NFT 的蓬勃发展主要体现在中间的协议层，又以艺术/收藏的铸造为主。应用层的发展较不平衡，比如 NFT 数据领域还未出现全面的数据提供商。随着越来越多的目光聚焦在 NFT 赛道，NFT 的产业版图将以更快的节奏发展。

加密行业内很多人往往只注重强调 NFT 在艺术品、数字版权和不动产等方面的应用，而忽略了 NFT 对加密金融的巨大助推作用，"DeFi+NFT" 事实上已成为组合元宇宙的金融积木。以 Uniswap V3 为例，其最大的创新在于通过引入 NFT 将匀质化资金池升级为非匀质化资金池，并支持用户个性化地配置资金，从根本上提高了资金的利用率，这是所有 DeFi 类产品的必经之路。从长期来看，随着机构用户及更多正规军的加入，用户寻求精细化配置资金风险与收益组合的需求将会越来越大。这将会倒逼更多的 DeFi 协议效仿 UniswapV3 升级自己的资金池模型，并允许用户更加个性化地配置资金。

Uniswap 是如何将自己的资金池升级为非匀质化资金池，从而为用户提供更加灵活的资金配置选择的呢？相比 Uniswap V2，Uniswap V3 最大的变化是支持用户灵活地调节做市区间，从而大幅提高了资金的利用率。在 Uniswap V2 的资金池内的资金被均匀地分布在 $x×y=k$ 的整条曲线上,现在可以灵活地选定一段更小的区间做市。Uniswap V3 实现这一点的要诀在于提高了资金池的兼容性,允许资金个性化,提高了 DeFi 的可操作性。相比之下,Uniswap V2 要求所有的资金都是无差异化的。对于用户而言,如果选择将资金放入 Uniswap V2,则资金只能被统一地管理和利用;如果放入 Uniswap V3 的资金池,则拥有了选择的权利。因为 Uniswap V3 资金池内的每块资金可以被明确划分到所有者手中,资金之间的差异性不仅仅只是多寡之分,还是做市区间与累计手续费之分。基于这种清晰的划分标准,Uniswap 得以给用户选择的能力,用户普遍愿意将资金大幅度压缩以将做市的收益最大化。Uniswap V3 能为用户提供更灵活的做市区间选择,其核心在于非匀质化流动性池允许用户在把资金存入同一个流动性池子时仍然能保留个性化,使得项目发生这种变化的关键是 NFT。

NFT 极强的描述能力,非常适合表达复杂多变的金融合同。很多人在描述未来的数字货币形态时喜欢用"智能货币"这个词,但事实上"DeFi+NFT"(即"Financial NFT")本质上就是可编程的、自动化的资金,是实现现有货币向智能货币演进的关键一招。比如,Solv Markets 作为一个多用途的票据通证市场平台,通过支持多种票据通证的定义、创造和交易,构建了一个支持多个智能应用的开放基础设施。这极大地加深了元宇宙金融的自由化程度,使其成为真正属于每个互联网用户的元宇宙金融。

5.3 NFT 展望——泡沫很大,未来更大

客观地讲,一般人很难想象,为何一些图片或字母做成了 NFT 的格式,就能卖到这么高的价格。为什么很多媒体将 NFT 比

作数字经济时代的郁金香，其实这也不难理解。这不仅基于 Web 3.0 的 NFT 获得了快速发展，基于 Web 2.0 的各大互联网巨头（如推特、TikTok、腾讯、蚂蚁等）都开展了在 NFT 领域的尝试，而且手握版权、IP 等知识产权的公司（如视觉中国、北京文化等）也在积极推进 NFT 的相关合作。2021 年 12 月，新华社发行了中国首套"新闻数字藏品"。在全球市场层面上，NFT 至少经历了 JPG（图片）NFT、TXT（文字）NFT、艺术品 NFT、数字版权 NFT、算法合成 NFT 等若干次浪潮。

JPG（图片）NFT 的浪潮是被一个购买 NFT 图片作为社交平台头像的动作掀起的。NFT 市场异常火爆，作为行业龙头的 10K 像素头像 CryptoPunks 吸引了无数人的眼球。2021 年，多位明星购买了 NFT，这些产品动辄上百万元，甚至有的高达上亿元。比如，2021 年 9 月在佳士得举行的主题为"No Time Like Present"的拍卖会中，由 LARVA LABS 于 2005 创作的 *CRYPTOPUNK 9997*，以 3 385 万港元成交。JPG（图片）NFT 的另一个现象级产品是 CryptoPunks——一整套像素风格的图标，一共有 1 万个，最终生成的朋克有 5 种类型：外星人、僵尸、猿猴、男性、女性；有 87 种不同的属性：发型、发色、眼镜、五官、肤色等。2021 年 5 月，其中 9 个作品首次在线下拍卖行拍卖，最终以超过 1 600 万美元的总价售出，引起了巨大轰动。JPG（图片）NFT 还有一个现象级项目——Bored Ape Yacht Club，其除了描述 NFT 稀缺社会货币的价值，还有以下若干增长要素值得注意：财富效应、对比营销、社区赋能、版权归属。本质上，我们都处在一种身份游戏的社交网络之中，从 QQ 秀到爱马仕，人类总是会寻找最高效的方式来将社交资本最大化，只是恰好现在 NFT 头像提供了这样的机会：允许个人通过获取稀有且昂贵的资产来表明身份，进而被群体接受，这本质上是人的刚需。

NFT 在加密领域的应用迅速引发了其在传统领域的迭代，

NFT数字艺术品火爆的市场表现力也影响到世界知名博物馆。大英博物馆在展出葛饰北斋作品的同时，拍卖200幅葛饰北斋作品的NFT藏品，其中包括著名的《神奈川冲浪里》。俄罗斯冬宫博物馆则开启了世界名画的NFT拍卖活动，拍卖作品包括达·芬奇、莫奈、梵高等诸多画坛巨匠的名画。这些名画NFT是根据博物馆的馆藏名画重新制作的，每个数字副本都有冬宫博物馆负责人的签名。

TXT（文字）NFT的代表性项目是Loot。Loot是以文本形式开展游戏资产的NFT，任何人都能在此基础上进行创作。Loot是于2021年8月在以太坊链上、基于ERC721标准推出的NFT项目，该项目可以随机生成极具稀缺性的8个冒险家装备，以单纯的文字形式记录在链上。与传统的NFT虚拟资产不同，Loot没有承载任何图片等多媒体内容，只有简单的文字。借助NFT的开放性，任何人都可以在此基础上进行创作，这也是Loot项目所鼓励的。在上线之后的短短数日内，Loot的交易额一度登临全球NFT最大的交易平台OpenSea的榜单第一名，其单品成为有史以来市价最高的收藏品之一。图5-3是价格最高的Loot包#748。

Loot改变了数字经济的范式，是从"先有数字内容后有数字资产和身份"到"先有数字资产和身份后有数字内容"的改变。在传统游戏中，游戏公司会先开发完成游戏体验的内容，才有这些游戏中的装备等数字资产，这是一种内容先于资产的模式。而Loot完全改变了这一点，Loot先发行资产，任何人都可以围绕这个资产打造虚拟内容体验。并且，Loot的持有者可以参与任何一个项目，资产是脱离项目存在的。Loot实现了NFT的去中心化释义，原本数字资产的解释权往往在项目方，比如装备的数值等；而Loot的NFT解释权属于任何人，任何人都可以无门槛地根据Loot进行创作。

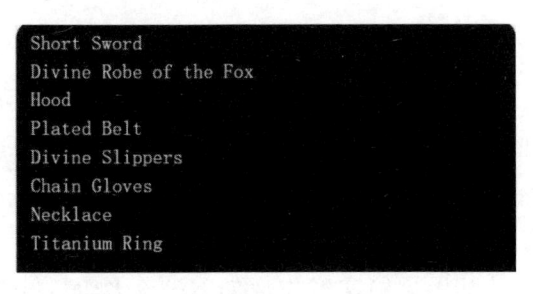

```
Short Sword
Divine Robe of the Fox
Hood
Plated Belt
Divine Slippers
Chain Gloves
Necklace
Titanium Ring
```

图 5-3　价格最高的 Loot 包#748

然而，Loot 模式也已经显示了部分局限性。第一，数字内容的创作者如何实现自己的商业价值：在整个数字经济中，内容创作成本高且耗时。在 Loot 模式下，内容创作者如何去实现自己的商业价值依旧有待探索，目前并没有比较成熟的商业模式。第二，Loot 的共识问题。在 Loot 成功之后，出现了大量的 Loot 仿造项目，大多采用与之同样的机制和运营方式，这会导致对 Loot 生态的分流。目前尚不明确未来不同的 Loot 之间会展开怎样的竞争，也无法预测会形成怎样的竞争格局。可见，Loot 的发展存在非常大的不确定性，其是否能成为一种被多数人接受的数字经济范式仍有待观察。

此外，基于个性化社交媒体的 NFT 也实现了快速发展。比如，Autograph NFT 允许创作者使用 Web 2.0 的 ID（如 Twitter 账号）对 NFT 进行数字签名。NFT 创作者通过使用此功能，能够对他们铸造的 NFT 进行数字身份证明。任何拥有 Twitter 账户的用户都可以对在以太坊上创建的任何 NFT 进行签名。Autograph NFT 通过这种方式在创作者、粉丝和投资者之间建立了新的关系网络。例如，与著名摄影师马克·普拉顿（Mark Platon）的《阿黛尔的眼睛》（*Adele's eyes*）肖像相关联的 NFT 的所有者，都可以让普拉顿和阿黛尔对 NFT 进行数字签名。

更令人兴奋的是，NFT 正在为日益兴起的创作者经济提供重要的表达形式和治理工具。全球数以亿计的创作者希望拥有他们所创建的共享平台,并拥有投票权;当平台赚钱时,他们也会赚钱;当平台成长时,他们也会跟平台共同成长。比如,一个作者在基于 Web 3.0 的创作者经济平台写了一篇具有广泛影响力的文章,那么由这篇文章的所有权及其所生成的附属收益都应该归这个作者所有。不过,如何显示作者对这篇文章的所有权呢?最主要的工具就是基于这篇文章生成的 NFT。比如科技领域投资巨头 A16z 前合伙人纳扎罗夫创建的基于 Web 3.0 的创作者平台——Mirror。Mirror 是一个在线内容发布平台,它试图结合 NFT 和所有权经济,重新定义在线内容发布,这将对在线内容创作产生革命性的影响。Mirror 的核心创新点在于,结合 DAO、Web 3.0、NFT 所构建的所有权经济模式,为内容创作者提供了一套众筹工具集合,解决了创作者"赚不到钱,无法通过内容的价值变现"的难题。不仅如此,早期投资者甚至可以通过自己敏锐的嗅觉获取内容在未来的收益。

在推出 Mirror 之前,其创始人纳扎罗夫已经在该方向上进行了不少技术实践。2020 年年初,当时还在 A16z 出任合伙人的纳扎罗夫推出了基于 Arweave 区块链的去中心化社交网络平台 FEEDweave,尝试在区块链生态系统中进行"数据乐高"的开发测试。他利用 Arweave 区块链来实践结构化的文件存储方式,将社交平台组成要素拆分成可供 DApp 开发者灵活使用的 Widget,从而为开发人员提供新闻源、社交图谱关系、评论、列表算法、声誉系统等组件,让"数据乐高"的任意组合成为可能。比如,开发者可通过集成微应用程序社交图谱让用户彼此关注,同时,开发者还可以充分利用 Arweave 上其他应用的社交关系图谱的网络效应。开发者可直接集成 arweave-id,而非重新开发一套身份系统。由于区块链具有不可篡改的特性,因此默认情况下用户无法编辑帖子,而须使用类似于 git 的 diff 操作来实现编辑,未来可能会通过叫作"diff-edit"的微应用实现编辑。FEEDweave 的实验为纳扎罗夫积累了宝贵的经验,影响了 Mirror 的技术构架选择。NFT 作为重要的工具正在改造基于 Web 2.0 的创作者体系，虽然当前具有一定泡沫，但前途无疑是远大的。

同时，在当下最容易被理解的元宇宙风口——GameFi 的语境下，NFT 成为一种非常重要的生产工具。它不仅生产价值（SLP/AXS，在 *Axies Infinity* 中产出的功能通证是 SLP，治理通证是 AXS），也承载了凝结在劳动上的价值（Axie NFTs），并通过在区块链链上流动，改变生产关系（游戏开发商、工会和玩家）。*Axie infinity* 显示了游戏在宏观环境下的独特韧性，在加密金融市场 2021 年 5 月陷入低迷后，它点燃了 NFT 赛道，并创造了一系列不可思议的纪录。*Axie Infinity* 用创新的游戏方式激励玩家，扩大了 NFT 游戏的潜在市场，将更多玩家带入加密生态系统，并提高其参与度。元宇宙游戏"Play-to-Earn"与传统互联网游戏"Free-to-Play"最大的差异在于，在关注力经济中，用户应获得相应的奖励：付出的时间与劳动也是资产，属于个人财富的一部分，当游戏成为桥梁连接起链上与链下时，这份价值可以照进现实。此外，这也深刻改变了全球劳动力就业范式。

此外，在三维的链网融合和元宇宙的世界中，NFT 不仅是现实资产的延伸，还是原生的虚拟世界资产的起点，更会成为一个代表身份、资产、权益等各类属性的通证。笔者在 2018 年发表于《广义虚拟经济研究》的《广义通证经济的内涵、逻辑及框架》中详细论述了广义通证经济，而 NFT 就是构建广义通证经济完整大厦的最后一块基石。笔者在 2021 年发表于《东北财经大学学报》的《元宇宙：一个广义通证经济的实践》中也对 NFT 的作用做了详细论述。现阶段 NFT 有两个重要方向：一是 NFT 自身基础设施工具的发展；二是 NFT 与 DeFi、DAO 及元宇宙和 Web 3.0 的融合发展。因此，我们对 NFT 的判断是——泡沫很大，未来更大。

第 6 章

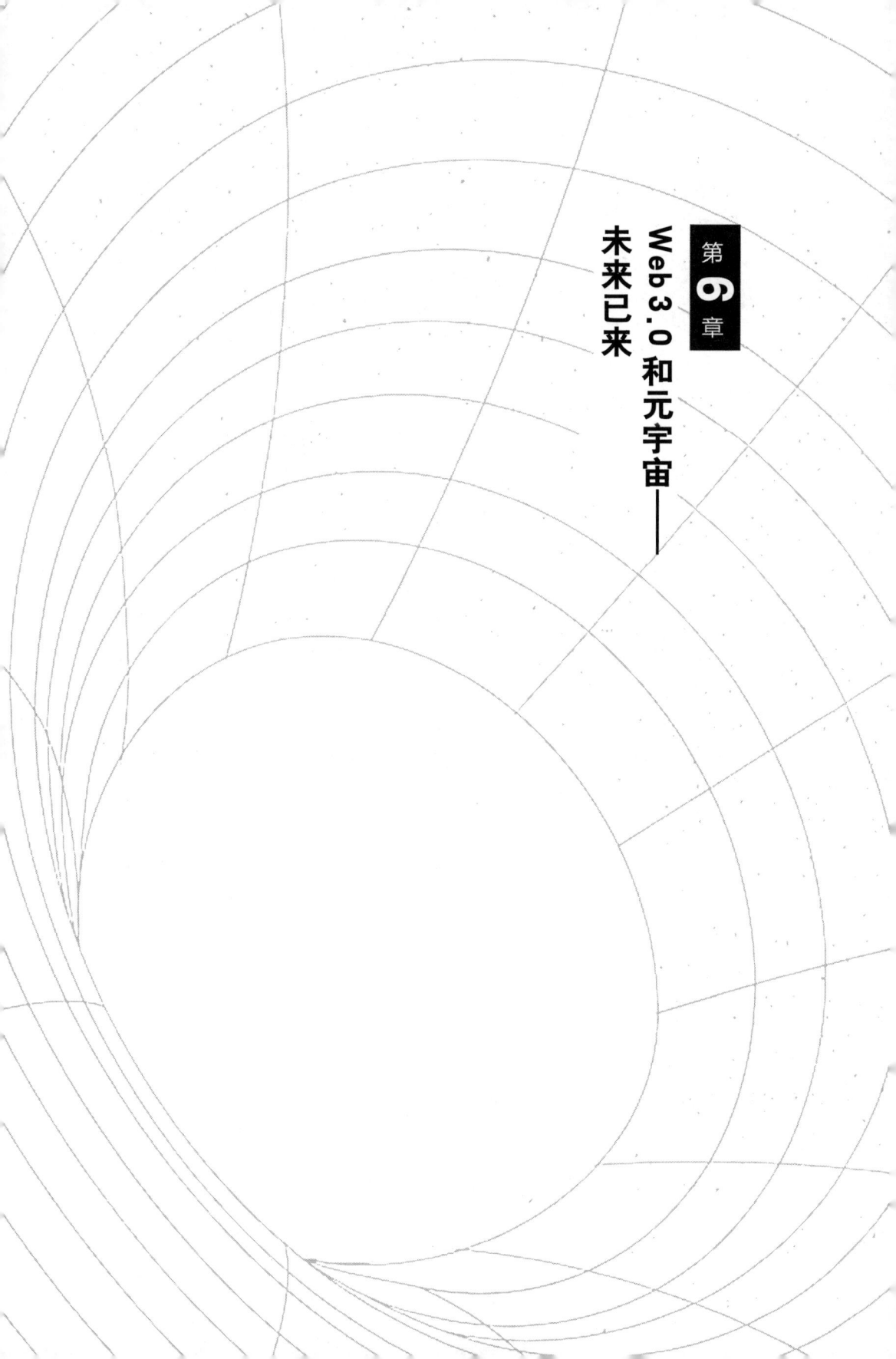

Web3.0和元宇宙——未来已来

元宇宙作为人类现实世界的数字平行世界，用户在其中能进行社交、娱乐、创作、展示、教育、交易等社会性、精神性活动。元宇宙为用户提供了丰富的消费内容、公平的创作平台、可靠的经济系统、沉浸式的交互体验。元宇宙能够寄托人的情感，让用户在心理上有归属感。用户可以在元宇宙中体验不同的内容，结交数字世界的好友，创建自己的作品，参与交易、教育等社会活动。2022 年 1 月，摩根士丹利发布报告称，元宇宙在美国潜在的消费者支出市场空间（TAM）高达 8.3 万亿美元，元宇宙很可能成为下一代社交媒体、流媒体和游戏平台。与当前的数字平台相似，元宇宙在最初阶段可能成为线下产品的广告和电子商务平台，涵盖房地产、零售、汽车、游戏等领域。同时，摩根士丹利强调，8.3 万亿美元的消费者支出市场空间并不包括新型的消费支出项，比如 NFT、数字收藏品等。这意味着元宇宙已成为到来的未来，并且拥有星辰大海般的前景。Web 3.0 则是元宇宙的底层网络架构，在区块链作为底层技术的助力下，Web 3.0 将从开放、共治和共建三个维度迭代 Web 2.0，打造一个由所有用户社区主导共享的去中心化世界，重构互联网流量价值范式。

Web 2.0 时代以互联网巨头为核心，形成多个生态圈，核心互联网公司对数据、价值和网络效应具有垄断性，生态之间存在着强大的隔阂界限。互联网世界争夺的最重要资源便是流量入口（用户注意力和资金流），这会对公共安全产生巨大影响。这一切在 Web 3.0 时代将发生深刻变化：Web 3.0 将充分开放，用户在其中的行为将不受生态隔离的限制，甚至可以认为，用户可以（基于基础逻辑）自由畅游在 Web 3.0 的世界之中；用户数据隐私将通过加密算法和分布式存储等方式得到充分保护；在 Web 3.0 时代，内容和应用将由用户创建和主导，将充分实现用户共建、共治、共享平台的价值。

透过数字化纷繁复杂的表象，元宇宙的核心在于：第一，用户在完全意义上掌握自己的数据和资产，任何用户都能参与创作，创作的成果和财富受到保障，Web 3.0 是元宇宙的网络和数据机制；第二，用户在元宇宙中可以自由产生和交易拥有的资产，DeFi 是元宇宙的经济运行机制；第三，开放性和自治性是元宇宙的两个核心特征，DAO 是元宇宙实现这两个核心特征的重要组织保障，是元宇宙的主要组织形式；第四，元宇宙不仅要在视觉上无限接近现实，更重要的是要在法则上接近真实的宇宙，NFT 是元宇宙的重要表达形式，当然元宇宙中也存在大量的 FT。最为重要的是，元宇宙和 Web 3.0 不是空中楼阁和海市蜃楼，而是正在走来的未来和正在发生的现在。

6.1 Web 3.0 时代：开放、共建、共治

回顾互联网的发展历史，从 Web 1.0 时代到 Web 2.0 时代，我们可以看到围绕着流量争夺、流量变现而发生的变迁。从 Web 1.0 时代到 Web 2.0 时代，流量从供给不足再到市场争夺流量入口，进而实现流量变现，中间还经历了从 PC 互联网到移动互联网的演变。Web 1.0 时代和 Web 2.0 时代可以说是"流量为王"的时代，虽然从基础设施到应用层面的创新不断，但是这一基本逻辑是不曾改变的。在流量背后，控制着用户流量的生态公司将享有最多的市场红利。相应地，用户的行为数据、用户体验都在

生态公司的限制下展开，用户创作和建设活动受到了一定的限制，用户也无法获得数据收益。

在 Web 1.0 时代和 Web 2.0 时代，用户的行为是极为受限的，用户无法与互联网巨头博弈抗衡，用户数据隐私也得不到充分的保护。用户在互联网中的创作和建设力度是非常弱的，几乎一举一动都要受到平台的制约和审核。不管是微博这样的内容平台，还是抖音这样的短视频平台，用户的创作都要接受平台的制约，创作的形式也无法脱离平台本身的引导和限制；互联网平台也会通过少数流量大 V 引导绝大部分用户的内容体验。Web 2.0 时代以互联网巨头为核心，形成一个个相对封闭的生态圈，在生态圈内，核心互联网公司统治着生态，垄断着生态的数据、价值和网络效应。

这一切在 Web 3.0 时代都发生了深刻的变化。在 Web 3.0 时代，一切都将充分开放化，用户在其中的行为将不受生态隔离的限制，用户可以自由畅游在 Web 3.0 时代，用户数据隐私将通过加密算法和分布式存储等手段得到保护。在 Web 3.0 时代，内容和应用将由用户创建和主导，以充分实现基于 DAO 的用户共建、共治，同时用户将分享平台（协议）的价值。在以区块链为代表的分布式技术的推动下，催生了无数的新型 DApp。DeFi 作为元宇宙和 Web 3.0 的经济运行机制，提供了数字世界里多样化的金融服务，而 NFT 的发展加速了传统资产和数字资产上链。我们越来越清楚地看到，现实世界和数字世界正在融为一体，我们越来越接近一个相融相生的数字世界。至此，全球用户在呼唤一个全新的网络世界——元宇宙和以此为底层的互联网框架——Web 3.0，其能可信地承载个人的社交身份和资产，用户和社区将拥有更强大的主导权。

Web 3.0 的技术堆栈主要可分为四层：协议层、基础设施层、应用层及接入层。这主要是基于区块链构建的，协议层也可以有链下的辅助部分。Web 3.0 的堆栈底部是协议层，它由区块链作为底层技术架构，其他一切都是在该架构之上构建的。第 1 层智能合约平台（L1，在第三章中已有详细论述），如 Ethereum、Solana、Avalanche、Cosmos 等，是几乎所有 Web 3.0 应用程序的基础平台。同时，由于 L1 需要处理的数据量过大，为了减少其容量限制，在以太坊之上构建了多个 L2。随着许多 L1 和 L2 网络的兴起，需要在它们之间架起桥梁，使之充当高速公路的跨链桥梁，让用户将价值从一条链转移到另一条链。

基础设施层位于协议层之上，由可互操作的构建块组成，这些构建块在执行特定任务时非常可靠。这是一个密集且多样化的层，项目构建包括智能合约审计软件、数据存储、通信协议、数据分析平台、DAO 治理工具、身份解决方案等。例如，Uniswap 支持将一种资产交换为另一种资产，Arweave 使数据能够以去中心化的方式存储，ENS 域名可以作为 Web 3.0 世界中的用户身份。当这些组合在一起时就像乐高积木一样，Web 3.0 的开发人员可以使用其来构建应用程序。

在协议层和基础设施层之上是应用层，将所有这些都聚集在一起，就可以形成一个一个真实的应用。以 *Axie Infinity* 这样的基于元宇宙的游戏为例，它使用以太坊和 NFT，可以桥接到名为 Ronin 的低成本/高吞吐量侧链上。去中心化博客平台 Mirror 使用存储协议 Arweave 来存储数据。Uniswap 既出现在基础设施层，又出现在应用层。这是因为虽然 Uniswap 的核心只是一系列智能合约，但它也提供了一个用户可以直接与之交互的前端。换句话说，它同时作为一个独立的面向用户的应用程序和其他 Web 3.0 应用程序（如 *Axie Infinity*）的基础设施。

在 Web 3.0 堆栈的顶端是访问层——作为各种 Web 3.0 活动的入口的应用程序。想进入 Web 3.0 和元宇宙首先需要一个去中心化钱包，它是大多数 Web 3.0 应用程序的主要入口。通过去中心化钱包，用户可以前往像 DAppRadar 这样的聚合器，在一个地方浏览并连接到各种 Web 3.0 应用程序。

从应用角度看，Web 3.0 涵盖 DAO、隐私保护、应用、存储和数据、元宇宙游戏、创作者经济平台、社交等，几乎覆盖了 Web 2.0 的大部分领域。当然，现在只是 Web 3.0 的初期，虽然仅仅是一个初期，却勾勒出了 Web 3.0 生态的雏形。在 2021 年末至 2022 年初，Web 3.0 在全球范围内得到了极大的关注。Web 3.0 的全球关注度如图 6-1 所示。

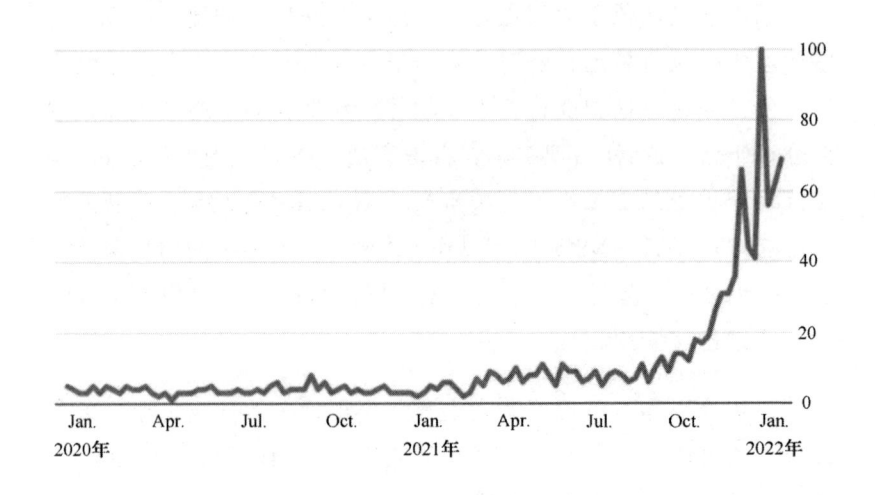

图 6-1　Web 3.0 的全球关注度

Web 3.0 的开放性体现在以下方面。第一，用户在某个互联网应用领域中的准入充分自由、门槛低。例如，用户往往利用一个区块链地址就可以登录链上的应用，无须注册许可，操作便利。第二，用户行为不受第三方主体限制，互联网应用打破了原有的所谓生态内、生态间的界限和隔阂。在复合代码运行逻辑的原则下，应用之间具有高度的组合性和复合性，可以通过 DeFi 对任何应用的底层基础协议（如 DEX）做调用和聚合，并且合成资产平台可以将现实世界的资产映射到链上（无交割关系），这打破了链上链下和虚拟现实的界限。第三，Web 3.0 内部基于不同基础设施的应用可以通过 Cosmos、Polkadot、Anyswap 等跨链协议实现互联互通。因此，用户在 Web 3.0 世界中多个应用的行为可以生成类似社交关系的图谱，进一步提升数据价值的挖掘潜力。

数据属于用户所有意味着数据隐私的重要性，通过数据的"可用不可见"原则来挖掘数据的价值成为全球共识。数据隐私已成为全球监管的焦点问题，主流的解决方案有两种：一是加强法律保护，盗用数据者将受到法律的重罚；二是引入隐私计算，通过同态加密、多方安全计算、可信执行环境等技术，保证数据在使用过程中是明文不可见的。在 Web 3.0 时代，大多数用户将倾向于用更彻底的方式保护个人数据隐私，从而引发数据所有权和价值的转移。随着应用的去中心化，在链上数据可查的情况下，用户行为、产生的数据乃至应用协议亦需得到隐私保护。隐私保护是多方面的，包括基础区块链平台隐私保护、存储数据隐私（分布式存储）、用户私钥管理、匿名协议等多个方面。其中，隐私计算的主流方式有 NuCypher、Horizen 等：前者为 Web 3.0 用户提供了一个分布式私钥共享/托管平台。不同于 Web 2.0 时代中心化机构托管用户账户的方式（让渡部分隐私），Web 3.0 的管理也可以去中心化地交给网络；后者可以为用户（包括企业用户）提供一个在不上传本地隐私数据前提下完成开发的基础区块链平台，企业可以借此为用户提供区块链相关服务，但又充分保护了企业的隐私数据。

NuCypher 是一个 Web 3.0 的分布式密钥管理系统。不同于 Web 2.0 应用的密钥托管（一般由互联网公司或第三方托管），区块链私钥管理，对很多初级用户来说是一个难题，而多方共享私钥管理（去中心化的方式）则成为一个更为现实的需求。多方共享私钥管理可以将私钥托管给一个去中心化的网络协议（而非 Web 2.0 那样交给互联网公司），在指定的用户间安全共享，解决了用户进入 Web 3.0 之前最基础的需求问题。NuCypher 能够在互联网上任意数量的用户之间共享私钥，同时使用其核心技术——代理重加密来代理解密权限。其原生通证 NU 主要用于奖励网络节点参与者来执行密钥管理和权限代理/回收的操作。

传统中心化密钥管理系统（KMS）的用户密钥交由中心化第三方存储。在第三方存储机构安全的前提下，用户密钥可以得到较为充分且安全的保护。在用户双方需要进行数据传输时，数据发送者需要从第三方机构调用数据接收者的公钥对数据进行加密，之后数据接收者使用自己的私钥对数据进行解密。然而其缺点在于，数据发送者只能使用数据接收者的公钥进行加密，数据传输后，数据接收者可以永久保留对数据的访问权限。

NuCypher 采取的代理重加密 KMS 使用第三方节点分布存储用户的密钥信息。用户在进行数据传输时，首先由数据发送者使用自身私钥和数据接收者公钥生成重新加密密钥，此后将密钥切分为[n]段，将每个片段分发给 NuCypher 上的节点进行保存。之后，数据接收者仅有权限在由数据发送者规定的时间段内访问该信息，数据发送者也可随时撤销数据接收者的访问权限。如此一来，NuCypher 保证了数据发送者的加密授权主动性，同时分布式的密钥存储方案确保了用户密钥存储的安全性，为 Web 3.0 数据传输的密钥管理提供了安全保障。

Horizen 的原名为"Zencash"，致力于打造隐私保护和基础区块链平台，为用户或企业在不上传本地隐私数据的前提下提供开发平台。Horizen 由主链和侧链构成。Horizen 主链主要为用户的交互提供简单且安全的价值传输和存储层，通过原生治理通证 ZEN 为整个 Horizen 的生态运转提供支持，以及为侧链提供必要的基础架构。而具体功能的实现及网络基础结构等均由侧链开发完成，从而能够针对特定的用例进行更为复杂的性能优化，增强其可扩展性和安全性。Horizen 侧链又称 Zendoo，其具有极高的扩展性和设计性。侧链有独立的共识机制与加密算法，并且真正实现了去中心化。开发者可通过 Horizen 开放的一套标准通用组件 ZEN 侧链开发套件（SDK）迅速完成区块链的开发，从而节省区块链的构建时间。利用侧链附带的零知识证明工具可以在不上传本地隐私数据的前提下，完成企业需求的开发。

同时，主链与侧链之间可以通过其独创的跨链传输协议 CCTP（The Cross Chain Transfer Protocol）实现通证 ZEN 及数据的互联传输，为解决可扩展性问题提供基础保障。Horizen 采用 Zk-snark（零知识证明）及防 51%攻击等安全解决方案构建了一个具有极高隐私保护性及安全性的 Web 3.0 平台，为用户与开发者提供隐私保护。

在用户隐私的保护机制得到保障之后，创作者经济才能实现快速发展。1996 年 1 月，比尔·盖茨发表了一篇题为《内容为王》（Content is King）的文章，后来成为早期互联网经典文章之一。在该文章中，他描述了互联网的特征，正是这些特征奠定了创作者经济的基础。他写道："互联网令人兴奋的事情之一是，任何人只要有一台个人计算机和一个调制解调器，就可以发布他们创作的任何内容。"他的分析是走在时代之前的，这也是他希望赋予 Web 2.0 时代的使命。但显然，Web 2.0 并没有做到。诚然，当前的 Web 2.0 可以让几乎所有人都能在网上发布内容，但同样不可否认的是，在《内容为王》发表约 26 年后的今天，作为一名内容创作者，要想获取可观收入已被证明是难以实现的，而且发布的内容还要受到互联网平台的审查。

以互联网平台为中心、以广告为动力的注意力经济已经赢得了 Web 2.0 时代，但历史的车轮始终滚滚向前，Web 2.0 时代并非历史的终结。创作者对互联网平台的耐心正在迅速增长的合理性危机中逐渐消失——即创作者开始质疑平台对他们的作品、他们与粉丝的关系，以及对他们获取回报的方式施加如此巨大的控制的权力来源，创作者拿回本属于自己的数据的意识正在逐步觉醒。而正在发展壮大的 Web 3.0 正在将权利和所有权的天平重新向创作者和用户倾斜。

这种情况将主要通过四种方式发生：第一，引入数字稀缺性，恢复创作者的定价权；第二，让支持创作者成为一种投资行为，而不仅仅是利他行为；第三，引入新的可编程经济模型，将财富分散到整个创作者领域；第四，通过为创作者创造途径，让创作者不仅拥有自己创作的内容，还拥有平台本身。综合起来，这四点转变正汇聚在一起，创造一个新时代——一个属于 Web 3.0 的时代。

Web 3.0 的核心是确立能确认用户身份的机制，也就是我们平常说的产权问题。在 Web 2.0 时代，DNS（Domain Name System）起到了这一重要作用。当用户上网时，服务器会将用户的网址请求解析成 IP 地址返回给用户，例如"www.https://www.×××.com/"域名对应的 IP 地址可能为"http://119.3.×××.130"。这种可读性更高的域名系统降低了用户访问网址的难度，为 Web 2.0 的建设做出了重要贡献。DNS 解决了 Web 2.0 访问的问题。然而，随着网址不断增多，以及 Web 2.0 中心化的特点，用户往往需要注册大量的网站账号才能访问不同的网站。针对这一问题，许多应用支持使用较为主流的第三方社交 App（如微信等）直接登录，但总体来看，这种各大网站直接分散割裂而导致用户需要注册大量账号的问题并没有得到真正解决。总体来说，用户需要通过注册，才能够使用中心化机构管理的域名和账户系统来访问应用。

不同于 Web 2.0 的中心化特点，Web 3.0 的用户登录行为依靠去中心化身份——DID。最常用的一类 DID 即用户仅使用一个链上账号（区块链公钥地址，以 0x 开头的 42 位字符串）来访问各类 Web 3.0 的 DApp，即单点登录。虽然过长的公钥能够为 Web 3.0 的用户安全提供更自由、门槛更低的访问体验，然而它显然难以记忆且可读性差。因此，构建 Web 3.0 上的域名系统势在必行。

ENS（Ethereum Name Service）就是致力于构建在以太坊上面的域名系统，将用户的钱包地址与自定义的域名进行连接，将钱包地址改为更为可读的域名。用户之后登录各类 DApp 时，就可以使用这一域名进行登录，用户之间可以通过此域名进行转账交互等行为。ENS 的出现解决了 Web 3.0 中用户互动的可读性难题，为单点登录创造了更便利的条件。构建在以太坊上的 ENS 可以支持多链地址的解析。用户可以将同一个 ENS 域名在比特币、以太币和莱特币等不同链上解析不同的地址。ENS 只是 Web 3.0 基础设施的一个开端，未来还会有更为健全的基础设施体系。当有了基础设施之后，诸如创作者经济等属于 Web 3.0 时代的项目才会蓬勃发展。

以创作者经济的代表性项目 Mirror 为例。Mirror 是一个完全由用户主导的内容创作平台。Mirror 类似于 Medium、Substack 等博客类内容创作平台，区别在于其由用户主导，数据权利真正属于用户。Mirror 现阶段的主要功能如下。

第一，作品（Entries）。Entries 是 Mirror 主要的内容创作模块，创作者可以在此处进行文档编辑，编辑支持纯文本和 Markdown（类似话题标签）的格式。同时，Mirror 还支持直接将 Medium 和 Substack 等其他平台的文章迁移至 Mirror。对于创作者的每一篇产出，Mirror 均可以将其直接铸造为 NFT。NFT 在链上完成铸造之后，创作者便可将其作品以 NFT 的形式出售。这样一来，便解决了内容创作者的收益问题。创作者还可将作品永久存储在分布式存储平台 Arweave 上，保证作品的永久性存储。

第二，众筹（Crowdfunds）。众筹模块支持创作者进行任何形式、内容的众筹，并且可以基于每个支持者的资助金额为支持者分发相应的支持者通证（由众筹发起者铸造），众筹的前三名还可获得独特的 NFT 奖励。此通证可以理解为支持者所持有的股份，若作品铸造为 NFT 后出售获得了相应收益，相关用户可以此为基准进行相应的收益分配。而 NFT 则是项目社区成员的标志，从而自然而然建立起一个 DAO。

第三，收益拆分（Splits）。收益拆分模块支持创作者将作品收益或拍卖收益分发给其他多个实体，通过这种方式与合作者共享共同作品的收益。拆分至少需要在两个账户地址之间进行，并且各实体之间的拆分百分比之和必须为 100%。这样一来，在创作者提前预设好收益分配比例和规则之后，每一笔收益都将由智能合约自动完成收益分配，以避免中心化收益分配不透明的情况发生。

第四，铸造（Editions）。Editions 模块为 Mirror 的 NFT 铸造模块，用户可以使用此模块在 Mirror 上铸造 NFT 作品，其中包括价格、媒体文件（当前支持 jpg、png、gif 和 mp4 四类文件）、总供应量及资金首款地址四个创作者自定参数。铸造好之后会生成该 NFT 地址，同时会加上相应的 editionID，该地址可以直接嵌入 Mirror 的其他文章，在链接下方显示 NFT。

第五，拍卖（Auctions）。通过拍卖板块，创作者可以将自己创作的 NFT 作品进行拍卖。创作者需要设定拍卖的保留价格和持续时间，每次出价应不小于上次价格的 10%。拍卖同样可以创建对应的 URL 地址嵌入 Entries 模块之中，拍卖结束后的收益可以直接转入创作者设定的钱包地址，也可转入众筹或收益拆分模块。

第六，投票（Token Race）。投票功能服务于众筹之后形成的 DAO，其形式类似于 Snapshot。众筹的参与者自然而然地组成了 DAO，参与者通过投票功能可以参与 DAO 的决策，实施社区的各类决议，在此基础上形成了创作者社区的能力闭环。

作为当前 Web 3.0 最重要的内容创作平台之一，Mirror 允许任何一个 Web 3.0 用户在其中创作自己的作品，并围绕其开展各类活动。更重要的是，创作者自身完全拥有自己创作的作品，可以完全支配其作品而不受 Mirror 平台的影响。通过 Crowdfunds、Splits 和 Token Race 等模块，创作者可以创建属于每位社区成员的内容社区，并与成员共同建设属于每个人的社区。尽管 Mirror 还不是完全意义上的 Web 3.0 项目，但为 Web 3.0 的发展方向勾勒出了一个相对清晰的轮廓。

Web 3.0 项目与 Web 2.0 项目相比，一个划时代的变化在于——这个生态是属于所有共建者的，代表性的行为是追溯性空投。追溯性空投是对之前使用过该项目的用户进行通证空投，通过空投或其他方法将散户的生态建设者大量纳入其中。这也是赋予用户所有权的 Web 3.0 项目与不向用户赋予所有权的 Web 2.0 平台相比最大的不同。比如，2020 年 DeFi 的龙头 DEX 项目 Uniswap 拉开了追溯性空投运动的序幕，此后发生了数以百计的追溯空投事件，将数十亿美元的资金分配给了数十万名以某种身份与这些 Web 3.0 项目互动过的独立个人。这与 Web 2.0 平台唯资本马首是瞻的现象形成了鲜明的对比。在 Web 2.0 时代，散户不要说做平台的共有者，就连获得本该属于自己的数据权利的机会都没有，这不仅仅是结果不公平，更是程序不公平。而 Web 3.0 正在将这种程序公平的理念推广开来，尽管 Web 2.0 的互联网巨头在技术、流量、场景等方面在短期内具有不可比拟的优势，但生产关系层面的巨大漏洞使得其注定要逐步让位于 Web 3.0。当然，Web 2.0 并不会立刻消失，而是会与 Web 3.0 长期共存。毕竟，数以十亿计的用户需要逐步学习如何在 Web 3.0 时代生活。我们要做的是一边进入 Web 3.0 时代，一边学习如何在 Web 3.0 时代更好地生活，以免在 Web 3.0 时代全面来临时猝不及防。

6.2 GameFi——元宇宙的重要入口

GameFi=Game+Finance，即"游戏化金融"。2021年，随着疫情的反复和元宇宙概念的落地，GameFi成为一个重要的风口，同时对于传统的游戏行业进行了生产关系和生产力方面的改进，其P2E模式也有利于游戏行业进一步实现规模化。

游戏是一个覆盖全球的行业。截至2021年6月底，全球共有超过27亿名游戏玩家，2020年全球游戏市场规模达到1 749亿美元，同比增长19.63%。中国和美国为全球最大的两个游戏市场，预计收入占全球总收入的49%，其中中国游戏市场收入440亿美元，美国游戏市场收入413亿美元。此外，由于中国的玩家数量（6.37亿人）远远多于美国（1.9亿人），所以玩家平均付费率相对美国较弱。此外，游戏也牢牢地融入了许多人的日常生活：大约60%的美国人每天都在以某种形式玩电子游戏，视频游戏流媒体每年有12亿名观众。比如，*Fortnite*是Epic Games的热门产品，2020年单月活跃玩家超过3.5亿人，创造了超过51亿美元的收入，这说明单个游戏也能取得巨大成功。

尽管游戏领域的发展前景充满希望，但仍然存在着许多比较严重的问题。

第一，游戏用户并不真正拥有游戏里的任何东西。2020年，全球游戏用户在游戏内置商品上花费了超过500亿美元，主要用于购买皮肤、服装、武器、道具等，购买这些物品会增进用户的体验感。但除此之外，这些物品无法用于其他目的，用户无法出售、出借或抵押任何自己购买的游戏物品。换言之，现在游戏里这些购买交易仅仅属于娱乐消费类别，而不是真正的投资。

第二，不同游戏之间的互操作性有限。在很大程度上，当前市场上许多游戏仍然是独立的"孤岛"：它们是相互独立的不同游戏世界，拥有自己的商品、人物、剧情和体验。比如，同样是腾讯开发的现象级游戏，《王者荣耀》和《绝地求生》分属于两个不同的游戏世界，无法实现互联互通。

第三，缺乏商业模式可选性。现阶段80%的数字游戏总收入来自免费游戏（或免费增值游戏）。一些取得成功的付费游戏，大多仅通过用户购买皮肤这样的手段获得收入，比如《反恐精英》。这种转变对游戏用户来说是一件好事——为一款手机游戏支付0.99美元几乎非常少见，但可能会限制某些开发人员的设计空间。形式服从功能，随着更多游戏开发商推出全新商业模式（如二级NFT销售佣金），新的游戏形式也会出现。

传统游戏行业长久以来的确存在一定缺陷，而区块链和DeFi正好能完美填补这些缺陷，区块链和DeFi为开发人员开辟了全新的设计空间。因此GameFi也是现阶段实质意义上的元宇宙入口。此外，P2E模式为游戏行业乃至全球劳动力市场增添了一种重要的可选项，其中P2E模式的集大成者便是*Axie Infinity*。

*Axie Infinity*建立在以太坊上，其游戏玩法如下：玩家饲养、繁殖自己的Axies，然后让Axies参与战斗。Axies是一种看起来像蝾螈的卡通人物。不同之处在于，赢家并非通过胜利获得积分，而是获得该游戏的原生通证——Smooth Love Potion（SLP）。与传统的"游戏孤岛"的内置物品不同，*Axie Infinity*所有资产都融入了去中心化的元宇宙之中：SLP可以立即转移到另一个加密资产中，也可以用作抵押品，亦可兑换为法定货币。此外，在*Axie Infinity*中还有一个治理通证（AXS），代表市场对*Axie Infinity*的估值。*Axie Infinity*早在2018年就已经发布，但游戏采用率直到2021年才实现快速提升，经过了一个加密金融的周期才迅速增加。区块链数据库企业Messari数据显示，*Axie Infinity*在2021年

第三季度的总收入达到 7.816 亿美元，相比第二季度总收入（1 590 万美元）增长了 48 倍。

　　截至 2021 年 7 月底，Axie Infinity 在全球拥有超过 150 万名每日活跃玩家，玩家主要集中在菲律宾、印度尼西亚、巴西、委内瑞拉、印度和越南等国。对于很多游戏用户来说，玩 Axie Infinity 已成为其生计来源，这款游戏提供的收益远远超过他们在当地工作的收入。虽然大多数玩家并不是加密金融业里的原生用户，但病毒式的口碑营销让许多人了解到了这款游戏。Axie Infinity 玩家数量呈爆炸式增长，全球影响力和广泛的创收确实令人瞩目，其核心在于创立了 P2E 模式。

　　受 Axie Infinity 启发，加比·迪松（Gabby Dizon）在 2021 年创立了 Yield Guild Games（YGG），这是一家针对全新的 P2E 经济模式的公会。这个工会由 DAO 管理，为想要专职玩 Axie Infinity 和其他 P2E 游戏的人提供奖学金激励，分享他们的部分收入。因此，这个 DAO 持有来自各种元宇宙游戏的 NFT，使其治理通证 YGG 成为一种游戏赚取经济的指数。该项目仍处于初期阶段，但已经有超过 4 500 名"学者"参与其中，每周交易额超过 100 万美元。YGG 的这种模式也成为数字范式下的劳动者的新型组织方式，这种新型组织方式是数字范式下社会分工深化的产物。一台计算机或一部手机都可以成为工作场景，劳动的自由化水平提高，从属方式不断弱化，利用空闲时间的属性日益增强。数字经济不仅在生产力方面推动了劳动工具数字化、劳动对象服务化、劳动机会大众化，而且在生产关系层面促使组织平台化和资源共享化。劳动者和组织关系正在发生深刻变革，这种关系无法再以工业时代的雇佣关系进行概括，而是逐渐向平等合作、赋能与使能的关系转变。

　　GameFi 的模式最早出现于 2017 年，但在积淀四年之后才在 2021 年爆发，这一现象具有深刻的现实背景：

第一，技术层面网络扩容。以太坊二层的扩展协议、全新的高吞吐量区块链及其他可扩展性解决方案，使区块链原生游戏的蓬勃发展成为可能。虽然现在依然还有很多工作要做，但 GameFi 的处境甚至比上一个周期要好得多。在上一个周期中，代表性的链游项目为 2017 年风靡圈内的 *CryptoKitties*。*CryptoKitties* 的火爆造成网络拥堵，极大地制约了链游的进一步发展。

第二，NFT 正在登堂入室。很多区块链游戏公司正在对游戏进行 NFT 化。更重要的是，游戏玩家可以更好地理解 NFT 化的游戏资产为何稀缺，为何具有价值。

第三，DeFi 的运营模式。许多基本的 DeFi 行业工具（如 AMM）经过了实践测试并得到了广泛实施，游戏开发者可以结合这些工具实现游戏金融化。不仅如此，购买、借贷、抵押和其他基本金融活动现在也都可以顺畅地进入游戏领域。

第四，从 Web 2.0 到 Web 3.0，互操作性增加。许多传统大型科技巨头陆续加入 DeFi 生态系统，这无疑将为 DeFi 驱动的区块链游戏开辟一种全新的分发机制。例如，苹果对 App Store 的更改可以让 iOS 用户更轻松地直接访问基于 NFT 的 P2E 游戏，这一重要变化使 *Axie Origins* 等游戏（*Axie Infinity* 团队推出的移动应用程序）能够覆盖更广泛的受众。当前正处于从 Web 2.0 向 Web 3.0 转变的关键时期，互操作性是增加 GameFi 受众的关键所在。

第五，元宇宙概念的落地。元宇宙是本章论述的重要内容，元宇宙尚处于初级发展阶段，链游是大家比较容易感知的一个重要入口。

GameFi 再次证明了区块链不仅可以推动生产力的发展，还可以重构生产关系。而构建数字组织模式的关键就在于生产关系的重构，包括重构劳动者和组织关系，由雇佣关系转变为互利共生关系；重构组织和组织的关系，由层级关系转变为价值创造；

重构客户和组织的关系，由卖方关系转变为实时交互关系；重构环境和组织的关系，由固定办公转变为灵活办公。数字经济催生的新职业在劳动者和组织关系、组织和组织关系、客户和组织关系、环境和组织关系方面起到了引领变革的作用。在金融科技主导的模式下，这一趋势已得到一定程度的显现。中国信息通信研究院发布的《2021数字化就业新职业新岗位研究报告》显示，2020年微信生态衍生的就业机会达到 3 684 万个，同比增长 24.4%。2020年初，新上线的微信视频号在视频拍摄、直播带货等方面产生了334万个就业机会。由于视频号主播、自媒体撰稿人、小程序开发者等能在二三线城市提供面向全国12亿微信生态用户的服务，越来越多的劳动者无须局限于人才供需不平衡的一线城市和发达地区，这对于优化地区人才结构起到了良好的作用。在GameFi模式下，这一趋势则更加明显，数以千万计的、分布在全世界的劳动者由于爱好和经济利益聚集在一起，在相同的规则下共同劳动。这是不是另一种形式的共产主义呢？

从属方式是区分劳动关系与劳务关系、从属劳动与独立劳动的重要标准。随着新职业的蓬勃发展，劳动本身的从属性逐渐发生变化。在传统劳动关系中，受生产条件约束，劳动本身对于企业而言具有较强的从属性。然而，借助区块链、人工智能、物联网等数字技术赋能，平台经济正在按照数字逻辑从根本上塑造全球的生产和再生产过程。当下劳动时间、劳动地点、劳动方式的单一固定影响力不断削弱，除了传统的线下工作场所，劳动者可以选择线上工作，劳动方式更加丰富多样，且生产过程的线上化已经成为当下数字企业的新型运转模式。在这种生产过程中，劳动者可以自主选择服务对象与服务方式，具有极强的人身独立性，劳动本身的从属性明显弱化。从业者的劳动本身存在以"独立"形式提供劳动的特征。这种灵活化的工作模式使更多数字平台企业认为自身与通过平台注册的灵活就业者之间是一种合作关系或伙伴关系，而不是雇佣关系。与此同时，随着劳动者就业观念的转变，尤其是新生代劳动者更加追求灵活化、个性化、多元化的就业环境，很多新就业形态从业者喜欢灵活自由的工作模式，这有助于他们实现家庭与工作之间的平衡。GameFi 为这种模式的实践提供了一个鲜活的案例，为人们进入元宇宙时代开启了一扇大门。

6.3　Web 3.0 房地产——Web 3.0 也逃不过"住房难"？

在现实生活中，衣食住行中的"住"越来越成为影响我们生活质量的重要因素之一，房地产也成为中国老百姓最重要的一种家庭金融资产。根据《2019 年中国城镇居民家庭资产负债情况调查》，我国城镇居民家庭资产以实物资产为主，户均 253 万元，约占家庭总资产的 80%。其中，74.2%为住房资产，户均住房资产 187.8 万元。居民住房资产占家庭总资产的比重为 59.1%，高出美国 28.5%。事实上，房地产也作为最重要的抵押资产之一，成为各国金融系统的重要组成部分。而在元宇宙的数字世界中，房地产也成为一个热门行业。数字世界也逃不过"住房难"吗？

数字房地产和传统房地产的不同之处在于，这些资产不是有形的，在很多情况下，我们甚至看不到它们，但这些资产确实是真实存在的。一些用户可以从中获得高达数百万元的净收入，并持有相关 NFT 代表对数字房地产的所有权。在元宇宙的数字世界中，土地是有价值的。虽然整个元宇宙系统在动态上看是无限的，但每个元宇宙项目从静态上看都是有限的，大多数元宇宙项目都设计了限量的土地，人为制造了元宇宙中土地资源的稀缺性，并通过稀缺性创造元宇宙房地产的价值。在元宇宙的数字社区中，已经存在许多数字房地产的交易实践：2021 年 6 月，*Axie Infinity*

的 9 块虚拟土地以 888.25 个 ETH 的高价出售，价值约为 150 万美元；2021 年 6 月，数字房地产开发商 Republic Realm 以 129.5 万 MANA 的价格购买了 259 块数字地块，即 66 304 虚拟平方米，价格约为 91.3 万美元；2021 年 7 月，The Sandbox 上面积超过 530 万平方米（24×24）的虚拟土地以近 88 万美元的价格出售；2021 年 8 月，元宇宙服务商 MetaEstate 宣布，以超过 400 个 ETH（约合 150 万美元）陆续购入 Cryptovoxels 的 200 多块土地，成为 Cryptovoxels 上拥有地块数量的 Top 5，平均单块地价超 5 000 美元。涉及数字房地产的元宇宙项目主要包括 The Sandbox、Decentraland、Somnium Space、Axie Infinity 及 Cryptovoxels 等。

Decentraland 创立于 2017 年 9 月，是一个在以太坊上运行的虚拟现实平台。在 Decentraland 中，土地是最重要的价值载体。Decentraland 就是由 Decentralized（去中心化）和 Land（土地）两个词拼接而成的，其中所有土地及土地上的建筑物都由所有者永远持有，土地的价值会随人口、流量的涌入和商业密度的增加而升值。Decentraland 的土地被分割成地块（parcel），并用笛卡儿坐标（x, y）区分，可以用 MANA 购买。每个土地通证包括其坐标、所有者等信息。每个地块的占地面积为 16m×16m（或 52ft×52ft），其高度与土地所处地形有关。用户可以在自己的地块上建立从静态 3D 场景到交互式的应用或游戏。一些地块被进一步组织成主题社区，成为具有共同爱好人士的共享空间。

The Sandbox 由 Pixowl 于 2011 年推出，区块链游戏和 NFT 开发商 Animoca Brands 在 2018 年以 487.5 万美元的现金和股票收购了 Pixowl。作为热度颇高的元宇宙明星项目，The Sandbox 正致力于构建一个富有吸引力的游戏虚拟世界。The Sandbox 官方与知名 IP 持续合作，包括大名鼎鼎的 *CryptoKitties*、《蓝精灵》《南华早报》《行尸走肉》等，生态越发强大。The Sandbox 的虚拟世界地图由 166 464 个地块（408×408）汇集而成，每个地块都是

ERC-721 标准的 NFT。每一块地都可以视为一个小世界，一旦用户购买了一块土地，则拥有了完全的所有权和对其中所有东西的控制权。用户不仅可以在其土地上自由地发布、设计和运行自己的游戏，决定运行的游戏、实施的游戏机制、使用的资产，以及其他玩家是否可以加入等，还可以将土地租给游戏创作者以赚取收益，可谓玩法多多，妙不可言。另外，用户需要在 The Sandbox 中理解两个概念：第一，ESTATE。"ESTATE"即房产，多个土地组成一处房产，游戏中一共有四类房产，分别为 3×3、6×6、12×12 和 24×24。第二，ASSET。"ASSET"即资产，所有在 The Sandbox 中能被交易的东西，都可以叫作资产，如玩家创建的装饰物、建筑、装备等。

CryptoVoxels 在诞生之初被称为区块链版《我的世界》(一款 3D 第一人称沙盒游戏)，简单的像素风格给玩家提供了一种室内的 3D 空间感。用户可以在其中看展、聚会等，就像一个完全开放的沙盒游戏，用户可以自由探索。Cryptovoxels 中的土地由 6 个数字（$x1, y1, z1, x2, y2, z2$）表示，它们形成了地块的边界。地块大小是由城市生成器随机生成的，该生成器也会创建街道。每个地块至少有 2 条街道相邻，因此玩家可以自由地从一个地块走到另一个地块，互相交流或查看其他人的建筑。

投资数字房地产是个人投资者创造财富的方式之一。虽然目前尚未建立起将一切包括在内的元宇宙，现有的数字社区彼此之间还没有完全实现互联互通，并且每个数字社区都有自己的数字资产。然而从本质上而言，这些数字社区内的资产运作方式是相似的。数字房地产所有者赢得收益最基本的工具就是所有权，这类似于游戏《大富翁》中土地获利的游戏规则。利用数字房地产获得收益的方式主要有以下几种。

第一，广告。广告是数字房地产获取收入的最简单、最快捷的方式之一。同传统模式的广告相似，元宇宙中借助广告获取收入，会受到诸如页面浏览量、用户体验等多个因素的影响。

第二，附属营销。元宇宙极大程度地丰富了附属营销的方式，通过多元化内容以附属链接的方式促进了各种形式的交易。

第三，提供赞助内容和广告。在自己拥有的网站上提供赞助内容是一种通过数字房地产赚钱的方式，其核心是展示广告和附属营销的结合，比如建立画廊等。

第四，销售数字产品。销售数字产品是利用数字房地产创造收入的一个来源。这些产品由网站所有者创建、销售，以直接获利，网站所有者可以提供多种类型的数字产品和数字内容。事实上，数字房地产是元宇宙沉浸和体验的一个集点。随着体验经济的发展进入新阶段，元宇宙消费者和品牌互动方式也发生了变化。品牌不再是品牌的所有产品和服务，而是逐渐变为每个客户的接触点和互动的总和，而这些接触和互动的基础在于数字房地产。

第五，土地增值保值。正如现实中的房地产一样，数字房地产只要维护、保养得当，往往会实现自然增值。随着时间的推移，数字房地产作为一种稀缺性资产，其价值很可能会实现增值保值。比如，投资者在购买数字房地产时选取黄金地段，并对自己的土地资产进行"建筑和装修"，可以让数字房地产在转卖时以更高的价格成交。这种二手土地销售创造了一定的利润空间。通过多轮拍卖和竞争，数字房地产的价格可能会大幅上涨，从而为投资者带来巨大回报。在现实的房地产市场中，客户在购买房产时通常会考虑周边环境、交通通达性、公共设施完善程度等因素，总体可归结为基础设施和公共服务的完善程度；而在数字房地产中，步行交通、基础设施都以线上的数字形式存在，因此流量的大小和流量的潜力将成为选购数字房地产的重要因素。在元宇宙中，一个顶级域名可能会成为"黄金步行街"。

第六，创造被动收入。被动收入是数字房地产潜在的收入来源之一。一方面，土地所有者可以出租自己的土地，成为元宇宙中的房东；另一方面，土地所有者也可以将自己的虚拟土地装饰成具有特色的空间，为其他用户提供独特的体验，通过收取服务费或出售门票赚钱，比如搭建主题乐园或博物馆，而想要进入其中的用户需要为此支付费用。

数字房地产具有启动成本低、进入门槛低、受众面广等优势：启动数字房地产投资的成本相对不高，这也成为大部分人的可行投资选择；对计划投资数字房地产的初学者来说，需要具备相关的元宇宙知识，由于数字资产全部存在元宇宙中，因此投资者在进行比较和访问数字房地产时也更为容易；数字房地产具有快速发展的潜能，因为数字房地产依托元宇宙，这使投资者可以接触到任何使用互联网的人，一旦受众群开始增长，互联网就会赋予其以几何速度快速扩展的可能。

与此同时，数字房地产也具有一些劣势，对投资者素质具有一定要求，且投资风险高。第一，脆弱性。数字房地产在某些情况下可能会产生系统性波动。因为数字房地产项目的相关信息依赖某些共同的信息获取渠道，一旦这些渠道发生意外情况，投资者的收入可能会受到波及。第二，对投资者素质具有一定要求。如果不通过第三方被动地投资数字房地产，则需要投资者不断学习投资技能，以增加收入和资产。这种对技能的要求事实上构成了进入数字房地产投资的潜在门槛，使得一些投资者望而却步。第三，投资风险高。在投资数字房地产的过程中，个人资产会经历从法定货币到稳定币、再到主流加密资产、最后到元宇宙通证的多轮转换，而在每一轮转换过程中，都存在价值波动的隐患。首先，从各国法定货币到稳定币（一般以美元标价）存在汇率波动；其次，从稳定币到元宇宙的计价通证（一般是 ETH、SOL 等）价格也存在波动；再次，ETH、SOL 等在转换为元宇宙项目通证（比如 Decentraland 中的 MANA、The Sandbox 中的 SAND）时会带来另一层的波动。此外，数字房地产也具有与现实中房地产类似的风险，比如房产价格可能会根据周围的房产发生巨大变化。有很多怀疑论者无法理解人们在元宇宙中为数字坐标支付的费用比在真实世界中为房地产项目花费更高的现象，因为真实的房地产可以解决人们的刚需。总而言之，数字房地产具有高度投机性。它在为投资者提供巨大回报的同时，也蕴含着较高的投资风险。

尽管具有一定的投资风险，数字房地产的发展前景还是较为可观的。第一，其成为价值存储和资源再分配的工具。数据显示，在历史长周期下，房地产是现代金融诞生后表现最好的投资品之一。近年来全球都在严查流向房地产的信贷资源，但这更多是出于公平而不是效率的考虑。房地产行业的高准入门槛、虚实结合的行业特征及长周期性，导致其长期以来一直是高净值人群的"游乐场"，房地产也已成为人口资产分配不平衡的重要原因之一。然而全球央行放水是一个长周期下的历史趋势，资本在现实世界房地产受挫的情况下会寻找新的洼地，而数字房地产是其中之一。第二，数字房地产与实体房地产之间出现更多交叉点。随着元宇宙及相关技术的发展，数字房地产和实体房地产存在更多交互发展的可能，数字房地产有可能逐渐变为实体房地产的组成部分。比如，在 2021 年 4 月，肖恩·杜尔格罗夫（Sean Dolgrove）将自己的房子和其 NFT 放在 OpenSea 上出售，并最终以 140 万美元左右的价格成交。然而，当数字房地产形成一定规模时，会不会掀起比现实房地产更大的金融泡沫？或许这个问题在未来十年内就能得到回答。

6.4　SocialFi——去中心化社交金融的曙光

2021 年上半年，很多 SocialFi（社交金融）概念的项目进入加速发展阶段。SocialFi 尚处于发展早期，大部分生态参与者以社交通证（Social Token）为基础，进行概念发散及技术更新，单独为 SocialFi 概念分类的项目仍比较少,且部分项目往往与 NFT、GameFi 等概念有所交叉,形成复合型概念项目。社交通证被定义为"一种由个人声誉、品牌或社区支持的通证",社交通证建立在社区价值不断提高的前提之上。其中,铸造、分发及内容资本化是比较主流的 SocialFi 项目理念。社交类项目通过发行通证来管理自己创建的社区,根据社区内用户的活跃度及贡献度划分层级并使之享受通证化权益,为创作者、文化生产者、相关参与者增加收益。

大部分社交通证基于 ERC-20 发行,并主要从分发模式、资产保存、通证模型、社区管理四个方向进行技术延伸及项目革新。从功能上,分为个人通证、社区通证、社交平台通证三大类。在更细的分类下,社交平台通证偏向于强调在平台内产生价值流通,社交通证更强调基于个人所提供的服务与价值。DAO 组织、流动性挖矿等方式也推动了社区通证的发展,很多项目也与其他概念有所交叉,形成了泛社交的概念圈层。现有的社交通证分布涉及个人融资、私人社区、粉丝经济、平台订阅、体育娱乐、个人基金、社区品牌等领域。

个人通证主要有 RAC、Roll、Whale、RALLY 等。RAC 是由格莱美奖获得者 DJ RAC 基于以太坊推出的粉丝通证。持有该通证的用户可以进入独家 Discord 频道,并有机会提前取得空投、提前接受未发布内容的权利。此外,持有一定数额 RAC 的持有者可以参与 RAC 在 Zora 和 SuperRare 等数字产品交易市场举行的独家产品发布会等。

Roll 是老牌社交通证发行平台之一。在该平台发行模式下,Roll 将代表用户创建 ERC-20 通证,即为内容创作者发行个人社交通证。每个个人社交通证的供应量均为 1 000 万枚,其中 200 万枚直接发放给内容创作者,120 万枚归属 Roll 平台,剩余部分会在三年内按月线性解锁。同时,Roll 还提供了存储和交易平台,有超过 200 位内容创作者通过 Roll 发行了自己的社交通证。但在 2021 年上半年，Roll 平台受黑客攻击被盗 3 000 个以太币的事件引发讨论，并很大程度上打压了整个市场对于社交通证的积极性。

Rally 也是早期知名的社交通证发行平台之一，其特点在于可将其原生治理通证 RLY 与创作者的社交通证相结合，并铸造成新的个人通证。个人通证的转换必须通过 RLY。该平台覆盖了发行、渠道、入金、交易全程，Rally 采用了 Layer2 解决方案，以优化即时交易等机制。该通证持有者对 Rally Network 拥有管理权。RLY 可在 Uniswap 和 Balancer 上进行流动性挖矿，这极大地加深了 RLY 的交易深度和提高了流动性。

社区通证主要有社区内容金融化和"Social Token + DAO"两个发展路径。在社区内容金融化路径上的主要项目有 Yup、Mirror、Cent 和 Matataki 等。Yup 是一项跟踪社交活动及行为的协议，将点赞、评论等社交活动对内容质量进行影响力通证化。在 Yup 平台中，每个用户及内容地址（URL 链接）都将对应一定的影响力分数，平台根据用户点赞、评价等社交行为，将奖励分配给更具社交价值的内容，内容生产者及中间人能够赚取资产。

Mirror 为每篇原创的文章提供了"NFT+治理"属性的平台，可以实现投资、交易和治理等功能。创作人达到要求时可以在文章下方发起众筹，用户参与众筹可获取 NFT 通证，NFT 通证的每次交易与投资者分红挂钩。此外，邀请通证 WRITE 用于创建专栏，持有人享有投票权。在某些平台预设的条件下，WRITE 也能够充当一种准入凭证。Mirror 的 NFT 通证铸造是由 Zora 平台完成的，Zora 平台创始人是区块链投资巨头 A16z 前合伙人纳扎罗夫，因此在社交通证领域一向广受关注。

V.cent.co 是一个将名人 Twitter 制作成 NFT，然后进行拍卖交易的名人社交通证平台。在交易中，95%的通证归原推文创作者所有，5%的通证归平台所有；在二次销售中，87.5%的通证归卖家所有，10%的通证归创作者所有，2.5%的通证归平台所有。Matataki（基于 Meta Network）是一个基于 IPFS 技术的社交通证发行及内容平台。粉丝可以使用 Matataki 平台购买个人通证，用于解锁文章等。该平台由 Meta Network 提供支持，Meta 通证也是平台治理通证，可用于质押。该平台支持 NFT 销售，支持创作者向其粉丝空投社交通证。

"Social Token + DAO"发展路径的代表性项目有 Karma DAO、Ark、Seed Club 及 Forefront 等。Karma DAO 是一个非常典型的 DAO 社区，起源于加密行业的治理实验，旨在打造一个分享投资观点、提供见解建议、帮助项目筹集资金、举办虚拟会议等功能的 DAO 社区。社区的主要价值内容在于信息与见解。Karma DAO 主要基于三种方式实现互动：成员持有通证、点对点打赏、可穿戴 NFT。在 Karma DAO 社区，成员需持有 200 美元以上的 Karma 才能够进入私人群聊天。

ARK 是一个以投资为导向的 DAO 社区，其成员可自行创建一个 ARK 来召集其他成员一同购买特定的 Cryptopunk；也可以参与一个 ARK，获得众筹购买 Cryptopunk 的份额。Seed Club 是一个社交通证孵化器，目标是通过与创作者合作来帮助社交通证创立模板，以更高效地发掘社交通证的价值。该组织会定期公布参与项目的创作者名单，提供融资与扶持。ForeFront（FF）是一个基于 DAO 的聚合器，主要应用方向为社交通证、NFT 和 DAO 等领域。在社区内，ForeFront 将通证分配给代表社区完成任务的成员。这些任务包括宣传博客文章、为活动设计出席率证明协议（Proof of Attendance Protocol，POAP）徽章，以及建立一个 Discord（聊天软件）机器人等。

社交平台通证平台的第一种类型是通证铸造和分发平台，代表性项目为 Chilliz、Zora、Fyooz、Loopss 等。Chilliz 是"粉丝经济"范式下的社交通证平台，主要发力领域为体育产业，CHZ 是基于区块链的体娱粉丝激励平台的原生通证。Chilliz 已与包括 AC 米兰、曼城、阿森纳、巴塞罗那、巴黎圣日耳曼和尤文图斯等在内的多个俱乐部和其伙伴合作发行粉丝通证。平台用户可通过 CHZ 购买俱乐部粉丝通证，持有粉丝通证可拥有社区投票权、决策权、获取资本利得等权益。在该社区中，拥有粉丝通证的球迷可以对俱乐部的球衣颜色、体育场音乐和徽标、友谊比赛、慈善阵容、入场歌曲等方面的事宜进行投票，且投票结果具有较强的约束力。这无疑提高了用户的社区参与度。

Zora 将其协议定义为"媒体所有权的通用市场协议"。在该平台上，艺术、文章和音乐创作者都可以发行自己的通证。Zora 同时也是 RAC 社区通证的合作发行方。Zora 已经开发了社交媒体客户端，平台属性更加偏向 NFT 铸造。Fyooz 是一个社交通证发行平台，协助有一定影响力的人发行个人通证。Fyooz 的主要合作对象是音乐家、歌手、运动员和其他领域有影响力的人。持有 Fyooz 大多可获取一些"粉丝特权"，比如享有参与活动、聚会、享受折扣等独家机会。

Loopss 最早出自 DoraHacks DeFi Hackathon，这是一项基于 BSC 的区块链基础设施，通过对可编程社会关系网络进行量化，可以衍生出不同的应用场景。美国社会心理学家斯坦利·米尔格兰姆（Stanley Milgram）在 1967 年提出"六度分离理论"（Six Degrees of Separation）：最多通过五个人你就能够认识任何一个陌生人。这反映了社交的巨大价值，而这部分价值在现阶段是难以量化和体现的，Loopss 的作用就在于此。Loopss 基于流支付技术，个人可以发行自己的个人信用通证。信用通证的价值来自个人信用，交易依靠双方信任。使用 LOOP 可以在区块链上建立可验证的社会关系，并基于社会关系进行通证分发、治理、权限设置，其最终进化方向为社区化资本与 DAO。

社交平台通证平台的第二种类型是去中心化的媒体平台和应用，代表性项目为 Bluesky、BitClout、Audius、Calaxy 等。虽然全球社交巨头 Twitter 很早就已宣布启动去中心化社交媒体项目 Bluesky，但彼时由于各类原因被推迟。2019 年 8 月，时任 Twitter CEO 的多尔西任命 Zcash 前核心开发者杰伊·格拉伯（Jay Graber）作为负责人重启该项目。2021 年 1 月，格拉伯在为 Bluesky 项目撰写的生态系统评论报告中，对身份、网络、数据、社交、隐私、互操作性、可扩展性、应用、治理、商业模式等关键主题进行纵向及横向分析，去中心化版本的 Twitter 仍在路上。

值得一提的是，Twitter 前 CEO 多尔西，也是美国的支付巨头 Block 的创始人，是一位比特币的极端推崇者，也是加密金融领域的意见领袖。他在 2021 年 8 月开始使用 Compass Mining 开采比特币，宣称比特币是 Twitter 的重要组成部分。他创建的 Block 于 2015 年在纽交所上市，Block 不仅持有超过 8 000 枚比特币，而且正开发一个去中心化的比特币交易所。

BitClout 也是一个去中心化的社交平台，其与 Twitter 进行对标，旨在通过工作量证明和区块链构建一个与 Twitter 职能相近的去中心化替代方案。该平台通过给 Twitter 上的意见领袖被动发行社交通证增加了社区炒作的活跃度，个人可拥有自己的通证生成器，并实现去中心化交易。

2021 年 3 月，BitClout 披露了包括红杉资本、A16z、Coinbase Ventures 在内的豪华投资阵营，在行业内声浪渐起。随后，多位 Twitter KOL"认领"了 BitClout 账号，BitClout 的财富效应开始增加，与其他区块链社交媒体项目逐步拉开差距。

Audius 是一个去中心化的音乐流媒体协议，通过其原生通证

AUDIO 实现通证持有者投票权重、增值服务等方面的权益，致力于拉近音乐创作者和粉丝之间的距离。Audius 建立在以太坊和 Solana 上，其核心功能仍在以太坊网络上运行，但正在逐步迁移到 Solana 上。2021 年 8 月，Audius 与短视频平台 TikTok 建立合作，允许平台上的音乐人将作品直接上传并分享至 TikTok 的 Sound Kit，同时音乐人还可以将 TikTok 上的关注者链接引回 Audius。2021 年 9 月，Audius 获得凯蒂·佩里（Katy Perry）等流行音乐家 500 万美元的融资。

Calaxy 定位于一个开放式社交市场，由 NBA 布鲁克林篮网队的后卫斯宾塞·丁维迪（Spencer Dinwiddie）创立孵化，丁维迪同时也是加密金融领域最活跃的运动员之一。Calaxy 在运动鞋 NFT 等领域具有较大的比较优势。

社交平台通证平台的第三种类型是接入第三方模式，这往往与其他生态的区块链项目所用工具有所交叉，代表性项目为 Mask Network、Muze Network、SuperFluid、SourceCred 等。Mask Network 是一个比较特殊的"门户"，其没有创建新的平台，而是以插件的方式桥接 Web 2.0 与未来的 Web 3.0 概念，允许用户在无须迁移的情况下，在已有社交网络上层无缝发送加密消息、加密货币，并与 DeFi、NFT、DAO 结合，从而创建一个去中心化的 Applet（DApplet）生态系统，无须使用中心化服务器。Mask Network 的分发方式，能够让普通用户在不改变当前主流社交平台使用习惯的情况下，进一步接触加密资产。与此同时，Mask Network 也被赋予了隐私社交、去中心化存储、DeFi、DAO 等多重属性。

Muze Network 是基于 BSC 的加密社区建立及管理的平台，可协助用户搭建自己的加密社区。SuperFluid 是链上流支付及资金管理工具，协议适用于 DAO 支付、经常性支付、频繁的奖励分配等场景。SourceCred 是一个实现社区数据评估与奖励的工具，通过发帖、点赞和回复数量等数据进行计算，社区可以以成员数据为基础提供奖励、兑换社交通证。

DeFi 的发展为新社交的发展提供了新的动力，元宇宙为新社交的发展提供了广阔的应用场景，在社交行为产生的价值获得流动性后，用户便会源源不断地参与其中。同时，SocialFi 的底层技术区块链天然具有去中心化的特质，这为隐私社交的发展提供了技术基础。当边际正在改变时，看似空间极小的既有社交体系就已经岌岌可危了。在元宇宙中，社交的每个方面都值得再做一遍，因为元宇宙的社交是真正属于用户的。

6.5　Web 3.0 的绿色低碳发展之路

2020 年 9 月，中国在联合国大会上承诺，力争在 2030 年实现碳达峰，在 2060 年实现碳中和目标。在实现碳达峰、碳中和过程中，金融业扮演着重要角色。2021 年 7 月，中国人民银行召开 2021 年下半年工作会议，号召绿色金融体系加快发展，按照发展绿色金融"三大功能""五大支柱"基本框架的总体思路，加快推动绿色金融各项工作并取得进展。主要内容有以下几点：研究设立碳减排支持工具，发布新版绿色债券支持项目目录，银行间市场推出碳中和债券，建立与碳达峰、碳中和目标激励相容的评价机制，完善银行业金融机构绿色金融评价体系；统筹推进普惠金融与绿色金融、科创金融、供应链金融等融合发展，完善金融支持科技创新政策体系；引导金融机构为具有显著减排效应重点领域提供优惠利率融资；扎实推进碳排放信息披露和绿色金融评价发展进程；加强气候风险管理，有序开展气候风险压力测试；加强对绿色金融重点问题的调查研究。绿色金融在全球范围内方兴未艾，成为发展的必然趋势，其中能发挥较大作用的是绿色金融科技。

绿色金融科技作为新兴领域，发展历程并不长，相关顶层设计处于酝酿阶段。然而随着绿色金融和金融科技实践的发展，各界对于绿色金融科技内涵的理解逐渐加深，注重发挥其在投资决策可持续化、投融资方式多元化和生产生活方式绿色化等方面的作用。关于绿色金融科技的定义，国内外尚未形成共识。2018年9月，联合国环境规划署在《绿色数字金融》(*Green Digital Finance*)报告中提出，绿色数字金融是由大数据、机器学习与人工智能、移动科技、区块链及物联网等技术支持的金融创新领域，可以帮助环境效益项目进行投融资活动，实现可持续发展目标（Sustainable Development Goals，SDGs）。同时，该报告以金字塔结构的形式阐释了绿色数字金融的典型特征、逻辑框架和应用目标。

现阶段，绿色金融暂未形成完整、统一的内容和标准，在实践中常常面临难以量化和考核的发展困境。同时，绿色金融相关法律法规建设也相对滞后，在业务开展过程中存在着环保信息不透明、信息沟通机制未完善、绿色识别成本高、监管成本高、企业与投资者环境保护意识和社会责任感不强等阻碍。其中较为突出的是，绿色经济的高风险、高投入和投资周期长的特征与金融机构追求资金的安全性、营利性和流动性的目标相冲突，导致金融机构参与绿色金融发展的积极性不足。

绿色金融问题本质上是一个金融和资源分配问题，其根本原因是全球经济无法为短期以外的任何事情做计划，也无法应对其集中和不透明的基础设施。这个逻辑同样适用于长期的低利率和持续不断的央行大放水，金融学界几乎没有人不知道其危害。但受制于缺乏新增长要素的迸发、疫情的持续和长期的宽松惯性，多国金融部门只能选择短期尝试。对于长期尝试，金融部门通常持有"走一步看一步"的态度，因为没有人知道音乐停止之后会发生什么，而且没有短期，何来长期。元宇宙和 Web 3.0 时代作为人类命运共同体共有的下一代互联网，绿色低碳发展是其必由之路。DeFi 至少可以从两个方面赋能绿色金融：第一，DeFi 通过极低的能耗、极高的效率完成各种金融职能，本身就是绿色金融的重要组成部分；第二，DeFi 和区块链的开放性和透明度可实现抵押资产绿色和信用投放绿色。

在 DeFi 领域，采用不同的共识机制能耗差别是非常大的。一个群体的成员必须在某一方面达成一致的意见，否则群体或组织就难以运转，这就叫作"共识"。一个群体要完成协作，需要在规则上达成共识，所以需要找到一个达成共识的方式。事实上，共识机制和组织是双向决定的。区块链作为人们进入信息时代的重要工具和基础设施，共识机制在区块链系统内具有非常重要的基础性作用。区块链是一个公共、公开的数据库，同时也是一个点对点的协作网络。协作方（节点）共同维护数据，每个节点都有一份完整的数据备份，所有节点的数据内容必须完全一致，每个节点都可以在本地查找交易记录，也可以在本地添加交易。由于没有一个中心可用于指挥协调，因此要完成这个协作，区块链就必须有一个共识机制，而共识机制必须解决两个核心问题：第一，谁有权写入数据；第二，其他人如何同步数据，即如何保持账本的一致性。共识机制之于区块链，就如法律之于现代社会。区块链的共识机制本质上是区块链的治理问题。作为 DeFi 的底层技术，区块链在很大程度上决定了 DeFi 的治理机制。工作量证明机制的能耗远高于权益证明机制、权益授权证明机制、拜占庭容错算法（Practical Byzantine Fault Tolerance，PBFT）及有向无环图机制等共识机制。

PoW 机制是区块链第一代共识机制，也是比特币的基础共识机制。简单而言就是"按劳取酬"，矿工完成多少工作量，就会获得多少报酬（以比特币为代表的加密货币）。在区块链系统里，劳动量就是矿工为网络提供的计算服务（算力乘时长），提供这种服务的过程就是挖矿。PoW 机制的缺点在于驱动算力需要消耗大量的电力，而 PoS、DPoS、PBFT、DAG 对能源的消耗则非常少，这为 DeFi 赋能绿色金融奠定了基础。然而，根据 ARK 基金的数据，在全球范围内，即便是 PoW 机制，比特币也比传统银行和黄金开采有效得多：2020 年传统银行每年消耗 23.4 亿 GJ，黄金开采每年消耗 5 亿 GJ，而比特币消耗 1.84 亿 GJ，不到传统银行和黄金开采消耗量的 10%和 40%。此外，比特币开采的每 GJ 支出的美元成本的效率是传统银行业的 40 倍，是黄金开采的 10 倍。更不必说，能耗更低的 PoS、DPoS、PBFT、DAG 等共识机制。

  DeFi 和区块链的开放性和透明度可实现抵押资产绿色和信用投放绿色。通过利用区块链的基本特征，可以开发可验证的流程，以确保其所有抵押品都是可持续的和气候相关的绿色资产，这些资产考虑了金融活动对环境的长期影响。这将使 DeFi 成为在全球范围内被迫切需要的利益协调工具。在环境约束日益严格的当下，全球经济的各方面、每家公司的商业模式和每个人的生活都将发生变化，要么主动通过共同努力避免灾难，要么身不由己地承受不作为的后果。

  可持续金融原则允许用可持续的和气候相关的抵押品支持 DeFi，这个概念最初是由 Maker 社区在 2018 年首次 Maker 治理投票中作为五项基础原则的一部分批准的。Maker 社区决定将可持续金融原则作为 Maker 文化和抵押品策略的核心。在可预见的未来几十年内，气候变化对金融产生的影响将是非常深刻的。事实上，气候变化和温室气体排放带来的负外部性，也是传统经济和金融范式下最典型的市场失灵现象之一。未来的十年无疑是决定能否应对这次失灵的关键机会之窗。拥有专注的抵押品策略可为 Maker 带来显著优势，应对方法之一是通过定义特定的有界范围来降低横向治理的复杂性和解决信息过载问题。这种范式提供了一种主动的方法，让 MKR 持有者自己决定想要承担的风险。例如，Maker 和 DAI 可以通过将数十亿美元用于建设太阳能发电场、风力涡轮机、电池、充电站和其他具有成本效益的可再生能源解决方案的项目作为其信贷仓位，用来协调绿色能源的全球建设。同时，DeFi 的开放性和自治性也允许诸如 Maker Governance 之类的自治社群在定义明确的商品化和高度市场中建立风险评估的资产清单可扩展性，Maker Governance 通过使用社区多年来开发的基于受托人的现实世界资产模型，将其加权风险资产（Risk Weighted Assets，RWA）风险敞口扩大到数千亿美元以上的规模，安全且完全符合金融监管。

此外，DeFi 需要确保大部分抵押品是可证明的具有弹性的抵押品，其可以抵抗气候变化的影响。气候变化如此重要，以至于今天的大多数金融资产都被错误定价。作为一种新型的宏观经济风险，气候风险对资产价格有着不可忽视的影响。风险溢价是资产定价（金融经济学）研究的核心问题，因此气候风险溢价是气候金融研究的核心问题之一。在气候风险溢价的研究中，与气候变化相关的不确定性因素主要来自三个方面：第一，未来气候变化的不确定性带来的风险，即由于气候灾难导致的风险，强调气候变化对经济的直接冲击；第二，未来经济活动不确定性带来的风险，强调经济活动的变化对气候变化及其所致损失的影响；第三，模型参数（用于捕捉气候与经济相互影响的参数）不确定性带来的风险。基于气候风险来源的不同角度，不同气候风险将导致不同的均衡价格和风险溢价，形成不同的气候风险定价模型。这些经济冲击很有可能导致各种货币的通货膨胀。绿色金融不能仅仅是说说而已。DeFi 的这种弹性机制可以通过将大部分长期 RWA 抵押品广泛多样地带到具有气候弹性的资产中来实现。

DeFi 是一种去中心化的、可持续的、有弹性的金融体系，比如 DeFi 的代表性项目 DAI 正在被其社群自信地称为"清洁货币"。

之所以被称为清洁，是因为它通过可持续的抵押品在保护地球免受污染和负面外部影响方面发挥着作用；还因为它正在适应气候变化和全球不稳定对其稳定性的长期影响，并具有去中心化和弹性的抵押品支撑；也因为其治理和运营基础设施完全在公共场合运作。

如果 DeFi 能够大范围地处理当今现实世界最关心的问题，那么我们将会迎来 DeFi 和区块链作为协调工具为社会提供积极利益的新时代。事实上，DeFi 也正在推动这一进程。还是以 DAI 为例，DAI 通过向世界展示易于理解的证据，例如，由用户资助建造的实际风力涡轮机的图片，以及附上影响数据的科学报告，向世人证明，DeFi 不仅在理论上有利于推进绿色金融，还在现实中已经开展实际行动。绿色可持续的发展行为所驱动的资金越多，同时辅以大规模、高质量的营销和公关活动，那么 DeFi 就能对气候产生愈加积极的影响。经过验证的结果将加强 DeFi 的品牌效应，致使 DeFi 拥有更高比重的资金采用率和更低的资本成本。这使得有影响力的高效率投资资金不断增加，并促进了 DeFi 高速增长的良性循环。

还是以 DAI 为例，DAI 的主干抵押品是 RWA 基础设施相关的资产，该基础设施可以将大量资金吸收到安全、高效和气候相关的资产中。这方面比较理想的金融工具是由大国信托持有的顶级 ESG（环境、社会和公司治理）公司的公司债券，它们支付良好的收益，实现了清洁货币的愿景，并且相比之下较为安全，具有较好的流动性。Maker 需要审查不同的 ESG 框架以确定哪些框架是真实有效的，哪些只是炒作绿色概念的，然后全力支持和改进真正的 ESG 标准——如果 DAI 获得足够发展，那么可能会在 ESG 评级生态系统中产生真正的积极影响。

除了主干抵押品，DAI 还需要流动性抵押品，主要采用流行的稳定币形式。流动性抵押品的一个潜在来源是对全球金融机构保持流动性、安全性和灵活性敞口。2021年，法国兴业银行通证化债券的实验表明，银行具有向 Maker 提供这种风险敞口的倾向，直接向机构提供多元化的风险敞口可以有效抵消中心化稳定币风险敞口，降低抵押品的系统性风险，这将进一步释放 DeFi 的潜在力量。

  Maker 将 DAI 的这个计划称为"人马座引擎"（Sagittarius Engine）。通过这个全面的计划，Maker 赋予了 DAI 一个重要目标——成为全球气候行动的金融协调工具。这一工具是去中心化的和富有弹性的，将资本分配给可持续性和具有发展韧性的绿色推动力量，以实现公共利益与个人利益的结合。人马座这个名字源于银河系中心的超大质量黑洞——人马座 A*，它将整个星系聚集在一起，使其保持稳定的平衡。"人马座引擎"的主要价值是为 Maker DAO 的治理通证——MKR 的持有者提供了切实好处，将他们的 MKR 长期锁定在治理中。这样用户能够使用锁定的 MKR 作为抵押品，从"人马座引擎"中协议盈余积累的 DAI 池中借款。这种借贷机会将以极具吸引力的利率（DAI 存款利率，DAI Savings Rate，DSR）和非常宽松的清算条件（至少1周的宽限期）提供给受众。DAI 存款利率可以被视为加密货币的活期存款利率。使用 MKR 抵押品借入的 DAI 不会在系统中造成尾部风险的累积，因为它是通过标准抵押品产生的"正常"DAI，只有在协议作为盈余获得它后才会被"人马座引擎"借出。该引擎旨在产生类似"资本黑洞"的效果，该黑洞位于 MakerDAO 的中心，并将其保持在强大的对齐平衡中。其主要机制是通过将利益直接输送给融入这一机制的活跃社区成员，从而提供极其强大的投票和参与激励。同时，该模型不会泄露资本，这意味着一旦资本流入"人马座引擎"，就只会随着时间的推移而增长，即使"人马座引擎"用户同时直接从中受益。这具有极其强大的长期效应，一旦达到足够大的规模效应，它将继续吸引大量 MKR，这些 MKR 将被锁定很长时间，这是一个良性循环机制。为了完成这个循环，从而真正激发"人马座引擎"的潜力，MakerDAO 已经进行了大规模的 MKR 通证发行。这个发行时间表覆盖了未来 50 年，通过使 Maker 成为全球气候行动力量以提供必要的燃料，实现"清洁货币"愿景并付诸实践。

"人马座引擎"的新 MKR 通过多种方式分发，包括直接将其放在荷兰拍卖行中，以及通过类似收益耕种的计划分发给分散抵押类型的用户，这导致 MKR 在整个市场上的发行呈分布式，并使大量资金涌入 Maker 协议。这些资金会流入"人马座引擎"的资本池，以实现更多 MKR 抵押的低成本借款，这将推动需求锁定大部分新发行的 MKR。由于短期内 MKR 对整体市场的净影响可能会减少，Maker Governance 将有能力利用此资金并将其中的一部分用于核心单位和其他费用，如建立长期储备。这将有助于 MakerDAO 制定更有效的资本部署战略，从而在影响气候变化方面发挥积极作用。

为了进一步促进"人马座引擎"对 Maker 治理产生积极影响，MakerDAO 准备将锁定 MKR 的投票权乘数变为 2 倍，这意味着愿意承担长期波动的投票者将拥有更大的发言权。结合大量的新增 MKR 发行，"人马座引擎"将迎来一个新时代。Maker Governance 将看到大量新鲜血液涌入，允许大量新的中小持有者进入生态系统并在项目按照"清洁货币"愿景执行时对未来的决策拥有很大的发言权。

为了尝试将通证经济与绿色金融愿景直接联系起来，并使 MKR 持有者能够从资金的正外部性中获取价值，"人马座引擎"将创建一个 NFT 组件。其基本思想是，把基于 DAO 实现的每个符合绿色金融愿景的成功案例都保存在 NFT 中，然后以通证加权的形式分发给"人马座引擎"用户。具体而言，这意味着将每个风力涡轮机、太阳能容量块、电池单元和其他可持续旗舰项目的"状态信号"组件进行通证化。这些 NFT 可以使用 Maker 的预言机来获得相关的实时统计数据，如产生了多少清洁能源、抵消了多少碳等。这个 DAO 可以使用适度的预算来资助 NFT 艺术家和开发人员，以在这些 NFT 中开发艺术品和实现游戏化的功能，提高其价值，并加大潜在旗舰抵押项目对自然气候的影响。随着时间的推移，Maker DAO 还计划尝试其他方法来增强 NFT 与现实世界气候变化的关联度。

与气候相关的绿色 NFT 的价值越高，Maker DAO 越会通过将更多 MKR 投入"人马座引擎"中来参与抽奖，对改善气候的帮助就越大。此外，对绿色 NFT 的交易收取税费则意味着如果其被交易，那么一部分税费可以用于绿色项目，如红树林重新造林——这一行为本身可以用于创建稀有且独特的 NFT。"人马座引擎"的长期愿景是将 Maker 的治理流程、文化和决策动态发展得极其分散和高效。Maker DAO 的变革还使得其治理过程从根本上依赖 MKR 持有者，这样可以鼓励 MKR 持有者进行更高水平的社群参与活动。MKR 持有者拥有投票权，并且是协议完整性的最终守护者，Maker Governance 正在演变为由 MKR 持有者所创造，变为 MKR 持有者所拥有。

Maker 正在将"清洁货币"的绿色愿景及其可以提供的公共利益与 MKR 持有者的自身利益结合起来，这一过程也是"人马座引擎"实现系统稳定和自我调节的治理平衡的过程。

除了 Maker DAO，还有一些以绿色金融为概念的算法稳定币崭露头角，其中 Klima DAO 为执牛耳者。Klima DAO 是一种价格自由浮动的算法稳定币项目，其将 DeFi 与碳中和概念结合，目前部署在 Polygon 链上。与其他算法稳定币项目不同的是，Klima DAO 将核证碳排放量（Base Carbon Tonnes，BCT）作为其抵押储备资产，并结合了债券（Bond）和质押机制，通证供应由算法进行调节。

Klima DAO 希望通过区块链将传统碳排放市场和 Web 3.0 进行连接，将经过权威机构认证的碳减排量上链交易，以激活传统碳排放市场，使资本能够流向具有影响力的碳减排项目，促使其进一步革新技术以减少温室气体排放，增强现有森林、海洋的生态固碳能力，促进再生能源项目的发展。通过节能减排实现碳中和，以应对日益严重的全球气候变化问题。

BCT 是 Klima DAO 的底层储备资产，BCT 表示通证化的碳减排量，1 BCT 代表着一吨核证碳减排量。核证减排量，也叫碳信用或碳积分，是根据《京都议定书》议定的，经过第三方权威机构认证的减排量。其主要来自森林碳汇、碳捕集、光伏、风电等再生能源项目吸收或减少的碳排放量，而且这些碳减排项目方是自愿开展的，目的是抵消、中和其他企业的碳排放。例如，一个光伏发电项目生产了 1MWh 的电力，同时能间接减少约 1 吨的温室气体排放，这 1 吨的减排量通过一系列的认证认可程序之后，就变成了可用于交易的核证碳减排量，其他高碳排放企业就可以购买这个核证减排量来进行碳中和，满足碳排放指标。

在 Klima DAO 的理想设计中，希望其能够像黑洞一样不断吸收和锁定 BCT 核证减排量，每锁定 1 BCT 到 Klima DAO 中就意味着减少或中和了一吨碳排放，也意味着市场上的核证碳减排量减少，进而促使其价格增长。这样，一方面激励核证减排企业继续增汇减排，以获得更多的核证减排量用以出售获利；另一方面则迫使高碳排放企业采用清洁能源或革新技术以减少碳排放，最终实现碳中和，以防止全球气候变暖，这正是 Klima 的绿色金融愿景。

Klima 借鉴了算法稳定币项目 Olympus 的运行机制，采用了债券化、质押、调整供应量（Rebase）模式，并采取价格浮动机制。用户可以通过债券化机制以折扣价获得 KLIMA，即用户存入 BCT 或 BCT/KLIMA LP，可以以一定的折扣价兑换获得

KLIMA，兑换率通过 KLIMA 市场价计算，用户投入的 BCT 实际上作为一种支撑 KLIMA 价值的资产进入协议控制的金库中。协议将债券化获得的 BCT 收入，按 1:1 的比例铸造新的 KLIMA，因为每个 KLIMA 背后必须有 1BCT 作为抵押品支持。新铸造的 KLIMA 将分发给 KLIMA 的质押者，给所有 KLIMA 持有者带来收益。

第一个过程是债券化。债券化机制制造了一种双赢的局面，LP 持有者可以以相对于市场折扣价的价格购买 KLIMA，协议的财政金库也从中获得了更多的底层储备资产，进一步增加了每个 KLIMA 的底层资产净值。更为巧妙的是，这些进行债券化的 LP 为协议提供了流动性，让 Klima DAO 有了流动性，而且这些流动性是永不撤回的。随着债券化程度的加深，协议积累的流动性会越来越多，这样协议的通证交易就不再需要从其他地方获取流动性，而且还可以把流动性引流到一些有需要的地方。目前，可以参与债券化的单种通证有 BCT，LP 通证对有 BCT/KLIMA 和 BCT/USDC，债券化是获得 KLIMA 的最佳方式，因为通过债券化购买 KLIMA 会获得一定的折扣，兑换的 KLIMA 将分为 5 天逐渐释放。

第二个过程是质押。当在合约中质押 KLIMA 时，用户会以 1:1 的比例收到 sKLIMA。sKLIMA 是一种权益通证，在质押的过程中用户会收到一定的 KLIMA 收益，合约将自动把收益进行再质押，形成复利收益，质押时间越长，复利越高。2021 年 11 月，质押 KLIMA 的年化收益率（APY）高达 31 854.46%。当解除质押时，用户将获得其 KLIMA 本金和利率收益。

以下若干因素会激励 KLIMA 持有者质押其通证：首先，通过债券化出售 KLIMA，利润的 90%会通过铸造新通证的方式分发给 KLIMA 的质押者；其次，随着 KLIMA 被质押，流通的供应量减少，抛压也随之减少，KLIMA 的价值随着 KLIMA 市值的增加而增长；最后，以 KLIMA 计价的高回报可以部分抵消通证波动带来的价格风险。因此，大多数 KLIMA 的持有者会选择将他们的 KLIMA 质押。

第三个过程是调整供应量。基于智能合约的协议将债券化收入铸造的 KLIMA 发放给质押者，通过这种方式来分发 KLIMA，而不收回 sKLIMA。此时导致了一个问题，合约中 KLIMA 的数量与 sKLIMA 的比率就增大了，这时就需要调整供应量机制来纠偏。

例如，在系统中质押 500 000 KLIMA 产生 500 000 sKLIMA。如果该协议当天从出售债券中收入 4 000 美元，那么假设 BCT 价格为 8 美元，因为每个 KLIMA 背后都有 1BCT 来支撑其价值，4 000 美元的收入就可以铸造 500KLIMA，那现在合约中就有 500 500k KLIMA 和 500 000 sKLIMA。此时 sKLIMA 供应量需要增加 0.5k，即 0.1%，才能恢复平衡。有了重新调整基准，用户除了质押无须做任何事情，大多数 KLIMA 的持有者只需要质押他们的 KLIMA 就可以获得复利收入。

实现这一过程还需要完成关键的一步，即实现核证碳减排（碳积分）上链。BCT 是 Klima DAO 的抵押储备资产，BCT 支撑着 KLIMA 的内在最低价值，协议每铸造一个 KLIMA 将储备一个 BCT，BCT 代表一吨核证碳排放量，即通过森林、土壤固碳、可再生能源等项目吸收或减少的碳排放量。但是 BCT 这种资产如何产生？它又来自哪里？按照 Klima DAO 的介绍，Klima DAO 与一个区块链碳减排项目 Toucan 合作，将核证碳减排量认证上链。具体而言，BCT 代表一种经过分类和认证的通证化碳减排量 TCO2。为了让买家和利益相关者确信这些 BCT 和背后的碳减排 TCO2 能真正实现减排效果，这些 TCO2 必须经过第三方权威机构 Verra 或黄金标准（Gold Standard）的认证。

Verra 是总部位于美国华盛顿的非营利组织，是目前世界比较权威的两大碳排放标准制定和认证机构之一，于 2005 年由气候组织（CG）、国际排放交易协会及世界经济论坛（WEF）联合成立。2006 年以来，Verra 主管的核证碳标准已发展成为全球最大的自愿碳减排计划之一，并在全球 82 个国家和地区中有近 1 700 多个注册项目，产生了超过 7 亿多个碳信用额。碳排放标准的另一个权威认证机构是世界自然基金会和其他国际非政府组织于 2003 年成立的黄金标准。

碳减排认证目前已经比较成熟，风电、水电、光伏发电、森林固碳等自愿碳减排项目可以向 Verra 登记并申请认证。如果符合认证标准，那么 Verra 将给予认证。认证信息包含该碳减排项目的种类、年份及国家等，并会生成一个序列号。

Toucan 所做的就是将核证碳减排上链，假设用户购买 1 000 吨经过 Verra 认证的碳减排量，就会得到一个序列号。用户可以把这个序列号输入到 Toucan Bridge 中，并进行上链登记和通证化操作，Toucan 收到序列号后会为用户铸造一个 NFT，并将序列号拿到 Verra 去核销。这就相当于用户把碳减排量卖给 Toucan，而 Toucan 给用户发放通证。之所以发的是 NFT，是因为其可以包含碳减排的吨数、项目种类、年份、国家等不同参数。

问题在于，NFT 是非同质化通证，常常仅用于艺术品拍卖，如果想把 NFT 背后的碳减排量盘活，就需要把它放到 DeFi 里作为稳定币项目的底层资产，或作为借贷项目的质押资产。总之，提供流动性或进行交易才能产生更大价值。

Toucan 的方法是将 NFT 碎片化，比如将代表 1 000 吨碳减排的 NFT 碎片化，变成 1 000 个 TCO2。TCO2 是 ERC20 通证，其名称以"TCO2-"为前缀，后面包含它的认证机构、项目名、年份等，比如 TCO2-GT-Forest-2019。碎片化之后的 ERC20 就可以进入各种 DeFi 项目进行交易和流通。

然而还存在一个问题，不同种类、不同国家，甚至不同机构认证的碳减排项目价格是不一样的，比如光伏发电和风能发电或森林固碳成本不同，价格也就不同，所以 Toucan 又设计了一种通证池（Pool），允许设置筛选参数进行分类，将同种类的或符合某种条件的 TCO2 放进同一个池子（比如 2015 年巴西的森林碳减排可以放进同一个池子），这样它们的价格将趋于一致，而且创建通证池也就有了流动性，便于在 DEX 中交易。Klima DAO 的底层资产 BCT 就是这样一种碳池通证，它代表着 2008 年以来的经过 Verra 认证的核证碳减排量。

如果想获取 BCT 来参与 Klima DAO 的债券，则可以直接从 Uniswap 中购买，也可以从 Verra 购买认证的碳减排量，然后到 Toucan Bridge 中将其上链，之后碎片化，变成 TCO2，最后把 TCO2 放进 BCT 池中得到 BCT 通证。虽然看起来有点复杂，但是这个过程还是很有创意的。

较为传统的算法稳定币项目，为了保持价格锚定，会在稳定币价格低于 1 美元时，通过发行债券以回收稳定币，减少稳定币流通量以使其价格回归到 1 美元。当稳定币价格高于 1 美元时，协议会铸造新的稳定币，发放给稳定币质押者或者协议股权质押者，增加流通量，使其价格下降到锚定价格。Klima DAO 的创新之处在于，其价格是浮动的，没有锚定美元，而是将 1BCT 作为 1KLIMA 的底层储备资产。高利率收益不断吸引用户债券化 BCT 或 LP，这样就不断增加协议金库的底层资产。这相当于增加了协议的收入，并起到了推高 KLIMA 价格的作用。

由于质押利率可观，现阶段大部分 KLIMA 都在质押之中，市场流通数量少，抛压也随之减少，KLIMA 的价格也会随着需求的增加而增长。Klima DAO 是将 DeFi 与碳中和、碳达峰结合的一项有前景的社会实验。得益于质押和债券化，KLIMA 在一段时间以来以超高的溢价销售，使其不那么像传统意义下的算法稳定币。不过其初衷听起来却非常美好：KLIMA 价格增长，不但投资者获利，也有助于吸引锁定更多的 BCT 和核证碳减排量；同时降低市场中的核证碳减排量以推高其价格，鼓励发展更多节能减排和可再生能源项目，倒逼高耗能企业革新技术以减少碳排放。

不管 Maker DAO 和 Klima DAO 在绿色金融上的实践能否成功，可以肯定的是，DeFi 是发展绿色金融的重要力量。这不仅在于其高效率、低能耗的理念，而且在于其资产和运作模式的透明度符合绿色理念。这不仅会导致金融范式的转变，还会引发社会和文化范式的转变。事实上，金融从来都不局限于商业，它还是社会生活和文化范式。元宇宙也不仅仅是 Web 3.0、DAO、DeFi 和 NFT 中的任何一个可以囊括的，而是包含这些元素的数字综合体，绿色协调发展是其必由之路。

6.6　Web 3.0 和 AIGC 的融合——ChatGPT 的爆发

如果说 Web 3.0 为时代带来的最大影响在于生产关系的变革，从 Web 2.0 时代互联网巨头垄断数据到如今数据由用户自己掌握，数据成为最重要的生产资料之一。那么，AIGC 则是 Web 3.0 时代重要的生产工具，其中代表性应用为火爆的 ChatGPT。

AIGC 的英文全称为"AI Generated Content"，即"人工智能生成内容"，其特征为利用 AI 学习知识图谱、自动生成内容。AI 能为人类提供帮助并直接生成内容，这不仅极大地提高了内容的生成效率，还能使内容更为丰富，其中代表性应用为 ChatGPT。2022 年 11 月，OpenAI 上线了新模型 ChatGPT，其网页应用允许用户免费使用。ChatGPT 能够理解人类语言并且回答问题，不限于普通聊天、协助写代码、解决具体难题等。因为其高质量的回答、高效获取信息的方式及上瘾式的交互体验，ChatGPT 引起了社交媒体的广泛关注并持续传播。

OpenAI 是一家在美国成立的人工智能公司，其核心宗旨在于"实现安全的通用人工智能"，使之有益于人类。OpenAI 在 2015 年由一群科技领袖创办，其中包括山姆·阿尔特曼（Sam Altman）、彼得·泰尔（Peter Thiel）、里德·霍夫曼（Reid Hoffman）和埃隆·马斯克（Elon Musk）等人。阿尔特曼不仅被誉为"ChatGPT 之父"，也是美国知名创业孵化器 Y Combinator 的总裁。2021 年 10 月，阿尔特曼创立了加密货币项目 Worldcoin。泰尔在 1996 年创办了 Thiel Capital Management，其后更名为 Clarium Capital Management，并在 1998 年联合创办了 PayPal。泰尔早在 2014 年就开始投资比特币了，截至 2022 年底，他在比特币上的投资获利将近 18 亿美元。霍夫曼是知名职场社交 App 领英（LinkedIn）的联合创始人，曾担任 PayPal 高级副总裁，也是硅谷最有名的天使投资者之一。大名鼎鼎的马斯克大家也许比较熟悉，他是世界首富之一、特斯拉创始人兼 CEO，是太空探索公司 SpaceX CEO、SolarCity 董事会主席，也是社交平台推特 CEO、BTC 和 Doge 的拥趸。

2022 年 11 月，OpenAI 推出了 ChatGPT，迅速火遍全球。ChatGPT 的交互界面十分简洁，只有一个输入框，AI 将根据用户输入的内容进行回复，并允许在一个语境下持续聊天。ChatGPT 的聊天范围很广，涵盖大部分领域，根据亲身体验及社交媒体分享的内容来看，ChatGPT 能在绝大部分知识领域给出专业回答，同时其理解能力强、包容度高，用户体验之后往往会上瘾。

到了 2023 年，微软与 OpenAI 的深化合作，标志着 AIGC 的商业化时代加速到来。2023 年 1 月，微软宣布与 OpenAI 将进一步深化合作，在未来数年内微软将追加投资数十亿美元以加速将 AI 推向大众。微软正在迅速推进 OpenAI 的商业化进程，将 ChatGPT、Dall-E 等 AI 工具融入微软旗下的软件，如 Bing、Office

等，为用户带来更加高效、智能的交互体验。此外，微软将提供AI 云服务 Azure OpenAI，允许开发者在 OpenAI 的模型基础上搭建自己的应用，从而加速 AI 的商业化落地。

AIGC 与 Web 3.0 天然契合，因为 Web 3.0 彻底推动了数字经济时代最重要的生产要素——数据的市场化，而 AIGC 作为生产工具，其生产赖以依托的生产资料就是数据。与此同时，基于数据的 NFT 和 FT 会通过价格这一市场信号给予反馈，从而形成一个价值链条闭环。比如，ChatGPT 上线产品 Demo 的一个重要原因就是通过开放的用户交互，收集更多的反馈数据，社群对内容的探讨与用户偏好能为 AIGC 模型提供优质的反馈，以便后续提高产品力。从 PGC 到 UGC，再到 AIGC，AIGC 能让人类突破内容生产力的枷锁，高效率生成高质量的数字内容，进而让人类社会加速进入 Web 3.0 时代。

6.7　Web 3.0 和元宇宙的未来和展望

2021 年 12 月，《人民日报》官方微博发文称：国家语言资源监测与研究中心发布"2021 年度十大网络用语"，元宇宙榜上有名，热度可见一斑。事实上，元宇宙不仅在我国具有极高的社会关注度，在全球也已经成为大街小巷谈论的话题。

2021 年，"全球元宇宙第一股"Roblox 上市和全球社交媒体巨头 Facebook 改名为"Meta"两大事件最为重要。这两件事之后，元宇宙这一概念可谓无人不知。这两件事也向全球数亿人展示了元宇宙的模糊轮廓，好像在 3D 沉浸式虚拟世界提供直接感官体验就是元宇宙，但这仅仅是基于 Web 2.0 的元宇宙。用户可以获得更加逼真的体验，但并不掌握自己的数据，也并不真正拥有元宇宙。然而尽管如此，在短短的一年时间里，Web 2.0 的互联网巨头还是将元宇宙的概念推向全球：微软宣布进军元宇宙，通过"Dynamics 365 Connected Spaces"和"Mesh for Microsoft Teams"帮助用户更好地体验和探索元宇宙。网易更是在其元宇宙平台"瑶台"举办网易云上市仪式和 2021 年投资者沟通会等重要会议。网易创始人、CEO 丁磊在 2021 年三季度财报电话会上表示："网易在元宇宙相关技术和规则上都做好了准备。我们相信，元宇宙真正降临的那一天，网易有能力快速抢跑。""瑶台"将会开放用户生成内容（User Generated Content，UGC）、专业生产内容（Professional Generated Content，PGC）等功能，为用户提供定制化的场景，让用户在其中能真实地表达个人的感情并进行实时互动，比如与朋友一起看球、蹦迪、看演唱会等。2021 年 12 月，百度也发布了自己的元宇宙产品——百度希壤，用户可通过手机 App、VR 一体机、PC 桌面版客户端进行体验。好像不拥抱元宇宙的互联网巨头，就不能够被称为互联网巨头。同时，全球资本金融市场也围绕着元宇宙发生了翻天覆地的逻辑转变，大资本疯狂布局早期种子，概念红利在全球股市和加密市场中挥洒得淋漓尽致。

然而基于 Web 2.0 的元宇宙并不是真正的元宇宙，因为这个元宇宙不属于用户，用户也无法掌握自己在元宇宙中的资产，用户仅仅是 Web 2.0 元宇宙生态的被动接受者。在这样的元宇宙里，用户可以享受到极致的视听盛宴和沉浸感，却连自己最核心的资产——数据都要拱手让出，俨然生活在数字"封建时代"。真正的元宇宙一定是基于 Web 3.0 的、真正将数据纳入生产要素的、属于所有用户的元宇宙，数据是推动元宇宙发展的第一生产要素。在人类发展的历史上，劳动力、土地、技术、资本都曾经为生产力的发展提供过巨大的动力和源泉，数据作为生产要素也在 Web 2.0 时代释放了一部分增长驱动力，但这远远不是数据的全部潜力。Web 2.0 在人类发展历史上做出过突出贡献，但现在已经越来越多地表现出与社会发展不相适应的地方，禁锢了广大用户的思想、逻辑和数据，构建了一个个"封建数字藩篱"。互联网巨头的垄断在全球范围内引起了监管共振，多国开启了数字经济反垄断的进程。因此，唯有 Web 3.0 和元宇宙叠加形成的元宇宙，才是真正的元宇宙。幸运的是，在 2021 年底，Web 3.0 也成为全球关注的热点，在一些国家和地区，Web 3.0 甚至是比元宇宙更重要的命题。

更令人兴奋和激动的是，支撑基于 Web 3.0 的元宇宙的要素在过去几年取得了快速发展，正在真实地改变着世界。2020 年，DeFi 迎来了属于自己的夏天，并快速发展壮大，正在与全球传统金融构建更多的桥梁，同时有力倒逼传统金融改革。同时，以太坊等世界计算机首次实现重大应用落地，催生了一个价值数千亿美元的全球市场。在随后的 2021 年，去中心化网络更是彻底摆脱了金融应用边界的束缚，延展到了现实世界之中，带来了 NFT 生态的爆发，也为精彩纷呈的元宇宙增添了更多个性化的表达。围绕 NFT，全球越来越多的普通用户可以在去中心化网络中以 DAO 的形式开展协作、创作、开发、治理、生产、交流等活动，并催生了人类新的协作组织范式。DeFi、NFT 和 DAO 正在全球范围内席卷数以亿计的用户，并在金融、产业、组织协作、社会文化等方面全方位地改变着世界。同时，元宇宙和 Web 3.0 的崛起也伴随着 80 后、90 后和 00 后的发展壮大，80 后、90 后和 00 后作为"互联网土著"对于互联网的认同和理解更为深刻，对未来十年的影响力与日俱增。

经过了 2021 年，元宇宙和 Web 3.0 正步步迈进，向我们而来。在最底层上，人类追求开放、自由、平等的崇高使命未曾改变，人类希望掌握属于自己的数据，做互联网的共享者和共建者，而不是互联网霸权主义下的蝼蚁；在网络架构上，开放、共建、共治的 Web 3.0 正逐步取代封闭、保守、垄断的 Web 2.0，革故鼎新是时代发出的最强音。Web 3.0 已经成为一种时代的旗帜，它的使命也十分明确，不再像过去只停留在口号和思想上，而是有了切切实实的底层架构，有了日益丰富的智能协议，还有了虽然仍是早期、但已然欣欣向荣的应用落地，成为一种可以不断生长、发育、迭代的生态系统。当然，Web 2.0 仍然能在一定程度上发光发热，Web 3.0 和 Web 2.0 将长期共存，只不过一个如旭日东升，一个如夕阳西下。在经济运行机制上，DeFi 不仅是 CeFi 的有力竞争者，更是 CeFi 的有益补充者。这种基于数学和技术创造的人类历史上不同于主权信用的一种基础信用的方式，是之前从未有过的，也是人类历史的巨大飞跃。在表达形式上，NFT 作为 FT 的有益补充，更加有利于表达和刻画这个丰富多彩的世界。秦始皇统一六国后统一货币，提高了经济运行效率，而现在 NFT 的快速发展则是为了满足全球互联网用户日益增长的文化需求和对数字资产的需求。DAO 则正在完成对公司制的迭代。相比公司制，DAO 是一个更加民主、自由、共有的组织形式，能在全球更为有效地组织人力、物力、财力，对市场的变化也更为敏锐。疫情为 DAO 的形成和发育提供了基础环境，其价值也早已被市场检验和认可。

元宇宙作为 5G、VR、AR、物联网、云计算、大数据、区块链、人工智能等技术的集成性场景，其内核和灵魂是永续性、开放性、自治性，这是元宇宙的"道"，而沉浸感仅仅是元宇宙的"术"，只追求"术"而不追求"道"无异于舍本逐末、缘木求鱼。同时，元宇宙不是一个独立的"空中楼阁"的概念，而是拥有坚实的逻辑支撑和现实支撑：DeFi 是元宇宙的经济运行机制，Web 3.0 是元宇宙的网络和数据机制，NFT 是元宇宙的重要表达形式，DAO 是元宇宙的主要组织形式。近年来，DeFi、Web 3.0、NFT 和 DAO 都已经取得长足的发展，这为元宇宙的发展奠定了坚实的基础。当下，全球范围内几乎已经到了言必称"元宇宙"的程度，社会上关于元宇宙的观点众说纷纭，不仅有期待和赞许，也有质疑和谩骂。事实上，社会层面的认知分化是行业大发展的必要条件；而发展与泡沫并存也是每一次社会发展的特征。当下已经到了元宇宙阶段性的挤泡沫阶段，等泡沫挤完，元宇宙和 Web 3.0 又会迎来新一轮的腾飞和发展。会当击水三千里，未来十年是元宇宙和 Web 3.0 发展的黄金十年，希望我们都能拥有这张船票。

参考文献

[1] 安德鲁·麦卡菲，埃里克·布莱恩约弗森. 人机平台：商业未来行动路线图[M]. 林丹明，徐宇玲，译. 北京：中信出版社，2018.

[2] 陈加友. 基于区块链技术的去中心化自治组织——核心属性、演进脉络与应用前景[J]. 改革，2021（3）：134-143.

[3] 陈雨露. 当前全球中央银行研究的若干重点问题[J]. 金融研究，2020（2）：1-14.

[4] 古德哈特. 货币理论的长期困惑：拒不面对现实[M]. 古德哈特货币经济学文集（上卷），康以同等，译. 北京：中国金融出版社，2010.

[5] 查尔斯·金德尔伯格. 西欧金融史[M]. 徐子健，何建雄，朱忠，译. 北京：中国金融出版社，1991.

[6] 李淑锦，张小龙. 第三方互联网支付对中国货币流通速度的影响[J]. 金融论坛，2015（12）：25-33.

[7] 林左鸣. 广义虚拟经济——二元价值容介态的经济[M]. 北京：人民出版社，2010.

[8] 刘生福. 数字化支付对货币政策的影响：综述与展望[J]. 经济学家，2018（7）：25-33.

[9] 尼尔·波兹曼. 娱乐至死[M]. 章艳，译. 北京：中信出版社，2015.

[10] 尼尔·斯蒂芬森. 雪崩[M]. 郭泽，译. 成都：四川科学技术出版社，2009.

[11] 戚聿东，刘欢欢. 数字平台的数据风险及其规制[J]. 东北

财经大学学报，2021.

[12] 祁斌. 资本市场发展的环境分析[J]. 今日财富（金融发展与监管），2010（3）：11-20.

[13] 乔依德，葛佳飞. 人民币进入SDR计值货币篮子：再评估[J]. 国际经济评论，2015（9）：35-45.

[14] 托马斯·皮凯蒂. 21世纪资本论[M]. 巴曙松，译. 北京：中信出版社，2014.

[15] 乌家培. 关于网络经济与经济治理的若干问题[J]. 当代财经，2003（7）：3-7.

[16] 吴桐，郭建鸾. Facebook加密货币Libra的经济学分析：背景、内涵、影响与挑战[J]. 贵州社会科学，2019（9）：144-152.

[17] 吴桐，李家骐，陈梦愉. 法定数字货币的理论基础与运行机制[J]. 贵州社会科学，2020（3）：127-146.

[18] 吴桐，李家骐. 区块链和金融的融合发展研究[J]. 金融监管研究，2018（12）：98-108.

[19] 吴桐，王龙. 链政经济：区块链和政务系统的融合[J]. 贵州社会科学，2021（5）：128-134.

[20] 吴桐，王龙. 链政经济：区块链如何服务新时代治国理政[M]. 北京：东方出版社，2021.

[21] 吴桐，王龙. 元宇宙：一个广义通证经济的实践[J]. 东北财经大学学报，2022.

[22] 吴桐，徐云松，李家骐，等. 数字货币具有稳定的避险性吗？——基于宏观经济金融不确定的视角[J]. 金融发展研究，2020（7）：3-12.

[23] 吴桐. 广义通证经济的内涵、逻辑及框架[J]. 广义虚拟经济研究，2018（4）：5-16.

[24] 吴桐. 基于区块链的开放式金融的优势、制约与推进对策[J]. 经济纵横，2020（2）：91-98.

[25] 吴桐. 链改：重塑社会结构和经济格局[M]. 北京：中国发展出版社，2018.

[26] 吴桐. 区块链共识机制的经济学分析[J]. 广义虚拟经济研究，2019（2）：49-58.

[27] 徐忠，邹传伟. 区块链能做什么、不能做什么?[J]. 金融研究，2018（11）：1-16.

[28] 亚当·斯密. 国富论[M]. 谢祖钧，译. 北京：中华书局，2012.

[29] 亚里士多德. 政治学[M]. 吴寿彭，译. 北京：商务印书馆，1965.

[30] 姚前. 法定数字货币的经济效应分析：理论与实证[J]. 国际金融研究，2019（1）：16-27.

[31] 约翰·戈登. 伟大的博弈[M]. 祁斌，译. 北京：中信出版社，2005.

[32] 约瑟夫·熊彼特. 经济分析史（第一卷）[M]. 朱泱，孙鸿敞，李宏，等译. 北京：商务印书馆，1996.

[33] 张礼卿，吴桐. 区块链在金融领域的应用：理论依据、现实困境与破解策略[J]. 改革，2019（12）：65-75.

[34] 中国社会科学院经济研究所. 主要资本主义国家经济统计集（1848-1960）[M]. 北京：世界知识出版社，1962.

[35] Agur I, Bergara M, MD Bordo, et al. Do We Need Central Bank Digital Currency? Economics, Technology and Institutions[J]. SUERF Studies, 2018.

[36] Barrdear J, Kumhof M. The Macroeconomics of Central Bank Issued Digital Currencies[R]. Bank of England, 2016, Staff Working Paper No.605.

[37] Brunt L. Rediscovering Risk: Country Banks as Venture Capital Firms in the First Industrial Revolution[J]. Journal of Economic History, 2006: 74-102.

[38] Buterin V. A next-generation smart contract and decentralized Application platform[R]. Working Paper, 2014.

[39] Griffin J M, Shams A. Is Bitcoin Really Un-Tethered?[J]. Social Science Electronic Publishing.

[40] Kumhof M, C Noone. Central bank digital currencies-design principles and balance sheet implications[R]. Bank of England, 2018, Staff WP No. 725.

[41] L G Baxter. Adaptive Financial Regulation and RegTech: A Concept Article on Realistic Protection for Victims of Bank Failures[J]. Duke Law Journal, 2016（66）: 568-604.

[42] Nakamoto S. Bitcoin: A Peer-to-Peer Electronic Cash System[J]. consulted.

[43] OECD Science, Technology and Industry Outlook, OECD Science, Technology and Industry Outlook 2010[J]. 2004.

[44] Wu Tong, Chen Jiayou. A study of the economic impact of Central Bank Digital Currency under global competition[J]. China Economic Journal, 2021（1）.

未经许可，不得以任何方式复制或抄袭本书之部分或全部内容。
版权所有，侵权必究。

图书在版编目（CIP）数据

人人都应该懂的 Web3.0：让 ChatGPT 和 AIGC 链接我们的生活 / 吴桐，商健光著. 一北京：电子工业出版社，2023.3
ISBN 978-7-121-45023-5

Ⅰ. ①人… Ⅱ. ①吴… ②商… Ⅲ. ①信息经济－通俗读物 Ⅳ. ①F49-49

中国国家版本馆 CIP 数据核字（2023）第 021043 号

责任编辑：黄　菲　　　文字编辑：刘　甜　　　特约编辑：李　颐
印　　　刷：三河市鑫金马印装有限公司
装　　　订：三河市鑫金马印装有限公司
出版发行：电子工业出版社
　　　　　北京市海淀区万寿路 173 信箱　邮编：100036
开　　　本：720×1 000　1/16　印张：23　字数：394 千字
版　　　次：2023 年 3 月第 1 版
印　　　次：2023 年 3 月第 1 次印刷
定　　　价：88.00 元

凡所购买电子工业出版社图书有缺损问题，请向购买书店调换。若书店售缺，请与本社发行部联系，联系及邮购电话：(010) 88254888，88258888。

质量投诉请发邮件至 zlts@phei.com.cn，盗版侵权举报请发邮件至 dbqq@phei.com.cn。

本书咨询联系方式：1024004410（QQ）。